# 《大公报》政论研究：

# 以"国家中心论"为中心

李群 著

中国社会科学出版社

图书在版编目（CIP）数据

《大公报》政论研究：以"国家中心论"为中心/李群著 . —北京：
中国社会科学出版社，2017.1
ISBN 978 - 7 - 5161 - 8552 - 0

Ⅰ. ①大…　Ⅱ. ①李…　Ⅲ. ①《大公报》—史料
Ⅳ. ①G219. 296

中国版本图书馆 CIP 数据核字（2016）第 153573 号

| | | |
|---|---|---|
| 出 版 人 | 赵剑英 | |
| 责任编辑 | 安　芳 | |
| 特约编辑 | 席建海 | |
| 责任校对 | 郝阳洋 | |
| 责任印制 | 李寡寡 | |

| | | |
|---|---|---|
| 出　　版 | 中国社会科学出版社 | |
| 社　　址 | 北京鼓楼西大街甲 158 号 | |
| 邮　　编 | 100720 | |
| 网　　址 | http://www.csspw.cn | |
| 发 行 部 | 010 - 84083685 | |
| 门 市 部 | 010 - 84029450 | |
| 经　　销 | 新华书店及其他书店 | |

| | | |
|---|---|---|
| 印　　刷 | 北京明恒达印刷有限公司 | |
| 装　　订 | 廊坊市广阳区广增装订厂 | |
| 版　　次 | 2017 年 1 月第 1 版 | |
| 印　　次 | 2017 年 1 月第 1 次印刷 | |

| | | |
|---|---|---|
| 开　　本 | 710×1000　1/16 | |
| 印　　张 | 20.5 | |
| 字　　数 | 318 千字 | |
| 定　　价 | 68.00 元 | |

# 目　　录

# 绪　论

## 一　选题依据与意义

创始于 1902 年 6 月 17 日的《大公报》已经有 100 多年的历史了，是中国近代新闻史上报龄最长的报纸。历经英敛之、王致隆、吴鼎昌、胡政之、张季鸾等合组的新记公司和新中国成立后重组的《大公报》董事会等4 个时期，先后出版过天津、上海、汉口、重庆、香港、桂林、北京等 7个版，总发行量一度达到 20 万份，至今它的香港版还在继续发行，是近代中国影响最大、声誉最隆的一家报纸。《大公报》的所载所感实际上就是对百年中国史的记录与解读。

1902 年 6 月 17 日，《大公报》在天津正式创刊。自创刊之日起，《大公报》便致力于开启民智、申达民隐、抨击权贵、讥评时政，很快就成为天津乃至华北地区颇具影响力的报纸媒体，日发行量一度达到五千份。在近代中国历史上，由于时局动荡，这份报纸几经兴衰。这一报纸媒体作为天津乃至华北地区的重要舆论力量，以新闻与评论的方式详细地记载了全国各地特别是华北、天津本埠所发生的重大历史事件或琐碎的大事小情，记录下了大量的历史信息。它曾提出兴立宪、戒缠足、发展新式教育、推广白话文等一系列社会改良主张。1926 年新记《大公报》创刊，它迎来了历史上最为鼎盛的发展阶段。直到 1949 年新中国成立，《大公报》为国为民辗转播迁。2002 年 6 月 17 日，《大公报》度过了其百年华诞。这份经历百年沧桑的报纸成为存在时间最长、发行范围较广、影响甚大的中文报纸，可谓中国近现代历史的见证者和参与者。正像著名学者季羡林在纪念

《大公报》创刊 98 周年座谈会上所说的那样："《大公报》的一百年可以涵盖中国的 20 世纪，从第一期到现在，就是一部百科全书式的中国现代史。"① 作为一张引导了几乎一个时代舆论的全国性大报，《大公报》在中国现代新闻史上举足轻重的地位是世所公认的。

我国台湾学者赖光临将《大公报》定位为"独立报纸"，即"指有别于政治性与商业性报纸而言，而兼有两类报纸的特色，即以商业经营为手段，不以盈利为目标，仍保持文人论政的本色与宗旨"②。吴廷俊先生认为："商人办的多为商业性报纸，党人办的多为政治性报纸……《大公报》既不是党人办的报纸，又不是商人办的报纸，它是一张文人办的报纸。"③其实"独立报纸""文人报纸"都指出了《大公报》的办报特色。

考察近代中国新闻事业发展史。在 19 世纪末 20 世纪初，维新运动与民主革命时期两个办报高潮涌现的报纸中，如《时务报》《民立报》等属于政党报纸的范畴，而《大公报》《申报》等则当属于大众商业报纸的范畴。无论是独立性还是商业性，无论是文人办报还是商人办报，都是作为大众商业报纸的特色而已。

早在 19 世纪末，日本报坛上就曾活跃过自我标榜的独立报纸，而这些报纸都以言论见长。1889 年创刊的《日本》在其发刊词中就全面否定了"偏于党议"的机关报，以及"只图私利"的商业性报纸，宣称自己是奉行"国民主义"的独立报纸。④ 然而这些报纸最终并没有形成体系。作为留日学生且对从事新闻事业抱有浓厚兴趣的胡政之、张季鸾等人从理想出发，希望《大公报》能卓尔不群，办出特色。胡政之曾对《大公报》同人这样说过："我国过去的报纸大致可以分为两派：一派专为表达所属政党的政治主张；一派则完全着眼于生意。前者在民国初年为其鼎盛时期，各党各派无不拥有机关报；后者则发源于上海，绝口不谈政治，要以赚钱为目的。我对以上两派都觉得无聊，都不以为然。我认为一份理想的报纸，

---

① 方汉奇主编：《〈大公报〉百年史》"序言"，中国人民大学出版社 2004 年版。
② 赖光临：《七十年中国报业史》，（台北）"中央"日报社 1981 年版，第 111 页。
③ 吴廷俊：《新记〈大公报〉史稿》，武汉出版社 1994 年版，第 5 页。
④ ［日］稻叶三千男、新井直之：《日本的报业理论与实践》，新华出版社 1985 年版，第 30 页。

要兼顾营业与事业。营业能独立，始能站在超然的地位，不为他人所左右。"①《申报》的史量才也认为"报馆应有独立之精神"，②要讲求经济独立，言论中立。而实际上，任何报纸即使经营独立了，其言论也不可能完全超越于现实和其阶级立场，这里独立办报其实也是相对的。新记《大公报》在这方面做了有益的尝试并形成特色。

营利、论政不为参政，以文章报国，为民众鼓呼，《大公报》可谓发挥到了极致。张季鸾曾这样阐述："中国报有一点与各国不同，就是各国的报是作为一种大的实业经营，而中国报原则上是文人论政的机关，不是实业机关。这一点可以说是中国的落后，但也可以说是特长。民国以来中国报也有商业化的趋向，但程度还很浅。以本报为例，假若本报尚有渺小的价值，就在于虽按着商业经营，而仍能保持文人论政的本来面目。"③可以说，由于中国资本主义商品经济发展缓慢，与之相适应，报纸的商业化程度还不是很高。但受西方报业经营理念的影响，中国报纸的商业化运作已有一定发展。最具有代表性的如《申报》《新闻报》，就因其在经营上的成功而成为当时的全国性大报，截至1930年，两报的发行量均已达到15万份左右。④

从出身来看，诸多报人当初的身份都是传统的知识分子转变而来的文人。作为主事，《申报》的史量才担当过《时报》的主笔；《申报》的陈景韩以擅长写精锐的时评而著称；《新闻报》的李博虞和张季鸾同出刘古愚门下，道德文章都很优秀，也是文人，又都是职业报人，以文章报国为己任。"九·一八"事变后的《申报》，一改小心谨慎的政治态度，时评及改版后的"自由谈"就颇为社会注目。只不过《申》《新》二报更多地偏重于以商业原则经营报纸，而《大公报》则由于其言论为社会所重，使得其在经营上的成功往往被忽略，文人办报的特色尤为凸显。其实从经营上讲，《大公报》也是有其独到的成功之处的，它的一套经营管理模式在当

---

① 转引自周雨《大公报史》，江苏古籍出版社1993年版，第371页。
② 史量才：《欢迎格拉士莅馆时的致辞》，《申报》1921年12月23日。
③ 张季鸾：《本社同人的声明》，《大公报》（重庆版）1941年5月5日。
④ 参见方汉奇《中国新闻事业史》（第二卷），中国人民大学出版社1996年版，第178页。

时可以说是比较先进的，也是较具有代表性的。尤其是在《大公报》内部
实行的行政业务，必须先受编辑训练的用人制度，使得编辑部与经理部之
间能做到相互理解、相互配合、相辅相成，促进了报社业务的发展，以致
其日发行总量逐渐达到 20 万份的空前数字，超过了《申报》和《新闻报》。
它的成功就是真正做到了关注政治，重在经营。所以长于经营的《申》
《新》二报也关注政治，以文人论政著称的《大公报》经营也十分出色。
它们共同体现了大众商业报纸的特色。它始终以文人办报的特色、见地独
到的言论以及对于社会舆论的引导而著称，正因如此，《大公报》是一份
以"文人论政"为主要特色的大众商业报纸。

从近代中国社会阶层结构来看。毛泽东同志曾经说过"中国社会是一
个两头小中间大的社会，共产党如果不能争取中间阶级的群众，并按其情
况使之各得其所，是不能够解决中国问题的"①。胡绳同志晚年就这一问题
进行了深入的研究。1995 年，在《胡绳论"从五四运动到中华人民共和国
成立"》中提出"现在讲这段历史的书，主要讲国民党和共产党，讲他们
的矛盾斗争；论阶级，这是两极，一个是大地主大资产阶级，一个是无产
阶级。其实，这两极中间，还有一大片。所以我想，除了国、共两个角色
外，还应有第三个角色，这就是中间势力。——革命能胜利，是因为我们
把中间势力拉过来了，如果中间势力都倒向国民党"，"共产党就不可能胜
利"。"中间势力是什么人？包括知识分子，工商界，搞工业的，搞教育
的，等等。过去说，资产阶级是中间力量，工农、小资产阶级属于共产党
一边的，是革命的依靠、基础。实际上工农、小资产阶级是革命的可能的
基础。就阶级说，他们是革命的，就具体的人说，它们当中大多数在政治
上是处于中间状态，不可能一开始就自动跟共产党走。"胡绳还说："中间
力量经历着一个不断分化的过程，它形成不了独立的政治力量，不是倒向
这一边，就是倒向那一边，最后总的说是站到共产党一边。中间力量有不

---

① 中共中央文献研究室编：《关于打退第二次反共高潮的总结》（1941 年 5 月 8 日），《毛泽
东选集》第 2 卷，人民出版社 1991 年版，第 783 页。

少代表性人物，它们影响一大片。国民党失掉了中间力量，不可能不失败。"① 研究中国革命的历史，必须研究中国"中间势力"发展的历史。

　　正是由于其出色的经营和文人论政的传统文化底蕴，使得《大公报》在抗战期间虽然历经磨难，却也成就了它的辉煌。1941 年 5 月 15 日，《大公报》被美国密苏里大学新闻学院评为最佳外国报纸并被授予荣誉奖章，为中国新闻界首次赢得此项殊荣。获奖证书中评价道："在中国遭遇国内外严重局势之长时期中，《大公报》对于国内新闻与国际新闻之报道，始终充实而精粹，其勇敢而锋利之社评影响国内舆论至巨。"② 《大公报》当之无愧地成为当时全国的舆论重镇。对《大公报》，中国共产党的第一代领导人都十分重视，也做过大量的争取和"团结"工作。张季鸾逝世的消息发布后，毛泽东、周恩来和中共的不少高级领导人都发了唁电，给予很高评价。重庆当时有十几家报纸，享有上述待遇的，只有《大公报》一家。同时，《大公报》也是国民党蒋介石十分看重的报纸，主编张季鸾与蒋介石交情深厚，蒋介石身边常备《大公报》随时翻阅，重视程度甚至超过《中央日报》。

　　可以说新中国成立前的《大公报》，中间势力所特有的"两面性"和"动摇""不断分化"等特点，在《大公报》的身上都有表现。它政治倾向及立场的转变，正是"中间势力"由一头走向另一头的反映。张宪文先生指出，"《大公报》的'社评'或其他政论文章、新闻报道，为探讨中国的政治发展和资产阶级的两面性特点，提供了重要的历史史料"③。从这个角度来看，《大公报》又是中间势力中舆论界的一员。作为中间势力的一员，《大公报》的政治立场、主张与中间势力中其他成员既有一致的地方，又有区别。这种情况本身就反映了中间势力所具有的"不断分化"的特点。

　　《大公报》在 1902—1949 年这 47 年中"国家中心论"始终是指导其言论的一条主线。其发展经历了一个酝酿、形成、提倡、淡化到终结的过

　　① 参见"从五四运动到中华人民共和国成立"课题组《胡绳论"从五四运动到中华人民共和国成立"》，社会科学文献出版社 2001 年版，第 3、4、6 页。
　　② 参见周雨《大公报史》，江苏古籍出版社 1993 年版，第 43 页。
　　③ 张宪文：《中国现代史史料学》，山东人民出版社 1985 年版，第 78 页。

程。其间,"国家中心论"以蒋介石为对象,所以,这一发展变化的过程就是其政治立场由拥蒋到中间的转变。可以说其转变的总趋势具有中间势力的共同特点,但是转变的方式和结果,又有自身的特点,它没有转向共产党,而是转到中间立场,最终结局是"属于人民"。

通过考察在"国家中心论"指导下《大公报》政治主张的变化和自由民主思想的演变,可以透视中间势力政治立场及思想发展演进的一个侧面。诚如胡绳先生所说,中间势力是一个充满动摇性、复杂性的"不断分化"的群体,因此要对其有整体的认识,进行分别的个案研究十分必要,并且具有重要意义。目前近代史学界及新闻史学界关于《大公报》的研究虽然已有一些成果问世,但与该报的地位仍不相称,尚有许多空白需要填补,本书拟对 1902—1949 年的《大公报》"国家中心论"进行研究,以弥补其不足。

## 二 研究现状与创新

新中国成立后一段时间,对《大公报》的研究几乎空白,即使有一些会议和评论文章,也不是实事求是和客观公正的。王芸生、曹谷冰所著回忆录《1926 至 1949 年的旧〈大公报〉》,因为由大公报人撰写,并且所述内容与事件发生时间相差不远且多为亲历,而具有一定的可信度和史料价值,成为后人编写《大公报》史的基础,却被抹上了浓重的时代印记,文中随处可见大公报人的自我讨伐之辞。

十一届三中全会以来,对《大公报》的研究逐渐受到重视。从目前的研究成果看,虽然还不够全面系统,与其所拥有的大报地位还不相称,但毕竟已开始较为客观地对《大公报》的历史进行回顾和评价。

最先著文立说的是一批老大公报人。李纯青的《为评价大公报提供史实》,对《大公报》是否为政学系机关报、《大公报》的资本性质、如何看待"国家中心论"等历史问题,都做了较为客观的分析和评价。周雨的《大公报史》则是一部较为完整的关于《大公报》的著述,在一些问题上已纠正了原来"左"的倾向,诸如"旧《大公报》是官僚资本企业,主持者吴鼎昌、胡政之、张季鸾三个人都是大资产阶级的大知识分子"①这样不完全符合实际的绝对化论述在文中已不再出现。而是"本着实事求是的精神，力求恢复旧中国时期《大公报》的本来面目，写出一部全面反映《大公报》历史、特点和发展规律的专书，使之成为一部信史"②。此外，由老大公报人撰写的人物传记、回忆录、大事记等也相继出版。如徐铸成的《报人张季鸾先生传》《徐铸成回忆录》《报人六十年》《报海旧闻》及《旧闻杂忆》系列，孔昭恺的《旧大公报坐科记》，李纯青的《笔耕五十年》，王文彬的《新闻工作六十年》，周雨的《王芸生》及其主编的《大公报人忆旧》，方蒙的《范长江传》及其主编的《〈大公报〉与现代中国》，等等。另有一些未能独立成著的相关文章散见于《文史资料选辑》《新闻研究资料》《新闻界人物》《近代中国名记者》及相关报刊。这些著述与文章的共同特点是尽可能还《大公报》以本来面目，为后人研究《大公报》提供了较为丰富的资料。

后来，大公报后人也加入了《大公报》研究的队伍，王芝琛的《百年沧桑——一代报人王芸生》，披露了《大公报》一些鲜为人知的内情，包括范长江离开报馆、香港馆起义，等等。王芝琛与刘自立合编的《1949年前的〈大公报〉》则对《大公报》的一些老照片、社评、星期论文等资料进行了整理。

我国台湾的老大公报人陈纪滢所著《报人张季鸾》《胡政之与〈大公报〉》《抗战时期的〈大公报〉》可以被认为是海外研究《大公报》的主要成果。由于陈纪滢的当事人身份，使得文中的回忆更具可信性，常被后来的研究者所征引。

学术界对于《大公报》的研究也逐渐开展起来。夏晓林的《张季鸾》一文率先肯定了张季鸾作为"著名的记者和报刊评论家"的地位，指出"他是继王韬、梁启超之后最有影响的中国资产阶级报刊政论家之一。他

---

① 王芸生、曹谷冰：《1926至1949年的旧〈大公报〉》，《文史资料选辑》第25辑，中华书局1962年版，第3页。

② 周雨：《大公报史》，江苏古籍出版社1993年版，第447页。

在推动中国资产阶级报纸特别是报纸评论的发展中作出了重大贡献"①。比较权威的评价来自中国新闻史研究的著名学者方汉奇先生。他在《中国新闻事业通史》中指出："历史事实证明，《大公报》是一张爱国的报纸。《大公报》主持人都是爱国的知识分子。《大公报》的崛起，是中国资产阶级报业试图成为'第四权力'的较有成就的尝试。"② 这一论述对于《大公报》史乃至中国现代新闻史，都具有重要的指导意义。另一位新闻史学界的学者吴廷俊先生在他的《新记〈大公报〉史稿》中涉及对"小骂大帮忙"一说的评价问题，在其看来"'小骂大帮忙'是合法的民办报纸为本阶级长远利益服务的一种较为有效的办法"③。这是一个客观中肯的评价。天津大学贾晓慧博士的专著《〈大公报〉新论》，以 20 世纪 30 年代《大公报》与中国现代化的关系为主线展开论述，④ 为研究在中国现代化发展过程中传媒的运用和作用，提供了有益借鉴。南京大学任桐博士的毕业论文《徘徊于民本与民主之间——〈大公报〉政治改良言论述评（1927—1937）》是又一部有关《大公报》史研究的专著。他在充分吸收前人研究成果的基础之上，从社会思想史的角度，以《大公报》的言论导向和发展史貌为切入点，探讨 1927—1937 年间中国政治改良思潮的脉动，社会时局的走势以及民间舆论的演变。以《大公报》"十年发展期间对政治改良思想的传播为主线展开论述，以彰显大公报人基于民本思想、期于民主政治、弘扬民族主义的自由主义理念"⑤。方汉奇先生领衔主编的《〈大公报〉百年史》，在研究过程中明确引入了中间势力观点，方先生指出："在政治倾向上，《大公报》属于'中间势力的报纸'。"⑥ 该书系统地介绍和评析了从 1902年 6 月 17 日到 2002 年 6 月 17 日这家报纸津、沪、汉、港、渝、桂等六个

---

① 夏晓林：《张季鸾》，《新闻界人物》，新华出版社 1983 年版，第 143 页。
② 方汉奇主编：《中国新闻事业通史》（第 2 卷），中国人民大学出版社 1996 年版，第 468、477 页。
③ 吴廷俊：《新记〈大公报〉史稿》，武汉出版社 1994 年版，第 30—31 页。
④ 参见贾晓慧《〈大公报〉新论》"摘要"，天津人民出版社 2002 年版，第 1 页。
⑤ 任桐：《徘徊于民本与民主之间——〈大公报〉政治改良言论述评（1927—1937）》，生活·读书·新知三联书店 2004 年版，第 265 页。
⑥ 方汉奇：《〈大公报〉百年史》"序言"，《〈大公报〉百年史》，中国人民大学出版社 2004年版，第 2 页。

版整整一百年的历史，是对这家报纸历史的一个全面描绘，是目前为止最为完整的《大公报》通史著作。

综观所有研究成果，《大公报》在近代中国的政治、文学、社会、经济等各个领域都有重要地位。其中，《大公报》的"国家中心论"和自由民主思想是其最受关注的政治主张。作为在传统教育下成长，又接受了西方思想洗礼的知识分子，"国家中心论"反映了大公报人对于权威的推崇。而对自由民主，尤其是言论自由和宪政民主的追求，则是大公报人崇尚的基本理念。二者贯穿于其发展的始终。看似矛盾的两点主张，却在《大公报》身上融合为一。百年《大公报》是一部近代中国历史的缩影，其所见、所闻、所感，浩如烟海。本书试图沿着其"国家中心论"发展的轨迹并结合其各个时期自由民主的追求，来探寻其生存、发展、辉煌的内在动因。

关于"国家中心论"以往的研究主要关注在三个问题上，即形成的时间、演进的过程、对其的评价。

首先，形成的时间。王芸生和曹谷冰合著的长文《1926 至 1949 年的旧〈大公报〉》认为，"张季鸾拥护蒋介石，一直发展到一九四一年五月二十三日《大公报》社评《读周恩来先生的信》一文中的'国家中心'论，把蒋介石当作'国家中心'来拥护"[①]。《读周恩来先生的信》中有这样一段话："我们在今天，只希望认识一点，就是：敌我的形势，自己的国力，世界的时机，都绝不容许存一种观念，以为现在的国家中心失败了，还可以再建一个，然后将国家再组织起来。这样的事是必无的。若使现在的中心失败了，那就是亡国之局。所以一般军民同胞的基本认识，是必须拥护国家中心的国民政府，以贯彻自主自卫之目的。这是惟一的路，此外无路。"周雨认为关于"国家中心论"最有代表性的文章就是《读周恩来先生的信》，[②] 实际上沿用了王芸生和曹谷冰的说法。吴廷俊认为"国家中心论"形成于西安事变后。1937 年 6 月 23 日，在社评《对于国事之共同认识》中，《大公报》期望全国各界人士一致遵守两点认识，其中第一点便

① 王芸生、曹谷冰：《1926 至 1949 年的旧〈大公报〉》，《文史资料选辑》第 25 辑，中华书局 1962 年版，第 30 页。

② 参见周雨《大公报史》，江苏古籍出版社 1993 年版，第 107 页。

是："愿一致认识拥护国家中心组织为建国御侮之前提条件。故一切思想行动，凡增加向心力者为是，凡促进离心力者为非。"这篇社评的发表标志着"国家中心论"正式形成。① 吴的观点目前为大多数研究者承认。

其次，演进的过程。任桐和吴廷俊曾对"国家中心论"的发展脉络进行过介绍，但都是限于其整个研究的一小部分，没有进行专门、细致的梳理。

吴廷俊在《新记〈大公报〉史稿》中认为，"国家中心论"提出于新军阀混战之时，酝酿于抗日救亡之际，正式形成于西安事变之后。后来在抗战八年中，这个"国家中心"又有所发展；在解放战争中，这个"国家中心"仍然顽固地起作用，直到蒋介石这个"国家中心"在中国大陆被摧垮。② 这里谈到了"国家中心论"起止的时间，即开始于新军阀混战之际，结束于国民党败亡之时。

任桐曾经对"国家中心论"从酝酿、发轫到形成的过程作过论述，认为"国家中心论"从发轫到形成大致经历了三个阶段。第一阶段以《民国二十年元旦献辞》的发表为标志，这一阶段是《大公报》唱扬"国家中心论"的初始阶段，其"国家中心论"以南京国民政府为拥护对象，而没有明确指向任何领袖个人。第二阶段始于星期论文专栏的民治与独裁的论争，这一时期可以被认为是《大公报》唱扬"国家中心"的过渡阶段，其"国家中心论"的拥护对象虽然形式上还是作为团体的南京国民政府，但实际上已显露出对作为领袖的蒋介石的明显偏向。第三阶段，西安事变发生后的一系列社评的发表，是"国家中心论"的形成阶段。这一阶段，其拥护对象已从南京政府转变为蒋介石。③

吴廷俊对"国家中心论"演进过程的概括提到了其起始和结束的时间，但对其发展过程中各个发展阶段没有明确界定。任桐对"国家中心论"的脉络论述得较为清楚，但是由于他研究的时间段是1927—1937年，

---

① 参见吴廷俊《新记〈大公报〉史稿》，武汉出版社1994年版，第263页。
② 同上书，第263—265页。
③ 参见任桐《徘徊于民本与民主之间〈大公报〉政治改良言论述评（1927—1937年）》，生活·读书·新知三联书店2004年版，第207—213页。

所以对"国家中心论"1937 年以后的发展脉络没有涉及。总体上，研究者对于"国家中心论"发展脉络有欠全面、细致、明确的梳理。

再次，对其的评价。以往的研究者对"国家中心论"的评价，经历了一个由批判，到平反，到力求全面的过程。

过去对《大公报》的批判，"国家中心论"是一条主要罪状。批评者说它始终"鼓吹'正统'、'法统'、'国统'、'国家中心'理论，来为蒋介石的法西斯的独裁统治张目"①，说它"反对抗日民族统一战线，极力宣扬'国家中心'论，把蒋介石捧上独裁的宝座"②。王芸生和曹谷冰在"文化大革命"期间所写的长文也将"国家中心论"始终与"拥护蒋介石"联系在一起。③

十一届三中全会后，一批老大公报人和大公报人的后代在为《大公报》平反的过程中，也对其"国家中心论"进行了平反。李纯青曾经评价："《大公报》的国家中心论，确实十分重视抗日，这个内容也许是主要内容。用俗话说，就是笼统反对兄弟阋于墙外御其侮。……它是爱国的，符合于抗战时期的要求和利益。"④ 王芝琛也指出："《大公报》的'国家中心论'，其核心或曰该论之'魂'，是爱国。并不能因其与中共提出的抗日民族统一战线中'独立自主'的原则不同，而贬其为'反动'。"⑤ 周雨也认为"《大公报》的'国家中心论'是和抗日联系在一起的"⑥。

可见，拥蒋与爱国是"国家中心论"的两个方面，以谁为主，决定了对其评价的褒贬。实际上这二者是"国家中心论"中一直存在的两个内容。吴廷俊和任桐的研究将这二者进行了全面的考虑，并对问题进行了一分为二的分析。吴廷俊认为，《大公报》的"国家中心论"既是一个"阶

① 《天津进步日报宣言》，《进步日报》1949 年 2 月 27 日。
② 《大公报新生宣言》，《大公报》1949 年 6 月 17 日。
③ 参见王芸生、曹谷冰《1926 至 1949 年的旧〈大公报〉》，《文史资料选辑》第 25 辑，中华书局 1962 年版，第 30 页。
④ 李纯青：《为评价大公报提供史实》，周雨《大公报人忆旧》，中国文史出版社 1991 年版，第 31 页。
⑤ 王芝琛：《百年沧桑王芸生》，中国工人出版社 2003 年版，第 56 页。
⑥ 周雨：《大公报史》，江苏古籍出版社 1993 年版，第 109 页。

级"的概念也是一个"历史"的概念。所谓"阶级的概念"，是指张季鸾是资产阶级知识分子，蒋介石从政治斗争的需要出发，对其礼遇有加。张季鸾经常说："既然蒋先生以'国士'待我，我就要以'国士'报蒋先生。"然而蒋介石的能力，根本不能领导中国民众完成反帝反封建的民主革命，尤其是政治上，蒋介石背叛孙中山先生的三民主义，而实行法西斯独裁统治。《大公报》把这样一个人当作国家中心来拥护，实在是"大错特错了"。所谓"历史的概念"，是指《大公报》提出"国家中心论"的历史背景——抗日救国。《大公报》的"国家中心论"中的"拥蒋"实际上包括了很大"抗日"的初衷，包括了很大成分的爱国主义，而不单是拥护蒋介石个人。[①] 任桐认为："拥护以蒋介石为领袖的国民政府，对于集中全国力量，一致对付日本侵略者是起到一定作用的。只是在个人与国家的关系上，《大公报》过分强调了统治者个人的权威，而这一权威又是被希望建立在统治者个人良好的政治、道德修养上，以实现伦理政治与权贵集中之秩序的统一，这恰恰是蒋介石所不具备的。"尽管"国家中心论"有其阶级和历史局限性，但应当肯定的是，其很大程度上出于团结、共御外侮的良好愿望。[②]

能够将拥蒋与爱国全面地、一分为二地分析，是对"国家中心论"评价的深化。这里出现了一个问题，就是，蒋介石何时能代表国家利益，何时不能代表。代表的时候，以拥蒋为对象的"国家中心论"就是有积极意义的，而当蒋介石不能代表国家利益甚至损害国家利益的时候，就必须对其进行否定了。这里可见，还要依蒋介石的政治活动的演变动态地评价这一"国家中心论"这对于真正全面认识"国家中心论"具有重要意义。因此，任桐对"国家中心论"的酝酿、发轫到形成的过程进行梳理是非常有必要的。但是，完整地看，"国家中心论"在形成之后又经历了提倡、淡化、终结的过程。厘清"国家中心论"一个完整的脉络是客观、全面评价"国家中心论"的必要条件。

---

① 参见吴廷俊《新记〈大公报〉史稿》，武汉出版社 1994 年版，第 32—33 页。

② 参见任桐《徘徊于民本与民主之间——〈大公报〉政治改良言论述评（1927—1937）》，生活·读书·新知三联书店 2004 年版，第 214—216 页。

在前人研究的基础上，本书将从以下两点展开研究。

第一，对"国家中心论"，从酝酿、形成、提倡到淡化、终结的过程进行了梳理。这一专门、细致的梳理工作，还没有研究者做过。对于"国家中心论"的形成，本书同意吴廷俊的观点。根据对《大公报》言论的考察，本书认为，在抗战胜利前后，"国家中心论"就终结了，而不是蒋介石在大陆败亡的时候，这是对吴廷俊研究的修正，也是本书提出的一个新观点。

第二，在对"国家中心论"的评价上，本书在细致梳理其发展过程的基础上，根据主观动机与客观结果，具体情况具体分析，动态地对其进行了探讨。蒋介石政权能够代表和维护国家利益时，拥护蒋介石当然也就是拥护了国家的利益，但是当蒋介石统治集团做了有损于国家利益的行为时，《大公报》依然维护这个中心，那就要另作分析。在抗战初期，需要全国上下团结一致，统一命令，而团结需要中心，发布命令需要权威，这时候，作为全国统治的中心，蒋介石国民党统治集团作出了坚持抗战的表示，可以说它代表了国家的利益，维护它就是维护国家利益。然而在抗战相持阶段到来后，团结的途径问题、统一战线中各党派的地位问题，提了出来。而蒋介石没有站在更高的民族国家立场上容纳其他党派，甚至发动国共摩擦，武装进攻共产党。这里，蒋介石个人就不能与国家利益画等号，因为他没有代表国家的利益，在维护自身利益的同时，却损害了国家利益。《大公报》依然维护蒋介石的独裁统治，虽然主观上标榜维护国家利益，但由于其与蒋介石绑在一起，其客观作用也只能跟着蒋介石一起破坏团结，损害国家利益。这一点在"国家中心论"的各个不同发展阶段有不同的表现，本书将作具体分析。

### 三　主要内容与思路、方法

从《大公报》的"国家中心论"发展演变来看，它并不是一直以蒋介石为对象。本书所研究的时间段是1902年至1949年，即在回顾"国家中心论"提出的大背景的基础上，完整梳理其酝酿、形成、提倡、淡化、终结的发展脉络。坚持独立办报的"四不"方针，倡导自由民主是《大公报》所一贯坚持的。但是"九·一八"事变之后，民族危机日益深重，中华民族面临生死存亡的重要关头，中国自由知识分子思想中固有的民族主义日趋强烈，"国家中心论"逐渐占据主导地位，并且受到他们思想深处的封建正统思想的助力，使得其自由民主思想日益潜隐直至最后蛰伏。沿着这一脉络，本书主要内容设计如下。

第一部分，"国家中心论"的源头及酝酿过程。1902 年《大公报》创刊，所提倡立宪思想及敢言的风格应当说是其"国家中心论"的思想源头。但是由于戊戌变法的失败和民初政局的混乱，使得英敛之对于政治日趋失望。其思想由唱扬立宪到宣传改良，言论阵地逐渐转移到了文学领域。在梁启超新民思想影响下，以提倡白话文和新诗继续宣传其改良思想。文学副刊与报纸的紧密结合，也是后来《大公报》言论报道与文学副刊互为依托、互相促进、共同发展的重要特色。

第二部分，"国家中心论"的酝酿。新记《大公报》1926 年创刊至 20世纪 30 年代中期，在国民党取得全国政权的形势下，在思想界民主与独裁的论争中，逐渐将其对国家的拥护指向了蒋介石个人。但是这一转变是一个渐进的过程，与其政治主张的变化相对应的，在其同样具有重要影响力的文学副刊版面上，依然追求自由、独立的纯文学境界，以服务于国家民族、培植国民文化基因为己任。

第三部分，"国家中心论"的正式形成。西安事变及其善后期间，《大公报》以蒋介石为对象的"国家中心论"正式形成，并成为其对待国内各政治势力的基本立场。从"国家中心论"出发，要求共产党放弃独立割据、归顺中央，要求地方实力派政治中央化，要求民主党派社会团体放弃异见以"统一国论"。在"国家中心论"指导下，《大公报》的自由民主思想逐渐潜隐，追求的是统治者赐予的言论自由和一党训政下的宪政。

第四部分，是"国家中心论"的提倡，也是对其宣传的高潮阶段。抗日战争爆发到相持阶段初期，《大公报》对"国家中心论"大加提倡，号召全国上下信任政府、拥护领袖，主张国家至上、民族至上，以至在国共摩擦中拥蒋反共并试图在宣传上将第一次宪政运动纳入"国家中心论"的轨道。这一时期，可以说是《大公报》自由民主思想处于蛰伏的时期。这一时期的文学副刊也举起了"国家中心"的旗帜，为抗战服务，为国家中心服务。

第五部分，是"国家中心论"的淡化。随着抗日战争相持阶段中后期的到来，日军已无力再进行大规模的进攻，这时正应该是国民党政府振作奋发、积蓄力量准备大反攻的时机。然而，国统区内的经济混乱，政治腐败，日甚一日，国民党政府的统治危机日益加重。在这种情况下，《大公报》主持者忧心忡忡，虽然仍坚持"国家中心论"，但批评和督责的言论逐渐明显，在继续批评共产党的同时，也呼吁政府"修明政治"。这一变化，反映了《大公报》对"国家中心论"的宣扬已出现淡化，自由民主思想开始复苏。其具体表现，一是希望政府放宽对言论自由的限制，提出以"小批评、大帮忙"的原则处理其与政府的关系；二是对宪政运动表现出极大的热情。

第六部分，是"国家中心论"的终结。随着抗战胜利的到来，大公报人认为这时是中国彻底改革政治，实现国家富强的千载难逢时机，也是实现自由民主权利的最佳时机。抗战胜利前后，瞩望和平安定、民主统一的《大公报》，向国民党提出政治民主化的要求，对共产党提出军队国家化的要求，其中贯穿着人民至上、主权在民的思想核心，这是《大公报》自由主义的回归。这时，人民利益取代了蒋介石，具有至高无上的地位，《大公报》以蒋介石为对象的"国家中心论"至此终结。

综上所述，1902—1949 年这近 50 年时间里，围绕《大公报》"国家中心论"主张，本书的研究思路沿着以下四条线索展开。

第一条线索，《大公报》各时期言论主张的出发点"国家中心论"的演进。总体上，"国家中心论"发源于英敛之时期的立宪主张与新民思想，酝酿于 20 世纪 30 年代思想界的论争，形成于西安事变及其善后时期，提倡于抗战爆发到相持阶段初期，淡化于抗战相持阶段中后期，终结于抗战胜利前后。

第二条线索，就是在"国家中心论"的指导下，对国内各政治力量态度的变化。对待共产党，从开始要求其自动放弃独立割据，归顺中央；到抗战相持阶段中后期批评指责其破坏抗日，要求其服从中央；到抗战胜利前后，要求共产党放弃武装实行政争。对待各民主党派、社会团体，从开始要求其放弃异见以统一"国论"；到放弃组织，服从一个党，一个主义，一个领袖；到后来积极参与其发起的宪政运动，主张政治民主化，开放党禁。

第三条线索，《大公报》自由民主思想的演变。《大公报》的言论自由和民主宪政的追求，脱胎于清末民初英敛之的立宪思想，在新记时期明确提出。后来经历了从西安事变时期的潜隐，抗战初期的蛰伏，相持阶段中后期的复苏，到抗战胜利前后的活跃演进过程，以及在自由主义思想下《大公报》文学副刊的演进。

第四条线索，英敛之时期对于君主持维护态度，发展到新记时期，从张季鸾时代到王芸生时代，《大公报》与蒋介石的关系从亲密到疏离，政治立场由拥蒋到中立，反映了《大公报》与中国政治权威关系的发展演变。

其中，第一条线索是主线，第二条与第三条线索是第一条线索的表现，第四条线索是思想根源。本书就是以仔细梳理这四条线索为经，以"国家中心论"各个发展时间段为纬，结构全文。通过这几条线索之间的互动，并结合当时的政治背景，梳理《大公报》政治主张的发展脉络，探究其背后的思想根源。以蒋介石为对象的"国家中心论"从酝酿、形成、提出，到淡化、终结的过程，反映了《大公报》从拥蒋到中间立场的转变，在"国家中心论"指导下对自由民主的追求，由潜隐、蛰伏到复苏、活跃的演变，表现了由张季鸾、王芸生先后主持的《大公报》自由主义追求的一段心路历程。回到中间立场的《大公报》对民主宪政的追求，最终被国共内战的硝烟淹没，又揭示了在民国政治环境中自由主义追求的悲剧。

历史研究，总是首先要"确定事实"，接着就要对事实作出解释。确定事实和解释事实是两种不同的任务，由此决定历史研究需要使用不同的方法。本书力图以马克思主义的辩证唯物主义和历史唯物主义作为指导思想，来解决"确定事实"这一技术性的难点。重视史源，搜集与此课题相关的大量资料以了解该课题已达到的水平。然后在此基础上，潜研于收集到的报纸之类的原始史料。《大公报》的社评、星期论文、新闻通讯及副刊是该报的四大特色。其中，社评由大公报人自己撰写，最能反映其立场与主张；星期论文则主要由一批与《大公报》观点相近的自由知识分子撰写，也在一定程度上体现了大公报人的办报倾向。各个时期的《文学副刊》更是其自由思想和办报理念的体现，成为其思想主张的另一平台。

　　本书以社评和文学副刊作为研究的主要史料基础，结合1902—1949年间国内重大政治事件的相关背景来阐述《大公报》"国家中心论"指导下的言论主张。在这一过程中，采用纵向研究和横向研究相结合的方法、史论结合的方法，将比较研究、逻辑思维、同门类比等方法综合运用在论文中，使相关成果融入研究中，力求以新的视角来重新审视这份百年老报，进而还原历史，贡献当下。

# 第一章

# "国家中心论"的源头

鸦片战争以降，随着西方来华人数的增加以及西方文明的传播，中国报刊事业渐趋兴盛。特别是中日甲午战争之后，知识分子认识到报纸媒体的重要性，使得此后十年间报业大兴。"文人办报"的宗旨是希望报纸媒体能够担负起为开启民智、富强国家、贡献力量的社会责任。20世纪初，在维新思想广泛传播的大背景下，以传播君主立宪思想为主要宗旨的《大公报》创刊。在论说栏中深入阐述君主立宪思想，奠定了《大公报》的"敢言"风格。同时在报纸附张、杂俎刊登白话小说、寓言、新诗，以期开风气启民智。英敛之时期《大公报》君主立宪思想、改良思想、新民思想，尤其是其爱国思想，可以说是"国家中心论"的源头。在立宪思想下对权威的维护，对国家统一的期盼，对分裂力量的抨击，以及最为朴素真挚的爱国思想，与后来的"国家中心论"都是一脉相承的。至于其新民思想，更是那个时代的主流，并且为后来的文学副刊所继承并发扬。

## 第一节　英敛之的维新思想与办报理念

1902年，《大公报》在天津创刊。主编英敛之在《大公报》上发表一篇名为"说报"的论说，较为系统地阐述了英敛之对于报纸媒体的功能和作用的认识，以及由此所确立的办报宗旨。文中强调指出："报纸之天职，所以为君耳目、作民喉舌者也。若夫民之冤苦、官之贪邪，知而不言，则有负天职。"[①] 在英敛之看来，报纸的天职一为君，二为民，透过英敛之对于报纸的功能和作用的认识，不难察觉出他具有很强的君主立宪思想。

在创刊号上的《本馆特白》和《大公报序》中，英氏两次强调以"开风气，牖民智""挹彼欧西学术，启我同胞聪明"为办报宗旨，意即办报之目的为开化社会风气，大力介绍西方思想和文化知识，以开阔国人视野，激发国人的聪明才智。若再联系英敛之"誓起民权移旧俗，更研哲理牖新知"[②] 的自勉诗，其"开启民智"的办报思想已是相当明晰。在英敛之看来，一国国民之发达程度和报纸媒体的发展有很大的关系。他认为，"夫报者诚一国之代表者也，国民程度之高下，智识之开塞，风俗之美恶，要以报馆之多寡，销路之畅滞，记载议论之明通猥鄙征之"[③]。以此标准衡量，中西方孰优孰劣则高下立判——"近世欧美各国，无论通都大邑，穷乡僻壤，莫不设有报馆，为之鼓吹一切，发皇一切。故其国势膨胀，民智开通，贻非我国所能望其项背"[④]。因此，要想富国强民，必须像西方国家那样广设报馆。

英敛之清楚地认识到报纸媒体应该具有"政府监督"和"国民导向"的双重功能，即对上可以影响和监督政府决策及其施行，对下可以起到开启民智、增强民力的重要作用。

事实上，通过报纸媒体表达自己的政治诉求、干预社会是具有一定素养的近代中国知识分子在创办报纸媒体时所希望达到的一种理想状态。"修身齐家治国平天下"，传统士人将参与国家治理视为自己奋斗的终极目标，而忽视了对社会中普通民众的责任。然而及至近代中国社会，出于现实考虑，知识分子们不仅继承了先辈们挽救国家民族危亡的使命，而且凭

---

① 英敛之：《说报》，《也是集续编》，天津大公报馆清宣统二年（1910）铅印，第29页。

② 《英敛之日记》1902年2月18日，方豪编录《英敛之先生日记遗稿》，沈云龙主编《近代中国史料丛刊续编》第三辑，（台北）文海出版社1974年版，第395页。

③ 英敛之：《说报》，《也是集》，天津大公报馆清光绪三十三年（1907），第13页。

④ 英敛之：《某报发刊祝词》，《安蹇斋丛残稿》铅印本1917年丁巳，第8页。

借对世界大势和时代潮流的理解，自觉地担负起了开启民智的重要责任。就文人办报这一问题来说，这种观念改变了传统士人单向的影响范围，而同时具有对上和对下的双向影响力。但是这一观念的前提是，文人及其所办的报纸媒体本身应该具有客观、公正等品质。有鉴于此，英敛之将《大公报》的基调定为独立，即坚持舆论自主，追求言论自由，以维持报纸媒体的永久生命力。

但是在近代中国社会，若要达到这样的理想状态，并非易事。尽管中国报业自鸦片战争始已经经过了半个多世纪的发展，然而，或因时局动荡，不能长期、稳定发展，或因依附官方，沦为某种政治势力的传声筒，始终难以出现独立发展的局面。对此，英敛之有非常清醒的认识："我国日报之兴起，然旋开旋闭，现如昙花者，十居八九。且因滥厕匪人，致跌其声价，是以束身自好者流，多屏而不观。戊戌以还，始有博达英明者，略具世界眼光，各供所学，为之一发异彩。新政推翻，而亦相随声销迹灭。此后，则忽盛忽衰，带有混杂，而光明正大、始终不渝者，亦硕果仅存矣。"①

造成这种局面的原因很多，首先，报纸媒体内部存在很多问题。近代为追求纯商业利润而出现的报馆，追求盈利是最大目标，为此可以不择手段，肆意践踏和背离报纸媒体从业者的职业道德，导致流弊丛生，形成了很多报界恶习。除了报馆本身存在的诸多问题之外，引起英敛之更多关注的是整个社会政治、文化环境，尤其是来自政府方面的对报纸媒体的种种压迫。政府无法为舆论自由提供有力保障，报馆随时都可能被取缔，报人也随时都面临着各种威胁。"但稍能自立、主持正理者，未有不为官界眼钉肉刺，必取之而后快者也。"② 尤其在戊戌变法之后，清朝政府看到了舆论产生的巨大社会影响，遂变本加厉地进行压制，称其"莠言乱政，最为生民之苦……其报馆中主笔之人，皆斯文败类，不顾廉耻。即饬地方官严行访拿，从重惩治，以息邪说而正民心"③，以致各种报纸"旋开旋闭、现

①　英敛之：《某报发刊祝词》，《安骞斋丛残稿》，第 8 页。
②　英敛之：《答来函》，《也是集续编》，第 10 页。
③　方汉奇：《中国新闻事业通史》，中国人民大学出版社 2000 年版，第 952 页。

如昙花者，不知凡几……此硕果仅存者，或岌岌皇皇，或汶汶泪泪，曾不得言语之自由"。在如此恶劣的社会环境中，努力争取言论自由，讲求新闻道德的英敛之始终坚信："至于报馆掌文职，国民之向导，启迪诱掖，影响于社会者，甚速且大。"①

就英敛之的办报思想而言，由于他所处时代正值中国人独立办报的起步阶段，因而对于报纸功能以及如何处理办报过程中的一些具体事宜，英敛之都必须摸索着前行。但是在报效国家的志向的鼓励下，凭着对报纸媒体的浓厚兴趣，在其每日发表的论说之后，更是拿起了文学这一武器发表自己的政治主张，众多诗界革命体的新诗歌、白话寓言、小说纷纷登载，英敛之苦心经营的《大公报》逐渐享誉全国报界。

## 第二节 倡导白话文

正是由于《大公报》充分意识到民众在社会历史发展变化中的地位和作用，所以特别强调开民智。为此，大力提倡白话文，以方便那些文字水平不高的普通民众获取各种知识，"俾粗识字者皆得从此而知政要，庶不致再如睡梦矣"②。《大公报》大力提倡白话文，努力改变民众的蒙昧状态，提升民众的素质。

《大公报》始终坚持以白话来达到其开启民智的目的。尽管不是近代第一份刊登白话的报纸媒体，但是《大公报》从创办之初就专设"附件"（后改名"白话"）一栏，坚持白话宣传，不仅开创了日报附设白话的先例，"中国华文之报附以官话一门者实自大公报创其例"，而且成为白话文的有力提倡者和实践者，"以其说理平浅，最易开下等人之知识，故各报从而效之者日众"③。

---

① 英敛之：《北支那每日新闻出版祝辞》，《也是集》，天津大公报馆清光绪三十三年（1907）铅印，第48页。
② 英敛之：《开民智法》，《大公报》（天津版）1902年7月21日。
③ 英敛之：《本馆特白》，《大公报》（天津版）1905年8月20日。

　　《大公报》一经创办，英敛之就在报上发表文章，阐明《大公报》刊登白话文的原因：

　　　　近有许多西友嘱本报馆演一段白话附在报上，为便文理不深之人观看，未尝非化俗美意。本馆不嫌琐碎得便即用官话写出几条。……最苦的是我们中国文字字眼儿难懂，所以有许多明白人，如今开了许多白话报馆，为的是叫识字不深的人，也能明白。有人劝我，在《大公报》上，也要添上点白话，我不敢偷闲躲懒，以后得了工夫，就写几句，这是我们开导人的一片苦心，也是真正经话，不要拿着当要要贫嘴呀！①

　　20世纪初已经有不少中外人士认识到"中国文字眼儿难懂"是大多数民众通过读报来了解世情、增长见识的窒碍。英敛之正是这"许多明白人"之中颇具代表性的一位。在他看来，办报就应当是"对着平等人说法，但求浅、俗、清楚，不敢用冷字眼见，不敢加上文话、成语"②，因此，他专门以口语化程度很高的白话来介绍和探讨社会问题。而且，由于英敛之总揽报馆事务，因此，报上刊登的白话文大都由他本人撰写，据他称，"这白话出于在下写的约十分七八，其余长篇大论多是竹园主人③及清醒居士所作"④。英敛之本人对刊登白话这一举动也颇为满意，"每日俱演白话一段，附于报后，以当劝诫。颇蒙多人许可，实化俗之美意"⑤。

　　《大公报》非常注意反映近代中国社会中提倡白话的新气象，并对此进行报道与宣传。其中白话的告示与文章是《大公报》刊载较多的白话文，同时白话的寓言、小说更是其发表政治观点的重要载体。

---

　　① 《大公报》（天津版）1902年6月22日。

　　② 《大公报》（天津版）1902年7月20日。

　　③ 丁子良，又名国瑞，号竹园主人，回族，是近代京津一带有名的中医，常撰文议论时局，开启民智，文章多见于《大公报》《直报》等。后自创《竹园白话报》，后改名为《天津竹园报》，著有《竹园丛话》等。

　　④ 《大公报》（天津版）1904年4月16日。

　　⑤ 方豪编录：《英敛之先生日记遗稿》，沈云龙主编《近代中国史料丛刊续编》第三辑，（台北）云海出版社1974年版，第516页。

### 白话告示——关注社会现象

白话告示是近代出现的较为新颖的一种宣传形式，如官方的政府告示、巡警告示、各署局告示以及民间性质的劝学告示、劝放足告示、劝改良风俗告示等，告示本来张贴于街头巷尾，其目的是传达消息或者宣扬主张，面对的是广大普通民众，因此多采用浅显的白话文字，"白话令人易解而且省目，对于下等社会裨益尤多"①。但受地域、告示性质等因素的影响，有时贴出的告示影响范围并不大，存留的时间非常短。《大公报》频繁地摘录、刊登社会中出现的各种白话告示，借助其在各地的流通网络，打破地域的限制，将告示中所要传达的信息尽可能广泛地传播到社会的不同角落中去。

1908 年，《大公报》刊出了一则四乡巡警总局为杜绝社会不良风气而贴出的白话告示，主要是针对妇女出门烧香容易造成社会秩序混乱一事告诫百姓，并希望妇女们遵守规矩，自敬自爱。

> 每年农历四月二十日以后南乡蜂窝庙唱戏出会，引得各处的男男女女成群结伙前去烧香，日夜不断……良家妇女，平日在家规规矩矩轻易不曾出门，男女界限甚是严整。一到了庙中，男女同在一处烧香，与那些游客、娼妓们，也一同挤在一堆，以至良莠不分，往往闹出事来，于脸面上很不好看。……现当我们中国力求文明的时代，总要破除迷信方好呢，不要教外人笑话。本总局为维持风化起见，一面传饬各处巡警遇见妇女成群结伙，鸣锣执旗引路，上庙烧香即行查办。再出白话告示，先为劝导，责成各家家长，嘱咐年轻妇女切不可烧香逛庙。为什么好人家的妇女与娼妓及游荡子弟们混在一堆，拥拥挤挤不成样子？此种败坏风俗之行为，本局不忍坐视，所以苦口劝导。望尔乡民妇女，各人都要自爱，在家遵守规矩，不去烧香逛庙，那才是体面人家呢。各宜禀遵，毋违特示。②

---

① 《大公报》(天津版) 1906 年 1 月 3 日。
② 《大公报》(天津版) 1908 年 5 月 12 日。

除此之外，巡警局还针对某一时段容易出现的社会问题发布白话告示，防止事态进一步扩大。对此，《大公报》也用一定的版面进行刊登。如1908年的春夏之际，天津接连出现几次火灾，"今年这二里有几处闹着火的事情，房屋也烧毁啦，财产也损伤啦，叫人听着实在是怪可惜的"①。为防御失火，巡警局也贴出告示，提醒百姓们注意防火：

> 近来的天气实在干燥，易闹火灾，要不想个法子防备如何是了。大家伙想想，天津的地方人烟稠密没有火灾便罢，一有火灾就是延烧好几十家。一经烧了，不是倾家荡产就是败产。推原其故，是怎吗回事呢？大半皆因是煤油起火的多。这吗看起来，煤油万不可多存了。可也不能静说煤油容易起火，别的东西容易起火的也还多着呢。就像甚么柴禾、烂纸堆儿，还有洋火合卷烟头，随便丢到容易起火的东西上，当时就起来，可怕不可怕。总而言之，你们大家需要知道，这是为公益起见。以后你们存煤油的，每家至多不准过五箱。至于别的洋火、烂纸等物，也要少存为是。那卷烟头须格外留神不可乱丢。此时虽下了点雨，仍然是天旱物燥。本局特出此告示来，苦口劝你们。你们可要遵守。倘若查出你们有违背的情形，定要从重惩办的，可别当玩话呀。切切特示。②

### 白话寓言——讽喻时事

《大公报》经常刊登一些采用比拟或寓言方式间接阐述中国社会和国家现状的文章。这类文章大部分都是以"家"来类比"国"。这其实是近代中国知识分子惯常采用的表述方式，也是他们向社会各阶层认识介绍国家、民族概念的基本手段——借用传统的家文化，让人们明白挽救国家和民族危机自己也有不可推卸的责任。

1903年11月25日起，《大公报》刊登了白话文章《傻子当家》。文中说有一个富户，"家主人姓钟名华，群称为钟员外。生有四子，大的名叫

---

① 《大公报》（天津版）1908年4月25日。
② 《大公报》（天津版）1908年6月9日。

因循，二的名叫苟安，三的叫保位，四的叫忌贤，其余侄子孙子甚多，可称为人财两旺的人家。但是因为家业太大，事体繁杂，这位钟员外，一个人照顾不过来，故此派四个儿子掌其事，钟员外竟坐在家里安安静静地养福。哪知道他这四个儿子，全是傻子"，[①] 净是做些败坏家产的事情。"这钟家有一个本家，老哥儿两个，因为钟华家里，被这四个傻儿子闹得太不像话，恐怕把家闹败了，连累着本家全跟着受穷，故此起竟要替他们整顿整顿。"

从 1902 年 11 月 26 日起，《大公报》上刊出了先笑后哭生撰写的白话系列文章《观活搬不倒儿记》。从作者的名字就可以很清晰地看到，作者想要以先笑后哭来表现身逢巨变的近代中国知识分子们的曲折心态。这篇小说主要讲述了三位吴家兄弟吴耻、吴刚和吴心的经历。吴家本是北京的望族，家大业大，却被两个分别穿白色和蓝色衣服的外国人抓住弱点，一一击破，不仅丢失了家业，还受到外国人的摆布，成为在庙场上扮演活搬不倒儿的小丑。很明显，作为北京望族的吴家兄弟，在文中代表整个中华民族，代表中国社会中备受压迫的、不知觉醒的、需要被发动的广大人民群众，而穿白色和蓝色衣服的两个外国人则指代侵略中国的西方列强。中华民族原本地大物博，却在西方列强坚船利炮和鸦片等的攻击下败下阵来，无家无业。同时，清朝政府也成为西方列强的傀儡，就像一个搬不倒儿一样，让他哭他就哭，让他笑他就笑，完全失去了自主权。在此，作者以白话，运用比拟的手段，形象地揭示出中华民族所面临的危机，并暗指倘若中国人再不奋起挣扎，那么不仅个人，就连国家、民族也会陷入被人控制的悲惨境地。

### 白话小说——传播西方知识、发表政见

《大公报》1902—1916 年近 15 年间共发表各类小说 115 篇。由于报纸版面的限制，绝大部分为短篇小说。若从小说的内容和类型看，可分为两个发展阶段：第一阶段从 1902 年至 1911 年，以发表翻译小说为主，尤以侦探小说居多；第二阶段从 1912 年至 1916 年，以发表原创小说为主，其

---

① 《大公报》（天津版）1903 年 11 月 25 日。

中以寓言体小说和传记体小说为大宗。

英敛之本人就酷爱小说，据其日记所载，“常常批阅小说至天明”，其中对西洋小说尤为青睐，“予素最嗜阅西洋各种说部，以其思想新，章法妙，每出一种必购阅”。[①] 由此可见，英敛之的小说观念是：思想内容上要注重表现“新知”，以维持“世道人心为主，不弄那酸文假醋”；章法结构上要灵活巧妙，富于“意趣”；此外，语言表述上还要“言浅意赅”“雅俗共赏”。[②] 而在英氏眼里，追求“泰西小说”最符合以上几点要求，故《大公报》在其主持期间以翻译小说为大宗就不难理解了。该报第一篇翻译小说为《猫鼠成亲》，纯用白话，末段译者点明题旨，意味深长：看着可怕，像那些鼠辈不知道自立，强颜倚靠人的，还不警醒吗？显然，编译这篇寓言小说是告诫国人要自强自立，时刻警醒，不要到了为人鱼肉时才后悔莫及。类似的翻译小说还有《乐师》，从乐师与狼、狐狸、兔和樵夫的交往中，道出与人交友的原则和方法。“这些小说往往都接上一个说理的尾巴，阐释一些生活的经验或人生的哲理，以期起到‘牖民智’的预设目的。”[③]

1912年清朝垮台，袁世凯篡夺了辛亥革命的果实，堂而皇之地当上了临时大总统，让坚持君主立宪的英氏心灰意冷，干脆退隐报界。委托樊子期、唐梦幻为其主持《大公报》业务，直到1916年9月将报馆转卖为止。这四年多虽然英敛之不主持馆务，但英氏早期定下的宗旨、价值取向和“敢言”风格都基本得以坚持并有所延展。但樊、唐二人在小说观念上更强调“讽喻时事”的功能，而翻译小说在讽喻的贴切性和采编的便利性上显然不如本土的原创小说，故此时期该报小说以原创为主，主要归结为两大类：寓言体小说和传记体小说。其主题内容主要有以下三个方面。

第一，对时局黑暗的揭露。《大公报》作为民办商业报纸，与官方保持着一定的距离，因此往往能选取一个旁观者的视角，发出自己的声音。

---

① 《英敛之日记》1905年2月10日，方豪编录《英敛之先生日记遗稿》，沈云龙主编《近代中国史料丛刊续编》第三辑，（台北）文海出版社1974年版，第974页。以下“英敛之日记”即指此书，不再另作说明。

② 《烂树根子》，《大公报》（天津版）1903年9月18日；《害人害己》，《大公报》（天津版）1912年6月4日。

③ 谢仁敏：《英敛之时期的〈大公报〉小说及其小说观念》，《江淮论坛》2008年第10期。

《大公报》对于当时社会的动荡黑暗，痛心疾首，虽为小说，然而表现出了作者强烈的愤慨。

在《现世大药房广告》中，假借一则广告的形式，揭露了社会道德的沦丧与堕落。

> 本主人慨人心不古，世道日葬，偌大中华，积成贫病，破产在目前，发明丸散膏丹四种，希世界大同之愿，夺乾坤造化之奇，敢信世间良药，无此全丹。唯品物皆不易搜求，故价值宜稍从昂贵。识者谅之。
>
> 遮羞洗脸散。……本药房之遮羞洗脸散，妙在无论男女老幼，一经如法擦抹，勿使间断一月后，而皮呈异样光彩，坚厚如铁，纵使若何严词厉色，冷嘲热讽，可以逆来顺受，颜色如常，真如俗所谓城砖丢来，只当得拜年贴矣，此散之特色有如此者。
>
> 乌黑良心丹。……用此丹，早晚吞服数钱，良心纯红者，自然日变为灰黑矣。灰黑者，自然渐成为纯黑矣。凡属利令智昏，想发大财，专图利己者，不可不服此丹也。
>
> 傲骨柔汤膏。……本药房发明此膏，重用当世红人放屁之臭气，名妓欢客之残水，再向弱水河边，选采细软之柳枝，如法炮制，不凉不热，服之可使气泄消尽，与俗融合，自此求富贵如操胜券，凡政界、外交界，尤宜注意及之。
>
> 热血消完丸。人有不能长守其富者，或谓此等人福分浅薄。本主人断定其为热血之累，盖人之热血愈长，则其消耗资财，亦愈见其多。人无热血，则可以一毛不拔。

第二，对官场人物的嘲弄。对袁世凯那一套玩弄共和复辟帝制的把戏，该报更是进行了毫不留情的讽刺和批判。

袁世凯当政后奉孔教为国教，妄图在全社会掀起尊孔复古的逆潮，为其复辟帝制服务。对此《大公报》发表了小说《孔佛问答》，其中孔子和释迦牟尼的一段论辩，在嬉笑怒骂中批驳了尊孔教为国教的无知。

孔夫子：我们儒教在中国遵行四千余年如今中华民国更欲奉为国教，眼见得四海之内，唯我独尊，你这远来的和尚如何敢与我分庭抗礼呢？

释迦牟尼哈哈大笑道：听先生这话便可见先生是中国人了，只因中国从古以来，就没有宗教，所以中国人都不知道宗教这两字，究竟怎样讲，大凡宗教，重信仰，使一般愚夫愚妇，得以安心立命，那才算得一门宗教，先生所讲的道理，固然不错，但所说的，不还是君臣父子、日用伦常，并没有超凡出世的禅机，如何可与耶回并论呢？如今先生的众门徒，看见西洋有国教的制度，便把这教育之教，硬当作宗教之教，岂不是指鹿为马吗？

孔子：和尚的话，也不尽无理，但是我们中国，并没有真正宗教，惟有我这道统，虽说与宗教的性质，不甚相合，却从来有这孔教的名号，正好定做国教。借以统一人心，你想想，难道说，舍了我们中国人创的教，倒去拿你们外国人的宗教，当作国教吗？

释迦牟尼：先生这话，更是所见太狭了，俗语说得好，宗教无国界……现在中华民国，五族平等，满蒙藏三族都是我佛门的子弟，就是先生的同族汉族也只有读书人知道孔教，其余下流人等，仍就是迷信轮回，皈依佛法，如此算来，中国人奉我们佛教的，比奉孔教的实在多的很。就是那些奉回教、奉耶稣的信徒，听说先生自称国教违背了约法，抹去了信教自由的条文，也必然不平。如今先生，要不把国教二字撤销，我便去联络各族各教与先生反对，纵然不能战胜，恐怕各族也就从此离心了。

孔子听了这话，不觉发色，心中自想，我自作春秋的时候，就主张大一统，如今五族，愤然因我分离，如何是好？于是下了坐位，改容向释迦牟尼讲道："师父说的有理，中国统一的大局，还是我们两个人公共维持，至于国教一层，不过是有一派门人发表的议论，并未断定，且等议院众位议员从长计议就是了。"释迦牟尼点头称是，于是两位教祖，彼此行礼而散。

在这一极富想象力的对白中，将孔子儒家思想定为国教的荒谬作了深刻的分析。

在参与政治、关注社会、接近公众的过程中，作为文学作品本身也表现出了富于时代特征的一些新变之处。与中国古代的寓言故事相比，《大公报》的寓言有一些明显的区别。从内容特点上看，先秦寓言多以深刻的哲理思辨和奇幻的想象见长，但一些篇章也因此被认为"皆空语无事实"①。而《大公报》的寓言、小说则更为贴近现实，其隐喻的对象常常直指时事。例如，民初政局的混乱最为《大公报》所诟病，特别是所谓的民主选举，以指派之代表，妄称全体；以少数之选举，"武断公权"。②《大公报》对此是冷嘲热讽。

这些寓言小说的共同特点是：与"以文载道"的传统文道观念有着明显的继承关系，而直接影响则来自当时流行的谴责小说，同时也沾染上了报载小说的"新闻性"。当然，它们在"开启民智"上发挥了积极的作用，对传统的寓言体小说和传记体小说的推进和突破也有不小的贡献。但其中的一些小说也沿袭了谴责小说"辞气浮露，笔无藏锋，甚且过甚其辞，以合时人嗜好，则其度量技术相去亦远"的弊端，造成审美上的"感人之力顿微"③，少数篇章甚至有降格为"黑幕小说"之嫌。而新闻般的"时效性"和"功利性"，又使小说的生命力短暂，行而不远。④

但是，若从小说的语体观念上看，《大公报》则要率先于时代，具有相当的前瞻性，成为该报小说的一大亮点。1903 年，《大公报》曾明确指出小说使用白话的优点和重要性。"这白话有什么好处呢？一则雅俗共赏，一说了然；二则言浅意赅，感人最易。这新闻纸上，最不可没有白话的。"⑤ 白话文运动发展史上，《大公报》作为最早的推手之一，功不可没。《大公报》创办之初，英敛之即大力提倡白话文，并专辟白话文专栏"附

---

① 司马迁：《史记·老子韩非列传》。

② 《读上海大共和报书后》，《大公报》（天津版）1912 年 1 月 29 日。

③ 鲁迅：《中国小说史略》，东方出版社 1996 年版，第 207、211 页。

④ 谢仁敏：《英敛之时期的〈大公报〉小说及其小说观念》，《江淮论坛》2008 年第 10 期。

⑤ 《烂根子树·前言》，《大公报》（天津版）1903 年 9 月 1 日。

件"。随后，更是开设直接以"白话"为名的栏目，成为华文报纸的一大创举：中国华文之报，附以官话一门者，实自《大公报》创其"例"。如前所叙，《大公报》小说的绝大部分就被安插在这两个栏目中刊载，从而为白话小说的发展提供了实践的舞台。①

《大公报》不仅发表白话文章、鼓励白话来稿，而且成为提倡、宣传白话文的有生力量，其中最为有力的手段就是《敝帚千金》的刊发和对其他白话文报刊的宣传。

1904 年 4 月，英敛之决定将以前刊登在报纸上的白话文章分门别类，汇集成册，装订出版，取名为"敝帚千金"。4 月 16 日，英敛之在《大公报》上发表《敝帚千金序》一文，开宗明义地指出推动白话的发展对于近代中国社会的民智大开不无裨益：

> 中国这几年来，外侮内乱，岌岌可危，自庚子以后，更弄得国不成国了，推求这个根源，总是民智不开的原故。民智不开，故此见识乖谬，行为狂妄，有利不知兴，有弊不知除，恶习不能改，好事不肯做……如今弄得是民穷财困、国乱邦危。那知道起首不过是失于教化，民智不开，才成了这个结果。我等无权无位，又无才学，偏不自量，妄想担这个重大的责任，所以创办《大公报》。那报上的总意思，就是为民开智。……报上所写的那些议论，虽然不是十分深奥，然而平常读书多的人，也不容易懂得。故此想了一个方法，时常在报后面加上一段白话，后来屡次接到外边的来函，狠（很）多的人夸赞这白话好。说是用意正大美善，句法浅近明白，妇女小孩子略认得几个字的也可以看看，是开民智最相宜的。以后看见别家的报，常有抄我们白话的，也有在各报上附一段白话的。可见好善之心，人有同情。

为了更好地促进白话文的流通，让更多的百姓明白事理，以达到民智大开的目的，英敛之指出了刊行《敝帚千金》的目的：

---

① 《本馆特白》，《大公报》（天津版）1905 年 8 月 20 日。

到底我们还有两件事，不狠（很）满意。一件是每天事情过忙，这白话不能细细的思想，不过是信手一挥，故此难得精美。又一件是报上的地位不大，不能长篇大论的说个痛快，然而大约还没有什么十分悖谬不合理的，有时候或是过于刻薄，过于愤激，那不过是恨不得中国一时好了，恨不得中国立刻强了。如同古人说的，"官虽可恶，意实无他"这句话了，尚求众位体谅。如今既然有人说过这白话与民智大有益，又有很多的人喜欢看，故此把从前报上所登的，另印成一本书，共分五类：一开智；二辟邪；三合群；四劝诫缠足；五寓言，起个名字叫"敝帚千金"，贱价发卖。不敢说化民成俗，但愿是善与人同……但愿爱人如己的君子，买去给大众讲说讲说，还不至于有损无益，枉费精神。①

对于《大公报》此举，近代著名教育家、社会名流严修也给予大力支持。他亲自为《敝帚千金》作序，对英敛之和《大公报》提倡白话文、开通民智之举，极为赞许："文言不可喻俗，俗不可遍喻，则教育不能普及，民族日趋于拙劣，势将不可以幸存。"

1905年8月21日起，英敛之又决定延用"敝帚千金"之名，在《大公报》上定期出版白话附张，并免费随报赠送，也可以单独购买。这白话附张印成书式，积攒到一定程度便可以装订成书，为读者阅读提供了方便：

敝报限于篇幅，不能逐日演说，未免美中不足，阅者憾焉。今同人议定由本月二十一日起，于附张中纯用官话印成书式四版。阅者可存装订。其宗旨以无背真理，普益国民为标准。名称仍延本馆刊行最脍炙人口之"敝帚千金"四字，向阅本报者逐日附送，不取分文，纯用官话。②

于是，每日刊用的白话稿件一下子增加了很多，撰稿工作给整日忙于

---

① 《大公报》（天津版）1904年4月16日。
② 《大公报》（天津版）1905年8月20日。

报馆事务的《大公报》总经理英敛之增添了不少工作负担，因此这一时期英敛之日记中经常出现类似"增加《敝帚千金》，日作三千字"①的记叙，可见英敛之为推行白话付出了大量心血。《敝帚千金》由于文字浅显易懂，颇受百姓欢迎，因此销路甚好，到1906年已出版10册，到1908年为止，"敝帚千金亦积至三十册，除附报奉送外另行装订销售者亦至数万册之多"②。

由于这一时期社会中白话文章已经渐次流行，甚至连白话报刊也是层出不穷，"今北方白话之报逐日加增，虽雅俗纯驳各有不同，要不可谓非社会之进步"，因此，英敛之认为《大公报》"无须踵事增华"，便决定改变以往增加白话附张的形式，恢复最早在正报上刊登白话文章的方式，"今后之白话虽不停刊，然不复尘羹土饭，每日陈言是弄矣。此后专择言近旨远饶有趣味者，不拘多寡附于正报，一如旧例，至扩出之篇幅则多选要闻专件"，以达到"启发爱国热心，发达国民政治思想"的目的。③起初，有时七八天甚至十几天才刊出一篇白话文章，但不久之后，又恢复了经常性出刊。

在中国近代社会转型过程中，《大公报》充分意识到民众在社会历史发展变化中的地位和作用，所以特别强调开民智，而且大力提倡白话文，以方便那些文字水平不高的普通民众获取各种知识，"俾粗识字者皆得从此而知政要，庶不致再如睡梦矣"④。《大公报》对白话文的积极推广，也产生了正面反响——"各报从而效之者日众"⑤。

---

① 方豪编录：《英敛之先生日记遗稿》，沈云龙主编《近代中国史料丛刊续编》第三辑，（台北）文海出版社1974年版，第988页。
② 《大公报》（天津版）1908年2月10日。
③ 同上。
④ 《大公报》（天津版）1902年7月21日。
⑤ 《本馆特白》，《大公报》（天津版）1905年8月20日。

## 第三节　提倡新诗

处于社会转型中的近代中国，各个层面都出现了前所未有的新变。如诗歌与报刊的结合，是此前古代文学未曾预见的局面。晚清以梁启超为主要倡导者的"诗界革命"运动，为这一结合的重要产物。提及"诗界革命"，除了梁启超于日本创办的《清议报》《新民丛报》《新小说》等报刊之外，《大公报》亦刊登了为数不少的"以旧风格含新意境"的诗词作品，是"诗界革命"在国内的重要阵地。① 《大公报》所刊登的诗歌，主要集中在"杂俎"栏以及报尾附载。② 1902—1911 年的十年之中，发表的作品数量在五百首以上。③

1902 年 6 月 18 日，也即创刊第二天的《大公报》的"杂俎"栏目，刊登了一首题为"麦志伦"、署名"骁鸷"的七律：

> 只身大地放扁舟，环绕行星第一周。百万鱼龙轰岛国，一群豪杰启欧洲。
>
> 凿开中外平分界，擘破东西两半球。几度澳门来吊古，涛声犹壮昔时游。④

---

① "以旧风格含新意境"乃是梁启超 1903 年对"诗界革命"提出的期待（《新民丛报》第廿九号《饮冰室诗话》，新民丛报社 1903 年版）。

② "杂俎"栏目并非旧体诗词的专栏，于诗词之外，亦曾刊登与时事相关的对联、套曲、小学唱歌歌词以及讽刺时政、介绍新事物的文言短文等。《大公报》关于旧体诗词的刊载，亦并不完全局限于"杂俎"栏目。如 1909 年 9 月 3 日和 4 日就出现过"杂记"一栏，刊载了《吊白竹君诗并序》等诗文。1910 年年末至 1911 年年初连载的胡礼垣《伊藤叹一百二十五首并序》则是刊登于报尾。

③ 英敛之全面主持《大公报》的时间，乃是从 1902 年至 1912 年年初（英敛之虽然至 1916 年 9 月方辞去《大公报》社务，但自中华民国建立之后，英敛之就已退隐香山静宜园，报纸笔政实际由樊子煣、唐梦幻等主持）。此十年间英氏自任总理、撰述、编辑等职务，总揽了言论和经营的大权，其维新改良的思想主张主导了这一时期《大公报》的舆论倾向，对报纸面貌具有笼罩性的影响。故本书研究 1902—1911 年间的《大公报》诗词，于该报的自身发展而言，是以《大公报》的"英敛之时期"为对象。

④ 《大公报》（天津版）1902 年 6 月 18 日。

这是《大公报》创办之初发表的第一首诗作。其诗气势豪迈，新名词、新语句迭见，从所咏主题（"麦志伦"即葡萄牙航海家麦哲伦）、遣词造句到精神面貌，都体现着鲜明的"诗界革命体"风格。虽仍然使用了"扁舟"这类传统意象，但"行星""欧洲""东西半球"这些新名词和新语句更富有冲击力。"扁舟"环绕的是"行星"，"吊古"所在乃是"澳门"，这种"古"与"今""传统"与"现代"的融合，面貌新鲜而又略显笨拙，却恰恰显示了新的表达范式产生之前传统知识分子接受新知的困境和努力。

无论是倡导"诗界革命"的梁启超还是主张"诗界维新"的黄遵宪，他们作为走在时代前列的知识人的代表，无疑都已达成这样一种共识：当19世纪末20世纪初，传统诗歌体裁已经非变不可。问题在于如何"变"。在20年后胡适意识到长久以来作为范式的以文言为基础的古近体诗歌体裁也可以完全突破之前，梁启超和黄遵宪则主张只能在范式内部发挥才智，即在"旧风格"之中，[1] 努力融入新质。"变"的方法有三：新语句、新思想与新意象。[2] "新语句的重要构成因素为新名词，即新的地名、人名、物名等等。这些新名词当然主要是来自西方以及日本的新事物和新知识，包括音译名、意译名以及中国旧有而被赋予新义的词语。而新思想和新意象，则是指在中国传统语境的意象体系之外出现的主要来自西方和日本的新知新事，既可以包括新名词、新语句所指代的新事物，也可以体现在诗歌所吟咏的题材、所使用的典故以及所体现的新思想、新精神。"[3] 这三者在《大公报》所发表的诗歌中为数众多。

如"湘山野马"的《寄友》：

五云天外忽飞下，满纸蛟龙势欲吞。谁是维新谁守旧，不相毁薄

---

① 应当说，以黄遵宪和梁启超为代表的诗歌改革者也已经自觉或不自觉地意识到了变革体裁的需要，比如他们对于粤讴、民歌以及军歌等歌曲的搜集和创作。这也应算作诗界改革的内容，但并未从此中找到出路，而且实践和影响均有限。

② 参见夏晓虹《觉世与传世——梁启超的文学道路》第四讲第三节，中华书局2006年版。

③ 郭道平：《"诗界革命"的新阵地——清末〈大公报〉诗歌研究》，《中国现代文学研究丛刊》2010年5月。

不推尊。地中自有卑令海，天下庸无拿破仑？突兀中原一翘首，高歌青眼望津门。①

由于缺乏具体语境，今天我们已很难对诗中某些语句的所指完全了解，然而大体上全诗仍然明白易懂。"地中自有卑令海，天下庸无拿破仑"一联，嵌入西方人名和地名相对仗，均为三音节词而大体仍符合平仄。全诗并非连篇"新名词"而别具"新意境"，其所流露的满怀豪气，亦与"诗界革命"的格调如出一辙。又如"悟物子"的《和蜀东秦氏泊上秋感十二律原韵》：

> 维摩秋瘦上吹台，铟雾弥漫极目哀。推幕孰翻隆盛（原注：日）手，脱羁筹办克林（原注：米）才。非平政体难疗痼，纵厉戈矛恐召灾。王濬楼船徵已事，可曾一舰自赍来？滔滔世路值江河，痛饮酣歌亦足多。风到秋林声愈激，酿成温带性都酡。牺牲俊惜云中供，骸质坚冤砚上磨。四百兆人同一哭，弟兄姊妹孰安（原注：若）梭（原注：卢）。②

晚清诗作中嵌入的西方人名，多是当时国人钦佩敬仰、视为榜样的人物。如此诗中的"隆盛"，即指日本推翻幕府统治的领袖西乡隆盛；"克林"当是美国独立战争领袖之一、参与起草《独立宣言》和宪法的富兰克林，"脱羁"即脱离英国独立之谓；"若安"即法国圣女贞德；"卢梭"更是当时接触新学者耳熟能详的名字。这组诗中除偶用旧典之外，新名词、新语句所在多有。诗句中虽用新词而对仗工整，大体上符合平仄，诗意大致晓畅而未过于晦涩，均是典型的"诗界革命体"作品。

在引入新名词、新语句所承载的新思想和新意象之外，这些诗歌中也有不少直接以新事物为题材者。比如写到警察和学堂的设置："欲靖闾阎巡警设，冀通时务学堂开"；又比如咏火车："迢遥铁轨达冰洋，疆界真能

---

① 《大公报》（天津版）1902年6月24日。
② 《大公报》（天津版）1904年12月22日。

彼此忘。汽笛一声车又去，蜚烟如墨下平冈"；再有以西方史事为题材者，如"清醒居士"的《犹太人》、"山民"的《咏西史一首有寄》、"南雅"的《题高丽闵王妃遗像》。以下试再举两首吟咏新事的诗为例。

第一首作者署作"慕新子"，题为"东游闻见杂咏"，共十二首，此处摘录其中一首：

> 学堂密如织，学生多如鹄。盲哑犹知书，那得无教育？
> 车童终日劳，停车闲片刻。犹自惜光阴，报章取次阅。
> 解书不解语，相逢多笔谈。始识下男女，普通学已谙。①

由题目可知，这乃是作者吟咏其在日本游历时见闻而作。与一般游历诗不同的是，作者所关注的重心，并不在于异国的风情土物，而是反复赞叹日本的教育普及程度。作者的写作意图无须明言，一望即知。

另一首署名"痴季"，题作"望江南·仿吴梅村江南好体得长安乐十七阕"的作品，由诗题可知乃是写京城景象。其词颇形象生动，此处摘录一首：

> 长安乐，薄暮乘车回。水斗洒街尘不起，电灯红出柳阴来，隐隐送轻雷。
> 长安乐，番菜最新奇。桌椅横排无上下，刀叉齐举吃东西。防割嘴唇皮。②

电灯、西餐等，均是庚子之后出现在京城的新事物，是当时人眼中新的生活方式渗入的最鲜明的代表符号。作者以之入诗词，描绘了一幅幅生动的社会生活画卷，可以为社会史和文化史研究提供材料。

尚须说明的是，《大公报》上的这些诗作，一面输入了诸多新语句、新思想与新意象，同时也与"旧风格"紧密结合：在形式上沿用传统的古

---

① 《大公报》（天津版）1903 年 9 月 1 日。
② 《大公报》（天津版）1910 年 6 月 5 日。

近体诗以及长短句的体裁，大多仍遵循格律规范；写法上坚持对仗，运用旧典。从前文所引用的诸多例证可以见出，这些诗作有一部分将"新"与"旧"融合得较好。大部分诗作都不甚晦涩，有些甚至相当通俗化和口语化，而仍然具有一定的诗意和美感。

同时，在《大公报》的另外一部分诗作中，则完全不见"新名词"的踪迹，而纯用"旧风格"。"新"与"旧"的冲突，这大约是所有认真思考与实践过"诗界革命"的参与者所面对的问题，梁启超亦然；而"诗界革命"运动本身，终于也未能最终解决这一问题，是故数年之后，便渐告消歇。①

"诗界革命"是19世纪末20世纪初诗坛上的一场重要运动，梁启超乃是这一运动的主要倡导者。1899年，梁启超在《夏威夷游记》中提出"诗界革命"的口号，并阐述了"新意境""新语句"与"旧风格"这三项"革命"的具体要求；到1902年连载于《新民丛报》的《饮冰室诗话》中，梁启超进一步提出要"以旧风格含新意境"，而对"新语句"有所摒弃；这正意味着"诗界革命"在理论上的深入发展。② 在创作上，从1898年年底创办的《清议报》到1902年创刊的《新民丛报》，均成为"诗界革命"作品的发表阵地。然而两份报刊均创办于横滨，虽然于国内亦有流通，但对于内地热心人的投稿和参与，恐仍有诸多不便。

晚于《新民丛报》创刊仅数月的天津《大公报》填补了这一空白。主持人英敛之雅好诗歌，同时亦是主张维新改良的进步人士。清末《大公报》上发表的诗作，多属熔"新意境""新语句"与"旧风格"为一炉者，乃是典型的"诗界革命体"作品。无论是主持人英敛之还是其他诸多作者，无疑是受到了梁启超倡导下的这一运动风潮的影响。③ 此时一在日本、

---

① 1907年《新民丛报》停刊，此后梁启超先后创办《国风报》与《庸言》杂志，与"同光体"诗人往还密切。由于缺少了这位领袖人物的号召和鼓吹，"诗界革命"作为一种运动逐渐偃旗息鼓。但1907年后的《大公报》，仍然刊发了不少"旧风格"与"新意境"兼具的作品。

② 关于梁启超"诗界革命"思想的讨论，可参见夏晓虹先生《觉世与传世——梁启超的文学道路》一书。

③ 参见郭道平《"诗界革命"的新阵地——清末〈大公报〉诗歌研究》，《中国现代文学研究丛刊》2010年5月。

一在香港的梁启超、胡礼垣二人，各自以间接与直接的方式对英敛之维新改良的思想主张乃至《大公报》上的诗歌面貌产生了重要影响。《大公报》与海外的《新民丛报》遥相呼应，为"诗界革命"在国内开辟了新的领地。

## 第四节　以文学为阵地阐述改良与立宪思想

就在《大公报》办报宗旨指导下，《大公报》逐渐在政治体制之外获得了相对独立的地位，同时在经济上也实现了自立。政治方面：作为具有维新思想的知识分子，英敛之在创办《大公报》之时，其独立的办报理念已经初现大众商业报纸的雏形。即按照企业来经营，但不以盈利为唯一目的，关注政治，却不参与政治，在体制之外保持独立的立场。后来新记《大公报》时期的"不党不卖不私不盲"四不原则，最早是在英敛之时期创下的传统。经济方面：《大公报》创设初期，主要由天津紫竹林天主教的总管及几位法国人出资筹办，并承诺"集股本逾万元，甘为赔垫"，① 意即不计赔赚地由英敛之放手经营。但 1906 年后英敛之与法国人的分歧日渐增大，随后不少股东撤资，《大公报》也被迫离开法租界并筹建新馆，这就需要扩大报纸的发行量来缓解眼前的经济压力。而刊载流行文学作品也是当时报纸吸引读者惯常祭出的法宝。

拿当时刊载的白话文来说。由于阅报者的阶层、职业、所关注的问题各不相同，因此，对于频繁刊出的白话文章，"也有许多人说好的；也有许多人说不好的；也有说讲一段学问好的；也有说讲辟邪说好的；也有说是俗浅不堪的，纷纷议论各有不同"②。所以，英敛之在刊登白话文章时，也注意尽可能地选择那些议论各种社会问题、主张改良社会风俗的佳作，以引起广大读者的兴趣和社会各阶层人士的注意。《大公报》中的白话文

---

① 《英敛之日记》1901 年 3 月 10 日，方豪编录《英敛之先生日记遗稿》，沈云龙主编《近代中国史料丛刊续编》第三辑，（台北）文海出版社 1974 年版，第 242 页。

② 《大公报》（天津版）1902 年 7 月 20 日。

章基本上是由日常生活中遇到或者看到的一件小事延展开去，"旁引曲证，寓真理于浅白语言中"①，摒弃了言之无物的空洞说教和漫无边际的夸夸其谈，因此受到广大读者的欢迎。

有读者来信说："幸喜如今天津又办了这《大公报》更觉合适，不但有文话，更有白话，不论学识深浅的人都有益处，真是两全其美。即如鄙人家中已得了加倍的好处。因为妇人孩子虽不甚懂前幅的论说，却颇可懂得后半的附件，故此鄙人就把这附件当作家中小孩子的一宗功课，每天念一段，一则学习认字，一则学习编句，更能从小时候多学些实在的学问，增长些真正的见识，长大的时候节谅不致沾陋风的习染，受顽固的捆绑了。"② 甚至还有一些粗略识得一些文字的普通民众在阅读《大公报》时，"置前几页而不观，单择其后页附件之白话读之，高声朗诵，其得意之态，直流露于眉宇之间"③。

事实上，这些读者对于《大公报》刊登白话文章的赞誉，也间接地揭示出英敛之时期《大公报》提倡白话文和五四新文化运动时期以胡适为代表倡导的白话文运动之间的区别。英敛之在《大公报》上刊登白话文，主要是为了开启民智。他意识到要想富强国家，改变积贫积弱的局面，知识分子就应顺乎时代潮流，打破长期以来对于知识、文字的绝对垄断和把持，不仅帮助广大普通民众获得更多知识，掌握更多文化，而且帮助他们了解获得知识、掌握文化的有效途径和方式，白话文当是其中之一。因此，英敛之提倡的白话文完全是以普通民众为基本对象，其口语化程度非常高。

《大公报》还注重以读者来函或来稿的形式，鼓励关注社会、民众生活的知识分子和普通民众撰写白话文章，交报纸媒体发表，以达到扩大社会影响的目的。对于来函或来稿，《大公报》有专门解释："凡即人来函一门，其责任自有寄函之人承当，与本馆无涉。诸君以来函嘱登者，其姓名、住址务须另纸开示，否则，概不刊登。"④ 这段声明，不仅明确指出来

① 周雨：《大公报史》，江苏古籍出版社1993年版，第19页。
② 《大公报》（天津版）1902年8月3日。
③ 《大公报》（天津版）1902年7月21日。
④ 《大公报》（天津版）1902年7月5日。

函者与报纸媒体主办者的关系，突出了文责自负的原则，而且强调了来函者的权利、义务。

读者对《大公报》上发表的某篇文章与事实不符的予以澄清，或向作者和编者提出某种质疑，或对论述的某些社会现象与事实不符的予以澄清，或向作者和编者提出某种质疑，或对某些社会现象和社会生活提出批评，或对某种社会风气予以提倡，内容非常丰富。在这些来函中，有的只是就生活中的一点小事抒发感想，有的则是针对社会事件表明态度，有的和风细雨，有的电闪雷鸣。大公报人以回复来函等方式进一步参与问题的讨论，从而加强了编者与读者之间的交流与沟通，提高了读者对报纸媒体的关注程度和参与程度。

清末《大公报》作为大型的大众商业报纸，仍为诗歌、白话文保留了一块领地。这与主办人英敛之的爱好及其个人的影响力，亦有不可分割的关系。受到19世纪末以来改良和启蒙风气的深刻熏染，英敛之是一位忧心国事、关心时局、支持新政、呼吁改良的爱国进步人士。政治上主张改良，社会上提倡启蒙，这在《大公报》的面貌上都有明显反映。

从现今留存的《英敛之先生日记遗稿》以及其他相关资料看，在英敛之思想的形成过程中，维新派领袖梁启超曾经起到重要影响。1898年发生的戊戌变法，对于当时中国尤其是京津地区关心国事的人们，是一次巨大的思想冲击。时年32岁的英敛之，也写下了《论兴利必先除弊》一文表示支持。然而变法终究归于失败，英敛之随即南下。1899年，英氏行经广东新会境内，在日记中写道：

> 东望一山孤立，上有一塔，颇似御园玉泉浮屠，名坭子塔。闻梁启超即家其下。口占云："孤山石塔插云霄，下有畸人梁启超。变政译书成底事，不堪回首剩心焦。"①

特地关注其家乡所在并赋诗志感，可见英敛之对于变法领袖梁启超的

---

① 1899年1月30日（光绪廿四年十二月十九日）《英敛之日记》。

重视。"畸人"典出《庄子》，乃指特立独行、拔出时俗之人。现存材料中并未见到英敛之对梁启超明确表示钦慕的文字。然而从英敛之文章的字里行间，我们依然可以看到梁启超对于英敛之产生的影响。

1899 年 12 月 2 日（光绪廿五年十月三十日）的英敛之日记中，记载着"阅梁卓如西学表"。"西学表"应即梁启超撰于 1896 年的《西学书目表》。1901 年 7 月 15 日（光绪廿七年五月三十日），英敛之到教堂"借《清议报》四本，归。灯下阅《清议报》，竟夜未睡，直至天明"。《清议报》乃是梁启超流亡日本后于横滨创办的杂志，致力于对维新变法的缅怀以及维新思想和海外所接触到的新学的宣传；英敛之阅览该报竟至"竟夜未睡"，可见其吸引力之大。同年 8 月 4 日（六月二十日）日记又有"阅《清议报》良久"的记录。而在《清议报》已经停刊之后的 1902 年 11 月 17 日（光绪廿八年十月十八日），英敛之犹在日记中称："阅《清议报》极久，于见甚合。"

继《清议报》之后，梁启超于 1902 年 2 月又创办了《新民丛报》。创刊号上的"学术"栏中附录了原来在《清议报》发表过的梁启超著名的《自励》诗："献身甘作万矢的，著论求为百世师。誓起民权移旧俗，更研哲理牖新知。十年以后当思我，举国犹狂欲语谁。世界无穷愿无尽，海天寥廓立多时。"而该年的 3 月 27 日，英敛之即在日记本的醒目处郑重抄录了这首诗。从英氏日后创办《大公报》的情形来看，《大公报》"开风气，牖民智；挹彼欧西学术，启我同胞聪明"的宗旨，① 不能说没受梁启超的影响和启发，英敛之心中，也未尝不曾将梁启超引为同道。此后 1902 年 8 月以及 1903 年 4 月的英敛之日记中，均有阅读《新民丛报》的记录。1902 年 10 月 23 日（光绪廿八年九月廿二日）的日记记载："晡，步至日本邮局，兑《新民丛报》银。"似可得知英敛之获得《新民丛报》的渠道。② 此外，由《大公报》部分诗歌的题材上，也可看出其与梁启超所办报刊的隐约联系。如《大公报》在创办不久，即刊登了"菡初"的《吊裘梅侣女

---

① 参见英敛之《〈大公报〉序》，《大公报》（天津版）1902 年 6 月 17 日。
② 1911 年 1 月 10 日，在国内宪政改革的浪潮中，《大公报》发表了杨度的《请赦用梁启超摺》。

史》（1902 年）及《题薛锦琴女士张园演说小影录请海内志士赐和》（1902
年），而在 1901 年，《清议报》已经刊载了"紫髯客"《赠薛锦琴女士》、
"佑公"《赠爱国女士薛锦琴》等诗作；又如 1902 年 8 月《大公报》集中刊
载了追悼邱公恪吴孟班夫妇的作品，而《清议报》亦早在 1901 年刊登过
"紫髯客"的《赠吴孟班女士》等。《大公报》在创刊早期发表的诗歌中的
这些主题，可以看出较明显的对于《清议报》的跟进痕迹，亦可为梁启超
及其杂志对于英敛之和《大公报》影响之一证。①

由以上材料可见，梁启超对于英敛之以及后来《大公报》的影响，在
戊戌变法掀起的时代风潮之后，主要是通过《清议报》和《新民丛报》以
及梁启超单独发行的其他著作间接产生。② 英敛之关于《清议报》和《新
民丛报》的阅读体会，我们难以看到更多的具体材料；然而如前文所言，
《大公报》"开风气，牖民智"的宗旨，与梁启超赴日之后展开的启蒙、
"新民"的工作如出一辙。

传媒是要面对现实的，它不仅要面对每天发生的大量新闻事件，而且
要发挥其耳目作用，就像《大公报》的主张那样："本报循泰西报馆公例，
知无不言，以大公之心，发折中之论。献可替否，扬正抑邪，非以挟私嫌
为事。知我罪我，在所不计。"③ 传媒的舆论功能及其对社会现实的批判，
是赢得读者的重要原因之一。现代传媒基础上的文学同样以批判现实作为
自己的一大功能，当传媒逐渐转移其文化功能时，文学自觉承担了这一本
来并不属于自己的任务。

清末十年是其前后一段历史时期中最具光彩的十年。甲午之败、戊戌
变法之后再经过庚子一役的催化，终于大大加速了新学渗入北方京津地区
的步伐。清廷开始自上而下的改良运动，梁启超流亡日本反而成为成就其
辉煌的启蒙事业的契机。知识分子一面从事下层民众的启蒙运动，一面尽
力吸收西学以完成自我启蒙。因而这十年乃是官方与民间一齐开展"救

---

① 以上材料均转引自郭道平《"诗界革命"的新阵地——清末〈大公报〉诗歌研究》，《中国
现代文学研究丛刊》2010 年 5 月。
② 英敛之：此外，英敛之的友朋中，如与其关系密切的严复，即与梁启超有过来往。
③ 英敛之：《大公报出版弁言》，《大公报》1902 年 6 月 18 日。

亡"与"启蒙"的一段高潮时期。而在1911年民国之后,现实却没有多大改观,反而政治闹剧不断,军阀势力渐长,人们的失望情绪难以掩饰。其中时代风气的变更,在文学上亦有鲜明的体现。

除《大公报》而外,20世纪初的国内报刊之中,刊登类似"诗界革命体"风格的诗歌作品和白话文者不能无之。其与时事的紧密联系、反复萦绕的"救亡"与"启蒙"两大主题等,均鲜明地体现了"近代"这一具体历史时期所赋予《大公报》等大众商业报纸刊载的文学作品的时代特质。这一点,在1902—1916年间,英敛之主持的《大公报》就有明显的表现。

晚清报刊的发展是当时政治危机的结果,资产阶级改良家们的维新变法失败后,进行了一次战略转移,试图通过文化、文学的改革以解决他们无法通过政治手段解决的社会问题。变法失败后,梁启超于1902年创办了《新民丛报》《新小说》等报刊,并进而提倡"小说界革命""诗界革命""文学界革命"。这一年《大公报》创刊,而这份报纸的创刊带有明显的社会革命的色彩:"中国之衰,极于家务,至庚子而濒于亡。海内志士,用中发奋呼号,期自强以救国;其工具为日报与丛刊,其在北方最著名之日报,这大公报。盖创办人英君敛之,目击庚子之祸,痛国亡之无日,纠资办报,名大公报。"① 随后,《绣像小说》《新新小说》《时报》《月月小说》等报刊纷纷创刊,成为20世纪初期中国文化界一大奇观。一个时期如此集中地出现大量报刊,一方面是大众商业报纸经营上的需要,读者购买并能够接受这些现代报刊;另一方面则是资产阶级从事社会革命受挫之后的一次战略转移。从这个意义上说,在资产阶级革命失败之后将精力转移到文学上来,其目的并不在文学,而主要在于借文学去完成其未完成的改良社会的任务,文学是他们实现其社会理想的一个工具,而报刊中的文学空间则是其运用这一工具的新阵地。

英敛之时期的《大公报》所主张的君主立宪思想、改良思想、新民思想、爱国思想,尤其是其爱国思想可以说是后来《大公报》提出"国家中

————————

① 张季鸾:《大公报一万号纪念辞》,王芝琛、刘自立编《1949年以前的大公报》,山东画报出版社2002年版,第1页。

心论"的源头。在立宪思想下对权威的维护，对国家统一的期盼，对分裂力量的抨击，以及最为朴素真挚的爱国思想，与后来的国家中心论是一脉相承的。至于其新民思想、改良思想，更是那个时代的主流，并且为后来文学副刊所继承并发扬。

# 第二章

# "国家中心论"的酝酿

20世纪20年代末30年代初，中国形式上实现了在国民党统治下的统一，《大公报》立足天津，面向华北，在继续自己敢言风格的同时，提出了办报的基本方针"不党、不卖、不私、不盲"。这一办报理念是对英敛之时期《大公报》的立宪思想与独立风格的继承与发展。对于国民党政权由开始的犹疑、观察，到逐渐承认。这一时期可以被认为是《大公报》倡扬"国家中心"的酝酿阶段，其"国家中心论"的拥护对象虽然形式上还是作为团体的南京国民政府，但实际已逐渐显露出对作为领袖的蒋介石个人的明显偏向。其文学副刊更多地体现出十分浓厚的自由主义色彩，也与其言论版面形成了对照。

## 第一节　新记《大公报》的办报理念与"国家中心论"的酝酿

1916年《大公报》被皖系政客王郅隆收购，此后十年间，《大公报》基本上成为皖系军阀的喉舌。其间胡政之采访巴黎和会，成为中国新闻界出国采访重大国际活动第一人，其创办的《国闻通讯社》也在当时新闻界较有影响。但是总体上，王郅隆时期《大公报》的事业经营并无多大影响力。

## 一　"四不"办报理念及政治主张

1926 年 9 月，吴鼎昌、张季鸾、胡政之合组创办新记《大公报》，《大公报》迎来历史上最为鼎盛的时期。《大公报》以"文人论政""文章报国"为基本办报理念，在办报方针上坚持"四不"原则，又带有明显的自由主义色彩。主要体现在以下两个方面。

首先，从办报方针上，它坚持"不党、不卖、不私、不盲"的独立方针。

近代以来，随着社会结构的转型和大众商业报纸的兴起，造就了一批自由主义职业报人。作为职业报人，大公报人以办报为终身职业和追求，将报业作为安身立命之所。他们所主张的言论报国，外在表现为既试图干预政治，又希望远离政治，在体制外对政府政策施加影响。胡政之认为："我们的最高目的是要使报纸有政治意识而不参加实际政治，要当事业做而不单是大家混饭吃就算了事。这样努力一二十年后，使报纸真正代表国民说话。"① 《大公报》追求言论自由可谓始终如一，阐释也较为全面，其"四不"方针是独立办报风格的具体体现。

1926 年 9 月 1 日，《大公报》发表了总编张季鸾写的题为"本社同人之志趣"的社评，这篇社评系统阐述了"四不"方针。

> 第一不党。党非可鄙之辞。各国皆有党，亦皆有党报。不党云者，特声明本社对于中国各党阀派系，一切无联带关系已耳。惟不党非中立之意，亦非敌视党系之谓，今者土崩瓦解，国切不国，吾人安有中立袖手之余地？而各党系皆中国之人，吾人既不党，故原则上等视各党，纯以公民之地位发表意见，此外无成见，无背景。凡其行为利于国者，吾人拥护之；其害国者，纠弹之。勉附清议之末，以彰是非之公，区区之愿，在于是矣。

---

① 周雨：《大公报史》，江苏古籍出版社 1993 年版，第 28 页。

第二不卖。欲言论独立，贵经济自存，故吾人声明不以言论作交易。换言之，不受一切带有政治性质之金钱补助，且不接收政治方面之入股投资是也。是以吾人之言论，或不免囿于知识及感情，而断不为金钱所左右。

第三不私。本社同人，除愿忠于报纸固有之职务外，并无私图。易言之，对于报纸并无私用，愿向全国开放，使为公众喉舌。

第四不盲。不盲者，非自诩其明，乃自勉之词。夫随声附和是为盲从；一知半解，是谓盲信；感情冲动，不事详求，是谓盲动；评诋激烈，昧于事实，是谓盲争。吾人诚不明，而不愿自陷于盲。①

最后张季鸾指出："以上四者，为吾人志趣之大凡。"这里的"吾人"，包括了社长吴鼎昌、经理胡政之、总编张季鸾以及《大公报》全体同人。

"不党"包括这样几层意思：声明《大公报》与各政治派系没有任何关系，今后也不发生任何关系；面对各政治派系及其斗争，《大公报》不中立、不回避、不袖手旁观，而要表明态度，发表意见，但同支持者不结亲，同反对者不结仇；对待各政治派系一视同仁，无亲无疏，发言不带成见，以国家利益为标准，一时一事，是其所以是而非其所以非；站在纯公民地位上发表意见，力争反映舆论，代表民意，以明是非于天下，彰公道于人间。所谓"不卖"，就是不以言论作交易。其实质，是保持言论独立，不为金钱所左右；其具体做法，是不收政治性质的外股，不受带政治性的资助，使报纸的言论与实际政治不发生直接关系。"不私"，就是不以报纸谋私利，不使报纸为私人所操纵、所利用，要成为全国民众发表意见的喉舌。"不盲"就是对问题独立思考，对事理洞悉透彻，遇事变头脑冷静，辨是非实事求是，达到不盲从、不盲信、不盲动、不盲争。张季鸾又认为，"不盲"是一种高境界，《大公报》提出"不盲"，并非自诩清明，认为自身已经能完全做到这一点，而只是一种"自勉之词"，力争做到。

"四不"办报方针的形成，既源于西方言论自由思想对大公报人的影

---

① 张季鸾：《本社同人之志趣》，《大公报》（天津版）1926 年 9 月 1 日。

响，也源于胡政之、张季鸾十年办报的经验教训。他们二人均有在党派新闻机构供职的经历：胡政之以主持《大共和日报》作为他步入报界的起点，该报曾先后充当过统一党、共和党、进步党的喉舌；后来还主持过作为孙中山、段祺瑞、张作霖反直三角联盟喉舌的国家通讯社。张季鸾曾协助于右任编辑同盟会机关报《民立报》；后来还应邀出任国民党政学会机关报《中华新报》的总编辑。他们二人都是抱着发展事业的雄心步入报界的，但是变幻莫测的政治风云，使得他们赖以依靠的这些以政治为背景、以津贴为生的新闻机构自身都难以为继，充分发挥他们的才能更是奢谈。吴鼎昌虽未直接介入报界，但通过其多年的观察，也认识到"一般的报馆办不好，主要因为资金不足，滥拉政治关系，拿津贴，政局一有波动，报就垮了"①，因此在续办《大公报》之初，他们三人就明确表示"不拉政治关系，不收外股"，即所谓"不党、不卖"，他们认为只有这样，才能做到"不私、不盲"，真正保持其独立办报的风格。

1928 年元旦发表的《岁首辞》，表达了新记《大公报》创刊后的政治主张。文章首先说："吾人于举国呻吟苦痛之中，与我全国国民共迎此民国纪元第十七度之岁首，怆怀既往，憧憬未来，谨贡数言，交相勖勉，兼宣布吾人之根本旨趣焉。"接下来，文章先"辟悲观之说"，认为悲观是没有根据的，在大混战中，"凡失败者，个人已耳，非民族全体也"。尤其是"细心观察，当直觉有几许无名英雄，为国民公共目的，辛苦奋斗，百折不回"。其次，"释改革之说"，谓"中国之改革潮流，非偶然也。盖根据民族生存的要求，而迎纳现代世界文明的要素，抒为情绪，积为信仰，而群力以赴之，诚当然必至之趋势，虽欲抑止而不能者也"。"现代文明之基础要点，自除旧言为解放，自布新言为创造。夫解放之义有数方面焉；曰民族解放，脱外人压迫而完成国家独立之义也。曰群众解放，普及文化于最大多数之社会下层，使之平等参政、享经济的自由是也。曰女性解放，使自古于教育上财产上无均等权利之女性享平等待遇之义也。最大曰思想解放，则排斥对于一切迷信与拘束，使人类自由探讨真理主义也。"再次，

---

① 周雨：《大公报史》，江苏古籍出版社 1993 年版，第 27 页。

"斥复古说",认为中国"古代政治学,简言之为帝王学,盖教人以治人之道。然治人者不从其道,则无以匡救之,是以……内忧外患,不绝于史,杀相兼,永无进步",故"复古之论之所以必辟也"。文章最后宣布自己的政治主张:"夫中国改革既有绝对之必要,而改革之大义曰解放创造,非复古,亦非俄化,则大体之国是可定矣。此无他,对内厉行民主政治,提倡国民经济,采欧美宪政之长,而去其资本家专政之短;大兴教育以唤起民众,争回税权以发达产业;对内务求长治久安之规模,对外必脱离不平等条约之束缚。"①

这篇文章认为悲观之说没有根据,它称赞那些为国家、民族而奋斗的英雄;它认为复古之说没有出路,主张引导人民向前看;倡导改革,实现民族解放、群众解放、女性解放、思想解放。这篇《岁首辞》明确地宣布了该报的政治理想,即"非复古",反对复辟封建主义,"亦非俄化",不同意搞社会主义、共产主义,而是效法欧美宪政,在中国建立自由资本主义制度。

正因为《大公报》主张体制内改良,其追求的目标自然是和平的宪政,而不是革命的专政。宪政把政治纳入法律程序,把残酷杀戮的原则变成"法律原则",因此,可以说它是法治的政治,它是主张以宪法合法性论成败的和平的政治。② 而这正是大公报人所孜孜以求的。在他们看来,实施宪政至少有四大意义:"一则在内政上可以作为改革旧式政治机构之绝大转机,二则在外交上可以作为统一国论,防御对方分裂政策实行之绝大帮助,三则对将来国难之勃发可以作为国民动员之准备,四则在国民经济上可以作为整个国民经济之统一合理的发展之先导。"③

顾颉刚在20世纪40年代末对《大公报》有过这样一段评述:"回顾几十年国内报纸,总有一家最受知识界和广大读者欢迎,成为舆论重镇。它的销数不必是最大的,但代表公众意见,开创一代风气,成为权威。……

---

① 《岁首辞》,《大公报》(天津版) 1928 年 1 月 1 日。
② 参见刘宁军《共和·民主·宪政——自由主义思想研究》,上海三联书店 1998 年版,第 124 页。
③ 《宪草公布后之国民责任》,《大公报》(上海版) 1936 年 5 月 5 日。

二十年代中期以后的《大公报》……起了这个作用。"① 可见《大公报》因其出色的言论而逐渐发展成为引导时代舆论的大报，而其坚持的独立办报方针与倡导的言论自由思想本身即是相互联系、不可分割的。

## 二 "国家中心论"的酝酿

在有着《大一统》思维传统的中国社会，人们对于权威的认同是普遍的且由来已久。辛亥革命以后皇权体系被彻底摧毁，社会遭遇无序与失范的危机后，集权主义以其能有效整合资源和控制社会的强大魅力，始终吸引着社会关注的目光，人们"期待着从改造政治入手，找到根本解决中国问题的全盘方案，通过建立一个廉洁有效的中央集权政府，实现全国的政治整合与社会整合"②。进入 20 世纪 30 年代，内部纷争不断、外部强敌入侵的现实推动了集权主义思潮的勃兴，在其倡导者看来，救亡图存的希望只能被寄托于权威政治，因为只有强势政府才能从根本上消弭内乱、有效地组织力量抵御外侮，这里的集权主义主要作为工具被利用。

《大公报》同样出于其工具性价值的认识，对集权政治倍加推崇，"国家中心论"的提出即是体现。《大公报》的"国家中心论"从其产生背景和所拥护对象的变化来划分，"国家中心论"从发轫到酝酿，在正式形成之前经历了两个阶段。

第一阶段是主张"国家中心"的过渡阶段。《民国二十年元旦献辞》的发表最早表达了"国家中心"的思想。文中有这样一段论述："现在负责任之政府当局，既表示戡乱之能力，且现露求治之热心，过去无论已，今后已有努力进步之希望。当民国扰攘十九年之后，全国国民无论何人，应不放过此机会，应决心自此树立通常之政轨，应拥护现在已成之政治中心。"③ 大公报人这里所指的政治中心显然是南京政府，毕竟南京政府形式上继承了孙中山未竟的事业，完成了北伐。这时的蒋介石虽已具有领袖的

① 徐铸成：《报人张季鸾先生传》，生活·读书·新知三联书店 1986 年版，第 1 页。
② 许纪霖：《寻求意义》，上海三联书店 1997 年版，第 11 页。
③ 《民国二十年元旦献辞》，《大公报》（天津版）1931 年 1 月 1 日。

权力，却还不具备领袖的权威，显然不可能将之与政治中心画等号。在《大公报》看来，此时的蒋介石也不具备作为唯一领袖被推崇的资格。

"九·一八"事变后，全国各界要求集中国力抵抗侵略的呼声日益高涨，而国民党内部各派系间争权夺利仍未停息，"蒋为人所倒而去，恰恰一月，又为倒之者请之来。怪矣！在位之时，依违众论，徘徊不决，下野之后，始明白表示，反对绝交，相去未久，态度迥异。则更怪矣！既复来矣，国难益亟，政象益劣，果有担当，宜抒伟抱。乃仍长虑却顾，忧谗畏讥，则尤怪矣！……故吾人敢大声疾呼曰：无能力无诚意的领袖尽请走开"①。可以说，这一阶段是《大公报》倡扬"国家中心"的初始阶段，其"国家中心"以南京国民政府为拥护对象，而没有明确指向任何领袖个人。

一批深受西方民主思想影响的自由知识分子在其言论中表现了对强力政府的呼唤。1935 年 2 月 18 日，《大公报》天津版发表题为"中国不适于独裁"的社评，认为"中国今日国难严重，必赖巩固有能之统一政府，以全国民意为背景，施行有计划有效率的政治。今后训政结束之后，国民党之地位，自仍可为中心势力"。"年来颇多鼓吹独裁制者，大抵因先信仰蒋委员长为唯一领袖，而后有此主张。"② 虽以揣度的方式抬出了蒋介石，在当时众多报刊中亦十分鲜见。毕竟当时是汪精卫主政、蒋介石主军、汪蒋共管党的政治格局。然后社评强调"国家目前之急需，在树立真正强固贤明之政治中心"，而"此政治中心之人须如一个人，生死荣辱，誓必与共"。③ 这一时期可以被认为是《大公报》倡扬"国家中心"的过渡阶段，其"国家中心论"的拥护对象虽然形式上还是作为团体的南京国民政府，但实际已显露出对作为领袖的蒋介石个人的明显偏向。

"九·一八"事变后，民族危机空前严重，如何摆脱艰危，中国知识界对参与"民主"与"独裁"问题进行了激烈争论，以"文人论政"著称的《大公报》是这些论争的发起者或参与者，不但发表社评，引起争鸣，开辟论坛，而且表明自己的观点，从中可看出其思想倾向。

---

① 《福祸相倚绝无悲观》，《大公报》（天津版）1932 年 1 月 28 日。
② 《中国不适于独裁》，《大公报》（天津版）1935 年 2 月 18 日。
③ 《王宠惠日内入京》，《大公报》（天津版）1936 年 3 月 17 日。

第二阶段，是"国家中心"的酝酿阶段。1933 年 12 月，在《独立评论》上，开始了民主政治与独裁政治的论争，引起知识界热烈的讨论。1934 年 12 月 9 日，国民党四届五中全会前，汪精卫、蒋介石发表联合通电，为"五五宪草"修改定了调子。汪蒋通电自称："盖以党治国固为我人不易之主张，然其道当在以主义为准绳，纳全国国民于整个国策之下，为救国建国而努力，决不愿徒袭一党专政之虚名，强为形式上整齐划一，而限制国民思想之发展，致反训政保育之精神。"这一声明又使一些知识分子对用和平方式走上民主政治或"新式"独裁的道路抱有幻想。

在《大公报》上发表的争论"民主与独裁"的文章不是太多，但代表了几种典型的观点。

第一种是丁文江的观点。在 1934 年 12 月 18 日发表的《民主政治与独裁政治》中说：在今日中国，独裁政治与民主政治都是不可能的，但是民主政治不可能的程度比独裁政治更大。丁文江对蒋、汪独裁不满意，他希望中国实行"新式"的独裁，"在今日的中国，新式的独裁如果能够发生，也许我们还可以保存我们的独立"[1]，并认为目前放弃民主政治的主张，就是这种努力的第一个步骤。

第二种是胡适的观点。他认为建国并不一定靠专制，民主政治是一种幼稚的政治，最适宜训练一个缺乏政治经验的民族。好处在于集思广益，可以训练多数平凡的人参加政治。他不是要"把在英美实行而有效的民主政治硬搬到中国来"，但是他说："我们当然也不轻视一切逐渐走向民主政治的尝试和练习。"[2] 他相信统一国家最有效的方法，是民主制度。

第三种是张熙若的观点。他认为不能因为国难就实行独裁，"可以说民主政制和独裁政制与解决国难都无关系"。如果权衡起来，民主政制的优点超过它的弱点，而且这些弱点都有相应的补救方法。"独裁政治的结果在平时是为自己制造奴隶，在外患深入时是代敌人制造顺民。"[3] 他认为

---

① 丁文江：《再论民主政治与独裁》，《大公报》（天津版）1935 年 1 月 20 日。

② 胡适：《从民主与独裁的讨论里求得一个共同的政治信仰》，《大公报》（天津版）1935 年 2 月 17 日。

③ 张熙若：《独裁与国难》，《大公报》（天津版）1935 年 1 月 30 日。

在中国实行民主与独裁都不适合，但实行民主总比专制独裁好。

第四种是吴景超的观点。他认为对该问题应当做三方面的定义：第一，中国现在实行的是一种什么政治，这是一个事实的问题；第二，我们愿意要一种什么政治，这是一个价值问题；第三，怎样可以达到我们愿意要的政治，这是一个技术问题。他的价值取向是赞成民主政治，"不过现在觉得实行民主政治还没有到时候就是了"。他提出了实行民主政治的五个条件，但今日的中国都不具备。所以"在最近的将来，中国还摆脱不了一党专政的局面"①。

《大公报》力图把知识界的讨论引导到对当前政治的关注。因为考虑到当时险恶的国内外环境，知识界许多人放弃了对民主自由理想的追求，以哪一种政治比较容易实现来考虑问题。丁文江称自己的"新式独裁"论已是最实际的了。"请问当今之时，智识阶级还不能讲实际，难道我们甘心去做南宋亡明的清民吗？"②

《大公报》却认为丁的看法还不尽切合中国，指出："我们这里所说的'政制'是指着君主、民主，或独裁一类的体系而言，所说的'政治'是指着实际在那里运转的政府机构而言。"该报将政治与政制分开，"我们目前最实际的问题是怎样可以使有效率的政府早在中国实现。政府的形式让傻子们去争论吧，惟有行使最好的方算是好政府"③。

对于这场政制的讨论，《大公报》最终表态："中国不适于独裁。"1935年2月18日，《大公报》天津版发表题为"中国不适于独裁"的社评。社评说："中国目前之理想，在以民主精神，行权责集中之政治。是则人才之团结与锻炼，与夫贪污之扫荡为第一义，政治组织之形式如何，犹具次矣。"④ 就是说不能独裁，而要用民主的精神，建设权责集中的政治，只要这个政府吸纳了有才能的人，并且是廉洁的，那么政体是民主还是专制并不重要。它说："我们以为我国今日的问题，与其说是在'政

---

① 吴景超：《中国的政制问题》，《大公报》（天津版）1934年12月30日。
② 丁文江：《再论民主政治与独裁》，《大公报》（天津版）1935年1月20日。
③ 《树立现代的政治机构之亟务》，《大公报》（天津版）1935年1月22日。
④ 《中国不适于独裁》，《大公报》（天津版）1935年2月18日。

制'，毋宁说是在'政治'，政制是国家上层的表象，政治才是下层的基础。"在国难方殷、民如倒悬的情形下，"政府的内在价值问题，实在拿不出作为大前提来讨论，目前最大的问题是，政府的效率究竟如何"，提高政府的实际效率，"比模仿政府体制又容易而又更急需的"。① 然后社评强调"国家目前之急需，在树立真正强固贤明之政治中心"，而"此政治中心之人须如一个人，生死荣辱，誓必与共"。②

从《大公报》对学界论争参与的态度和发表的意见可看出其思想倾向：《大公报》强调国家权力的实际效能，把效率与廉洁作为衡量政治优劣的标准。该报把政府的作用看得十分重要。社评说：

> 苏俄的五年计划能够成功，德国、意大利法西斯党扶助工业的政策，以及美国大规模繁荣复兴运动，"哪一个不是借政治力量来做经济事业"？特别是第一次世界大战后，一国的政府，无论对内对外，都是经济问题的决策者，不但战争的债务、货币、生产等由政府负责，就连国民的衣食住问题也要由政府解决。论到中国目前状况，"经济建设如不借政治力量，简直便是不可能"。③

因为中国的政治权力与行政权力是合为一体的，所以《大公报》既强调国家统治的权威性，又强调其行政的能力。它说："实际政治之核心，第一在当局能否矢诚矢信，树立民众之信仰；第二在于政治效率，能否真正达到民间，切合事实需要！"怎样使政府树立威信，提高行政效率，方法有四。

其一，权力是否有力。在民族危机的情况下，《大公报》认为树立权威，建立统一的甚至专权的政府极为重要。"专政独裁，亦政体也，苟其适时，何必反对。然可痛者，国民承认政府之全权，而政府并未负国事之

---

① 《树立现代的政治机构之亟务》，《大公报》（天津版）1935 年 1 月 22 日。
② 《王宠惠日内入京》，《大公报》（天津版）1936 年 3 月 17 日。
③ 《修明政治与建设》，《大公报》（天津版）1934 年 7 月 9 日。

全责。专权独裁，犹以负责为前提耳。"① 而且国难愈严重，政府责任"愈可无逃"，它"不反对党治与专政，而可惜党并未治，政不能专，政府没负责任"。②

其二，领袖责任重大。《大公报》认为中国的政治之前提，如果"污吏弹冠，良民气短，任何计划，终至徒劳无功，其总括的方式，即科学化是国家、政府和行政领袖混淆为一，政治以个人为中心"③。它把希望寄托在掌握政权的领袖身上。但"自'九·一八'以来，盖中国民族五千年开国精神之复活，绝非近世之所曾有！其所缺者，无伟大领袖与准备耳"④。

其三，提高政府的行政效率。《大公报》认为"君主、民主、专政与率没有因果关系"⑤，它希望知识界舆论围绕在建立国民党政府的文官制上，亟务是建立现代行政机构。

其四，政府官员必须廉洁。《大公报》赞成以国家权力实行统制经济，因此"如何能实现廉洁政治一点，尤为能否实行统制经济之前提"。如果"污吏弹冠，良民气短，任何计划，绝对无成"⑥。此关乎中国之生死存亡，国民党政府不能做到廉洁，"只有倒政府；易政府而亦不能，只有亡中国"⑦。

这一点《大公报》撰稿人陶希圣说得非常清楚，"《大公报》对于高阶层的政情通达，对于北方学术界的情形也通达，《大公报》站在两方面的中间，尽力联系"⑧。《大公报》鼓励学界参政议政，但不媚权，"毫无政治上事业上的甚至名望上的野心。就是不求权，不求财，并且不求名"⑨。《大公报》因此又获敢言之名，在当时很有影响力。

这一时期可以被认为是《大公报》倡扬"国家中心"的酝酿阶段，其

① 《国府之重大责任》，《大公报》（天津版）1932年7月25日。
② 《结束训治舆继续党治舆》，《大公报》（天津版）1933年9月7日。
③ 《国民对政治应痛改传统态度》，《大公报》（天津版）1934年10月1日。
④ 《外患内忧之重大危机》，《大公报》（天津版）1932年8月31日。
⑤ 《树立现代的政治机构之亟务》，《大公报》（天津版）1935年1月22日。
⑥ 《两大问题如何解决》，《大公报》（天津版）1932年8月29日。
⑦ 《如何打倒贪污》，《大公报》（天津版）1933年6月13日。
⑧ 陶希圣：《遨游于公卿之间的张季鸾先生》，（中国台湾）《传记文学》第13卷第6期。
⑨ 《本社同人的声明》，《大公报》（重庆版）1941年5月15日。

"国家中心论"的拥护对象虽然形式上还是作为团体的南京国民政府，但实际已显露出对作为领袖的蒋介石个人的偏向。

## 第二节　繁荣的《文学副刊》

《大公报》这种在"四不"独立办报方针指导下的"文人论政"的舆论空间使得一些与政治相对疏离又不愿与商业结缘的自由主义知识分子、文人与它有一种天然的亲和力。他们在这一独特的文学空间中自由表达自己的文学观念、构建理想的文学蓝图。沈从文和萧乾等京派作家就曾根据自己的文学理念改造了虽然读者众多却与新文学发展不相适应的通俗性栏目《小公园》。总经理胡政之曾经鼓励萧乾说："我们不靠这副刊卖报，你也不必学许多势力编辑，专在名流上着眼，你多留意新的没人理睬的。只要从长远上，我们能对中国文化有一点点推动力，那就够了。"

方针既定，从不干涉，一任编者自由耕耘，让他们尽情展示自己的才能和文学观念。正因为如此，《大公报》的几个文学副刊既有相同之处又有差异。它们的相同之处在于它们都是依存于这个民间立场的公共领域，与"文人论政"的办报方针相一致，使文学保持着与政治和商业的相对疏离，建立一个独立自主的文学空间。它们的差异在于这个独特的空间的文学理念和编辑思想，因而各个副刊又呈现了各自的独特性。

晚清以来，传播媒介在中国整个文学甚至文化的推动发展上具有主导的力量。尤其是中国报纸的"文学副刊"，是世界新闻史上一个独特的角色，具有鲜明的"中国特色"，它创作与批评并重，兼具杂志的性质，作为报纸的一个组成部分，其栏目设计与传播方式又有不同于杂志的特殊性。

20世纪20年代末到30年代的《大公报》曾出现过四个文学副刊：《文学副刊》《文艺副刊》《小公园》《文艺》。1928年1月，吴宓主编的《文学副刊》创刊，由于学院色彩过浓，虽然对一些理论问题有深入探讨但基本上是远离大众的，所以于1934年停刊。1933年9月23日，由沈

从文和杨振声主编的《文艺副刊》创刊。1935 年，在沈从文、林徽因
等京派作家的帮助之下，《大公报》的一个文化副刊《小公园》经过萧
乾的改造成为又一个新的文学副刊。1935 年 9 月 1 日，《文艺副刊》
和《小公园》合并成《文艺》。由沈从文题写的《文艺副刊》的刊头一
直伴随着《大公报》，从抗战时期到抗战胜利，成为《大公报》文学空
间的一个象征。

1928 年 1 月 2 日至 1934 年 1 月 1 日，吴宓主编的《文学副刊》历时 6
年，每周 1 期，共出刊 313 期。就《文学副刊》编辑的详尽办法，吴宓曾
经和大公报馆反复商榷。《大公报》的办刊宗旨就是给副刊编者自由的空
间，对《文学副刊》也一样，方针既定，不加干涉，所以我们更可以看出
在实际的编刊过程中，吴宓按照自己的文学观建立了这一文学的空间。其
中主要展开比较文学视野中的新文学批评和大量的"以新材料入旧格律"
的诗词创作和诗歌理论探讨。

吴宓撰写的发刊词"本副刊之宗旨及体例"详尽表述了《文学副刊》
的编辑思想，提出："对于中西文学，新旧道理，文言白话之体，浪漫与
写实各派，以及其他凡百分别，亦一例平视毫无畛域之见，偏袒之私，唯
美为归，惟真是求，惟善是从。"[①] 在此之前，《大公报》就已经在 1927 年
12 月 23 日的头版刊登了吴宓亲撰的《本报新增文学副刊预告》："本报自
明年一月二日起，每逢星期一增出《文学副刊》一版，特请名家担任撰述
投稿，内容略仿欧美大报文学副刊之办法，而参以中国之情形及需要。每
期对于中外新出之书，择优介绍批评；遇有关文学思想之问题，特制专
论；选录诗文、小说、笔记等，亦力求精审……"

在吴宓主持的文学空间中，一方面论题十分广泛，远远超出了文学的
范畴，是在包括政治、思想、文化的一个大背景下进行一种中西方的对话
和传统与现代的对话。以上这些讨论从深度和广度来说，即使从今天来看
仍具有极大的启发意义。另一方面则是参与范围的狭窄，正是由于这样一
种理论的、学术的探讨，使得这些对话大多是在学术界展开的，参与也以

---

① 《本副刊之宗旨及体例》，《大公报·文学副刊》（天津版）1928 年 1 月 2 日。

学者、名流居多。而普通大众认为这些问题太过高深，所以参与有限，热情不高。总体上，吴宓所营造的这一文学空间，颇具理性、批判性，对于中西、古今文化的思考极具价值。虽然他的发刊词中强调，各种体裁、各式作品都可以登载，众家之言都可以发表，但是实际上整个版面中，大篇幅的大部分是探讨各种问题学术论文式的文章。因此，公共参与性不足，并未能真正走向大众。

1933年9月23日，由沈从文和杨振声主编的《文艺副刊》创刊，标志着新文学在《大公报》的正式登场。《文艺副刊》没有发刊词，创刊号上发表了杨振声的《乞雨》和林徽因的《惟其是脆嫩》。① 这两篇文章从不同角度表达了对这个刊物的希望，杨振声在《乞雨》中说："文艺的田园久旱了！它也许受了政治的影响罢？何以也多大言而少实事！上海方面到底热闹，种种文艺的运动也有好几次了。为宣传种种主义，锣鼓打的很响，但戏是没有出台；为主张某一种文学，架打的不少了吗，而主张却没有露面。文艺的田园久旱了，至今还只是听到干雷！北京是个打盹的老头子，半天吵他不醒，好容易睁开眼睛看一看，马上又合上眼。睡着了！真的，他连大言也懒得说，回想民七八之十五六年之间，它的文艺运动是如何年青而有希望，真叫你疑心它会老的这般快！文艺的田园久旱了，它缺少园丁的汗雨。"这两篇文章实际上是代发刊词，表明了《文艺副刊》的办刊宗旨。它们都从不同的角度表达了一个共同目标：一是要打破北方文坛的沉寂，唤醒"五四"文学的生机和活力；二是要保持文学的独立姿态，使文学写作既不受商人的影响也不被政治所左右，而是以"形形色色的人物、悲剧喜剧般的人生作题"②，让文学去贴近普遍的人生。《文学者的态度》也是基于这一点而作，这篇文章与杨振声和林徽因的文章是互相呼应的。沈从文在此提出了文学者也应当遵守自己"事业的尊严"，不能做文学的票友与白相人，以独立的人格和勤勉的态度从事写作才是文学者应有的态度。这既是沈从文一贯文学观的阐发，也是在给自己主编的刊物定调。

---

① 杨振声：《乞雨》；林徽因：《惟其是脆嫩》，《大公报·文艺副刊》（天津版）1933年9月23日。

② 林徽因：《惟其是脆嫩》，《大公报·文艺副刊》（天津版）1933年9月23日。

在沈从文的文学观念中，文学的独立意义是其核心内容，他的创作、批评乃至一切文学活动都与此相关。而这个观念的形成中，他对于读者趣味与文学创作关系的认识、对出版与文学的关系的认识以及他的编刊经历起了很大的作用，沈从文的文学活动始终没有脱离他的编辑生涯，作为编辑的沈从文与作为作家的沈从文在文学史上具有同等重要的地位，他在文学上的艰难起步使他坚信一个好的刊物和编辑几乎可以作为一个青年的文学之路。

沈从文的文学观出自他最初的人生体验，但最终的形成与他的上海之行密切相关。他说："中国新文学的势力，从北平转到上海以后，一个不可避免的变迁，是在出版业中，为新出版物起了一种商业的竞买，一切趣味的俯就，是中国的新文学，于为时稍前低级趣味的海派文学，有过许多混淆的机会，因此影响创作方向与创作态度非常之大。从这混淆的结果上来看，创作的精神，是完全堕落了的。"① 这种趣味的俯就，突出表现在张资平那一类的"恋爱小说"上，他们有助于维持懒惰的思维习惯和上海读者对小报的依赖。沈从文对"礼拜六派"小说分析道："礼拜六派只可以说是海派，是上海地方的一切趣味的表现，此时这类趣味的拥护者、制造者、领会者依然存在，新文学运动并不损及他们丝毫。新文学发展，自然是把内地一些年轻人的礼拜六趣味夺去了……承继礼拜六，能制礼拜六死命的，至少是从上海一部分学生中把趣味掉到另一方向的，是如像良友一流的人物。这种人分类应当在'新海派'。他们说爱情、文学、电影以及其他，制造上海的口味，是礼拜六派的革命者。"② 沈从文指出礼拜六派的失败并不是彻底的，只是一种"文字上"的失败，文学者的文学态度没有改变，就会有它适宜的土壤。而上海的报刊由于商业的影响更会使文学向这一方向趋近，所以"商业"竞争支配了许多人的趣味，甚至文学生产也不可避免地受到"商业"的操纵，沈从文对于文学与商业结缘之后独立性的丧失表示深切忧虑。

---

① 沈从文：《论中国现代创作小说》，《文艺月刊》1931年第2卷第4期，第5、6期合刊。

② 沈从文：《郁达夫张资平及其影响》，《新月》1930年第3卷第1期。

文学不断提出"信仰""职业的尊严""宗教意识"，来强调文学创作的独立意义。但是沈从文又深深了解出版与文学的密切关系。在强大的商业运作中，文学的独立性被消解。出版与文学的关系是沈从文的文学观的重要组成部分，他经常思考两者的依存和背弃、矛盾和融合，他知道文学的独立意义的实现绝不在于与出版的脱离，文学的独立性的实现离不开文学生产，所以他才更加重视报刊与文学的关系，并力主文学出版应摆脱商业带来的趣味化，他不断强调文学应当远离"白相"的游戏态度，文学者不做"票友"文人，文学出版才能走向良性循环。这一点他在《论"海派"》中说得更加明白："一个文学刊物在中国应当如一个学校，给读者的应是社会所必需的东西"，一个编辑应当把稿费"支配到一些对于这个民族毁灭有所感觉而寻出路的新作家的作品上"①，而不是文坛小道消息和消闲趣味之作。文学刊物不应流于趣味，被商业利益所左右，这种刊物即使是在物质上成功了，在精神上也会失败。

编辑一份自己的刊物，使写作不受商人和政客的左右，是沈从文一踏进文坛就有的梦想。因此随着国民政府定都南京，他把目光投向了北平。他说："办刊物北平是最理想的地方，因为北平是新文学运动的发源地，新文学不但有很多的基本作者，还有很多基本读者。但是如果使之站在商业立场上，和上海的出版业竞争，无论是在设备技术上还是在广告的标新立异上，北平都处于弱势。"所以沈从文很清楚，办刊物不能离开商业运作，追求文学的独立性也不等于放弃读者，想要编辑一份理想的刊物，就要找到一个完美的办法，应当注意到如何编辑，"方能比别的刊物显得更有生气更有意义，而且得到那个广大读者群……是积极的有为，还是消极的有为？对当前社会是注重事实，还是重理想？这些看来好像不成为问题，事实上却是每个预备办刊物的人应当考虑到的问题。尤其是北方的刊物，照目前上海任何刊物的办法，似乎都不大相宜，必须有个性，有特

---

① 沈从文：《论"海派"》，《大公报·文艺副刊》（汉口版）1934 年 1 月 10 日。

性，方能存在"①，这些话可以看作《文艺副刊》办刊的基本思路，沈从文为这份刊物找到了自己的立足点，它的鲜明特性就是"立足于北平——这个新文学的发源地，以严正的写作态度和扎扎实实的作品唤起《大公报》的十万读者对文学的'信仰'，建设一个高雅的文学园地，在政治和商业操纵之外为文学生产者找到一个新的生存成长空间，使文学和出版走向良性循环"②。

《大公报》文人论政的民间立场及独立、自由的办报宗旨与沈从文对文学独立意义的追求不谋而合，所以他主编这个刊物之后，就开始在其中构建自己的文学蓝图，用他独特的文学观念影响他周围的年轻作者与读者。

1935年7月4日，萧乾接编《大公报》最有影响的一个通俗休闲副刊《小公园》。在沈从文和林徽因等人的帮助下，萧乾对《小公园》进行了大刀阔斧的改造。可以说，萧乾对《小公园》的改造是京派文人的一次集体行动，通过对《小公园》的改造可以看到京派作家如何运用媒体作为阵地去培养青年作家，传播文学观念，扩大文学影响。萧乾是由杨振声和沈从文带上文坛的，并由他们引导加入了朱光潜组织的读诗会和林徽因的文艺沙龙。萧乾融入京派作家群，首先是他们这种在文学上的相知相和。京派作家钟情于文学的独立意义，萧乾晚年的回忆录也把自己的一生称为不带地图的旅行，而自己是个"未带地图的旅人"③，道出了自由主义的文学和人生选择。

萧乾改造《小公园》的第一步就是改变它的定位。第一天他就公布了新的《园例》，旗帜鲜明地推出自己的编辑方针，明确划出和过去的分界线。这个《园例》署名"编者"，副题是"给文艺生产者"，由此可见新的

---

① 沈从文：《对于这新刊诞生的颂辞》（这是沈从文应燕京大学学生流金等人之约，为燕大学生文艺社创办的杂志《青年作家》所作的发刊词，刊于1936年12月1日《青年作家》创刊号），转引自《沈从文文集》第12卷，花城出版社、生活·读书·新知三联书店香港分店1984年版，第193页。

② 刘淑玲：《沈从文的文学观与〈大公报·文艺副刊〉的定位》，《河南社会科学》2004年第6期。

③ 萧乾：《未带地图的旅人——萧乾回忆录》，中国文联出版公司1998年版。

"园例"是面向作者的，他从"文章水准""内容与形式""小品与大块"三个方面对投稿者提出了新的要求，[①] 这几个方面都涉及了文学的写作技巧。他把"艺术"作为尺度衡量作品，表达了自己要"发现伟作"的决心。希望投稿者放弃轻松而随意的写作，提高自己的创作技巧，向着更高的艺术水准看齐。这个标准简单而明确，他坚信他面对的是文学，而文学有着它自身的标准和尺度。所以他说："因为篇幅的限制和这栏历史的短浅，我们希望一切讨论先围绕着文艺本身。"并且在给读者的"答辞"中更为详细地阐明了他的这个观点，同时为《小公园》制定了新的去稿原则："只要是有创造性的文章我们都欢迎，这创造性不止表现在文字上。它必须贯穿于整个作品：文章毕竟是文章。你可以用来追悼一个至近的友人，你可以用来记载名胜的游访；也可以用来打抱不平。但缺乏了艺术，仅仅那种流水账式的记载，本园不愿刊登。"[②] 他告诫青年作者在文学的路上只能用"艺术"来博得别人的喝彩。他还为这个艺术标准做了一个形象的解说："好的文章，像一切好的艺术品一样，一看便能辨认得出，像尊名窑出的陶瓷，好的文章有着一种光泽：也许是透彻的思想，也许是奔放的想象，在死的文字丛间焕放着美的光芒。"[③] 萧乾认为创作的前提就是要有艺术的独创，他告诫青年作者：如果你觉得自己写的恋爱故事不比民国十二年某第一流的作家风行一时的文字坏，并且为此而得意，那么这恰恰是个错误。除非你换一种写法。永远把"第一流"作家的文章作蓝本，永难把文章写得光彩。

1935 年 8 月 18 日，沈从文署名"迵之"在《小公园》上发表《谈谈上海的刊物》，沈从文把这篇文章发表在《小公园》也是意味深长的。沈从文一贯认为"好的文学刊物就是一所学校"，过重消闲、趣味、幽默的刊物会使文学走向轻浮，而无休止的"争斗"又会把读者养成喜欢看"戏"不喜欢看"书"的习气。[④] 沈从文的观点有他自己的偏颇和固执，但

---

① 参见萧乾《园例——致文艺生产者》，《大公报·小公园》（天津版）1935 年 7 月 4 日。
② 萧乾：《读者与编者——关于园例》，《大公报·小公园》（天津版）1935 年 7 月 8 日。
③ 萧乾：《园例——致文艺生产者》，《大公报·小公园》（天津版）1935 年 7 月 4 日。
④ 参见沈从文（炯之）《谈谈上海的刊物》，《大公报·小公园》（天津版）1935 年 8 月 18 日。

是可以看出他站在京派文学的立场上对青年读者的期望。《小公园》的改造不但提升了青年作家的创作水准，而且促进了他们的聚拢和交流。在这一点上，沈从文的作用尤其重要。

1935 年 9 月 1 日，《文艺副刊》和《小公园》合并成为《文艺》，《文艺》的诞生标志着京派作家在《大公报》的全面登场，它是《大公报》历史上存在时间最长，影响也最大的一个文艺副刊，并且随着《大公报》事业的壮大而由天津走进上海。抗战之后又跟随《大公报》辗转流徙，在香港、汉口、桂林等地都留下了身影，也记录了这些从《小公园》中成熟起来的青年作家在文学之路上跋涉的印记。

1936 年 9 月 1 日，是吴鼎昌、胡政之、张季鸾复刊《大公报》十周年，亦即"新记"《大公报》诞生十周年纪念日。为了纪念这个不寻常的日子，大公报馆决定举行纪念活动，其中最重要的一项就是举办"科学和文艺奖金"的评选。

根据《大公报》的评选，何其芳以《画梦录》、芦焚以《谷》和曹禺以《日出》成为"文艺奖金"的获得者，同时也扩大了他们的文学影响，这是《大公报》运用报纸这一文学空间对文学活动最为有力的一次扶植。为了配合文艺奖金的评选活动，也为总结《大公报》文艺副刊的创作成绩，1936 年，《文艺副刊》又邀林徽因编选了《大公报文艺丛刊小说选》。

1936 年 8 月 13 日起，《大公报》连续为《大公报文艺小说选》做广告，广告词充分表明了这个选本是京派作家扶植青年作家、聚集京派作家群的一个硕果：

> 《大公报》的《文艺》对于一般爱好文学的朋友想来已不生疏了。有人说它太老实，然而三年来，在这种近于寂寞的老实中，它曾很忠实地担当了一个文艺刊物的责任；这本书便是它的成绩。
>
> 读者也许奇怪居然有那么些位南北文坛先辈看重这个日报刊物，连久不执笔的也在这里露了面；其实，这正是老实的收获。同时读者还会带着不少惊讶，发见若干位正为人注目的"后起之秀"，原来他们初露锋芒是在这个刊物上，这也不稀奇；一个老实刊物原应是一座

桥梁，一个新作品的驮负者。

如今，这个选集可说是三年来惨淡经营的《文艺》的一部结晶。篇篇是原都经过编者的慎重考虑，现在又经选辑者一番剔择的。难得这么些南北新旧作家在一处，为你作一个"联合展览"。单人集子使你对一个作家有深切的认识，但如果对文艺想获得一个综合的比较的印象，只有这样一本精彩的选集能满足你。

看看些列本书内容之一般，使你相信这个选集是绝不会使你失望的。

《大公报文艺丛刊小说选》收入小说30篇，其中大部分作者是在《大公报》中成长起来的青年作家，林徽因在选编题记中对这些作家创作水准的提高表示了极大的欣慰："至于这里短篇技巧的水准……在结构上，在描写上，在叙事与对话的分配上，多数作家已有很成熟自然的运用。生涩幼稚和冗长散漫的作品，在新文艺早期中毫无愧色地散见于各种印刷物中，现在已完全敛迹。通篇的连贯，文字的经济，着重的安排，颜色图案的鲜明，已成为极寻常的标准。"[1]

京派作家群创作水平不断提高，京派作家队伍迅速发展和壮大。京派文学观念不但在青年读者中得到了广泛传播，而且融入了众多青年作家的创作实践，成为20世纪30年代文坛上重要的文学力量。

这个选集是京派作家群在小说创作上的重要收获。它们也以大致相同的文化取向体现出京派文学的一个共同主题：繁华在都会，而人性在乡村；物质在城市，而精神在乡村。它们塑造了"交织着原始的野性强力和人情味"，堪称远离现代社会的理想国的乡土世界，因而城市与乡村的对峙与相衔，在他们的笔下构筑出了一幅独特的现代中国的文化景观。

在京派作家的文化范畴里，自然、和谐、静美是生命的至高境界，他们向往健康的人生和理想的人性，追求人与自然的契合。在"城市世界"里，这一切都不复存在，代之而来的是物欲横流、道德沦丧和生命力消

---

① 林徽因：《文艺丛刊小说选题记》，《大公报·文艺》（天津版）1936年3月1日。

亡。因而他们怀着对理想人性的无限追怀来解剖这种人性的沉沦，并试图在现实与理想的对比中揭示这种现象所产生的根源。从这个角度来看，这些京派小说具有强烈的文化取向与审美价值，体现了人类不可泯灭的对精神世界的终极追求。

萧乾在他晚年回忆 1933 年 8 月沈从文回到北平，9 月开始主编《大公报》的第一个纯文学副刊《文艺副刊》这段时间时，曾说过这样一段话："我始终认为 1933 年为京派一个分界线，在那之前（也即是巴金、郑振铎、靳以北来之前），京派是以周作人为盟主。那时，京派的特点是远离人生、远离社会、风花雪月，对国家社会不关痛痒。我最庆幸的是我开始进入文学界，恰好在京派这个转变期。我与周作人等几乎没有任何交往……1935 年我接手编《大公报·文艺》时，每个月必从天津来北京，到来今雨轩请一次茶会，由杨振声、沈从文二位主持。如果把与会者名单开列一下，每次三十至四十人，倒真像个京派文人俱乐部。每次必到的有朱光潜、梁宗岱、卞之琳、李广田、林徽因及梁思成、巴金、靳以，还有冯至，他应是京派的中坚。"[①] 正像萧乾所说，沈从文的回归以及《文艺副刊》的创刊，为京派文学画出了一个历史的坐标，它标志着京派作家群开始形成，并且有了自己最重要的刊物。

## 第三节 独立、自由的文学评论

《大公报》文学副刊的文学主张与编辑理念充分体现出独立自主性，在报刊自由宽松的编辑政策下，也拥有了现实的保障。于是从沈从文到萧乾，在这一空间中尽情地施展自己的文学理想，其中以书评为代表的对话与讨论，呈现了一个成熟的、繁荣的、自由的交往对话空间。书评便是集中的体现。

---

① 萧乾：《致严家炎》，《萧乾文集》（傅光明编）第十卷，浙江文艺出版社 1998 年版，第406 页。

　　萧乾曾回忆道："三十年代编《大公报·文艺》时，我曾利用编辑职
权，花了好大力气，想提倡一下书评。"① 他充分利用报纸出刊快捷、读者
面广泛的优势，把文学和新闻结合起来编辑这个栏目，他自己也称书评是
"介乎新闻和文学之间"。②

　　《文艺副刊》组织起了一支强劲的书评队伍。《文艺副刊》时期，书评
的主要撰稿人有李健吾、李长之、常风、李影心等人，萧乾主编《小公
园》后，专门设置了"书报简评"栏目，更加强了书评的写作。尤其是
《文艺》创刊之后，萧乾更加突出了"书评"栏目的位置，不但发表单篇
书评而且组织了多次"书评专刊"，在这些专刊中邀请读者、作者和书评
家发表对书评的意见。书评队伍进一步扩大，又有李辰东、黄照、陈蓝
（张秀亚）、张庚、刘荣恩、宗钰等人不断加入，使书评成为一座桥，鞭策
了作者的创作，也启迪了读者对作品的理解。为了在更广泛的意义上增进
书评的功能，促进读者、书评家和作者的交流，《文艺》还曾特设"书评
专辑"：第一辑（1937 年 4 月 25 日）是评论家专辑："书评是心灵的探险
吗"，包括四篇文章：《弗朗司和布鲁迪耶的对话》（朱光潜）、《自我和风
格》（刘西渭）、《书评家的趣味》（李影心）、《冒险与裁判》（杨刚）、《探
到哪里去呢？》（张振亚）；第二辑（1937 年 5 月 9 日、12 日、14 日）是作
家专辑"作家们怎样论书评"，包括《我如果是一个作者》（叶圣陶）、《我
只有苦笑》（巴金）、《关于批评》（张天翼）、《假如我是》（李健吾）、《书
评家即读者》（施蛰存）、《批评家的路》（艾芜）、《我们要真的批评家》
（李蕤）、《关于书评》（陈蓝）、《书评家的限制》（常风）、《批评与探险》
（宗钰）；第三辑（1937 年 7 月 4 日、7 日）是读者专辑"读者论书评"，刊
登了来自天津、南京、石家庄、武昌、济南、曲沃、杭州、开封、临沂等
四面八方的读者来稿，加强了编读往来及对书评的理论探讨，这些专刊和
特刊，涉及了书评写作的各个方面，这些文章的作者都表达了自己的书评
观，从不同角度为书评的写作寻找理想的突破口，探究理论和实践的可能

① 萧乾：《一个乐观主义者的自白》，《萧乾文集》第七卷，浙江文艺出版社 1998 年版，第
149 页。

② 参见萧乾《我与书评》，《萧乾文集》第七卷，浙江文艺出版社 1998 年版，第 160 页。

性，扩大了《文艺》书评的影响。

萧乾说，"编杂志有如在大圆桌子上摆宴席，编副刊则好比在小托盘上拼凑快餐"①，"《雷雨》发表在《文学季刊》上，立刻轰动全国。但如拿到副刊上每天登个一千八百，所有它的剧力必为空间时间的隔离拆光……为了整个文坛，为了作品本身，也不宜只顾为自己的刊物增加光彩。我曾多次把到手的好稿子转送给编杂志的朋友"②。副刊限制了版面，不可能全方位地刊登创作作品，比如中、长篇小说，就不是副刊的长项，但是萧乾认为不能因此而减轻副刊的重量，所以"书评"使他发挥了副刊所长——报纸出刊迅速和广泛的读者群是杂志无法竞争的，在《文艺》的书评栏目中迅速、及时地向读者介绍和评析重要作家的作品，用"书评"来引进"伟作"，弥补了副刊不能刊载长篇作品的不足，评述的著作范围包括商务、良友、开明、北新等各大书局出版的作品，更多的是巴金主持的文化生活出版社的出版物。《文艺》坚信书评不是广告，不是有商业目的的书籍推销，必须是真正的文艺批评。为了杜绝人情书评，不接受著者赠书，萧乾就常常不辞辛苦地在各大书店买书分寄评者。为了保证客观公正的实现，维护书评的公正性和独立性，萧乾在《文艺》的书评栏目中坚持两条原则：一是不介绍自己和沈从文的书；二是不接受出版商的赠书。而且《文艺》所发表的书评都是从文学本体出发的艺术批评，是从文学作品的内在结构、人物性格的发展、文学语言的运用、文体的探求诸方面的考察。这样的关注点在一定程度上限制了评论家的视野，但也形成了《文艺》书评的特色。③ 沈从文为他的论文集《现代中国作家评论选》所写的题记中，提出了自己的批评观，他认为日下有两种批评家存在："一为与商人或一群一党同鼻孔出气的雇佣御用批评家，一为胡乱读了两本批评书籍瞎说八道的说谎者。"正因为如此，真正的批评家更应该维护批评的尊严和公正，对作品要"不武断，不护短，不牵强附会，不以个人爱憎为作

---

① 萧乾：《我当过文学保姆》，《萧乾文集》第七卷，浙江文艺出版社 1998 年版，第 232 页。
② 萧乾：《一个副刊编者的自白》，《萧乾文集》第七卷，浙江文艺出版社 1998 年版，第 47 页。
③ 参见刘淑玲《萧乾与京派作家的书评活动》，《西北民族大学学报》（哲学社会科学版）2008 年第 12 期。

品估价"，"评论不在阿谀作者，不能苛刻作品，只是就人与时代与作品加以综合，给它一个说明，一种解释"。① 由此可见，恰如他追求自由独立的文学精神，在文学批评领域，他同样追求批评的独立意义。在《文艺》上发表书评的作者，基本上都持有与沈从文相同的批评观，他们认为批评的最高境界是公正，而"公正"的实现要依靠批评者独立的思考和对作品深切的体味，所以批评者要守持人格的尊严以及对人性的贴近，本着对"艺术"的虔诚，才能体味作品的艺术匠心，达到批评的最高境界。他们的批评文章几乎就是这种批评原则的阐释，所有关于批评的言论都来自他们对文学的探究和"灵魂在杰作中的探险"。

对于书评，萧乾的编辑原则是"遇到文字过于尖刻或近挖苦时，我总在保持评者的观点和评价的前提下，尽量把带刺的字眼删去，倘若双方心平气和地进行辩论，我是绝不去干预的"②。事实上，在这个栏目中也有过多次作者和评者间的往来辩论，但都是就艺术问题发言，李健吾和巴金就《爱情三部曲》展开的论争以及他和卞之琳就《鱼目集》的往来辩驳，就是在这个原则之下的书评。无论是对巴金的《爱情三部曲》，还是对卞之琳的《鱼目集》，李健吾立论的前提都是"独立"和"公正"的批评原则，面对作者的自白，他表示了由衷的欢迎："等到作家一自白，任何高明的批评家也不战自溃。对着一件艺术的制作，谁的意见最可听信，难道不是作者自己？……对于你的'自白'，或者抗议，我站在读者的地位，第一个情绪便是感激。"但是他又强调自己作为一个批评家的独立存在，因为"批评是一个独立的存在，有他自己的宇宙，有他自己深厚的人性做根据"。而不是像"有的书评家只是一种寄生虫，有的只是一种应声虫。有的更坏只是一种空口白嚼的木头虫"③。李健吾这种批评原则得到了朱光潜的理解和共鸣。朱光潜在 8 月 2 日的"书评特刊"上撰文《谈书评》，用另外的话表达了与此相同的观点："刘西渭（李健吾）有权力用他的特殊看法去看《鱼目集》，刘西渭先生没有了解他的心事；而我们一般读者哩，

---

① 沈从文：《现代中国作家评论选题记》，《大公报·文艺副刊》（天津版）1934 年 12 月 22 日。
② 萧乾：《鱼饵 文坛 阵地》，《萧乾文集》第四卷，浙江文艺出版社 1998 年版，第 135 页。
③ 刘西渭：《答巴金自白书》，《大公报·文艺》（天津版）1936 年 1 月 5 日。

尽管各人都自信能了解《鱼目集》，爱好它或是嫌恶它，但是终于是第二个以至于第几个刘西渭先生，彼此各不相谋。世界有这许多分歧差异，所以它无限，所以它有趣；每篇书评和每部文艺作品一样，都是这'无限'的某一片面的摄影。"① 正因如此，李健吾和他的论者所进行的是真正的文字批评，而且他还和巴金、卞之琳成为终生的好友。他们树立的这种批评典范，在《文艺》的"书评"中弥漫开来，成为《文艺》的一种书评精神。这种评论的风格在《大公报》组织的"书评专辑"中有更加充分的表现。

书评是《大公报》组织的几次系统大讨论的第一场。《大公报》特设"书评专辑"邀请批评家、作家、普通读者来稿，分别从不同角度、不同层面对书评进行了深入的讨论。

第一辑《书评家论书评》主题是"书评是心灵的探险吗"，包括四篇文章：《弗朗司和布鲁迪耶的对话》（朱光潜）、《自我和风格》（刘西渭）、《书评家的趣味》（李影心）、《冒险与裁判》（杨刚）、《探到哪里去呢？》（张振亚）。

就书评家来说，书评的主观性与客观性的关系是探讨的焦点，由此而延伸出来的，诸如书评究竟是"心灵的探险"还是根据一定标准的评价，究竟是一种主观创作还是客观分析等问题是书评家们主要探讨的。

杨刚主张书评应当是一种冒险。她认为书评家应当具有一种能力，"他使自己如一缕光钻透别人的肩头，从那里长出一棵树，开一朵花。他的理想卓见与作者对照着，合于他，他赞赏；不合于他，他判决"。这是因为书评与一切作品由衷相同的引力：是表现自己。由此来看，书评或多或少，都是冒险；或真或假，都有判断。

杨刚认为，在文学写作中如果书评也有一席之地，"它也应该使自己的肩头更坚硬更有力一些，它应该有坚实的态度，稳定的情感，将透彻睿敏的智慧判断一种创作之合乎理想与不合理想。判断者不需要在这隐藏自己而埋头于死板的规条面前。他活在这个年代，这片地方，它们的需要，

---

① 朱光潜：《谈书评》，《大公报·文艺》（天津版）1936 年 8 月 2 日。

容许他为那时间和空间留一个信念，同时更要紧的是要他在下笔时使用刚韧的雄性的思力，与有计算的辨别，将鞭策的判断执在手里"①。

张振亚则明显持与杨刚相反的观点，他更倾向于主张书评应当是一种裁判。

他认为理想的书评绝不能完全是主观的。"自我"在文艺中的地位是不可轻忽的；然而，书评，为了完成它的合理指导功用，得建筑于群众的健康上。文学批评虽来自主观的创造性，但也不能忽视客观的节制。

因此，"为促使文艺正当地完尽了它对于集团的宏大的任务，我们不能不抓住现实，认清方向，顺着历史进展的巨流，负起批判、向导的重责，与其他推动人世间的大力，调整步伐，协和地勇敢向前。这具有宽广、普遍特征的祈求，是文艺中的真标准，真原则，是全人类的呼声，是现实的真理"。这一标准和原则就是"人性的，有益集团的，向上的"。

对于灵魂探险者来说，书是魔术，它使读者——当然评者也包括在内——沉湎于过去意象及超然阴影中，如吸鸦片烟，如生活在梦里，感不到现实世界，成为幻境的俘虏；忘忧记喜，书与人打成一片，回到自己灵魂中去遨游，消消万古愁。这是在读书中兴感所至的最妙境界，然而最妙却不是最高。莫名其妙的沉湎是精神的自杀，到此境界即止的"阔少困烟灯"式的书评，是不足取的。

接下来张振亚逐一驳斥了灵魂探险者的理由。

"根据文艺欣赏皆凭感官，人人所得印象各不相同的事实么？所谓印象不同只不过大同小异而已。而且，据此即高唱灵魂探险论，是不对的；我们不能为世事纷繁，就推翻一切原则、标准。"

"根据文艺中的标准皆虚伪，不可靠，且时常变易的事实么？我们既不能因为人类社会罪恶业集，且变易不息的事实，就否认理想社会的降临；我们岂可因为文艺中标准皆虚伪、不可靠，且时常变易，就否认文艺中的正确标准？虚伪、不可靠，是进化中的段级、变易是宇宙中的常理。"

"根据美学未立好根基的事实么？现在，美学已是与现实中各文化部

---

① 杨刚：《冒险与裁判》，《大公报·文艺》（上海版）1937年4月25日。

门联系地向一个伟大标的迈进的东西了：它不再需要缥缈虚无的点缀，它已在现实，这块泥土里生出了芽子。"

最后张振亚指出，在集团与现实这两大力量的浸润下，个人的、神秘的灵魂探险式的书评实际上是没有出路的。[①]

李影心对二者的关系进行了权衡，试图寻求一条中间路线。

李影心认为："如果摒弃了作者，一篇书评本身上便已无所保有与立足，它可以容许作者的自我存在，有个性，有独到的个性；然而它更应当顾及公平，保持那衡量事物标准的明允正道，因为书评事业更其需要普遍公正。"

那么怎样才能建立书评里面的公平？"一切还得奠基于作者的存在。书评家对艺术的最大努力应该是置身物外，单凭一己深厚的见解与修养，衡量作品得失；而首要须注意的，便是他必得全然抛弃成见，然后他才能发觉特见，哪怕是偏见，这类智慧的探索都值得为他公平的事业表彰。"

甚至自由，书评家讨论作品亦有所依据的绳准，通常这类绳准的构成，概皆出自他一己的全般态度与整个见解的组合。他的态度得自生活认识，见解又复有他性格存在的支持，所以他的衡量如若过偏，至少说他的尽心并不稍背于一己的趣味。从趣味中，我们往往能见出书评家的态度见解的差异。

书评家不易避免流露自我个性的存在，这一层难题的存留对于书评事业的公平往往是一种阻挠；然而书评家倘能提高他一己的趣味，且解放了他，使他有个广大的趋向发展，他的公平或许更贴近他的事业的条件限制。为了自由而放弃公平，或是由于公平而失去自由，都是片面地完成，而未曾恰如其分地统一，理想书评要的是两者兼顾。[②]

第二辑《作家们怎样论书评》是作家专辑，发表了：《我如果是一个作者》（叶圣陶）、《我只有苦笑》（巴金）、《关于批评》（张天翼）、《假如我是》（李健吾）、《书评家即读者》（施蛰存）、《批评家的路》（艾芜）、

① 参见张振亚《探到哪里去呢?》，《大公报·文艺》（上海版）1937 年 4 月 25 日。
② 参见李影心《书评家的趣味》，《大公报·文艺》（上海版）1937 年 4 月 25 日。

《我们要真的批评家》（李蕤）、《关于书评》（陈蓝）、《书评家的限制》（常风）、《批评与探险》（宗钰）等文章。

圣陶希望理想的书评家，第一，"要摸着作者心情活动的路径。在这条路径里，你考察，你欣赏，发现了美好的境界，作者安慰地笑了，因为你了解创作的甘苦。或者发现了残败的处所，作者不胜感激，因为你检举了创作的缺失"。第二，批评者要有一副固定的眼光。这里所谓眼光，包括通常说的人生观和世界观。不希望批评者随时转变他的眼光，只希望批评者不要完全抹杀他人的眼光。万一作者的眼光与他不同，不妨站在作者的地位设想，看看这种眼光是怎么来的，然后说依他的眼光来看，结果完全两样。也许给他说服了，作者的眼光就会来一下转变。如果不能这样，那么作者只有"苦笑"。①

李健吾从理论的高度论述了书评家的地位、作用和应当具有的素质。

首先，批评是一种独立的、自为完成的、犹如其他文学部门一样的存在。每一个人在某一意义上，全是一个批评家。有的伟大的创作家，同时也是了不得的批评家。正因为每一个创作家具有经验、甘苦，见解，所以遇到一个批评家过分吹毛求疵的时候，犹如，"Balzac 恨不能够拿钢笔插进 Salnte Beuve 的身子"。

然而同时，人不是一尘不染、铁面无私的神鬼，创作家必须原谅批评家（一个真正的批评家），而且在可能中，帮助他完成他的理论。宇宙的美丽正在无物不备，物物相成相长。这个人和他的事业是另一个人的材料，而另一个人和他的制造又将是另一个人的材料。同时，一个批评家，明白他的使命不是摧毁，不是和人作战，而是建设，而是和自己作战，"犹如批评的祖师曹丕，就有良好的收获和永长的纪念"。

所以，一名书评家应当具有的素质包括：第一，要学着读书；第二，要学着领受；第三，要学着自由。

一个作家应当具有的素质包括：第一，要学着读书；第二，要学着领受；第三，要学着自由。

---

① 参见圣陶《我如果是一个作者》，《大公报·文艺》（上海版）1937 年 5 月 9 日。

施蛰存认为，批评即是判断，判断的标准是真、善、美，批评家的文艺理论无论变化为怎样，作家的文艺技巧无论变化为怎样，这原则是始终不会变的。

文艺批评家，纵然有多大的文艺修养，纵然有多大的天才，实际上，他并不超过于一个能够说出自己的读后感的读者的地位。易言之，他是一部分读者意见的代言人而已。读者对于文艺作品的要求，无论怎样说，差不多都只是欣赏与消遣。一件文艺作品若能成为大多数读者的好的（即真的、美的、善的）欣赏品或消遣品，它即是一件好的文艺作品。批评家倘若不以一个读者的欣赏态度去看一个文艺作品，而以自己所熟谙的一套理论去衡量一个作品，则他对于一个文艺作品的判断，绝不能代表大多数读者的。

以读者的心境去看作品，而以了解各种文学艺术的智慧去探索作者的灵魂，从而考察作者的灵魂在他的作品中是否表现到了至真至善至美的境界，使大多数读者感觉到你已代替他们说了褒贬，使一部分读者觉得你已帮助他们定了褒贬，这就是尽了批评家的责任。①

李薤认为，文学作品虽然在手段上只是表现，但在效果上却是批评。而批评在表现上看来虽是针对作品，但实际上却难免是另一种创作（借来的思想永没用处）。作者是从令人眼花缭乱的现象中汲取他表现的材料，道出他的观感、他的爱憎，用自己的感情来点燃别人的感情；批评者则是从作者的成品中游走的过来人，自己有所见闻，伸出指点的手指诉说另外的来者。都是和读者正面相对，在这一点上作者与评者相同。不同的是，作者在创作的时候可以完全忘记批评家，而评者在评释以前却全然不记得自己是批评家。

这里，希望谦和而热烈的批评家能走进作品，能察看出作品的好处和缺点，还能毫不失迷地走出来。如果作品好，还能引读者蜂拥而至，如果这作品的确太不成样，还能把它拆卸开来，使读者掉头而去，使作者俯首无言。

---

① 参见施蛰存《书评家即读者》，《大公报·文艺》（上海版）1937年5月9日。

　　萧乾曾说，"我们需两个批评学者，六个批评家，五十个书评家"。因此"我们不要师婆，我们不要符咒"。历史已带着人类向一个光洁的远景汇流，文学也是支流之一。真的文化工作者总都有心或无心地做向前进的动力。目前是船行晨雾，书评家的责任正重。①

　　陈蓝又描画了一个理想的书评家的形象。对作者，他得是个难遇的知音，一个懂得高山流水的钟子期。甚至他得由一言、一动、一颦、一笑中去体会那作者内心，并得诱发作者创作的泉水，永远喷涌出银亮的水花。对读者，他又得像是一个细心的植物学教师，详细地剖出那梗茎中心的维管束，那皮膜下的叶绿素。……一篇文章，靠他的解说，才得字字生辉，给读者新的愉快，蕴藏在文章中的智慧、思想，以前涓滴未出，却能经他的疏引而淙然奔流。

　　把书评看成纯粹创造的艺术，就等于放弃目的了，书评的工作，原不是那么单纯的，不只创造一个"创作"，却也得是创造一个"分析"的作品。

　　那么，书评该怎样呢？该用裁判来补救印象书评的空虚，这样，才会发现作品的价值。

　　理想的书评，是用欣赏的态度，用想象发现那作者心灵的奥秘，用理智，去鉴定那作品表现的方式，去评判作品的价值。作品的外形、内涵，各不忽略漠视，各用不同方法去处理对待。②

　　批评家常风也发表了自己的见解，他更倾向于客观的书评，同时还对书评与批评进行了界定。"书评"和"批评"不一样。"书评"的"品"比"批评"要低一等。批评所注意的是大的，书评不妨是枝叶和琐细末节。更有一点，批评家写他的批评有选择，书评者无选择。批评也许可以任他的心灵去探险，神游于伟大的杰作之中，书评者却没有，而且不该有这种特权。更简捷一点，书评者的职责与本分只在向读者推荐什么新书该读或不该读。还期望书评者的工作比这做得少商业化点，少消极点；然而事实

---

　　① 参见李蕤《我们要真的批评家——不要师婆和符咒》，《大公报·文艺》（上海版）1937年5月12日。

　　② 参见陈蓝《书评》，《大公报·文艺》（上海版）1937年5月12日。

所限，恐将只能如此。甚于此者，只能期待之于批评家了。总之一句话：批评当"文"，书评却当"质"。就事实说，书评很难说是灵魂的探险。虽然，书评者很想有这样的企求。①

宗钰试图给书评下一个明确的定义。书评该是一个书评家对于一部著作所表现的思想或艺术的探讨，而给予它以公允的评价。一个著作家有一个著作家的人生观，在他自己的著作里所反映的虽不一定是他自己的行为，可是在这里却常常隐藏着自己的心境，有的是出乎无心，有的则是有意识要这样做。倘使书评家不能体会出作者和作品的情绪，那么就更无法给予公允的评价，事实上自己对于这部艺术品已经无所谓理解。

完美的批评并不仅捕捉到这作品的重心而已，对于作品的特征和发展的内容，都应该有明确的分析，有时虽然不必区分得细腻，却不能忽视任何一点。倘使只看树梢而看不到树叶和枝丫，则无论如何，你说不出作者这一部作品为何异于另一件作品，同时，你将更无法说明他在自己创作过程中如何培养了自己的生命。②

第三辑《读者论书评》是读者专辑，刊登了来自天津、南京、石家庄、武昌、济南、曲沃、杭州、开封、临沂等四面八方的读者来稿，加强了编读往来及对书评的理论探讨。

郑州读者潘琳认为在书评中集体评论更理想。

思想和偏嗜的不同，是最难调和的一桩事，往往批评家说某一本书好极了，而读者也许感不到兴趣。或者读者认为很有趣的书，批评家认为是坏的产品。所以，比较起来最好的办法是集体批评，像批评《日出》的专辑那样。

读者对于书评作家的希望，是一个显微镜，是一把锐利的解剖刀，而不是一个善观气色的术士。因为读者对于书评，希望能够获得观察的路径，汲取更深的智慧，来训练自己，增进自己的理解力。③

来自济南的读者侯金镜较为深入地阐述了书评与读者的关系。

---

① 参见常风《书评家的限制》，《大公报·文艺》（上海版）1937年5月14日。
② 参见宗钰《批评与探险》，《大公报·文艺》（上海版）1937年5月14日。
③ 参见潘琳《"集评"更理想些》，《大公报·文艺》（上海版）1937年7月4日。

　　书评的对象是书——或者还有站在它背后的作者本人，而间接的最重要的对象还是多数的读者。作者将感觉由作品直诉给读者，关系虽像是直接的，但由于环境和认识的不同读者却不一定能深入作品的境地。这里书评就是媒介，它站在读者和作品（作者）之间，缩短了"欣赏的距离"，打开蒙在作品之前的一层障壁。书评本身就是一种艺术，它是更直接地、理智地（比创作本身）领着读者走向作品的核心。

　　所以诠释是必要的工作。创作是形象通过思维和情感的化合物，诠释正是二者的还原剂。唯有诠释能直接深入作品的核心，解剖出他的骨骼——主题，也正是使读者深入作品境界的指针。继诠释而后就该是分析，尽管评者从作品里抽出骨骼，给读者架起走入作品的桥梁，而它——主题总还是干巴巴抽象的东西，近乎社会科学的公式；读者进入了作品，随之斑斓灿烂的一片又迷住了他的眼睛。因为作者写出的终究不是公式，而是源自生活的艺术品。评者就少不了这一步分析，作者怎样处理他的题材，选取它的人物，又怎样透发他的情感，也就是作者经了怎样的一个创造过程，这一步不但领导读者深入作品而理解它，并且是给评者自己预备下第三部——批判垫脚的基石。评判也是书评不可缺的一部。对于作者它是一种世界观的纠正；题材的选取、典型的创造以及写作技术是不是能达到作者预期的效果。评者应指出作者的成功，失败的地方也该指出症结的所在。对于读者则使欣赏水准提高，精神向上。[①]

　　来自开封的读者钟颜希望书评都能够通俗一些。

　　往往见书评家批评某人的某篇著作是划时代的杰作，"为什么是划时代的杰作呢？茫然得很，往返地看过几遍，还是看不出杰出的特点所在"。因此，希望这些"书评"能给予读者点指示，明确地说出文章中的好与坏，指明文章中特点的所在。

　　"通俗"两字在文坛上响彻了半边天，站在读者的立场现在要大声地对书评作者呼喊："我们需要通俗坦白的书评，不要拿锦绣裹着的草包！"[②]

---

①　参见侯金镜《书评和读者》，《大公报·文艺》（上海版）1937 年 7 月 4 日。
②　钟颜：《通俗化些》，《大公报·文艺》（上海版）1937 年 7 月 4 日。

南京的读者王瑞认为一个好的书评者，应当是一位良师。

他要把自己对于作品的意见，用和颜的脸相，客观分析暗示的方法，研究作品，了解作品，欣赏作品。至于结论，书评者并不一定要武断地、直接地说出来，因为读者自然会从书评者的暗示中加上自身的经验，得到一个适当的对该作品的意见。

"书评家不应该有意地想在读者心目中建立起权威的地位。因为文艺批评家，虽然有些原理原则可寻，到底不是法律家，并不能如律师有固定的法可以引用，不能强迫读者一定要服从你的话。"①

开封的读者杨发亮希望书评者负责、认真，不要武断。

书评不但要介绍一些值得读的书给读者，还要指导读者怎样去读那书的责任。书评者不能绝对肯定书中的含意，不要把成见输入读者的脑中，应当让读者自己用脑去发掘。这样可以避免自己错误的责任，且不致毁灭读者探讨真意的好奇心。书评者又须有真实的态度，好是好、坏是坏，使读者易取得准确的概念。倘使故意颂扬，隐短饰长；或则信口讥弹，吹毛求疵，便要掩住真是非，失却书评的价值，反使读者无所适从，或不分黑白，非特无益，抑且有害了。②

临沂读者戈矛对当下书评非常不满，他指出了有益于读者的书评应当具备的特点。

"好的书评应当能够纠正，鼓励我们的作家去从事伟大有力作品的创造；并且还能给我们这些缺乏理解力的读者，开辟一条宽广大道。对现世界的种种复杂错综现象与社会本质的发展蜕变的情势，给以理智的说明，使我们更能深切地来认识这世界，因而对作品我们也多了一层体味。"③

北平读者黄梅系统阐述了他心目中读者、书评、书评家三者的关系。

现在有些书评家，他们的唯一缺点是不看重读者这面明亮的、能照好人也能使妖怪现行的镜子。这面镜子，是衡量书评家的重量的唯一的天平。

---

① 王瑞：《一位良师》，《大公报·文艺》（上海版）1937 年 7 月 4 日。
② 参见杨发亮《不要武断》，《大公报·文艺》（上海版）1937 年 7 月 4 日。
③ 戈矛：《我们得到了些什么》，《大公报·文艺》（上海版）1937 年 7 月 4 日。

读者对于书评家至少有三个希望和请求。

第一，希望书评家不要忘掉了自己的知识程度和书评的范围。不要评看不懂的书，不要评刚能了解字义的书；同时要认清做书评只是做书评，不要东西乱扯，不要胡说些与所评的书丝毫无关的事情。再说不出来话的时候也不要瞎说、欺骗读者。

第二，希望书评家们认清"你们的工作是有时间性的，一篇多么好的书评也难以和莎士比亚的最坏的一句诗同垂不朽。因此，你们不必在文字上掉花腔，装通燧，显热闹，那些都没有用处。你们要认清你们所该供奉的神祇不是维纳斯，也不是法朗士，而是永远的真理"。《圣经》用不到华丽和婉转的文字，因为它所要说的乃是真理。书评也是一样，朴实的文笔和意义准确的字句是唯一重要的东西。

第三，我们希望书评家们认清书评的意义和书评家所负的责任。以书评周旋于正人君子的左右是卑鄙的，以书评博得友朋爱侣的欢心是无聊的。

第四，书评该是一种科学。对书评正如对书评家的要求一样，真实和确切是好的书评的标准。真正好的书评须是求真的、客观的、在现实之中有着相当的好作用的。同情的了解和同情的嘲笑一样重要，但唯一的起点须是同情。没有同情心的书评家所做的书评一定缺乏灵魂，那种书评对于读者是毫无用处的。另外，书评一定要和捧骂的文字分得清楚。我们实在需求着一些真挚的、比较冷酷的、不堆砌感情上的辞藻的书评。也只有这样的书评才有用处，才是真正的书评。书评家评文艺的书是应该的，但书评的本身却应该变成一种科学。书评家们多拿出一点良心来，把书评当成一种"学术"，但不必以"学术""虎人"。①

天津读者李剑认为一篇书评应当具备的内容包括以下几项。

一、他的意识是否正确，抑或歪曲。

二、它的技巧如何：

---

① 黄梅：《读者 书评 书评家》，《大公报·文艺》（上海版）1937 年 7 月 7 日。

甲、表现的真实性如何，故事的结构是否完整，或感情夸张过火。

乙、人格的发展是否完美，是否有前后不谐处。

丙、哪几段文字优美，有力；哪几段文字冗赘。

丁、是否可以用另一种体裁或结构把它写得更好些。

接下来他分别就翻译、创作小说、诗、散文、戏剧四项分述对于书评的要求。

就批评翻译来说，多把译得佳妙的地方指出来，这比仅仅校正误译更合读者的胃口；就批评小说来说，意识方面应该多加注意，书评家对于一本小说要作一番较之批评作品更进一层的文学上基本观点的检讨，这点对于书评家难以过分要求，但在现时却属紧要；就批评诗、散文来说，要能用实例道破诗和散文的创作精要，即使他们大胆地建立他们自己的创作法则，也是受读者欢迎的；就剧本批评来说，应该先用舞台经理的眼光审查剧本的"可演性"，然后再讨论它的"作品"部分。①

南京读者吕玲心将书评家比喻成牵着读者与作品之间那条绳索的人。

一个健康的书评，必须经过书评家代替了作家去重新把握经验，搜寻故事发生的客观环境的各种条件，去体会作家当时怎样处理这个题材，有过怎样的感情与希望。譬如《日出》的作者曹禺，第三幕中布置了一个三四等的低级线索，介绍那一群悲惨的所谓人类的渣滓与读者和观众见面，他遭受了许多次磨折、伤害甚至侮辱才亲自找来了这些现实的材料，抓到了安排在这幕戏里面的生活经验。也许，在一个生长于象牙之塔的高贵书评家和读者看来，要认为下流，认为不能登大雅之堂，或者在他们的眼底里，人类的渣滓根本就是命运注定了受人玩弄，生来就是那么副贱骨肉，不屑予以同情，"要真是这样的话，那是何等的可怜啊"！

书评家应该同样是一个从现实社会里生长起来的人，呼吸着这个圈子里的空气，晒着人类共有的同一个太阳。他该有丰富的感情，有理解书本

---

① 参见李剑《书评的内容》，《大公报·文艺》（上海版）1937 年 7 月 7 日。

内容的能力，有一副善良的心肠。书评是连接作家、作品与读者的一条绳索，那么，书评家是掌管这条绳索的机匠。①

石家庄读者冀南提出了对于书评家的期望。

首先他应该是聪明的法官，他明白应该使犯人受一种心理上的检查。写书评的人应该就是一位这样的好裁判官，正如叶圣陶先生说的，"希望写书评的人第一要摸着我心情活动的路径"——这是书评者起码要做的事。

"怎样的作品才是好的文章？我应该读那些书呢？——这问题普遍地在读者脑袋里盘旋回萦，这是事实。"②但不幸，理论家批评家们合力所造成的一种固定型范与习气，终于引诱若干读者陷入一种偏激成见，投降到他们各自筑起的门户堡垒里。后起的缺乏击破既成规范的勇气的书评者，自然也不易脱掉这些流行习气的控制，不易踏出庸俗。

书评者走入一个狭窄风气中，只运用生硬的已成规绳来衡量作品，远离作者，远离要评论的文章本身，这是书评的死路。要为书评作者所唾弃。书评者的观点根据，不怕分歧到怎样地步，不怕你是个极端的、摆脱了风尚的勇士，假如有异于常人的直见去宏识，自管大胆中肯地写下去，只不要恶意地去毁伤作者——这工作也是值得赞赏的。读者需要亲切针针见血的，反市侩式的书评，这书评本身也是一篇创作，是一种力——一种不声不响帮助了作者向上的鼓励的力。③

武昌读者碧茵对于书评中的印象式的和判断式的书评进行了区分，认为二者各有特点，肩负不同使命。

"一种形式我们称为鉴赏或欣赏，如果你喜欢也可称为印象的批评。或一种批评，它在判断——价值判断，价值判断，不能没有一种客观标准。书评，因为它通过了个人的感受性、观点，和见解，所以是主观的。但如果它不能广泛地接触科学的客观性，那批评家的感受性便不是丰富的观照，便也不是透彻的，见解只是狭隘的。真正的批评是美学，同时，也是社会学，它对作品作美学价值，同时要发现作品对象之社会的等价。书

---

① 参见吕玲心《掌管那条绳索的》，《大公报·文艺》（上海版）1937年7月7日。
② 参见冀南《冲出狭窄的风气》，《大公报·文艺》（上海版）1937年7月7日。
③ 同上。

评该是示唆的，但不是发号施令"。①

济南读者王雪茜认为理想的"书评家"必须是下面这样的。

第一，有丰富渊博的学识，公正的批断；明了中国当前的趋势，熟悉世界文艺的传统和目前倾向；第二，要有认真的精神——他的"批评"是判断的，而不是敷衍的，对于所批评到的作家不要因为他是成名作家而有所偏私和畏惧；第三，要注意新进作家的作品——一般青年作家必须有贤明的批评家来提拔，辅导，增进他的修养，改善他的技巧，才能有成功的希望，这样对于读者也是一种新的刺激；第四，不要掉弄"术语袋"——因为有许多书评家借着它以欺骗读者和蒙蔽真理，我们要求用明朗的（并不是浅陋的）言语和文字来批评作品，来寻求真理，将这真理传递给读者；第五，要避免"宗派主义"和"公式主义"——作家和作品才能不分畛域地被批评到——换言之，伟大作品有被发掘的机会，清除"公式主义"，而"书评"才能展开新鲜的世界和光荣的前途。②

曲沃读者童文炳认为书评家是我们的热心的导师。书评不是替作家吹牛的江湖闲汉；我们需要的"书评"，是显微镜下作品的解剖和说明，不是书店老板令人肉麻的宣传，所以一个书评家消极地要拿出良心来写"书评"，至少应该做到不恭维作者，不受书店老板金钱的诱惑，不欺骗读者，把作品内容忠实地摆在读者面前，让读者自己去选择自己需要的，积极地负起指导读者的责任。他们不尽是蠢如猪的没出息的家伙。他们同样迫切地渴望着点精神食粮来填饱饥荒，他们需要指导，需要热心的关切的指导。③

编者在总结这次大讨论的时候谈道："这次本刊举行的读者公开讨论，除了发掘若干无从觅取的宝贵意见外，一个最动人心魄的启示是：如果我们的新文学曾经有过错误，漠视了读者应是一个极严重的错误。"

首先，读者并不如许多人想的那样淡漠、盲目，甚而驯顺，一个有"书必买，无话可说"的好好公子。他们热情地开心着、购买着，又用莫大虚心去详读他们所购买的。然而他们却清楚自身需要的是什么。在黄梅

---

① 碧茵：《书评的形式》，《大公报·文艺》（上海版）1937 年 7 月 7 日。

② 参见王雪茜《我们的书评家》，《大公报·文艺》（上海版）1937 年 7 月 7 日。

③ 参见童文炳《救救内地的读者》，《大公报·文艺》（上海版）1937 年 7 月 7 日。

的文章里，明白地把读者指为镜子和天秤。不幸的是，诗人们追求着形式的完美，理论家为论据寻找深远的引证，连书评家心目中都时常没有读者。这种新文艺的消费人，他们的抗议也许太激昂，太偏颇，细想起来，另一方面却也近情近理。

由今天的谈论看来，读者对书评意见的矛盾处仅是在要求的大小、方法的不同而已；对于书评基本梯度的指摘，却是很一致的。

黄梅书评家"东西乱扯"，李剑却又要求"进一层的文学上的基本观念的检讨"，甚而要求从一篇书评学习创作。董文炳指明书评最直接的作用是指示内地读者何书值当何书不值当买，李剑却说书评不应含介绍的性质。因为环境不同，愿望自也各异。

"然而所有的读者，（连同百多件退还的）却一致要求书评须客观、寻真，同情而不捧场，指摘而不谩骂；他们厌恶文字的玩弄，厌恶引援外洋的靠山，对于变相广告的书评，他们认为是欺骗。还有一个极可喜的观点：异于许多怀了低能感的书评家，读者一滴滴也不轻视书评只是比许多高谈阔论更亲切，更有益的一种读物。"①

最后主编萧乾不无感慨地说道："当书评家那块石头打不中编者，打不中出版家，更打不中作者时，这里也许是一只停候了许久，应该打，而且一打必中的鸟吧！"

随后，《大公报》文艺副刊还组织了"外行人论新诗""现代小说给了我些什么"等多次讨论，来稿多出发表的内容不止十倍。但是在组织书评这个更普遍关注的主题时，编者收到了更多的文章。这些来稿的意见尽管不同，甚而有时矛盾，但一种被冷落了的愤怒情绪却是普遍一致的，值得郑重地提供给国内从事文艺的师友。

当《大公报》文艺副刊进行宣传和流通时，报人们预设的前提是，潜在的读者群体可以进行适当的阅读，并且可以对报纸中传达出来的信息给予一定的回应和反馈。这也就是《大公报》试图形成报纸编者、作者（这二者有时也可能合二为一）与读者之间的互动关系的重要原因。这里，通

---

① 曹乾：《编者致辞》，《大公报·文艺》（上海版）1937年7月7日。

过来函或者来信，不仅可以将部分读者的意见和要求呈现在更多的读者面前，而且能够表明读者对于报纸信息是理解的或至少说是有所回应的。这足以说明报人们的努力是有意义的，而这同时也恰恰可以表明，读者在一定程度上借助报纸媒体的宣传和传播功能，向社会展现着自己的主动性和积极性。他们用这种方式表现出自己并非一个完全被动的群体，"读者是根据文本制造出意义的主动制造者，而不是已构建成功的意义的被动接受者"。① 读者对某一信息的同意或者反对，形成或加深了读者和报纸媒体之间的互动关系，其实是反映了知识生产者和接受者之间的互动过程。

除以上介绍的集体评论之外，《大公报》文艺副刊还在推出"诗特刊""翻译特刊""小说特刊""散文特刊"，进行了关于新诗、小说、翻译、散文的讨论，这些系统的大讨论一直持续到 1937 年 7 月，抗日战争全面爆发。

《大公报》文艺副刊是京派文学家聚集的重要阵地，以上大多数作家、评论家都是其重要成员。李俊国曾指出："三十年代'京派'文学批评收纳众家，又不拘泥于一家，吸收创化为带有中国文化思维印记的，融文学批评诸种功能为一体的文学批评方法——既汲取法国分析学派将作家心理与作品，与时代和环境相联系的理性思维和'科学态度'，又纳入印象派'阐发一首诗或一件艺术品的伟大与永久的艺术元素'的欣赏直观和'美感的态度'，还糅入中国传统诗学的感悟性直觉思维方式。"② 以上评论中鲜明地表现出了这种文学批评的艺术特色。

## 第四节　独立与现实关怀并重的文学风格

《大公报》文艺副刊对文学独立性的重视容易使人认为其文学思想是"纯文学"的、只讲求"审美"的、与社会现实相隔绝的思想。其实，《文艺》也重视现实关怀，但他们反对将文学作为直接的政治斗争工具，而是

---

① 参见侯杰《〈大公报〉与近代中国社会》，南开大学出版社 2006 年版，第 10 页。
② 李俊国：《三十年代"京派文学批评观"》，《中国现代文学研究丛刊》1987 年第 2 期。

从人生、人性健全的角度来传达他们对社会和民族命运的关注。既强调文学的独立性，又不放弃现实关怀，他们以自己的创作和批评实践寻求着两者能够兼顾的最佳途径，以便保持平衡而不走向任何偏激。这是以《大公报》文艺副刊为代表的京派文学观与批评观的精髓所在。

从中国现代传媒的实际情况来看，并非所有的报刊都可以形成类似《大公报》这样的文学空间，一些党派社团机关报显然只是为了发布党派社团的方针政策，宣传党派社团的宗旨思想，往往具有比较明显的党派社团的特征，并不向党派社团之外的人或机构开放。但是，在商业性报刊和同人报刊中，作为大众传媒却能够建立并存在一个公共领域，这个公共领域不一定对所有的人开放，却具有一定的自由性和开放性。

从这个定义来看中国现代文学空间所存在的传媒，有相当一部分属于这种大众传媒。诸如报纸中的《申报》《时报》《世界晚报》等，期刊中的《礼拜六》《红玫瑰》《紫罗兰》《万象》等。现代大众传媒的出现首先改变了传播的对象，它面向以市民为主体的大众群体，大众传媒也改变了传播的方式，使人与人之间的距离拉近了，大众传媒也改变了传播的内容。

《大公报》文艺副刊作为京派重要的联络场所、物质载体和活动空间，在塑造这个批评流派的过程中起了重要的作用。"印刷品，不管哪种作为内容载体均在大众媒介之列，另一方面，它的效果以交际过程这一基础为先决条件。"① 报刊作为现代媒介，是现代知识分子的活动舞台，其最重要的特征之一是交流性。京派文人以《大公报》文艺副刊为依托，得以与其他方面的知识分子和大众进行文学方面问题的交流与互动。京派文人以《大公报》文学空间实践着自己的文学理想，他们非常重视对话与交流，除了发表一般的相对无意识的批评文字外，他们还常常针对一个问题或一个现象展开探讨。这些探讨常常逸出京派之外，从而产生广泛的社会效应。使得各方面得以宣扬自己的观点，或修正自己的立场，而参与者的文学观念和文学思想就由这些论争得以体现，除了参与某些问题的讨论外，京派文人还策划和组织各种具体的交流形式。

---

① 阿尔方斯·西尔伯曼：《文学社会学导论》，安徽文艺出版社 1988 年版，第 45 页。

《大公报》文学空间的编辑者充分利用了书评形式迅捷灵活、新闻性强的特点，刻意登载数量众多的书评文章，其中既有单篇的评论文章，也设有"书评专刊"和"书评专辑"。书评的应用有利于各方进行充分的交流活动，京派文人坚持开放包容的文学立场，重视对话与交流，因此副刊得以吸纳不同方面的声音。沈从文、朱光潜、李健吾、萧乾、梁宗岱、李长之、常风、杨振声、林庚、卞之琳、罗念生、苏雪林、叶公超、林徽因、梁实秋、茅盾、李辰冬、曹禺、巴金、李影心、黄照、陈世骧、穆时英、刘荣恩、吴世昌、杨刚、张天翼、艾芜、陈蓝，从这一长串名单中我们可以看出稿件来源的复杂性。其中既有朱光潜、沈从文、李健吾这样的京派中坚，也有梁实秋、巴金、曹禺等不属于京派的自由知识分子，也包括了茅盾、张天翼、艾芜等左翼人物。他们在副刊上发出不同的声音，形成了众声喧哗的局面。

所谓文学其实就是在作者、文本、读者这三者没有穷尽的"不稳定的辩证关系之历史中不断重构的"①。京派以《大公报》文艺空间为依托，实践文学理想，进行文学批评，在"众声喧哗"的对话交流中促进了京派文学的形成。②

京派以《大公报》文学空间为平台，形成了自己的文学观和批评观。1933—1937年的《大公报》文学空间，先后由沈从文、杨振声和萧乾担任主编，在编辑方针和原则上具有一致性，他们坚持文学自身的规律和特点，注重文学的独立性，要求文学的非政、非商，提倡创作的严肃性。京派对文学独立性的强调，不仅就创作而言，也就文学批评而言。他们特别重视文学批评的独立意义，对批评的独立的强调表明了京派文人在批评上的自觉，这是一种具有现代意识的批评观。

京派文人以《大公报》文学空间为平台，展开批评活动，形成了自己的批评方法和批评风格。沈从文、萧乾、李健吾、梁宗岱等京派主要人物都具有两种身份：既是创作家，也是批评家。在创作与批评两个领域游走

①　彼得·威德森：《现代西方文学观念简史》，钱竞等译，北京大学出版社2006年版，第10页。
②　参见李恒才《〈大公报〉"文艺副刊"与京派文学批评的形成》，《安庆师范学院学报》（社会科学版）2008年第8期。

使得他们对写作的甘苦深有体味，因此，他们喜欢在批评实践中用自己的艺术敏感来感受作品，将自己浸入作品，从中获得新的审美感受和审美价值。对"创造性批评"的重视使得他们在批评中表现出强烈的主观情感，在思维上注重直观感受，并用一种统摄性的思维方式来审视对象，显得缺少推理分析。韦勒克认为："批评不是艺术，批评的目的是理智上的认识，它并不像音乐或诗歌那样创造一个虚构的想象世界。"①

需要指出的是，这种风格的形成，固然是由于京派文人的文化选择和审美取向所致，但我们也不能不考虑到刊物本身的作用，从物质载体的方面来看，现代传媒往往会影响到文学和文学批评的风格和形态。《大公报》文艺空间稿件来源复杂，作为一种公众性很强的刊物，其本身不是纯学术期刊，要考虑到一般读者的需求和接受条件，在这些客观条件下，刊物就不能选择那种学理性很强的文章，并且，其版面有限，不便登载篇幅太大的批评文章，因此，学理性较弱，而文学性和趣味性很强，篇幅又相对短小灵活的批评文章便占据了副刊的大部分。而且，他们在这个过程中形成了一致的文学和批评选择，如强调文学创作和批评的独立自主，对技巧的重视和对人性的关注，讲求创造性批评和主题介入，注重直观感受，这些都是京派文学批评的独特风格。

从 1928 年国民党形式上统一全国到 1937 年全面抗战爆发前，在历史上曾被称为民国社会发展的黄金十年。整个社会涌动着一种"统一终于实现，可以结束近代以来纷争不断、国家积贫积弱状态"的强烈期望。对于民主与独裁的讨论也是这种期待和热情的一种表现，至于文学副刊，更是表现出一种开放、独立和繁荣的情景。应当指出，虽然《大公报》的文艺副刊标榜独立、自由，追求纯文学的纯美境界。但是，围绕在《大公报》文艺副刊周围的作家们，始终没有忘记对社会的反思、对人性的探索，以及对于国家民族从根源上对国民性的改造，这正是其所自觉承担的一份对国家民族责任感的表现。在这一点来说，与《大公报》整体上的爱国情怀是一致的。当然，这时的国家还没有与蒋介石画上等号。

---

① 韦勒克：《批评的诸种概念》，四川文艺出版社 1988 年版，第 11 页。

第三章

# 西安事变与"国家中心论"的形成

1931年"九·一八"事变之后，日寇不断加紧侵略中国的步伐，同时，共产党领导的红色根据地不断发展壮大，民国社会发展的所谓黄金时期也难以继续维持。面对全国停止内战一致对外的呼声，蒋介石想继续实行攘外必先安内的政策。随着形势的发展，这一政策遭到民众一致谴责。1936年12月12日，张学良、杨虎城在西安对蒋介石实行"兵谏"，西安事变爆发。西安事变是中国现代史上具有重要意义的事件，它的和平解决成为扭转时局的关键，标志着国家团结统一局面的初步形成。当时的舆论界在事变期间及善后阶段扮演了重要的角色。《大公报》是当时颇具影响力的大报，它力主和平解决事变，总编张季鸾发表多篇社评要求张、杨悔悟释放蒋介石。《大公报》在对事变的报道和评论中，拥蒋声调逐渐升高，"国家中心论"随之形成，并成为其对待国内各政治势力的基本立场。以蒋介石为对象的"国家中心论"，首先是出于号召全国避免内战、团结统一、一致抗日的需要，同时张季鸾与蒋介石的个人关系也是重要原因。

## 第一节　西安事变期间的拥蒋反张、杨言论

《大公报》在促成事变和平解决及蒋介石安全获释的过程中，起到了重要作用。但是，由于对当时国内政局真相缺乏认识，以及《大公报》总

编辑张季鸾与蒋介石的个人关系等因素，使得《大公报》的言论又带有明显的局限性。

## 一 事变爆发后国内各界的态度和主张

事变发生后，国内外为之震惊。南京政府一时陷入混乱，连夜召开会议，讨论应变措施。在如何对待事变的问题上，出现了两种对立的主张：以戴季陶、何应钦为代表的讨伐派主张讨伐张、杨；以宋美龄、孔祥熙、宋子文为代表的主和派则主张和平营救蒋介石。讨伐派一度占了上风，1936年12月16日，何应钦就任"讨逆军"总司令，命令中央军开进潼关，并派飞机轰炸西安地区，内战大有重开之势。如何设法遏制讨伐派的军事行动，将是决定蒋介石能否安全返回，争取事变和平解决的重要一环。宋美龄获悉张、杨捉蒋的意图后，出于救蒋的急迫心情，又恐亲日派乘势夺权，于是一面央请端纳往返于南京、西安之间，从中进行疏通、调解与转圜；一面在南京及黄埔学生中积极活动，呼吁和平，反对在明了西安事变真相前宣布惩处张学良和派兵进攻西安。同时，孔祥熙则以代理行政院长兼掌财政的身份，通电并分电各省、市军政长官及地方实力派，力谋稳定全国局势和金融物价，又托阎锡山出面斡旋。当12月16日南京正式发布讨伐令之后，在宋美龄、端纳与张、杨的配合、督促下，蒋介石下达手令暂时制止了何应钦的军事进攻和轰炸，从而为和谈创造了必要条件。

各地方实力派尽管同蒋介石有矛盾，但蒋介石毕竟拥有全国政权和庞大的军队，左右着中国的政局。同时，由于事变完全出乎预料，又结局未卜，他们从各自的利益出发不得不对事变持慎重态度，静观时局的发展。当时各地方实力派对张、杨有的支持，有的反对，部分保持中立。表示希望和平解决事变、停止内战一致对外的占多数，而且是一些较强大的地方实力派，如桂系李宗仁、白崇禧，四川刘湘。他们在客观上起到了促进张、杨和平解决西安事变的作用。

中共中央得到西安事变爆发的消息后，力主和平解决，实现全国团结对日抗战，并派出了由周恩来、秦邦宪、叶剑英组成的代表团赴西安。12月 17 日，中共代表团到达西安后，立即与张、杨会谈。周恩来高度赞扬了张、杨发动"兵谏"的爱国热忱，说明了中国共产党对事变的性质、前途和处理方针的看法以及停止一切内战、一致抗日的立场，主张西安与南京在团结抗日的基础上和平解决事变，反对新的内战。22 日，宋美龄、宋子文飞抵西安。他们代表蒋介石与西安三方面会谈，终于达成了六项协议："（一）改组国民党与国民政府，驱逐亲日派，容纳抗日分子；（二）释放上海爱国领袖，释放一切政治犯，保证人民的自由权利；（三）停止'剿共'政策，联合红军抗日；（四）召集各党各派各界各军的救国会议，决定抗日救亡方针；（五）与同情中国抗日的国家建立合作关系；（六）其他具体的救国办法。"① 24 日晚，周恩来与蒋介石会见，蒋介石表示承诺已达成的六项协议。至此，中国共产党同国民党主和派经过共同努力，为停止内战、和平解决西安事变和实现两党重新合作创造了条件。

事变发生之后，社会各界掀起一片营救委员长，谴责张、杨的声浪。12 月 13 日，南京《中央日报》首先以"昨日西安之叛变"为题发表社论，判定张学良、杨虎城的"兵谏"为叛逆行为，"不但对长官为叛逆，实与全国人民为敌，与整个民族为敌"②。国内各地主要报社在 12 月 14—15日，都发表了词锋犀利的社评。全国各地 202 家通讯社，由上海《申报》领衔于 15 日发表了《全国新闻界对时局共同宣言》，影响颇大。宣言的主要内容有三：一是国人应绝对拥护国民政府。二是规诫张、杨，即日恢复蒋介石自由。三是支持政府讨贼平乱，以维纲纪。③ 与此《共同宣言》发表同时，南京 207 家杂志社于 16 日致电张学良，告以"西安事变，国家将坏于君一人之手"④。同时通电全国，宣称"誓以热诚，救护领袖，维护国策"，并主张"铲除奸贼，毋稍姑息，务必歼此民族万世之罪人"。⑤

---

① 《关于蒋介石声明的声明》（1936 年 12 月 28 日），中共中央文献研究室编《毛泽东选集》（合订本），人民出版社 1969 年版，第 227 页。

② 《昨日西安之叛变》，《中央日报》1936 年 12 月 13 日。

③ 参见《全国新闻界对时局共同宣言》，《新闻报》1936 年 12 月 16 日。

④ 参见《西安事变史料》，台湾"国史馆"1997 年印行，第 145 页。

⑤ 同上书，第 144 页。

西安事变发生后，南京、上海、北平、天津、武汉、山东、湖南、安徽等地各大学教师，或联名电劝张学良"悬崖勒马"，或上电国民党中央"请速筹戡乱定变方策"，或通电中外，声明严正"痛愤"的立场。如南京各大学校长教授罗家伦等347人致电张学良，即以"迅将委员长护送出险，其余所有主张，悉听舆情取舍"为请；① 上海各大学校长翁之龙等22人致电斥责张学良时，亦以"迅即恢复蒋公自由"为劝，并以"事关重大，稍纵即逝，倘一意孤行，是自绝于国人"相警。② 北平各大学校长蒋梦麟、梅贻琦、李蒸致电警劝张学良，"陕中事变，举国震惊，介公负国家之重，若遭危害，国家事业至少要倒退二十年。足下应念国难家仇，悬崖勒马，维护介公出险，束身待罪，或可自赎于国人。若执迷不悟，名为抗敌，实则自坏长城，正为敌人所深快，足下将永为国家民族之罪人矣"③。

学者名流，一向被视作社会的表率，他们的言论、态度，不仅反映社会的心理，而且代表判别是非善恶、中间顺逆的标准。学者之中，态度最为激烈者为傅斯年、胡适。傅斯年在12月16日的《中央日报》上，发表了一篇题为"论张贼叛变"的专文。他同意舆论的意见，以营救蒋介石出险为第一要义，如何来营救蒋介石脱险？傅斯年的主张是火速以军事解决。他说："我以为最有效的办法是坚定政府的立场，神速地用兵把西安团团围住，然后方可有话对张贼说，然后说话方可生效。"④ 胡适于西安事变前12天自美归国。据他自己说，在海外接触的朋友都对1936年10月以后中国出现的统一局面感到欣慰，美国的舆论对中国的态度也逐渐好转，他自己也抱着乐观的态度回到国内来，孰料刚回国就遇上了西安事变的大风暴。经过一番观察之后，他为《大公报》写了一篇星期论文，题目就是"张学良的叛国"。他开宗明义，毫不犹豫地作了判决："张学良和他的部下这一次的举动，是背叛国家，是破坏统一，是毁坏国家民族的力量，是妨害国家民族的进步！"胡适以绥远抗日的事实，来说明西安叛变者的

---

① 朱文原编：《西安事变史料》，台湾"国史馆"1993年版，第31页。
② 同上书，第134页。
③ 同上。
④ 傅斯年：《论张贼叛变》，《中央日报》1936年12月16日。

"抗日",实是对全国人民的欺骗。他这段话是:"全国的人民应该明白:这回绥远的作战,是第一次由统一的中央政府主持领导的战争。中央的部队已到了前线,军政部次长陈诚已受命指挥绥东国军各部队了。这回作战的第一步计划当然包括三个子目:第一是绥北绥东的肃清,第二是察北察东的收复,第三是冀东的收复。正在这第一个子目还没有做完的时候,正在陈诚次长受命指挥的第二天,张学良突然造反了,把一个关系全国安危的领袖蒋院长拘留了,把前一天受命指挥绥东国军的陈诚次长和别的几位重要将领也拘留了!说这是为的要'抗日',这岂不把天下人都当作瞎子傻瓜!"由于认定"这回的西安事变,是叛国祸国,毫无可疑",胡适坚决支持政府下令讨伐。他的主张是:"十六日的讨伐令是全国的要求,我们都认为很正当、很得体的处置。我们现在只希望政府坚持这个立场,不迟疑的、迅速的进兵,在勘定叛乱的工作中做到营救蒋陈诸先生的目的。"[1]

　　一般而言,中国民众的政治意识比较淡薄。对于政局的变动和政治人物的更迭,很难激起全国上下一致的关注。西安事变在全国上下所引起的反响是空前的。可以看出,社会舆论对此事的态度一致的地方是,必须先将蒋介石营救脱险。但是在采取的手段上可以分为两派。以傅斯年、胡适为代表的学者为一派,他们极力主张武力讨伐;以翁之龙、梅贻琦、蒋梦麟为代表的大学校长和教授为一派,他们的态度温和,以恳劝为主。那么作为舆论界一员的《大公报》的态度又如何呢?

## 二　晓之以理动之以情救蒋生还

　　《大公报》的言论在整个西安事变期间,对舆论影响最大,是最为官方重视的报纸。《大公报》主笔张季鸾在西安事变期间,连续为《大公报》写了四篇社评,在促进西安事变和平解决以及成功营救蒋介石脱险的过程中发挥了重要作用。

　　发表于 12 月 14 日的社评《西安事变之善后》,提出了三项主张:

---

① 胡适:《张学良的叛国》,《大公报》(上海版) 1936 年 12 月 20 日。

"（一）以恢复蒋委员长自由为第一义；（二）希望陕变主动者迅速悔祸，免陕省之糜烂；（三）切勿化中国为西班牙。"① 这篇社评可谓深思熟虑、各方兼顾，反映出张季鸾对当时的政情极为熟悉。

16 日，张季鸾再发表一篇《再论西安事变》，吁请绥远抗敌将士，以及青年学生，认清危机，竭力劝西安悔祸，同时吁请在京陕人，向中央请愿，非至最后无他路可循时，勿启战争。② 然而，当日，国民党中央政治会议决定推何应钦为 "讨逆总司令"，并下达了对张学良的讨伐令。

17 日，《大公报》发表题为 "讨伐令下之后" 的社评，一方面表示对战事发生无可奈何，一方面要求张学良在此最后关头 "迅速向蒋委员长陈谢，即日送其离开西安"③。

至 18 日，《大公报》发表了张季鸾的第四篇社评：《给西安军界的公开信》。该信的主要内容如下：

> 主动及附和此事变的人们听着！你们完全错误了，错误的要亡国家，亡自己。现在所幸尚可挽回。全国同胞这几天都悲愤着，焦灼着，祈祷你们悔祸。
>
> 东北军的境遇大家特别同情，因为是东北失陷后在国内所余惟一的纪念。你们在西北很辛苦，大概多带着家眷，从西安到兰州之各城市，都住着东北军眷属，而且眷属之外，还有许多东北流亡同胞来依附你们。全国悲痛国难，你们还要加上亡家的苦痛。所以你们的焦灼烦闷格外加甚，这些情形是国民同情的。
>
> 你们把全国政治外交的重心，全军的统帅羁禁了，这讲什么救国？你们不听见绥远前线将士们突闻陕变，都在内蒙古荒原中痛哭吗？你们不知道吗？自十二日之后，全国各大学各学术团体以及全国工商联实业各界谁不悲愤？谁不可惜你们？你们一定妄信煽动，以为有人同情，请你们看看这几天全国的表示，谁不是痛骂！就是本心反

---

① 《西安事变之善后》，《大公报》（上海版）1936 年 12 月 14 日。
② 《再论西安事变》，《大公报》（上海版）1936 年 12 月 16 日。
③ 《讨伐令下之后》，《大公报》（上海版）1936 年 12 月 17 日。

政府想政权的人，在全国无党无派的大多数爱国同胞之前，断没有一个人附和你们的。……蒋先生不是全智全能，自然也会招致不平反对的事，但是他热诚为国的精神与其领导全军的能力，实际上早成了中国的领袖，全世界国家都以他为对华外交的重心。这样人才与资望，决再找不出来，也没有机会再培植。……你们制造阴谋之日，一定能预料到至少中央直属的几十万军队要同你们拼命。那么你们怎样还说要求停止内战？你们大概以为把蒋先生劫持着，中央不肯打你们，现在讨伐令下，多少军队在全国悲愤的空气中正往陕西开。你们抗拒是和全国爱国同胞抗拒，这样死了，教全国同胞虽然可怜而不能见谅。你们之中有不少真正爱国者，乃既拼了命而祸了国，值与不值？这几天全国各地的东北同胞都替你们悲痛，盼望赶紧悔悟，你们还不悔还不悟吗？

所幸者现在尚有机会，有办法，办法上且极容易，在西安城内就立刻可以解决。你们要从心坎里悲悔认错，要知道全国公论不容你们，要知道你们的举动充其量要断送祖国的运命，而你们没有一点出路。最要紧的，你们要信蒋先生是你们的救星，只有他能救这个危机，只有他能了解能原谅你们。你们赶紧去见蒋先生谢罪吧！你们大家应当互相拥抱，大家同哭一场！这一哭，是中华民族的辛酸泪！是祖国的积弱，哭东北，哭冀察，哭绥远！哭多少年来在内忧外患中牺牲生命的同胞！你们要发誓，从此更精诚团结，一致的拥护祖国！你们如果这样悲悔了，蒋先生一定陪你们痛哭，安慰你们，因为他为国事受的辛酸，比你们更大更多。我们看他这几年在国难中常常有进步，但进步还不够，此次之后，他看见全国国民这样焦虑，全世界这样系念，而眼看见他所领导指挥的可爱的军队大众要自己开火，而又受你们感动，他的心境一定是自责自奋，绝不怪你们。从此之后，一定更要努力，集思广益，负责执行民族复兴的大业，那么这一场事变就立刻逢凶化吉，转祸为福了。你们记住几点：（一）现在不是劝你们送蒋先生出来，是你们应当快求蒋先生出来。（二）蒋先生若能自由执行职务，在西安就立刻可以执行，你们一个通电，蒋先生一个命令就解决了。几时出西安是小问题，谁不是他的部下，谁不能作卫队呢？（三）切莫索要保证，要条件，蒋先生的人格，全国的舆论就是保证。（四）蒋先生是中央的一员，现在中央命令讨伐，是国家执行纪律，但我们相信蒋先生一定能向中央代你们恳求，一定能爱护你们到底。①

这篇出自张季鸾手笔的社评深得宋美龄重视，指示将当日《大公报》刊登该社评的第二版加印数万份，派飞机到西安散发。《大公报》记者陈纪滢曾回忆："后来我见过当时参加西安事变的几位东北军事首领，他们说：'一看见《大公报》的公开信，才知道这件事'砸锅'了。同时见《大公报》不支持这种行动，顿感失败的命运在眼前。所以即使张学良仍蛮干下去，我们也要调转枪把子。'"② 时为《东南日报》总编辑、后主持《中央日报》的胡建忠认为《大公报》"关于西安事变的文章很精彩，尤其是《给西安军界的公开信》"，尽管当时有人说"这封公开信发生了旋乾转坤的力量"是"恭维"话，但"这几篇文章确也发生了相当的影响"，而其他"军阀原本蠢蠢欲动，看了也知所敛迹，这不能说不是季鸾先生的贡献"。③

同为当时大报的《申报》，在西安事变期间发表的有关时评，在数量上、评说上、影响上都无法与《大公报》社评相比。

首先，从数量上看，《大公报》共发表有关社评 12 篇，同时还在社评栏位置发表了胡适撰写的星期论文《张学良的叛国》，每篇均在 1000 字以上；而《申报》发表的 5 篇相关时评，最长的一篇也不过 900 多字。

其次，从评说上讲，虽然两报立论大致相同，但《申报》的时评常局限于对新闻事件浅层的分析，不及《大公报》社评分析深入，说理透彻。如 12 月 21 日，当西安事变的解决出现一线转机时，《申报》发表时评《时局的曙光》，指出局面的收拾指日可待，"不但是全国民意所决定，也是国

---

① 《给西安军界的公开信》，《大公报》（上海版）1936 年 12 月 18 日。
② 陈纪滢：《报人张季鸾》，（台北）重光文艺出版社 1957 年版，第 19 页。
③ 胡健中：《我对张季鸾先生的观感》，（台北）《传记文学》第 30 卷第 6 期。

际局势所决定的",因为"任何破坏中国统一和安定的举动当然都是非失败不可的"这一观点不无道理,但缺乏认知上的新意;而同日的《大公报》社评《国家进步之表现》从题目上即可看出其选取视角的新颖,文章开门见山:"陕变十日矣,此十日之光明,在中国历史上将永占重要一页,盖等于国民智识感情举行临时之大测验,其测验结果,则正证明中国确已有重大进步",进而以"此次事变后,金融商业概能镇定,如上海为经济中心,并不因陕变而受忧"为例,指出之所以能如此,在于"全国人心坚信以此国民之公意与热情拥护国家,扫除叛乱"。比较而言,《大公报》显然技高一筹。

再次,就其所产生的影响而言,《大公报》连篇累牍的社评所形成的强大的宣传攻势,极易造成广大读者的心理认同。而且,从社评写作的技巧来审视,《申报》因为多为平白无奇之作,谈不上能以情动人;而《大公报》笔锋常带感情,很能感染读者,《给西安军界的公开信》是其中最具代表性的一篇。宋美龄命令将其加印数万份到西安上空散发,足以证明其影响力。

从总体上说,《大公报》对于西安事变的和平解决发挥了重要作用,但是同时应当指出《大公报》对于西安事变本身的报道和评论缺乏真实性和客观性。

张学良、杨虎城采用军事手段,扣留了南京政府最高负责人蒋介石及其主要将领,实行兵谏,使得南京与西安之间处于对立地位,时局变得十分危急。一方面它有可能引发内战,从而削弱全国抗日的力量,给日寇入侵造成可乘之机;另一方面它也有可能迫使蒋介石同意停止"剿共",从而结束内战,使全国抗日民族统一战线尽早实现。因此,能否使事件朝着有利于国家民族利益的方向发展,就十分关键。毫无疑问,和平解决西安事变,是符合国家民族利益的,当时力主和平解决西安事变的主要力量除中共外,还有国民党内的宋氏兄妹。中共在陕北,消息隔绝,其主张南京各界无从知晓。因此,当时能够引导国内政局朝着有利于和平解决事变的方向前进的重任,就落在了以宋氏兄妹为主的主和派肩头。

在历史紧要关头,新闻媒体的作用就不仅仅是通过新闻报道对事实加以披露和反映，它的舆论导向还会影响人们对这一事件的认识和评判，进而对时局产生重大的影响。上面谈到，当时主战的声音响遍全国，各主要媒体包括《中央日报》《新闻报》以及诸如傅斯年、胡适这些名流学者都将张、杨斥为"叛逆""叛贼"，主张毫不留情地予以讨伐，逼其释放蒋介石。实际上，这是站在了以何应钦、戴季陶为首的讨伐派一边。但是，一旦军事冲突爆发，后果将不堪想象。那些态度温和的大学教授、校长们虽然不主战，但是其温和的规劝又显然缺乏说服力和影响力。这时，《大公报》的四篇社评，不但明确提出了不到最后时刻切勿用兵的警告，并且通过摆事实、讲道理、动之以情晓之以理，对张、杨做了大量的说服引导工作，在主和派促成事变和平解决的过程中发挥了重要作用。

《大公报》站在主和派一边，张季鸾是一个主要因素。西安事变之前，张季鸾与蒋介石的关系就已经很密切了。国民党中曾有人说，蒋介石把所有人都当作自己的部下，而没有平起平坐的诤友。有之，唯张季鸾一人。事变发生，举国震动，张自然没有坐视不理的道理。大公报社在上海，为了能够与国民党中枢保持一致，张季鸾专程赶到南京了解情况。15 日到京后，先找到陈布雷，密商救蒋介石之策。接着，张、陈一起赶往陈公馆，再与陈立夫密商大计。《给西安军界的公开信》就是经陈布雷和陈立夫授意而作的。① 陈布雷是西安事变期间"主和派"的中坚分子，陈立夫也是主和派的重要成员，在与讨伐派的较量中，他们都坚定地站在宋美龄、宋子文以及孔祥熙一边。因此《大公报》在言论上鲜明地站在主和派一边，是有其内幕的。

另外，需要指出的是，在今天看来，包括《大公报》在内的国统区舆论界对西安事变的真相的报道，评论缺乏真实性、客观性。这使得民众对西安事变真相无从知晓，也就不能认识到西安事变的积极意义。1936 年 12 月 13 日，《解放日报》最先披露了这一重大新闻，头条消息《张杨发表对时局宣言——八项主张要求采纳蒋介石在兵谏保护中安全问题可保无虞》，首先报道了事件的起因和经过，张、杨在事变当天向全国发出的通电《对

---

① 参见杨者胜《国民党"军机大臣"陈布雷》，上海人民出版社 1999 年版，第 191 页。

时局宣言》刊载其后；评论《自由！解放》《一二、一二——代发刊词》
对宣言中提出的"改组南京政府容纳各党各派共同负责救国""停止一切
内战"等八项主张给以极高的评价，指出在民族危机日深的当今，不集合
各种不同政治主张的人共论国是，就无法挽救危亡，并认为西安事变点燃
了民族解放的火把，八项主张是中华民族解放的基本策略，孕育着中华民
族前途的光明。① 通过刊载消息、发表评论，《解放日报》对事件的发生、
性质、主张都做了全面的报道，同时也表明了自己站在民族解放的立场上
支持西安事变的态度。

　　在事变当天，张、杨就下令将《对时局宣言》向全国发出，但因负责
人蒋斌叛变，扣下电文未发，并秘密地向南京告发，南京方面得以及时控
制国内邮电，封锁西安的消息，并造谣说西安已经赤化，蒋介石已被害，
中外一时难解事件的真相，人心动荡。为澄清事实，避免内乱，呼吁舆论
的支持，张、杨曾多次发表讲话，向国内外解释说明真相。这些讲话表
明，西安事变的性质不同于政变，张、杨是在不否定国家权力的大前提
下，希望蒋介石能以民族利益为重，从谏如流，勇于改过，这在当时极其
复杂的形势下，对于揭示出事件的正义性、廓清舆论，是十分必要的。由
于《大公报》连日引用中央社的消息，报道内容侧重于事变发生后南京方
面的态度及反应，由于对这一事件的一些重要事实如它提到的"叛国通
电"（即指《对时局宣言》）具体内容始终未予披露，由于缺乏对某些重要
事实的描述，读者很难了解事变的真实情况。因此，报纸上与事实本身背
离的对于事件的评价就成为读者所能了解的全部，于是在断章取义的评判
声中，为救国而兵谏的正义性就不复存在了，爱国行为自然也就成了叛国
之举。西安事变已经成为历史，《大公报》在当时虽然为和平解决西安事
变做出了贡献，但它留给我们的却不是一个关于西安事变的客观真实的
记录。

---

　　① 参见《自由！解放》，《解放日报》1936 年 12 月 13 日。

## 第二节　西安事变善后阶段"国家中心论"的形成

随着西安事变的和平解决，当时政局出现了新的严峻形势。蒋介石将张学良扣押后，在陕西，中央军与东北军对峙日益严重，内战爆发的危险并未完全解除。如何为蒋介石的扣压行为作出解释，并顺利接收陕西政权，重新编遣东北军、西北军，是国民党西安事变善后的主要工作。《大公报》为蒋介石的政策、决定，提供了舆论支持。为了恢复蒋介石的威信，《大公报》竭力树立蒋介石的领袖形象，以拥蒋为对象的"国家中心论"也随之形成。

### 一　为西安事变善后工作提供舆论支持

在西安事变和平解决的过程中，蒋介石曾经亲口作出"对西安事变的人员，一概不追究责任""担保中国不再发生内战"等许诺。可是，蒋介石安全离开西安后，即发表了所谓《对张杨的训词》，极力掩盖事实真相，公然宣称，张、杨对西安事变"应负责任"，"应听从中央之裁处"。蒋介石首先对西安事变的主要领导人、已被扣留在南京的张学良实行报复。1936 年 12 月 29 日，南京政府决定将张学良交军事委员会"依法办理"。12 月 31 日，国民党中央军事委员会给张扣上"对于上官暴行胁迫"的罪名，判处徒刑 10 年，剥夺公民权 5 年。为了掩人耳目，蒋介石又亲自出面，"具呈国府"，要求给张以所谓"自新之路"。于是，南京政府又赦免张学良的所谓徒刑，仍交军事委员会"严加管束"。1937 年 1 月 5 日，又经行政院会议决定，对陕西绥靖主任杨虎城降级留任。同时，又决定甘肃省主席于学忠降级留任，杨部师长孙蔚如代替邵力子任陕西省主席一职，王树常代替朱绍良任甘肃省绥靖主任。

《大公报》于 1937 年 1 月 5 日、6 日发表了《张学良特赦令下》和《陕甘善后》两篇社评。一面教训张学良、杨虎城要悔过自己的深重罪孽，以求得蒋介石的宽恕；一面为蒋介石的这一背信弃义之举打圆场，称赞蒋介石、国民党中央的举措气度恢宏，于情于法都颇适合。

在《张学良特赦令下》中，写道："夫以张氏变乱所为，毁法蔑纪，几令国家遭受不可挽回之损失，幸而悔悟甚早，送还统帅，随行待罪，时论对之，始转缓和，军法裁判，以从末减，重邀特赦，更属异数。现在为张氏个人减轻政治责任补救政治生命计，闻命之后，无论如何，皆应感激惭愧，努力自拔。"又教训杨虎城道："杨虎城在十二日事变，本与张学良负同样责任，乃中央对杨自始即从宽大，未予并案严谴，今兹军法会议，对之亦无处分，为杨氏计，义应格外感奋，锐意补过。"①

在《陕甘善后》中认为："中央情法兼顾，应付倍见苦心。……及张学良待罪来京，众怒和缓，军事当轴既为之缓颊乞宥，军法裁判亦已为之从轻处断，国府更复特为宣告赦免。惟为申明纲纪，警策后来起见，令将张氏责付军委会管束，此种附带处分，当然系暂时性质，只须陕甘善后，顺利进行，则张氏开复原职，复典节钺，自必不成问题。至于杨虎城于学忠或躬起变端，或服从乱命……应服常刑，乃仅降级留任，实属宽大逾恒，在中央始终成全，盖期地方早复原状，其用意可谓至极深挚。就上述各节观之，对个人之善后则情法两全，无可疑虑，张扬果有责任心，亟应以身作则，服从命令，约束部下，迅就法轨，而张杨部下，爱人以德，尤应仰体中枢息事宁人之意，勿生枝节……愿张杨于孙诸人彻底反省，速有以谢政府慰国人也。"②

对于蒋介石的背信弃义，在西安曾经给张学良人身自由做过保证的宋氏兄妹，这时虽然无能为力，但也表示了明确的反对。据说，宋子文曾问蒋介石："说话算不算数？"还同蒋介石吵了一顿，以后曾深感内疚地对张学思说："张汉卿亲自陪蒋先生回南京，是我担保的。万没有想到蒋先生变了卦，弄得我不够朋友。"③最后除了在可能范围内对张给以生活上的照料，竭力保护其生命安全外，只能"耸耸肩"，无可奈何。宋美龄也只能

---

① 《张学良特赦令下》，《大公报》（上海版）1937年1月5日。
② 《陕甘善后》，《大公报》（上海版）1937年1月6日。
③ 刘永路等：《张学思将军》，解放军出版社1985年版，第117—118页。

以写《西安事变回忆录》为张辩护。《大公报》曾经在《给西安军界的公开信》中动情地让张学良和蒋介石拥抱着哭一场，让张、杨相信"蒋先生一定会爱护你们到底"，并且"蒋先生的人格、全国的舆论就是保证"。这里看来，蒋介石的人格没有保证张、杨的人身自由。舆论呢？《大公报》对蒋介石的行为亦步亦趋，多方辩解，也早把对张、杨的保证忘掉了。在这里，《大公报》在拥蒋的同时，连蒋介石低劣的人格也一并拥护了，甚至比蒋介石的家人——宋氏兄妹更加忠心。

《大公报》反复强调蒋介石的所谓"情法两全"的宽大政策实为宽仁之至。张、杨理应约束部下，以便国民政府顺利接管陕甘政权。这里《大公报》表现了对张、杨的严厉处分会导致其所部武力对抗中央的担心。然而，《大公报》的担心马上就应验了。西安对于政府的处置有了强烈的反应。先是"东北民众救亡会"等团体上电蒋介石，要求张学良回陕。继则杨虎城与东北军将领连续通电，表示不接受政府命令，并调动军队，联系红军，动员民众准备武装抗命。

驻守西北、荷枪实弹的"三位一体"——东北军、十七路军和红军，令蒋介石寝食难安。因此，分化和瓦解西安方面的军队，拆散和破坏西北"三位一体"，便构成了西安事变后，蒋介石对陕方针的中心内容。

1937年1月5日，军政部发表《陕甘军事善后办法》，决定以顾祝同为西安行营主任，综理陕甘青宁军事及西北国防准备事宜；以王树常为甘肃绥靖主任，在行营指导之下，担任甘肃绥靖事宜；以杨虎城为西安绥靖主任，在行营指导下，担任陕西绥靖事宜；以冯钦哉为第二十七路军总指挥。1月20日，南京政府又提出，东北军移驻甘肃，二十七路军移驻渭北；陇海路沿线由中央军接管，并设防西安；红军移驻陕北；杨虎城的绥靖公署设西安，孙蔚如即日就任省政府主席之职。

1月16日，西安方面派代表李志刚、米春霖赴南京，并带来了杨虎城提出的解决西北问题之方案。主要内容包括：甲，维持中央威信问题，杨虎城、于学忠、孙蔚如接受中央命令，取消十二月十二日以后临时组织，恢复一切常态；乙，张学良的出路问题，设陕甘绥靖主任，以张为主任，杨副之；丙，军事善后问题，潼关华阴一带酌留中央军驻扎，陕甘其他各地由东北军、第十七路军、红军分驻，其防地划分，经三方商定后呈委员长批准，东北军、十七路军，其用人行政及训练事宜，由各本部全权负责办理；最后，请中央停止中央各军前进及其他一切军事行动，关于一切善后所需经费及军队编制军饷另定方案办理。[①]

蒋介石于1月19日写了一封长信，要李志刚带给杨虎城，给杨以最严厉的警告。在此函中，蒋介石对杨提出三点：其一，应知中央无论如何，绝不能放弃西北；其二，应知为整个国家打算，张学良不宜再回陕；其三，应知集中国力，应无害于国家之统一，而不能做此以遂其把持割据之私图。[②] 蒋介石让李志刚转告杨虎城：此一复函乃最后忠告，如无意实行，则不必再派人到溪口来做无意义之商谈，有何意见，可直接与顾祝同主任接洽；以1月23日为限，以后即为军事行动。[③] 行政院长孔祥熙亦于1月19日致电杨虎城告以"中央以该条件，似有拟使陕甘特殊化模样，势难完全采纳"，"现在御侮救国，必先巩固中央威信，统一国家力量，方能一致对外"，希望杨"努力运用，俾能早获适宜之解决"。[④] 杨、米回陕后，向杨虎城提出报告。时局发展至此，已到最后摊牌阶段。顾祝同随即进驻潼关，中央军进陕部队开始进行战略部署。

上海《大公报》于1月20日，以"对西安负责者之最后警告"为题发表社评，对东北军、杨虎城及其十七路军进行严厉警告。先教训张学良，"爱国云者，如人子之爱其亲，事属当然，而行之有道。军人守军纪，听命令，尽任务，才是爱国，此外别无爱国之道"。"试思绥远有事之日，正在难保不演变为国家整个问题之时，而幽囚主帅，谋覆政府，此等于自抄袭后路，几陷国家于危亡。此在军人犯罪上诚重大无可伦比者也"。最后

① 参见《何应钦呈蒋委员长转述西安方案电》（1937年1月16日），转引自李云汉《西安事变始末之研究》，（台北）近代中国出版社1982年版，第225页。

② 《蒋委员长致杨虎城函》（1937年1月19日），秦孝仪主编《总统蒋公大事长编初稿》第4卷上册，（台北）中国国民党"中央"委员会党史委员会1988年编印，第7—11页。

③ 何应钦：《关于处理陕甘经过之报告》，转引自李云汉《西安事变始末之研究》，（台北）近代中国出版社1982年版，第228页。

④ 《孔祥熙致杨虎城皓电》，参见孔祥熙《孔庸之先生演讲集》（下册），（台北）文海出版社1972年版，第702页。

警告道，"彼等须知自上月十二日之变，彼等本为叛军，中国苟欲维持为一国家，绝不容其一部军队之叛乱，对顽迷不悟之叛军最后只有以武力讨伐之。此乃国家存在之基本问题，毫无借口政治主张之余地者也"。然后教训杨虎城及十七路军，上月之变，张杨同负其责，而政府始终宽恕杨。严格的评论，政府实超越宽大而陷于仁柔。最后质问道，"十七路军在陕七八年矣，而军队本身迄今训练有缺，上月十二日之变，西安秩序竟不能保，军队行动所表现者乃如彼之狼藉。杨孙等清夜自思，何以对陕人？且不必言对国家如何矣。今政府为之充分开路，而许其自新，此而不接受，而必毁灭陕西为快，则彼等之天良安在乎！"①

社评《陕局之最后关头》，实为最后通牒，如不答应最后条件，将要武力进剿。最后的条件是"（一）西安设委员长行营；（二）孙蔚如就任陕西省主席；（三）张杨军队依命令指定地点驻扎"。然后，就这三项社评解释道：首先，凡参加西安事变之部队一概不究，但绝对不容陕甘之赤化与割据；其次，各部队有何苦难，政府尽可考虑，如驻地的分配，亦尽可商量，但要须听西安行营命令，不得自由处理，甚至拒绝行营之到西安；最后，期望西安恢复事变前的状态。如果不接受上述条件"则招灭亡"。②

两篇文章一篇严厉警告，一篇是最后通牒，一向态度温和，主张通过和平手段解决政治问题的《大公报》竟主张使用武力解决陕西问题。

1月24日，杨虎城表示接受中央命令，并派米春霖等前往潼关谒顾祝同接洽细节。于学忠亦令其亲信甘肃财政厅厅长陈端致电孔祥熙，表示愿对西安之东北军下最后忠告，劝其接受中央命令。杨虎城、于学忠决定遵令撤兵，顾祝同也奉令尽快和平进驻西安，设立行营，中央部队亦随顾西开。就在这时，东北军中少壮派军人孙铭九、应德田、杜维纲等人于2月1日联名致电前方部队，声言"决定以武力贯彻副座回陕之要求，三位一体，绝对切实合作到底"，并"准备为副司令归来而奋斗到底"。③ 次日，

① 《对西安负责者之最后警告》，《大公报》（上海版）1937年1月22日。
② 《陕局之最后关头》，《大公报》（上海版）1937年1月25日。
③ 《戴笠上蒋委员长报告侦获戴政鼎等通电》（1937年2月2日），转引自李云汉《西安事变始末之研究》，（台北）近代中国出版社1982年版，第228页。

应德田、孙铭九制造了枪杀东北军第 67 军军长王以哲、参谋长徐方、副官
处长宋学礼、总部交通处长蒋斌等 4 人的惨案。他们的这种鲁莽行为，造
成东北军内部严重分歧。2 月 3 日，扼守东线的东北军刘多荃部自动撤退，
敞开了通往西安的大门。蒋介石立即发电，指示顾祝同率中央军入城。
2 月 8 日，顾祝同安排宋希濂率部进入西安。十七路军原驻西安的部队撤
到三原，接受中央军改编。东北军除骑兵军仍留陕甘外，其余全部陆续东
开，分别驻于豫南、皖北、苏北一带。东北军移防工作于 3 月中旬开始，
至 4 月中旬，移防大致完成。

　　随着时局的发展，政权接收与部队整编工作逐步展开，东北军被编遣
移调出陕，等待分批"入京请训"。这时张季鸾的"怒气"才有所消减，
于是又心平气和地讲起道理来，希望从思想上进一步清除东北军内部的反
内战、反中央的思想。《大公报》认为，引起内战的责任在共产党而不在
政府，国民党政府出兵进攻红军是理所当然，那么东北军即使要反内战也
不应该对抗中央。然后，进一步阐述道，任何国家的军队，都有保卫国家
治安的责任，国家有内乱，军队当然负责削平。此与对外战争，同为神圣
任务。"倘军队心理，反对平内乱，而曰吾愿专任对外。假令多数军队如
此，国家本身之组织且不能保矣，遑论对外乎？"东北军将士，抱有"回
老家去"的心理，此为国民最同情的一点，然蕴于情感则是，现为行动则
非。这是因为"现问题全为国家与国家之问题，吾辈谋国事，应纯自国民
地位论，不得以某省人地位论。东北被占，国家无力致之，全国国民，应
负卫国复土之责，非只东北籍人民之事"。所以愈热望回老家，愈应该努
力拱卫国家全局。中国大兴，东北必然恢复，如果国民间、军队间，步调
不整齐，认识不一致，则国家陷于无力，可危者就不仅是东北了。以上的
论说，就是要阐明一点。"即一切军队，必须国军化。而国军本分，为守
纪律，尽任务，而不干涉国策之施行。"①

　　东北军被全部编遣完毕，陈诚准备开始在汉口对东北军进行整编，
《大公报》为东北军将士们的生活与工作向政府提出了三条建议：第一，

---

① 《勉东北军》，《大公报》（上海版）1937 年 3 月 2 日。

旧属西北剿匪总部的工作人员，为数众多，是原来自北平军分会移调而来，这些人员，多属东北籍，"宜善为安插，勿令失所"；第二，全体国军，无不清苦，而东北籍中下级官佐，家累尤重，性质特殊，如果让他们随军迁徙，定增几许困难，"宜加调查，特予援助"；第三，关内有不少东北智识青年，他们的生活与情绪，皆感不安，大多集中于北平，政府在指导东北部队改善编制之际，希望对于东北籍青年的问题，"亦特别调查考虑之"。①

综观蒋介石的善后处理措施，可概括为：以政治为主，军事为从，以军事威胁为手段达到政治目的。以政治为主，那么舆论宣传当然是重要手段。为了达到分化瓦解西安军事力量的政治目的，蒋介石开动宣传机器，向西安展开了强大的宣传攻势。从1937年1月到3月，以《中央日报》领衔，各种报纸连篇累牍地抛出各种诬蔑杨虎城和西安方面将士的报道、专文，什么"西安民不聊生"，什么"西安情形戡乱，工商业停顿，人心惶恐万状"，甚至造出了毛泽东与杨虎城在渭南开会的弥天大谎。②《大公报》先对西安发出警告，然后发出最后通牒，迫杨虎城就范，力图从舆论上搞倒杨虎城及西安爱国官兵。西安军事力量瓦解后，又进一步从思想上对其进行教育。可见，《大公报》为蒋介石的宣传攻势，做了大量工作。在斥责张、杨的同时，指出，一切军队必须服从命令，如果抗命不遵，纵使出于爱国亦是有罪，国家的团结统一是第一位，是立国御侮的前提。因此，一切军队必须"国家化"，这为其"国家中心论"的形成做了铺垫。

## 二 "国家中心论"的形成

在西安事变期间，蒋介石被软禁，国民党内部讨伐派与主和派之间斗争激烈。最后虽然事变得以和平解决，但是蒋介石的威信却一落千丈。蒋介石回到南京后当即提出辞去军事委员会委员长、国民党中央委员会委员

---

① 《勉东北军全体官佐于汉口》，《大公报》（上海版）1937年4月27日。
② 《益世报》1937年1月11日。

的职务。虽经"挽留",蒋介石继续留任,但是重新树立蒋介石的威信也迫在眉睫。在这方面,张季鸾主持的《大公报》可谓尽心尽力。在颂扬蒋介石的过程中,"国家中心论"也酝酿成熟,并成为其言论总的指导思想。

12月25日,张学良送蒋介石回南京。此后,《大公报》接连几日的要闻和言论都是一个主题:歌颂蒋介石的伟大。

在1936年12月27日的社评《欢迎蒋委员长入京》中,先是动情地说:"十年来,尤其'九·一八'以来,蒋先生代表积弱的中国所受的辛酸,与其殚精竭虑为卫国建国所尽的劳苦,现在公开地、普遍地得到全国最大多数国民同情的报酬。西安蒙难以来,全国表现的悲忧,和这两天各界大家的欣喜,就等于国民对蒋先生一种信任投票,而大多数国民此次所给的热烈同情,蒋先生一定引为最大的安慰。"然后赞扬道:"蒋先生主持的军事外交,也谨细,也勇敢,并无错误。关于此点,我们希望全体国民,都一致信任领袖,大家努力。就是向来持怀疑论的少数人,不问其动机纯杂,自今而往,务必都站在一条线上,不要挑拨,也不要焦燥,大家以心传心,共同奋斗。"最后提出:"假若不是蒋先生领导奋斗,中国早已糜烂不堪,并且早已保不住国家的地位。这是事实,毫无疑问。……我们听说蒋先生到京后,发表谈话,还自己引咎,大多数国民听见,一定更同情他的人格与诚意。我想一般公务员与一般国民,都要受蒋先生至诚精神所感动,少数思想错误者应当反省,而各级政府,应当努力于消除社会潜伏着的残余危机,以期全国发扬愉快光明的气象,都守纪律,勤职业,共同信任领袖,以达到卫国建国之成功。"①

在1937年1月1日的《辞岁之辞》中,《大公报》提出,今后整个国家必须在"政府领袖领导之下,为救国工作。凡爱国人士,俱宜奋勇参加,岂容别有号召";今后"国防及外交,则吾人以为蒋委员长执行之方针,完全适当,惟望全国同胞,无条件地信任拥护"。②

1月7日的社评《国人应有坚确的信念》说:"十年以来,事宜迭乘,

① 《欢迎蒋委员长入京》,《大公报》(上海版)1936年12月27日。
② 《辞岁之辞》,《大公报》(上海版)1937年1月1日。

国难严重，幸而政府已有基础，国家已有领袖，此种局面，真不知经过多少牺牲，付出过多少代价，无论如何，国民应出全力，维持此局，不容以任何理由，根本推翻。盖以国家外患之严重，与夫人民望治之切，绝对不堪再乱，更绝对不能再另造领袖之负担。"然后展开道，外交方面"在不能证明当局确有变更对外政策实行丧权辱国的事实以前，国民对政府当局之外交政策，仍应始终信任，勿生动摇，否则纷扰之极，中心倒坍，等于民族自杀，更有何对外抗战可言"，军事方面"无论如何，须在整个组织与统一指挥之下，方有国军可言，非有国军，则现代式的国家，直是无从存在。中国今日政治上尽有许多应行改革与亟待刷新之事，惟军队之统一性，乃属绝对的性质"。①

1月20日的社评《再度诉诸常识与良心》告诉国民三点：第一，中国今日只有整个的国家民族路线，而不容有其他路线；第二，既以救亡图存为亟务，则首先须认清国家环境困难至此，除了维持全国政治统一、军事统一，绝对不足以应对方兴未艾之国难；第三，欲求国家民族的生存，必须保持统一的规模，利用统一形态策进国力，尤其要对物质与心理一起建设。② 总之，路线统一、政治统一、规模统一，统一于蒋介石领导之下。

最后，在6月23日的社评《对于国事之共同认识》中，期望全国各界人士一致遵守两点认识，其中第一点便是："愿一致认识拥护国家中心组织为建国御侮之前提条件。故一切思想行动，凡增加向心力者为是，凡促进离心力者为非。""全国各界尤其一切智识分子，俱认定救国之道，首在维护国家中心。此中心者，为付重大牺牲而得来，国家命运，实系于此。而此绝非一人或一党之所私，蒋委员长不过领导奋斗之领袖，必须全国人以心愿智慧，维护之，增强之，方克有济也。"③

在这几篇社评中，《大公报》层层深入，从承认蒋介石为领导全国的领袖，到希望国民信任蒋介石，再到把蒋介石与国民党等同为一体来拥护，其所倡扬的"国家中心论"的拥护对象最终由团体转变为个人，以蒋

---

① 《国人应有坚确的信念》，《大公报》（上海版）1937年1月7日。
② 《再度诉诸常识与良心》，《大公报》（上海版）1937年1月20日。
③ 《对于国事之共同认识》，《大公报》（上海版）1937年6月23日。

介石为对象的"国家中心论"至此形成，也为其以后的言论定下了一个基调。"国家中心论"所彰显的拥蒋立场体现了《大公报》传统的正朔观念。忠于领袖即为爱国、反对领袖个人即为叛国，这显然是封建的忠君思想，君为臣纲，臣对君主应无条件服从。同时，也表现了《大公报》对和平统一的追求，在其眼中蒋介石就是国家，拥蒋就是维护统一。《大公报》认为在日本不断加紧侵华步骤的形势下，国内只有团结，只有稳定，才能进行有效的抵抗。任何破坏团结、影响稳定的行为，都违背民族利益，客观上只能助长日本侵略，加深民族危机。所谓"国家中心论"，就是一切服从"国家"的最高利益，而蒋介石当时是被人视为中国统一的象征，和能够维持统一（哪怕是表面上的统一）的不二人选，因此维护蒋介石，在更大意义上并不是维护他个人，而是维护国家利益。

## 第三节 "国家中心论"下对国内各政治势力的主张

西安事变后到抗日战争全面爆发这一段时期，以"国家中心论"为思想核心，《大公报》宣传和平统一，要求全国各界无条件拥护、服从蒋介石的领导，板子打向了当时各种和国民党对抗的、不服从国民党政权的、对国民党政权不满的政治势力。军事上要求共产党放弃武装割据，政治上要求地方实力派整编军队政治中央化，思想上要求各民主党派、社会团体放弃"异见""统一国论"。

对此，正如其在《对于国事之共同认识》中阐述的那样，期望全国各界人士"一致认识拥护国家中心组织为建国御侮之前提条件。故一切思想行动，凡增加向心力者为是，凡促进离心力者为非"①。这里，《大公报》对其国家中心论阐述得非常明确，就是全国上下都要服从于蒋介石国民党这个中心。具体到当时的国内政治局势，它的言论锋芒指向了共产党、地方实力派、社会政治团体。

---

① 《对于国事之共同认识》，《大公报》（上海版）1937 年 6 月 23 日。

## 一　要求共产党放弃武装割据

西安事变和平解决后，中共于 1937 年 2 月 10 日，致电国民党五届三中全会，提出五项国策：（一）停止一切内战，集中国力，一致对外；（二）保障言论、集会、结社之自由，释放一切政治犯；（三）召集各党各派各界各军的代表会议，集中全国人才，共同救国；（四）迅速完成对日抗战之一切准备工作；（五）改善人民的生活。同时提出，若国民党实行上述国策，共产党愿作如下四项保证：（一）在全国范围内停止推翻国民党政府之武装暴动之方针；（二）工农政府改名为中华民国特区政府，红军改名为国民革命军，接受南京中央政府与军事委员会之指导；（三）在特区政府区域内，实施普选的彻底民主制度；（四）停止没收地主土地之政策，坚决执行抗日民族统一战线之共同纲领。

2 月 22 日，国民党五届三中全会闭幕，全会通过了《根绝赤祸案》四项条款。"第一，一国之军队，必须统一编制，统一号令，方能收指臂之效，断无一国家可许主义绝不相容之军队同时并存者，故须彻底取消所谓'红军'，以及其他假借名目之武力。第二，政权统一，为国家统一之必要条件，世界任何国家断不许一国之内，有两种政权之存在者，故须彻底取消所谓'苏维埃政府'及其他一切破坏统一之组织。第三，赤化宣传与以救国救民为职志之三民主义绝对不能兼容，即与吾国人民生命与社会生活亦极端相背，故须根本停止赤化宣传。第四，阶级斗争以一阶级利益为本位，其方法将整个社会分成种种对立之阶级，而使之相杀，故必出于夺取民众与武装暴动之手段，而社会因亦不宁，居民为之荡析，故须根本停止其阶级斗争。"最后表示，"今者共产党人穷蹙边隅之际，倡输诚受命之说，本党以博爱为怀，绝不断人自新之路"①。

就此四项来看，不是"彻底取消"，就是"根本停止"，国民党的态度

---

① 《关于根绝赤祸之决议案》，荣孟源主编《中国国民党历次代表大会及中央全会资料》（下），光明日报出版社 1985 年版，第 433 页。

还是非常强硬的，对共产党的要求，简直就是全面投降，而不是中共所要求之"合作"。虽然国民党在某种程度上接受了中共的主张，但是它的这种态度，却为后来的合作谈判设置了重重障碍。

1937年3月18日，在《对陕北问题的认识》中认为，西安事变后共产党做出的拥护国民党政府的表示，"纯为中央政府执行国策之问题，并非国民党与共产党之党的关系问题。……中央主旨，纯以政府之地位，谋国家永久之安全。果能贯彻四项，保证安全，则当然开其自新之路，不然，绝不姑息以贻后患。此岂能以容共或妥协之说解之？且共党皆中国人民，苟有以对国法，当然得存在于中国，无所谓容不容，亦无所谓妥协不妥协。……是以易词言之，是共党自容于国家与否之问题，非容共不容共之问题。是共党自愿恢复普通国民地位与否之问题，非妥协不妥协之问题也"。同时指出"一般国民多年反对共党之赤化武装暴动，然同时无不希望其早自觉悟。诚以共党青年，虽其行为犯罪，思想偏狭，然其性格上，精神上，则不失为国家有用之成分。譬之人身血液，共党究非陈污凝滞之细胞，而毕竟为有生命力之鲜血，所憾者，为有病态耳。今收编问题，若能解决，若共党从此真能一新其态度，而求致力于建设方面，则为国家计，保全人才甚多矣"①。

这篇社评系统阐述了《大公报》关于在第二次国共合作中两党地位及合作方式的观点和主张。那就是，共产党"悔过自新"，接受政府"收编"。国共两党不存在对等的地位，只有共产党自容于国民党政府，不存在妥协与兼容。同时也认识到了共产党的青年仍是国家有用的栋梁之材。这是从国家民族的整体利益出发的考虑，与蒋介石一贯的剿共方针有一定区别。

由于蒋介石坚持要用谈判方式"收编"红军，"统一"根据地，在国共两党合作的具体问题上设置种种障碍，曾经使谈判陷入僵局，直到抗战全面爆发后，谈判才获得实质进展，合作才最后成立。为了促进国共两党早日结成统一战线，中共带领全国人民开展了争取民主权利、改善

---

① 《对陕北问题的认识》，《大公报》（上海版）1937年3月18日。

人民生活和反对国民党独裁的斗争，努力扩大抗日救亡运动。中共的这些主张，得到在野各党各界人士的广泛同情和支持。5月，冯玉祥发表抗日救国纲领。6月，山东和山西地方实力派表示愿意和共产党一起抗日救亡。6月10日，上海市民4000多人上书请愿，要求南京政府释放七君子。第三党代表彭泽湘到达延安谈判，要求同中共合作。这说明中共合作抗日的主张已经得到了广泛的响应和支持，对国共两党的谈判起到明显的促进作用。

而《大公报》曾经在西安事变发生后，对共产党进行多次诬蔑，不分青红皂白将事变的责任推在共产党身上，说什么："陕变之起，我们曾说过西安笼罩着乖戾之气，乖戾就是与平相反，这当然是受恶意的勾煽而来，但需要检讨其潜伏的病源，加以根本疗治，使得全国在蒋先生领导之下，确实完成和平统一，这大概是今后最急要的一件事了。我想可以这样说：中国不容赤化暴动，是拥护国家民族生存事实的绝对需要，是民十六以来的活教训。"①

后来在其发表的《对西安负责者之最后警告》中，除了"警告"张学良"自省"犯罪，要求杨虎城和西北军"悔过自新"外，不忘打共产党的板子，将共产党比作民国的癌肿，"共党与陕变有密切关系，现时更成共同负责之势。然则试觉其迷而期其悟。为共党者，第一须自忏过去十年来对国家民族所犯之大罪……"但是"彼等现在仍自有政府，有军队，而中国立国之基础条件，必须为一个政府，一种军队，犹如人体之不能有癌肿。中国今日亟须建国奋斗，不能容忍内部之组织的动摇，故共党今日须切自忏悔，知大势不容，诚能以事实表示取消武装暴动之组织，使国家不复有赤色恐怖之危险，则国法自可许其自新。其不然者，无论标榜如何，政府必贯彻其十年来讨伐之方针而后已"②。对共产党可谓新账旧账一起算，口诛笔伐。

随着日本侵略的日益加深，中日矛盾发展到不可调和的地步，蒋介石

---

① 《迎蒋委员长入京》，《大公报》（上海版）1937年12月27日。
② 《对西安负责者之最后警告》，《大公报》（上海版）1937年1月22日。

为了调动全国抗日力量，准备抗日，不得不向共产党做出最后让步。应当指出，第二次国共合作的实现，蒋介石作为国民党主要领导人，是发挥了积极作用的。正如1936年8月，中共致国民党书敦促的那样，"国共合作的关键是在贵党手中"。事实也是如此，一旦国民党有个主动行动的表示，国共合作的实现就有明显转机。卢沟桥事变爆发不久，蒋介石在庐山的谈话，承认了中国共产党的合法地位，将红军改编为国民革命军第八路军，允许中共在国统区出版报刊，邀请中共代表担任国民参政会的参政员。国共合作也随之宣告形成。《大公报》在这一过程中，顽固坚持蒋介石的强硬立场，毫无根据地诬蔑共产党是发动西安事变的幕后主使，指责共产党自有军队，自有政府，犹如国家的"癌肿"。从历史发展潮流来看，国共合作团结抗战是大势所趋，即使蒋介石为了团结国内力量也不得不做出了联合共产党的表示。在促进蒋介石朝着第二次国共合作顺利实现的方向前进方面，《大公报》没有起到引导舆论的积极作用。

## 二 整编地方军队要求地方实力派政治中央化

1928年，国民党虽然在形式上完成了对全国的统一，建立了新的政治秩序，然而，新秩序并不能有效地发挥作用，很多地方实力派在事实上仍然保持着自治。西安事变是国际、国内各种矛盾激化的产物，当事变解决后，纷繁复杂的国内矛盾即被日益紧张的中日民族矛盾所取代，这就为政治新秩序的建立提供了重要条件。空前的民族危机，使得抗日救国成为当时最大的政治。国民党各派系之间也表现出罕见的团结，表示服从南京国民政府和国民党中央军事委员会的调遣。蒋介石借机统一了军令。对四川军队的整编就是典型的例证。

1937年2月15日，《大公报》发表题为"国民对于三中全会之希望"的社评，在谈到中央对地方的政策时提道："各地情形不一，对于中央政令，不仅尽表里奉行，尤以人事问题，时有纠纷，衡以统一真义，尤多遗憾。吾人希望中央今后对于地方宜以严正纯真之精神，策进和平阔大之政策。其要在重事而不重人，重民而不重官。……此际亟宜重加调整，别定方案，即中央依地方民众之利益，决法令政策之限度，信托地方长官，严其成绩考核，而于琐琐人事，少加干涉，地方困难，多为体恤，如此稍经时日，必可解消中央地方之摩擦与轧轹，而增进地方官民对政府之向心力，其于促进真正统一与融和，必视任何建设工作之功用为尤巨。"① 这篇文章，把中央与地方分歧、隔阂的问题提了出来，但是明显没有往深里说，所谓国民党中央施行重人不重事的政策，并不是造成中央与地方产生矛盾的根本原因。

在《中央与地方》中，对此问题做了深入的探讨，指出军队是造成中央地方隔阂冲突的最大原因，因此解决问题的办法就是军队国家化，统一全国军令，途径是对军队整编。具体内容如下：

第一，中国所谓省，只行政区划，并不带联邦性。以现制论，中央地方之政府，实完全一体，省政府完全为中央政府之所属机关，同时等于中央政府之构成分子，盖无论中央地方，其官吏皆国家官吏，只有供职地点之不同，并无性质上之差异也。职是之故，中国根本不应发生中央地方隔阂冲突之问题。然实际上仍成为问题者，何哉？吾敢断言：此非问题本质上之事，一切乃因军队问题而起。易言之，中国所以至今有中央地方问题者，其最大原因，只以军队尚未完全统一之故耳。

第二，然吾人非主张绝对中央集权，其真意毋宁主张宜与地方以广泛的权限，使之在各项行政上，自由发展。惟有一先决条件焉，则军队不统一，其他皆空谈是也。……将来之理想，应为军队完全与行政分开，全国军队绝对统一于中央之下，成一严整紧密之惟一组织，而地方行政，则不妨在中央国策与政纲之范围内，而带地方的色彩，用人施政，皆在自由伸缩性，不必各省之完全一律也。

第三，因此吾人主张今日之亟务，仍首在促进全国军队之完全统一。……因军队成立之历史演进不同，编制训练亦尚有差，故真正之

---

① 《国民对于三中全会之希望》，《大公报》（上海版）1937 年 2 月 15 日。

统一组织，尚未达到。然则其道宜如何？……即中央一面责成其接受统一之训练编制，一面爱护之。所求者，为训练编制必须达到国军之标准，只禁止自由扩军及非法筹款二事。关于用人等事，仍尽量保持其传统的组织，以期其自动的进步。

　　吾人同情中央安内之政策，然同时反对封建割据心理之残留，以为军队组织之更加改进，实为刻不容缓之举。①

这里，《大公报》指出了中央与地方矛盾的症结，即军事问题，各省擅自扩军、擅自筹款。实际上，国民党政权本身就是一种弱势独裁，它对地方的控制力始终是有限的，要做到地方政权中央化，必须将地方军队整编，然而地方得以自重的资本就是军队，要是没有军队，就是中央再给地方更多的自由权限，也是无源之水，无本之木。此后的一段时间，《大公报》抓住四川整军的机会，大作了一番文章。

刘湘手握几十万重兵独霸四川，而蒋介石又总是想剪除异己吞并四川，其裁减川军的想法由来已久。1935 年年初，蒋介石以"剿赤"为由派兵入川，同年 6 月，又宣布裁减川军，并派胡宗南、上官云相等部入川。这使刘湘怀恨在心，西安事变期间在四川排挤中央军。西安事变和平解决，全国上下要求团结统一、一致对外的呼声日益高涨，为蒋介石解决四川问题提供了契机。

《大公报》竭力为蒋介石整编四川军队制造舆论。在《四川的整军问题》中谈道："按四川自入民国，实际上久在半独立状态，中央力量，从未深入。……吾人认此次之事，在中央方面为解放川民，完成宿愿，于情于法，责无可辞，在地方当局为消减危机，自救救乡，于理于势，不令徘徊。今日惟望内外一心，排除万难，克日组织整军会，最好由军政部何部长躬往渝蓉主持其事，依照东北军整编成案，将川军各部调整编制，所有军政军令健全统一，举凡人事，经理，卫生，教育，训练等，一概恪遵中央法规，确切办理，先将各军做到'国军化'，然后进而使其'现代化'，

① 《中央与地方》，《大公报》（上海版）1937 年 3 月 8 日。

庶可改进川军之素质，一洗旧日'苦力团'，'私人工具'之非难与讥嘲。如此，在长官为善保功名，在官兵为提高地位，为国家，为地方，为个人，为部下，可谓面面顾到，方方成功。"①

1937 年 6 月 29 日，国民政府行政院第 319 次例会通过决定，派何应钦为川康军事整理委员会主任委员，顾祝同、刘湘为副。7 月 5 日，何应钦受命飞渝，发表关于整军意义的谈话，希望川康全体军政协力赞助中央，使整军得以迅速完成。6 日，川康整军会议于重庆行营大礼堂举行。何应钦传达了蒋介石的指示，再度阐明："整军问题是国家统一完成后的一项重要工作，为充实国防，完成全国各地方军队国家化，整军工作必须彻底完成。"要求通过整军，"使军队的编制人事、经理、教育、训练、指挥系统完全统一于中央"②。"川省乃国防唯一根据地，为今后中央与地方精诚团结，打成一片，以树立复兴民族的基础，最好便是做到川康军队国家化。""此次会议主要目的在谋求川康整军之彻底施行，换言之，即在谋川康之彻底国军化。"③ 会议要求"以此为全国军政统一之先声"。

《大公报》在 1937 年 6 月 10 日的《川康整军之喜报》中说："中国今日，为保卫国土实行建设之计，必需国家统一组织之强化，而军队组织之统一，则其根本焉。国民须一致认识：国军之定义，必须使全军成为惟一之组织体。……是则军队全部之进一步的整理，在今日应为最急最大之工作也。"然后提出希望："（一）闻刘主任确有促成军事统一积极建设四川之志愿，则望其从此无瞻顾，无游疑，决心遵大道前进。（二）但请认定国家之需要，明辨其利害，则自己道路，自在其中，且并不必考求中央态度如何。盖蒋委员长之方针，要不外根据国家之需要。国家今日，需统一，需整军，需安定与团结，需四川真能成为国家建设之根据地，其惟一须防者，仅不容分裂之阴谋勾煽而已。（三）整军意义，只是整军，中央当然信任刘主任执掌全川庶政。刘氏能为国家建功，政府将尊崇优遇之不暇，岂有反减弱其政治地位之理。是以吾人于闻川康整军案之决定，甚嘉

---

① 《四川的整军问题》，《大公报》（上海版）1937 年 6 月 5 日。
② 《何应钦将军九五纪念纪事长编》（上），（台北）黎明文化事业公司 1984 年版，第 562 页。
③ 同上书，第 568 页。

刘氏之明达，故更为言以坚其志，且深信刘氏必循此光明之趋势而进。同时则望中央对于在川人员之人事调整，亦留意实行。"① 这里谈这些的目的，当然是先给刘湘戴高帽，然后又劝导其别有疑虑，此地无银三百两，中央整军并不是有意削弱其实力。

随后又在《川康整军之前途》中对川康整军的意义给予高度评价："中国亟务为救亡图存，现在外交形势，虽似稍松，实则变端难测，随时可以恶化，全国上下，人同此心，认为非在最短时期内将国防立下基础，不足以因应将来非常之变，此际对于国防后府之四川，自断断乎不能再事放任，故川局之必须改进，乃全国人心所要求，而整军实其首者，自应剑及履及，尽速完成。"②

可见，《大公报》在宣传中为蒋介石关于军事统一，中央与地方团结一致，巩固四川建成抗战大后方的指示进行了有力的铺垫，二者默契可见一斑。

川康整军会议于 7 月 9 日闭幕，正值"卢沟桥事变"消息传来。刘湘及川军将领纷纷请缨抗日。蒋介石以军事委员会委员长名义命令川军出川抗战。刘湘要求出川之川军集中使用的愿望未予实现。蒋介石将川军各部划分在不同战区，分割使用。实质上，蒋介石是借抗日名义肢解川军，并使刘湘脱离指挥，进退失据，真正达到了控制西南的目的。对地方军队的整编促进了全国的政令、军令的统一和政治的稳定。国民政府及国民党中央军事委员会的核心地位得到了进一步的巩固和加强。这对于即将到来的全面对日抗战无疑具有重要意义。在这一过程中，《大公报》在四川整军前为国民党中央鼓呼，过程中又为其做安抚工作，最后又提出了乐观展望和高度评价，为国民党中央政府强化中央政权，在舆论上做了大量工作。

### 三 对社会团体要求放弃异见统一"国论"

对蒋介石这个"国家中心"来说，各社会团体的离心力主要在于思想

---

① 《川康整军之喜报》，《大公报》（上海版）1937 年 6 月 10 日。
② 《川康整军之前途》，《大公报》（上海版）1937 年 7 月 2 日。

方面。西安事变之后，出于全国思想统一的需要，《大公报》主张统一
"国论"。如同整军问题一样，《大公报》也是抓住了一个个案，大做文章，
进一步宣传其统一思想的主张。这个个案就是救国会以及"七君子"
事件。

从"九·一八"以来，国难日益深重，国民政府对爱国民主运动的镇
压越来越严厉，抗日爱国群众的斗争水平也不断提高。在抗日救亡斗争
中，他们结成了新的以民主人士为主体的爱国民主政治团体。

1936 年 6 月 1 日，全国各界救国联合会在上海正式成立，参加者多是
全国各地具有正义感和爱国热情的上层知名民主人士，还有少数共产党
人。7 月 15 日，救国会以沈钧儒、章乃器、陶行知、邹韬奋 4 人的名义发
表了《团结御侮的几个基本条件与最低要求》的公开信，公开表示赞成中
共《八一宣言》中提出的"停止内战，一致对外"的政策。[1] 全救会认为，
"抗日救国是关系整个民族生死存亡的大问题"，"决不是任何党派任何个
人所能包办的"。[2] 因此，抗日就要建立全民族的联合战线。"在横的方面
是各党派的合作，在纵的方面是社会各阶层分子的合作。"[3] 同时，民族的
利益高于党派利益，只有建立不带党派色彩的联合阵线，让所有不同政见
的党派和政治势力处于平等的地位，才能真正使利益统一，全民族和解，
以至利益对立的各党各派联合起来，共同抗日。国民党当局对于救国会的
一系列活动恨之入骨。1936 年 11 月 23 日，在上海逮捕了沈钧儒、章乃
器、邹韬奋、李公朴、沙千里、王造时和史良七人，这就是震惊全国的
"七君子"事件。

1937 年 2 月 23 日，《大公报》发表社评《勉国民党当局》，文中谈道：
"过去社会言论思想之庞杂，除极少有政治野心者外，大抵为国家环境激之
使然。前年冀察外患之突起，尤为人心烦闷不安之最大原因。如救国联合
会，即由前年冬华北最危急时之学生救亡运动，推演而来。一年来论外交政

---

① 周天度编：《救国会》，中国社会科学出版社 1981 年版，第 125 页。
② 同上书，第 118 页。
③ 同上书，第 99 页。

治者，偶有失之过激，或不明事实，名为救国，实则其主张与国家不利。"①

4月6日，在《沈钧儒等一案起诉感言》中说："所谓救国联合会，不外以对外急进为标榜，理论方法诚多错误，要其背景实出当时人心急燥之反映，亦即时代心理所产生。"② 随后又在《沈钧儒等一案公判》中，借"七君子"事件对其主张作了进一步发挥。"夫回忆去年全救会之所号召者，诚不无危险之影响。当时政局虽与今日不同，然燥急之鼓动，庞杂之组织，各党各派合作建立政机之理论，盖不惟不足加强国家之地位，且使政府更艰于指挥与运用，去冬上海尤可随时爆发意外之危机。尝闻论者有云'救国何罪'，盖以为苟动机为救国，则行动无谬误，实则问题须看国家所受事实的影响如何，不能仅以名义为准。譬如吃饭固足以养生，然要须食物内容之无害也。吾人以为政治上重要理论之确定与统一，实建国御侮之最大前提，不然，自身先纷乱不宁，且封建割据思想，更依附种种理论而复燃，国基不安，遑论对外。"③

思想上的"纷乱不宁""燥急鼓动"严重地影响了政府的统治基础，对此，《大公报》提出了统一国论的主张。"吾人考察政情，认为将来政治上之困难，须赖统一国论以为解决。易言之，先讨论政见，再解决法制，是也。具体譬之，假若各党林立，一时开放，形式上具备宪政民主之规模，然若关于国家重大问题，议论甚歧异，行动甚庞杂，一事无成，徒使政潮怒涨，则结果将比不开始宪政更劣。只此一点，已足使国民党不能安心卸训政之责，同时所谓各党者，亦势不能遽安心信宪政之名，目前状态，殆即如是。"对于各民主党派的影响，《大公报》也保持了高度警惕，指出"盖此一般文人，散在各地，其理论影响青年，而行动则影响实际政治。是以国家为贯彻和平统一之计，对于社会里面或表面之种种政治的议论或行动，势非寻求一适当之解决不可也"。因此主张"国家今日亟务之一，为统一国论"。希望各党派，"先觉悟国家有一定之需要，无随意转变之可能，亦进而谋与国民党开真正交换意见之路。在吾人立于无党派之言

---

① 《勉国民党当局》，《大公报》（上海版）1937年2月23日。

② 《沈钧儒等一案起诉感言》，《大公报》（上海版）1937年4月6日。

③ 《沈钧儒等一案公判》，《大公报》（上海版）1937年6月11日。

论界地位观之，以为果能真挚讨论，最后应感觉异点甚少，故统一国论，应不困难。国论既统一，则国民大会之问题，与宪政实施之一切问题，自可联带解决矣"①。

自身居于无党派地位的《大公报》是中间势力的一员，然而它与当时多数中间势力的主张是明显相左的，它放弃了自身一贯的自由民主追求，公开站在国民党政府立场上反对中间势力的政治主张。按照《大公报》"国家中心论"思想，拥护服从蒋介石这个中心是第一义的，一切要以它为前提。团结抗日，也是在蒋介石领导下以其为中心的团结，在蒋领导下的抗日。在这里，《大公报》已经预置了一个前提就是，这个中心是优秀的领袖，蒋介石"为国家殚精竭虑"，"其政策主张都是正确的"，并且他一定能以国家民族大义为重，"攘外必先安内"的政策也是抗日的策略。而救国会等社会团体，之所以批判蒋介石的独裁，最直接的原因就是蒋介石没有担当起领导全国抗日的责任，那么要抗日必须实行民主，社会各界能够对政治施加影响，以促蒋介石政权抗日。救国会反对的是《大公报》的前提，而《大公报》是根据自己预设的前提来批评救国的主张。因此，在理论上《大公报》对救国会的批判缺乏说服力。但是由于它是舆论重镇，面对广大的民众，它的宣传影响力是不容低估的。

## 第四节　民主自由思想的潜隐

追求言论自由与民主宪政，是《大公报》创刊初始即明确表示的政治主张。但是，在"国家中心论"的指导下，其自由宪政的要求与主张逐渐潜隐。它所追求的宪政是一党训政下的宪政，言论自由是在服从政府检查，遵守国民党政府法律下的统治者赐予的自由。这与社会各界要求开放言论、实行宪政的呼声相去甚远。

---

① 《统一国论之必要及其方法》，《大公报》（上海版）1937年3月12日。

## 一　要求政府控制下的对国家负责的言论自由

国民党对新闻舆论的钳制由来已久，对革命报刊的迫害更是无所不用其极，从制定政策法规、建立审查制度，到军警干预、特务破坏。国民党及其政府颁布实行的有关新闻出版的政策与法规，明确规定"宣传共产主义及阶级斗争者，为反动宣传品"；报刊所载只要"与中国国民党党义、党务、党史有理论上或实际上之关系者"①，不论直接的或间接的，都"应经由省党部或等于省党部之党部，向中央党部宣传部申请登记"。②《北斗》是"左联"的刊物，但没有明显的色彩，也不用标语口号，出至第 2 卷第 2 期，由安徽芜湖邮件检查所送国民党中央宣传委员会审查，被认定为"共产党刊物"，国民党政府密令查禁该刊，拿办主持人。国民党检查报刊的机构有三个：一是 1933 年在南京、上海、北平、天津等地成立的新闻检查所；二是 1934 年成立的国民党中央宣传部图书杂志审查委员会及其地方机构；三是从 1929 年起就在各地设立的邮件检查所。前二者都以事前检查为主，即稿件发表前送审，任他删改扣压。鲁迅的许多文章都被删改过，其中 1934 年他给《文学》月刊写的一篇七八千字的随笔，被删后仅剩一千余字，无法利用。③ 国民党经常出动军警和特务，公开捣毁报社、书店，捕捉办报人、印报人和报贩，暗杀事件也时有发生。《南国》周刊、良友图书公司等，都被砸过。1931 年 2 月 27 日被国民党秘密杀害的"左联"五烈士，都是革命报刊的编者或作者。

抗日民主救亡运动的一个主要口号就是争取言论自由，要求国民党政府允许不同意见的发表，以利于社会各界能够充分表达意见，以利于抗日。《大公报》对于言论自由的追求是一贯的，然而在"国家中心论"下

---

① 《出版法施行细则》第 2 条，国民政府 1931 年颁布，转自方汉奇主编《中国新闻事业通史》（第二卷），中国人民大学出版社 1996 年版，第 535 页。

② 《出版法》第 2 章第 7 条，国民政府 1930 年颁布，转自方汉奇主编《中国新闻事业通史》（第二卷），中国人民大学出版社 1996 年版，第 535 页。

③ 《致刘纬明》（1934 年 12 月 31 日），《鲁迅书信集》下卷，人民文学出版社 1976 年版，第 713 页。

其对言论自由的追求逐渐潜隐。

1937 年 2 月 5 日,《大公报》在《奠安国本与巩固大局》中提到舆论自由问题时指出,西安事变之爆发是由于封建割据思想传播造成的,这要归咎于政府对错误思想的控制不利。另外,政府对于平时舆论控制太紧,以致正确思想无法发挥作用,无法抵制错误思想的影响也是原因之一。因此希望政府"懔然于国基之未固,祸患之方多,披胸坦怀,信任民众,解除一切言论束缚,恢宏度量,听舆论之自由发挥,养成其强固的信用与力量。如是吾人敢信全国无党派无成见之真正民众,遇必要时更能以中正纯朴之意见,经由有力的言论机关,发挥威力,足以镇压任何封建势力之跋扈与分化主义之复活,是在政府之有胆有识有量充分保育而运用之耳"①。在西安事变期间,哪家民间舆论机关为蒋介石政府出力最多,当然是《大公报》,对所谓"错误思想"批判最力的也是《大公报》。这里是希望政府多给像《大公报》这样的舆论机关自由,目的是更好地为政府服务。

另一篇对言论自由论述较全面的社评是《论言论自由》,文中谈到了两点。其一,是针对言论界自身的,提出发表言论的责任问题。"言论自由问题之解决,首视言论界本身之努力如何。要公,要诚,要勇,而前提尤要熟筹国家利害,研究问题得失。倘动机公,立意诚,而勇敢出之,而其主张符于国家利益,至少不妨害国家利益,则无虑压迫干涉矣。……言论自由,为立宪国民必需之武器,然不知用或滥用,则不能取得之,即偶得之,亦必仍为人夺去。……尤其关于国防利害,须加慎重,弱国之言论界,在此点之责任更艰巨矣。"其二,对地方政府,要求其发表言论时服从中央大局,不可还有"封建割据心理"恶意攻击中央政策。"各省当局应注意之点。言论自由问题,不仅关中央,同时关各省。……年来在地方言论界中,有时貌似甚有自由,超过都会报纸,然细察内容,则所自由者,只限于攻击中央,尤其攻击外交问题,观其慷慨激昂,未尝不足称快,然实则封建割据之悲哀,除分裂祖国使政治倒退以外,别无效益,此

---

① 《奠安国本与巩固大局》,《大公报》(上海版) 1937 年 2 月 5 日。

则痛心之现象，深望其今后绝迹于中国也。"①

此文既是关于政府与言论界之间关系的理论总结，同时也为其在西安事变期间的言论活动作了全部的注脚。其所批评的地方言论界当然包括了敢于"犯上作乱"的西安言论界。西安事变期间，《大公报》就是这样本着对国家负责的精神发表言论的，但是这里的国家实际上是蒋介石，是他所领导的国民党政府，而不是中国，他确实对蒋介石诚，其发表言论抨击张、杨与共产党，也够勇，但是说到公，则要具体分析。当时的国家确实需要统一稳定，需要一致对外，但是，分裂局面是蒋介石的"攘外必先安内"政策导致的，而不是其提出的所谓地方上的"封建割据""武装暴动"和"赤化"。《大公报》实际上就是要求所有舆论出版界都"站在政府的立场上，考虑问题"。言论自由的追求是更好地为国民党建言献策，与社会上所谓反对政府，反对三民主义的思想言论做斗争消除其影响。

## 二 倡导政府延揽人才增强统治力

《大公报》曾经指出，中国近年虽以党治标榜，实则法治人事，不必悉与党治之真义相符，与其拘牵形式，不如急图改弦。查现代政制，独裁主义与民主主义，似相对峙，而实际上独裁，也需要唤起民众，借援舆论，方能真正有力，绝不是旧时独夫专政口含天宪者可比。德国的村镇条例，苏联的新宪法，英法行政权力的增强，美国总统权力的增强，说明"独裁民主，初非绝对不能兼容，而民主制既可保存中和，仍能因应急难，其为安全稳健，更非褊狭激越之政论所可推翻"②。《大公报》搬出德国、苏联与英国、美国，进行对比，借以说明专制国家也有民主，民主国家也有专制，到头还是在拐弯抹角为蒋介石的新式独裁提供理论依据。这也是其对待有关宪政问题的一个基本态度。

---

① 《论言论自由》，《大公报》（上海版）1937 年 2 月 18 日。
② 《奠安国本与巩固大局》，《大公报》（上海版）1937 年 2 月 5 日。

1936年5月5日，国民政府公布了《中华民国宪法草案》，简称"五五宪草"。不久，立法院根据宪法草案的规定，起草了《国民大会组织法》和《国民大会代表选举法》，并经国民党中常会审议通过后，于1936年5月14日公布。"五五宪草"、《国民大会组织法》和《国民大会代表选举法》，都遭到了舆论的批评。

例如，《国民大会代表选举法》规定：国民大会代表的产生须经三个程序。第一步，根据第11条规定，推举候选人。区域之候选人，由各选区内各县、市之乡长、镇长、坊长等联合推选之，其名额是该选区应出代表名额的十倍。据第20、26条规定，职业团体之候选人，由职业团体应出代表名额的三倍。第二步，据第13条规定，各选举区所推选的候选人，由国民政府就其中指定三倍于各该区应出代表之名额为候选人。据第22、26条，自由职业团体及各省职业团体所推选的候选人，由国民政府从中指定二倍于各该团体应出代表之名额为候选人。第三步，根据第14、23、26条，由选民在政府指定的候选人中投票选出本选区或职业团体应出国民大会之代表。

费巩指出，《国民大会代表选举法》所规定的上述国民大会代表之产生程序，"使人民对开放党禁、实行宪政之诚意，殊不能无怀疑"。因为，按《国民大会代表选举法》之规定，国民大会代表之候选人先要由与官厅党部时常接触，受其支配和利用的乡长、镇长和坊长推选，继又要经国民政府的圈定，而且省政府对于各选举区所推选出来的候选人，在呈报国民政府指定前要签署意见。这样经过一层层的"沙漏功夫，'不良分子'已被淘汰"，人民所能选举者，只限于指定之少数候选人。"选举人既无自由表示意见之机会，在事前政府即能预断选举之结果。"如果国民党坚持以这样的选举程序来产生国民大会代表，那么，不仅会使特立独行、志行高洁之士根本不去参加竞选，而且会减少人民对代表的信仰，影响至巨。"夫以如此推选出之千余人，而称为国民大会，其人既非真正出自民选，自候选以迄当选，恐始终处于被动，则其出席会议也，势必劳大力者，代为组织而支配之，逢选举总统及各院院长时，预拟名单分书写。此千余人

者，但唯唯否否，旋进旋退，以完成其出席之任务而已。"① 《自由评论》
的一篇短评也写道："看了《国民大会代表选举法》，我们的感想真不知从
何说起！先由乡镇一班小官吏推荐，再由大官校减，再由中央圈定，然后
发给曾举行过公民宣誓的人去选举。……然而这是真正的选举吗？这是真
正的国民大会吗？这是党政府将要还政于民之诚意的表示吗？这是将入宪
政时期的一个好兆吗？这是国难时期精诚团结的好现象吗？我们觉得有一
点悲观。"②

面对社会舆论的批评，《大公报》于 1937 年 4 月 17 日，在《国民大会
组织法》和《国民大会选举法》修改完毕前，发表了题为"国家治乱紧要
关头"的社评，试图促成政府与舆论界之间的妥协。

文章先指出了开放政权的必要性与可行性。国家民族的利益高于一
切，中国国难当头，更需要动员全国各派政治力量，各方人才团结合作。
同时，国民党政权坚实，国民政府基础牢固，党政皆有"力"，不应担心
少数不同政见者参与政权会影响自身的统治。然后指出了对修改国大组织
法与选举法的看法。"中国现有之统一局面，已是经过巨大牺牲得来，国
人应当竭力维持护惜，不宜强以所难。依目下情势判断，过去国民大会之
组织与选举两法，诚多缺点，然若竟主张完全推翻，另起炉灶，在事实殊
难办到，是故宜就已成之局，量予变通。谓宜取消圈定办法，而参加一部
分聘任人物，但求罗致广遍，各方机会均等，则形式上虽非出自选举，实
际上或者真可代表民众，如此于国民心理与党政地位，两均顾到，其法似
较简捷易行。"言外之意，舆论界也不可过于苛求，应该考虑实际困难。
最后，希望政府"宜趁此海宇喁喁望治之时，树一劳永逸之法治规模，则
开放国民大会，召致各方人才，共同参与制宪，实为中国政治进入一种新
时代之起点。吾人衷心祈祷党国诸领袖宏其襟度，坚其定见，以开放政权
为巩固政权之贤明手段，领导国家入于新阶段"③。

《大公报》主张国家现在统一的局面来之不易，不能冒破坏统一稳定

---

① 费巩：《评国民大会之选举法》，《国闻周报》第 13 卷第 44 期。
② 《国民大会之悲观》，《自由评论》第 15 期。
③ 《国家治乱紧要关头》，《大公报》（上海版）1937 年 4 月 7 日。

的风险来根本推翻选举法的圈定候选人办法。应该以稳定为前提，就"已成之局，量予变通"。对组织法与选举法的选举持保守态度，总体上主张维持原貌，只做稍微的变通。因此需要政府与舆论界各让一步，舆论界要体谅政府不可要求过高，政府也应该有开放政权的积极姿态。

按照国民党五届一中全会的决定，国民大会应于 1936 年 11 月 12 日召集。但由于国民党根本没有召集国民大会、颁布宪法、还政于民的诚意，因此，不久就以筹备不及为由，决定将国民大会延期至 1937 年 11 月 12 日召集。继又于 1937 年 2 月，经国民党五届三中全会授权给中央常务委员会，对国民大会组织法和选举法进行修改。4 月底，立法院遵照国民党中常会决议的修改原则，将国民大会组织法和选举法修改完毕。

新法对旧法主要在以下几点作了修改。第一，除特种选举外，取消由国民政府指定（或圈定）候选人的选举程序；第二，缩小第一届国民大会的职权；第三，变更国民大会的内部组成。具体步骤包括：国民政府主席不列席国民大会；增加国民政府指定之代表 240 名；特种选举的代表如无法举行选举，亦得由国民政府指定；国民大会当然出席之代表包括国民党全体中执监委；列席人员中除国民政府委员及各部会长官外，以前规定的国民大会主席团特许列席人员一项现被取消。

《大公报》对这项修改，除了在枝节问题上提出建议外，总体上表示满意。《大公报》指出，政府取消了指定候选人的办法，而且拟于预定代表 1200 人之外，指定若干人为代表，以救济选举方法之穷。就常理而言，既为国民代表大会，政府就不应该指定代表，由政府指定候选人既已不合理，若取消此一指定办法而别又创一指定方式，"讵非自我冲突？自表面检讨，此等非难，初非无据"。国大选举，依法非经过公民宣誓之手续便无选举权，所以已办的选举，"殊有限制太严之憾"。现在统一完成，政情改变，宪法为国家根本大法，政府利在罗致各方人才合作，共同参与制宪大业，而国大代表选举大抵完成后，未便推翻，所以不得不另筹补救之法。加以边疆各地之特种选举，进行颇多困难，也需要以指定方法救济其穷。综合以上原因，中常会通过取消由国民政府指定候选人之规定，于原有当然代表（原文中央候补执监委员仅能列席而昨日则一并改为当然代

表）与地域代表职业代表并特种选举之代表以外，新加政府指定代表240
名。这样，"数月来全国瞩目之一大问题，至此告一段落，自应为国人所
欢迎"①。

修改后的选举法与组织法并没有为"国人所欢迎"。陈之迈在分析了
国民大会组成人员的身份后指出："这次国民大会之极度受党及政府之拘
束，则为显而易见的事实。"② 宋士英也认为，国民大会组织法和选举法
"虽因各方责难而修正，但修正之结果，反而加重国民党特殊之地位"③。

这样的批评并非无根据。实际上，虽然新选举法取消了指定候选人的
规定，但就国民大会组成的变更来看，它实际上是国民党采取的一种"田
里损失地里补"的措施。按《国民大会组织法》的规定，国民大会有依区
域选举方法选出者665名，依职业选举方法选出者80名，依特种选举方法
选出者155名，共1200名。修改后又添加经由国民政府指定的240人，再
加上当然出席国民大会的国民党中央执监委和候补执监委260名，这样出
席国民大会的人数总共达到了1700人。当然，就实际出席的人员而言，或
许达不到这个数字，因为中央执监委和候补中央执监委都有可能被选为国
民大会代表。而且在列席国民大会的人员中，国府委员几乎完全是国民党
中央委员，各部会长官也大半是国民党中央委员，而非中央委员的国府委
员、各部会长官也极有被选举的可能。故所谓列席人员实际上是虚设。在
这1700人中，国民党可以把握得住的共计有全体中央执监委员和候补中央
执监委员260人，指定代表240人，如果特选不能办理，又有155人由国
民党指定，合计655人。再加上相当数目的各中委及下级党部人员以及政
府现任官吏也会被推选和选举为国民大会代表，这样一来，国民党就能完
全操纵国民大会，使它成为自己的御用机关。因此通过对国民大会之内部
组成的变更，国民党对国民大会的控制不但没有被削弱，相反得到了进一
步的加强。

按照《国民大会组织法》的规定，第一届国民大会行使宪法草案中国

① 《修正国大组织法与选举法》，《大公报》（上海版）1937年4月23日。
② 陈之迈：《从国民大会地选谈到中国政治的前途》，《独立评论》第232号。
③ 宋士英：《中国宪政之前途》，《独立评论》第234号。

民大会的职权，任期六年，选举总统、副总统、立法院院长、副院长、监察院院长、副院长、立法委员、监察委员及中央其他官吏，并行创制、复决及修正宪法之权。此次修改则将其职权限于制定宪法及决定宪法施行日期，这两事完成后便"任务终了"。经此修改后，第一届国民大会就成了一个纯粹的制宪机关，而不再兼有国家机关的职能。

《大公报》认为第一届国民大会是造法机关而非立法机关。造法是创建国家根本组织之宪法，在此以前，国家机构未完成，初无真正的法律可言，所以造法工作，"发动于政治的实力，演进于实际的情态，与立法工作之在既成的法律范畴内活动者不同"。宪法在颁布以后，具有绝对性，而在创制之时就不免"迁就于事实，妥协乎环境"，因为造法本身是一个政治问题。因此"制宪理想不能悬之太高"。同时，宪法必须受全国国民之拥护，方有效力，否则纵为理想的杰作，断不能发生法律的信仰心。今后各方人才能否多来参加，制宪工作能否顺利完成，尤其有待于各方之互谅共信。任何国家的宪法，都或多或少地为当权的政党与领袖的思想所影响，因此批评宪法草案，不宜忽视当前的事实与环境。造法既为政治工作，则上下相与，均应有妥协的精神，不宜固执，转误事机。在野者如有意见，应举出理由，制订具体方案与政府切磋，不宜笼统反对，广泛批评。最后重申了《大公报》的立场："国民应积极的准备参加宪政，而不应在事前无参加准备，在事后又怀疑一部分国民党之包办。"①

《大公报》对制宪和国大的问题的看法，没有集中在问题本身，而是着重强调对待这一问题的态度，即强调"妥协"，"不宜固执"，将社会各界的批评看作固执，没有妥协精神。《大公报》的论调，始终是为政府辩护。

1937年5月26日，国民大会选举程序发表以后，中政会主席汪精卫在中央纪念周作报告，呼吁全国共同努力完成三民主义建设。军政、训政到宪政的过渡是孙中山政治思想的重要组成部分。由训政向宪政的过渡，又涉及了一个宪政时机问题，对于现在能否马上开始宪政，也是当时舆论

---

① 《国民大会与制宪问题》，《大公报》（上海版）1937年5月4日。

界争论的焦点之一。主张继续训政的人认为，实行宪政必须具备必要的条件，这条件就是，全国多数省份达到《建国大纲》所规定的自治程度，人民有能力直接行使选举、罢免、创制和复决四种权利。中国现在尚不具备这样的条件，"现在国内大多数人民，知识实在不够……人民如果真正希望宪政实行，也应该容许政府再有一些训练民众的时间"①。倘条件不成熟而实行宪政，则画虎不成反类犬，不唯宪政不能成功，反会闹出种种丑剧，民国十二年前中国宪政的失败就是其证明。他们甚至认为，无论是教育的进步，还是交通的发达，抑或政风的良好，目前还远不如民国十二年前。在这样的条件下实行宪政，"我们敢相信，一定要演比十二年前还要丑的滑稽剧，对于社会民主，国家大事不仅毫无裨益，并且更增纠纷"②。因此，应当继续训政，等到条件成熟时才能实行宪政。

后来，原定1936年11月12日召集的国民大会，因国民党缺乏立宪诚意而借口筹备不及推迟到1937年11月12日召集。但不料这年发生"卢沟桥事变"，中日战争全面爆发，召集国民大会一事已无可能。

宪政论者则认为，地方自治与国民受四大民权之选练并不是实行宪政必不可少的条件，宪政是可以随时随地开始的。他们承认地方自治的办理完善，于人民政治能力的提高大有裨益。但他们又认为，"地方自治之完善与国会之设立为绝然二事"，不应将地方自治之完成作为中央实行宪政的前提。中央宪政之施行，在于有国会，在于国会有通过预算监督政府之权，而地方自治完成与否与国会的设立并无必然联系。中国当前问题的关键，是如何使军权隶属于民治之下，如果这点做不到，"不独中央宪政为空谈，即地方自治亦为具文，故以地方自治不备为延宕宪政之口实者，不啻与军人同恶相济而已"。肖公权指出，宪政既是目的，也是过程，理想的宪政是目标，而初级的宪政以至比较好的宪政都是过程，不能不经过程度比较低、范围比较小的宪政，而企图通过所谓的训政，一步实现理想的宪政。他说，训政论者的主要错误：第一是以为宪政是高程度的政治，低

① 朱经农：《结束训政的时间问题》，《独立评论》第7号。
② 马季廉：《宪政能救中国》，《国闻周报》第9卷第18期。

程度的人民不能尝试；第二是把预备宪政和实行宪政当成两个必经阶段，以为必先有训政，然后始有宪政。他主张宪政应先"从少数有政治能力的人做起"，逐步实现理想的宪政。①

《大公报》认为：首先，此次召集之国民大会，与中山先生建国大纲所规定之国民大会，实际有别。建国大纲第二十三条："全国有过半数省份，达至宪政开始时期，即全省之地方自治完全成立时期，则开国民大会决定宪法而颁布之。"又第二十四条："宪法颁布之后，中央统治权则归于国民大会行使之。"然而，现在的情况是建国大纲所定地方自治程序全未完成，所以此次召集国民大会，在办理选举上，根本没有良好的基础。其政治的意义，只为国民党国民政府感国难之严重，更欲谋政治之一新，而尽速先制定宪法，以促进实行宪政之准备。换句话说，此次国民大会之后，将是宪政的开始，而不是建国大纲上所谓宪政的告成。

其次，十年来之中国，实际上为军政时期之绵延，以至中山先生训练人民行使政权之理想，实际尚未得推行，此当为中国政治上最大憾事。今年和平统一的局势与信念，幸已坚固，此正国民党负责施行遗教之时，所以，此次国民大会的召集，其本身应即为训政之推行，同时为宪政之准备。

最后，近时中国政治有三个特点：第一，国民党国民政府现在实际统治国家，其政纲为中山先生之三民主义，其缺点为尚未能充分实现三民主义，并非三民主义不适于中国；第二，今日仍为国民党训政时期，其原则上为不允许其他政党之存在，然事实上另外有党派，只未合法化；第三，中国处在非常之时，而非经常之时，故论训政与宪政，皆不能忘却非常之意义与需要。根据以上三个特点，解决今后一切困难之枢纽，只在充分实现三民主义之一点。民族主义，天经地义，亿兆一心，无可置疑，近月以来，民主政治之讨论颇盛，但实际上也不能逾越民权主义的范围，至于经济建设，则民生主义之原则在中国最适。因此，"党国当局之责任，须更努力澄清军民庶政，使政治不断进步，须就可能之最大限度，发扬民族主

----

① 参见肖公权《宪政的条件》，《独立评论》第238号。

义民权主义民生主义之精神,此为团结全国迈进建设之最大武器也"。而同时对于国民党外的党派及虽无党派而别有主张者,则望其检讨中山先生三民主义的内容,发生共同信仰,而向来持反对或怀疑论者,"亦乘此反省,不争原则而争实行"①。

《大公报》所持的是这样的观点。中国不具备实施宪政的条件,其原因是,首先,建国大纲要求的全国半数省份实行宪政,全部省份完成自治的要求没有达到,因此现在实行宪政缺乏基础。其次,过去十年其实并没有按照孙中山建国大纲所要求的那样,实行训政以完成实行宪政所必需的准备,实际上实行的是军政。根据以上原因,中国目前所处的阶段是,训政的继续,准备宪政的开始,那么此次国民大会的性质,就是在训政之下的一次实施宪政的准备。那么训政的意义在哪里?本来秉承孙中山遗教,建国的目标就是建设三民主义的国家,宪政是政体也是为实现建国目标而服务的,那么虽然现在没有施行宪政,但是国民党政府确实也是在施行建设三民主义国家的国策,因此,希望国民党外人士从实际出发,不要拘泥于政体的形式,而更要为建设三民主义国家而努力,就是希望他们"不争原则争实行"。总之,国民党政府召开国大、制定宪法,实际上是训政的继续,中国的民主政治,还要在国民党一党专政统治下继续训政教导国民养成运用政权的民主习惯之后才能实现。同时根据时代要求,此次召开国大与制宪,是为了在国难深重的时期,招揽全国人才于政府周围,完全是政府"请客"。《大公报》的政治主张,完全放弃了其关于民主宪政的终极追求,而成为维护"国家中心"的工具。

---

① 《国民大会与宪政》,《大公报》(上海版) 1937 年 5 月 26 日。

# 第四章

# 抗战初期"国家中心论"的高潮

　　全面抗战爆发，中华民族面临着严重的危机。《大公报》为蒋介石提出了"国家至上、民族至上、军事第一、胜利第一"的口号。其实质，首先当然是团结抗日的需要，就国内政治来说也是在其西安事变时期"国家中心论"形成后的进一步提倡。其主要内容是要求全国各界拥护政府，信任领袖。对各党派、社会团体要求只能有"一个党、一个派"。而对于共产党则继续西安事变时期的批评打压政策，在几次国共摩擦中坚持拥蒋反共的立场。其自由民主思想处于蛰伏状态。反映在办报方针上，继续坚持报纸要完全服从政府的命令，暂时放弃言论自由追求。在民主政治的主张上，也表现出明显的倒退，表面期待宪政而实际上则在训政思想中绕圈子，并试图将其纳入"国家中心论"的轨道。这一时期的文学副刊也服务于这一主题，但是其内容仍然不失多样与开放。应当说，这一切与《大公报》坚持的以蒋介石为对象的"国家中心论"分不开，同时，张季鸾与蒋介石的关系也是重要因素。

## 第一节　全国上下必须拥护政府信任领袖

　　抗战全面爆发后，1937 年 7 月 17 日，蒋介石在庐山谈话会第三次会议上发表了有关抗战立场的讲话。他说："我们既是一个弱国，如临别到最后关头，便只有拼全民族的生命，以求国家生存。那时节，再不容讲我们中途妥协，须知中途妥协的条件，便是整个投降、整个灭亡的条件。全国民众要认清'最后关头'的意义。"最后他说："如果战端一开，那就是地无分南北，年无分老幼，无论何人，皆有守土抗战之责任，皆应抱定牺牲一切之决心。"7月19日，蒋介石召集在庐山的中共代表周恩来、秦邦宪、林祖涵举行会谈，双方基本上达成一致意见，决定改组工农红军为国军，共同抗日。当日，蒋介石在庐山行辕召见了张季鸾，蒋告知张一个字："打！"希望张立即返回上海《大公报》馆，大力宣传抗战。①

从卢沟桥事变爆发到淞沪抗战结束，《大公报》发表了一系列社评，号召国民面对生死存亡的严峻形势，要坚定意志，一致信任政府、拥护领袖。主要内容包括以下方面。

行动意志，完全齐一。面对生死存亡的严峻形势，国民既不能掉以轻心，更不能各存私见。"蒋委员长公忠谋国，亦勇亦慎，领袖全军，当此大任。……且国民须知，在我国国力一切限度以内，蒋委员长必能为最善之努力。"因此，国民应该一致信任，听从政府的指导，一切行动，都要恪守纪律，各尽职分。"当局为策画万全之计，自将集思广益，博采意见，惟和战大计，可一切听领袖之裁决。"②比喻来说，目前的中国好比一只船在逆流中过险滩，"假如大家一松手，船要有意外危机，若再努力几篙，就准能撑过去"。行船的关键是舵师，中国的舵师，当然是蒋介石。而且这位舵师"勇气大，意志强，正认准针路，沉着前进，心里有十分把握，怎样震荡，毫不介意。这时候，就是需要全船一切工作者，要有一样的勇气与意志，要认清问题，加紧工作"③。

互谅互信，团结一致。目前最要紧的还是团结，"要团结成一个伟大的有机组织，澈上澈下，光明透亮，大家心安理得地，共同工作与奋斗"。然而，要达到团结一致，先要互谅互信，要消除一切自私心理，"只余下一个共同的责任观念"。具体来说，社会各方面，各党派，对于政府，要

---

① 参见王芝琛《张季鸾三上庐山》，《纵横》2004年第1期，第47页。
② 《国民应有之觉悟》，《大公报》（上海版）1937年7月17日。
③ 《紧要关头的共同认识》，《大公报》（汉口版）1937年11月23日。

谅要信。全体国民，也必须原谅政府，不可焦躁，不可怀疑，不可过分责难。大家要决心援助政府，要信任政府，共同维护国家的中心，守纪律，受指导，尽职分。政治上自成党派的人们尤其应该认识到，现在只有国家利益，没有党派利益。因此"在言论上，行动上，必须诚意接受最高统帅部的指导方针，莫令国民在思想上有任何分歧"。现在军事上需要做的事很多，"而尤其需要精神的巩固团结。这是支持战事最大的动力"①。

一个党、一个派。这是专门对各党派提出的要求，要求他们放弃组织，放弃异见。"今天是亟须要根据三民主义的革命精神，重新组织系统的理论与方法，而将一切爱国者熔一炉而冶之。中国今后，势不容再谈各党各派，应当只成为一个党，一个派。"② 希望过去组成抗日民主战线最近才与政府合作的一切人士，务必真诚信任政府，信任领袖，不要焦躁或怀疑，更不要倡导异见。"希望一切向称作左翼运动的人士们，把自己心理也都彻底改革过。从自己起，先抛除过去一切成见，亦不必再为琐琐理论之争。大家要认定军事利益高于一切，要信任统帅，大家全力扶助之。"必须全国一切人一切事业，都军事化。在这期间，凡足以减弱团结及互信的一切言论行动，都要力避。这样好教统帅部得以顺利地专心应付这艰难困苦的战争。③

"国家至上，民族至上，军事第一，胜利第一"。这是抗战初期国民政府最重要的抗战口号。"我们中华民族，为何能够独立存在五千年，而成为世界上仅有的长寿而独立的民族？就是因为我们有屹然不灭的民族神。……我们要认定国家至上，民族至上，人人都要为国家尽忠，为民族尽孝。这是我们中华民族的传统精神，在今日的空前危难中，尤其需要发挥这样精神。""凡是中国的儿女，每个人的言论行动，都要不背'国家至上'、'民族至上'的原则，都要符合'军事第一'、'胜利第一'的目标。""对内团结，对外奋斗。""还要刻苦，坚忍，努力；卫护民族国家，以争取军事的

---

① 《中华民族的严重试验》，《大公报》（汉口版）1937 年 11 月 9 日。
② 《对于一切爱国者的警告》，《大公报》（汉口版）1937 年 12 月 13 日。
③ 《全国更需要切实团结》，《大公报》（汉口版）1937 年 10 月 26 日。

胜利。"①

极力赞扬蒋介石。"蒋委员长是孙中山先生主义与事业的继承人,是中国民族对外的代表者,是指导全军全民抗战建国的最高领袖",因此,务必"使党政军各方面服务人员,都能彻底认识及遵从领袖的意志与方略,都确实以领袖之信念为信念。……以领袖之觉悟为觉悟"②。"只是心理上拥护他爱戴他还不够,我们要在行动上切实地迅速地表现出来。"③"我们今天,在祖国运命最紧急关头,回顾前瞻,万分兴奋,我们大家,要共同向全军指挥者蒋委员长敬谨慰问。要共同告诉他:全国军民,都要以他的坚强不屈的精神人格为模范,要都同他一样地爱国奋斗。他去年那样受苦,是代大家受的。今天暴敌将宣言否认蒋委员长领导之政府为中国政府。这就是公然宣布不承认中国是独立国,这不是反对蒋先生,是反对中国民族独立的存在!全国同胞,誓将更一致地坚决地拥护统帅部的大旗,为祖国独立而奋斗。"④ 称颂声中干脆将蒋介石作为国家、民族的化身。

以上所提到的这些社评,都是张季鸾写的。这些号召信任、拥护蒋介石的言论,大致有两层意思。首先,为了抗战必须拥蒋。国难日益严重,战争日益艰苦,形势日益险恶,在这民族的生死存亡之秋,全国各界只有统一指挥、同一行动,才能争取抗战的胜利。所以这些文章提出了"拥护领袖""信任政府""拥护抗战""一个党、一个派"以至"国家至上,民族至上,军事第一,胜利第一"等一系列主张,而这一切归结为,拥护蒋介石的统治,将蒋介石等同于国家民族。因此,这里的"国家中心",说到底还是蒋介石。这些言论不仅为蒋介石强化集权统治增加了舆论力量,而且在反共方面也给蒋介石在下一阶段国共摩擦中增添了舆论凭借。其次,出于张季鸾与蒋介石的亲密关系,张对蒋介石热情颂扬。文章中称"蒋委员长"还嫌不够,还称其为"舵师""领袖";要求全国人民对蒋介

---

① 《抗战第二周年开始》,《大公报》(汉口版)1938年7月7日。
② 《几点简单希望》,《大公报》(汉口版)1938年6月14日。
③ 《蒋委员长脱险纪念》,《大公报》(汉口版)1937年12月25日。
④ 《敬慰蒋委员长及全体将士》,《大公报》(汉口版)1937年12月12日。

石拥护还不够，还要爱戴；只在心里拥护他爱戴他还不够，还要在行动上衷心地表现出来。

全国各派势力都服从拥护这一"中心"便是表现。为此，《大公报》在国共摩擦中基本的态度是拥蒋反共。抗战爆发初期，为了实现抗战和应付各界舆论，国民党需要与中共合作。卢沟桥事变爆发不久，蒋介石在庐山的谈话，实际上承认了中国共产党的合法地位，将红军改编为国民革命军第八路军，允许中共在国统区出版报刊，邀请中共代表担任国民参政会的参政员。但是，国民党对中共的仇视不可能因联合抗战而冰消瓦解，只是在反共的政策和形式上较过去有所改变而已。国民党在国共实现第二次合作后对中共的政治策略是维持联合，同时削弱中共的力量和影响，消灭中共于无形，达到既抗日又灭共的双重目的。

1939 年 1 月，国民党五届五中全会通过《限制异党活动办法》，确定了"溶共""防共""限共""反共"的方针。"溶共"是主要目的，在全会上蒋介石说："……现在要溶共——不是容共，它如能取消共产主义，我们就容纳它。"① "限共"就是限制中共发展组织、发展军队和发展根据地。为了限制中共，国民党还处心积虑地破坏中共的抗日形象，千方百计地封锁反映中共真实情况的消息，缩小中共在国内外的影响。国民党当局严禁一切报刊正面报道敌后军民的英勇抗战，外国记者有关中共中央和延安的电稿，屡被国民党检扣，文稿也不准带回国。此外，还通过造谣讹传来破坏中共的形象。国民党"中央"通讯社关于晋南战事的报道就是例子。为了达到溶共、限共的目的，武装反共则是重要的辅助手段。国民党制造了一系列摩擦事件，并派遣军队直接监视、进攻边区，围攻八路军和新四军。震惊中外的皖南事变便是国民党武装反共的最高峰。

坚持"国家中心论"的《大公报》，在要求全国服从蒋介石的统治的时候，都不忘批评共产党，因为在其看来共产党是破坏统一的最大责任者，最不服从蒋介石的分裂势力。西安事变一周年之际，《大公报》在

---

① 《限制异党活动办法》，南京第二历史档案馆藏《中华民国史档案资料汇编》第 4 辑（上），江苏古籍出版社 1986 年版。

《敬慰蒋委员长及全体将士》中指责道:"不幸过去几年间,国内议论,很难统一,政治上甚至军事上有纠纷,而共党问题,多少年不得解决,因此使国家之国防建设,不得如预期之发展。……再因为军队的组织,本来未达到健全统一,而政治思想,本来有复杂的暗流,特别是共产党,本在政府统治的圈外,另自活动。"① 这种观点,决定了在国共摩擦中,《大公报》的基本立场。虽然有时言辞比较和缓,也力求公正,但是总的来说,是对中共进行指责,主张用"国家中心论"的原则解决国共摩擦。这一点在其对皖南事变和晋南战事的言论和报道中有明显的反映。

在国民党制造的一系列摩擦中,中共的军事力量非但没有被削弱,反而不断壮大。王世杰在1940年8月的一则日记中说:"中国共产党军队之数量与实力如何,一般人均不甚明瞭。今日阅调查统计局密报,估计其军队为46万人,枪杆约35万支。此项估计如属实。殊可惊骇。该密报并谓共产党有扩充军队为百万铁军之计划。"② 蒋介石担心中共在抗战中发展壮大。于是,在1941年年初,国民党发动了皖南事变,新四军军部及直属部队被包围后,大部牺牲,副军长项英牺牲,军长叶挺被俘。

在皖南事变前夕,重庆舆论界已经酝酿着反共的风暴。1940年12月14日,《益世报》重庆版,发表《胜于"一"》的长篇社论,大叫"我们全国上下,只有一个领袖,一个意志,一个纲纪,一个目标。领袖执掌着这唯一的纲纪","凡是破坏纲纪,不接受领袖命令或阳奉阴违的人们,就是破坏我们不为奴隶牛马的保证的最大敌人,应与汉奸同科"。"我们要有'一'的形式,要有'一'的内容。内容是什么?唯一的领袖、统一的意志、同一的目标、齐一的步骤,而实现的方法却是服从领袖,这种服从,不容有丝毫怀疑,丝毫例外,否则便是触犯纲纪,唯有执法以绳。军令便是如此。……这是纲纪问题,而不是团结问题。以团结为护符,触犯纲纪,违反军令及破坏国家民族的利益,只是全国人民的公敌,不配谈什么

---

① 《敬慰蒋委员长及全体将士》,《大公报》(汉口版)1937年12月12日。
② 王世杰:《王世杰日记》(1940年8月6日),(台北)"中研院"近代史研究所1990年影印本。

团结"。① 五天后，《扫荡报》又抛出社论《统一军政贯彻军令》，宣称"政有系统，军有法纪，汉奸与动摇分子们……反抗政府，干犯法纪，无论如何饰词狡辩，终为纪律所必诛"，"汉奸们的罪恶，固为天下人共知，但此外如操纵军队，把持地盘，或擅移阵地，扩军自利，罔顾法令的人物，虽未必投入敌人怀里，而其危害国家减弱抗战的力量，初无二致"。"在我国今日之抗战期间，军人服从命令，尤属格外重要，所以若有嚣顽之徒，托词借故，毁法乱纪，自创例外或自同于化外，中央应立即彻底纠正，从严惩处。"②《益世报》与《扫荡报》这些杀气腾腾的反共言论，也暴露了国民党顽固派的险恶用心，大有山雨欲来风满楼之势。

事变发生后，1941 年 1 月 17 日，蒋介石发出命令，宣布新四军为"叛军"，取消其番号，并将军长叶挺"革职"，交"军法审判"。国民党军委会发言人同日在重庆就皖南事变向报界宣称："此次事件，完全为整饬军纪问题，新编第四军之受处分，为其违反军纪，不遵调遣，且袭击前方抗战各部，实行叛变之结果。"周恩来得知蒋介石 17 日命令后，一方面提出抗议，一方面指示重庆《新华日报》拒登军委会的"通令"和"发言人"谈话。

《大公报》于 18 日照发了"中央社"的消息，刊登了《军委会通令》和《军委会发言人谈话》。21 日，为皖南事变发表题为"关于新四军事件"的社评，首先根据"军委会通令"，何应钦、白崇禧的"皓电"及"统帅部限令"等叙述了"此次新四军事件的综合经过"。首先表示拥护蒋介石的处置，"这事实，至为不幸；而就军纪军令而言，统帅部的处置是无可置疑的"。然后，站在一个"纯国民"的立场上发表了感想。"爱国的建军原则，必须是单一的。组织是一个，军令是一个，而意旨更必须是一个。一个军队不容有分歧的组织，不容有多系的军令，更绝对不容有两个意旨；否则那军队就是绝对不能作战，尤其不能对外作战。"这是重申"军令统一""军队统一"。接着，要求全国维护蒋介石的统治权，"我们必须

---

① 《胜于"一"》，《益世报》（重庆版）1940 年 12 月 14 日。
② 《统一军政贯彻军令》，《扫荡报》1940 年 12 月 19 日。

切记，国家这点统一规模，是经过二十几年的内战，流了大量的血，付了无数的牺牲，才产生出来的。我们必须切记，假使我们国家没有这点统一规模，我们根本就没有发动这场民族自卫战争的资格。这样艰难得来的国家统帅权，我们全体国民必然要坚决维护"。文章最后说："就法律论，军令系统绝对不容破坏，军纪必须整肃。就政治论，则必须保持公道与相安两个要素。中国共产党在西安事变时的表现，是极合乎国家民族利益之公的，我们敢信中共现时必仍然信守国家至上民族至上的原则。在信守国家至上民族至上的原则之下，任何党派的政治主张容或因求治之急切而近于激烈，非但可谅，亦且可敬，政府唯有努力于政治效能之增进，以餍足国人之望，国民党尤其要贯彻孙先生天下为公的伟训，努力造成清明公道的政治。就政治观点论新四军事件，这部分军队原质本有微异，而且是抗战发动后才加入国军序列的，我们虽不必请求政府对之另眼看待，却极希望统帅部之慎重处理，于整肃军纪之外，不可偶入感情的成分。我们恳切希望叶挺氏能邀得宽大的处分，更恳切希望中央小心翼翼地处理此问题，勿使有节外的牵连与蔓延。"①

原来，在17日晚上，《新华日报》的潘梓年和石西民，连夜到《新民报》《国民公报》《大公报》等报馆说明了皖南事变真相，表示中国共产党为了国家民族的利益，将坚持团结抗战，尽力防止分裂，希望朋友们支持正义，抵制中央社歪曲事实，诬蔑新四军的消息。于是，在1月18日的重庆报刊上，除《新华日报》岿然不动，拒绝刊登国民党消息外，其他各报都登了。所不同的是，《中央日报》《扫荡报》分别发表了社论《抗战的纪律》《严肃军纪》，《益世报》一面将中央社的报道用"中号"加"个半出"那样斗大的字号作标题："为贯彻军令维持纲纪 叛乱之新四军解散军长叶挺就擒交军法审判 副军长项英在逃令严缉归案"，登在要闻版的头条位置；一面发表题为"处置抗令叛变之新四军"的社论。至于《新民报》《大公报》《新蜀报》《国民公报》《时事新报》《商务日报》等，则一言未发。国民党中宣部长张道藩又对各报馆施加了压力，于是21日以后，以上

① 《关于新四军事件》，《大公报》（重庆版）1941年1月21日。

几家报纸都开始发表评述皖南事变的社论。《大公报》这篇《关于新四军事件》的措辞最为巧妙，既表示了拥护"统帅部的处置"，又申述了"军令统一，军队统一"的观点，并且文中并未出现"叛军""叛变"字样，最后还请求政府对叶挺宽大处理。

中国共产党坚持和国民党联合抗战，但是当以蒋介石为首的顽固势力悍然反共时，则毫不留情地与之斗争。除了对其反共军事进攻进行坚决自卫反击外，主要是在政治上打击顽固派。事变发生后，共产党在政治上采取了猛烈的攻势。共产党领导人先后提出临时办法和根本办法"十二条"，要求取消蒋介石的命令、取消国民党一党专政、惩办何应钦，拒不出席3月2日在重庆开幕的第二届国民参政会第一次大会。发布重新组建新四军的命令，向各党各派人士和外国驻华工作人员揭露顽固派的反共行为。

事变后，国际社会要求国民党停止与中共摩擦的呼声十分强烈。苏联驻华武官崔可夫当面谴责何应钦和白崇禧的反共行径，美国总统特使居里告诫国民党政府"美国在国共纠纷未解决前，无法大量援华，中美间的经济、财政等各问题不可能有任何进展"[①]，美国明确表示"不接受在中国以'战争对付共产党'的政策"[②]。

国际舆论迫使国民党"不得不适应国际环境及抗战形势，对中共采取宽大政策"[③]。国民党虽然始终没有放弃反共的方针，但它不想从根本上破裂国共关系，试图把反共限定在一定的范围内。"僵持不可久，放任非常策，断然处置又为国际国内环境所不许，则和平解决实为正当途径。"为了缓和国共双方的紧张局势，国民党主动向中共让步，声明"只需八路军正规部队开往黄河以北，游击队可全部留华中，还中共一个军编制"，"由蒋介石负责"，"停止军事进攻，解决政治压迫，再不许发生新事件"。[④] 蒋介石发动皖南事变，虽然军事上占了便宜，但是在政治上却失了分。

① 《南方局党史资料》征集小组编：《南方局党史资料·大事记》，重庆出版社1986年版，第144页。

② 美国国务院：《美国对外关系文件》1942年中国卷，美国政府出版署1956年版，第243页。

③ 何理：《抗日战争史》，上海人民出版社1985年版，第387页。

④ 《周恩来等给中共中央的报告》，中央档案馆《皖南事变资料选辑》，中共中央党校出版社1982年版，第235—236页。

为了避免国共分裂，各民主党派极力劝说中共出席参政会。2 月 10 日，黄炎培等与周恩来商讨中共出席的条件，双方达成的协议是，将中共所提皖南事变 12 条办法提到参政会上要求讨论，并在参政会以外成立各党派委员会讨论国共关系和民主问题。对此，中共中央表示同意，却遭到了国民党的拒绝。后来，民主党派继续奔走于国共之间进行调解。2 月 27 日、28 日各党派代表接连与周恩来、董必武等商谈至半夜，力劝中共设法出席。28 日，各党派代表齐聚张君劢家等至半夜。梁漱溟离开张家后又在黄炎培家与黄整整等了一夜周恩来的电话。[①] 最后，中共虽有所缓和，但由于国共双方分歧过大，中共参政员到底没有出席二届一次参政会。

虽然中共参政员没有出席，但是蒋介石也没有实行"根本决裂"。他在 3 月 6 日的参政会上一边公开批评中共所提 12 条都是"信口雌黄，颠倒黑白"，声称军事早已国家化，中共不应将八路军、新四军视为"一党所私有的军队"，一边重申剿灭新四军并非"剿共"，他不仅"决不忍再见所谓'剿共'的军事，更不忍以后再有此种'剿共'之不祥名词留于中国历史之中"。他声明并向参政会提出保证："以后亦无'剿共'的军事。"[②]

3 月 9 日，《大公报》同时发表了蒋介石在参政会上所做的演说及中共参政员提出的 12 条对皖南事变的善后条件。次日又根据蒋介石演说的精神，发表了题为"关于共产党问题"的社评，说了三点：第一，完全赞同蒋介石的演说，认为"措辞虽似严厉，而根本精神则只在希望共产党反省，贯彻团结抗战的初衷，以争取胜利的早临"。然后进一步解释道，蒋介石的意思是"希望共产党不背初衷，依照自己的宣言，拥护统一，抗战到底"。因此，"盼望这问题始终不失其向心力"。第二，重申国家的军队只有一个系统，而不容有两个军令，"这一点是绝对不容撼动的原则"。如果国家的军队不统一，军令有分歧，不用说不能对外作战，根本就不配称为国家。而八路军经过改编之后，在理论与实际上，与其他军队同为国

① 中国社会科学院近代史研究所中华民国史研究组编：《黄炎培日记摘录》（1941 年 2 月 27 日、28 日），中华书局 1979 年版。
② 蒋介石：《政府对中共参政员不出席参政会问题的态度》，孟广涵主编《国民参政会纪实》（下），重庆出版社 1989 年版，第 886—887 页。

军，除了国民政府军事委员会外，其背后就不能另外再有一个军令系统。但事实上八路军未能严格做到这一点。"以致使国军在对外抗战之中，有意志分歧，步骤参差，甚至自由行动，袭击友军等现象，这是国家的不幸，也是国军的污点"。这样的事情绝对不能再发生，而军队的统一，军令的尊严，无论如何，必须维持与贯彻。希望共产党务"必接受这个大原则，并且真实施行，表里一致"。第三，对于政府来说，令人遗憾的是，"政府对此在起始时处理方法不够确实，不够明了"。如果政府在两年前河北摩擦事件时，就详查真相，确定是非，同时将真相向国民公布，那么，事态或者不至于恶化到今天这样深刻棘手的程度。希望政府处理共产党问题，"在政治上应开诚布公，表里一致"。现在事已至此，除了要求共产党"军队统一必须维持，军令尊严必须贯彻之外"，国民政府在政治上，"务须坦直明朗，开诚心，布公道，而求解决于至当"。①

从国内政治大背景来看。国民党制造皖南事变的本意也在对新四军实施报复，将其赶出江浙地区，而并非要立即赶尽杀绝。国民党政治解决中共问题与武装反共相辅相成，武装反共，并非要用武力剿灭中共，而是为政治解决中共问题服务的辅助手段。《大公报》对皖南事变及其善后的立场，虽然主张必须拥护"统帅部的处置"，要求共产党服从"军队统一、军令统一"的大原则，但可以看到其基本态度还是力求公正的，要求国民党政府慎重处理，要求国民政府"开诚布公，表里一致"也表达了对其处理皖南事变的一些举措的不满；而"勿使有节外的牵连与蔓延"，则更表现了其维护抗日统一战线，尽力避免分裂的立场。

1941 年 5 月 7 日开始，日军突然在华北发动大规模的攻势，其进攻重点就在中条山。中条山脉位于山西高原南端，是黄河北岸的天然屏障。日军出动的兵力有 6 个师团又 3 个旅团。集结在中条山地区的国民党部队有 7 个军，20 个师，计 25 万之众，属第一战区管辖。负责这里军事指挥的第一战区司令长官卫立煌，因蒋介石不满他对八路军的合作态度，已被召回重庆，而由何应钦亲往洛阳指挥。何对日军的进攻没有采取任何有力措

---

① 《关于共产党问题》，《大公报》（重庆版）1941 年 3 月 9 日。

施。虽然八路军在这次战役中积极配合打击日寇，国民党军中不少将士进行了英勇的抗击，但因国民党忙于反共摩擦，调走部分主力部队和炮兵，实行单纯的防御，致使国民党军队遭受严重损失。在短短一周内，中条山若干山隘据点、山南的黄河渡口，全被日军占领，不到 20 天损失兵力 7 万余人。5 月 25 日，这次战役以中条山地区的国民党军队被消灭和击溃而告终。

日寇在发动军事进攻的同时，还发动了挑拨中国抗战军队关系的谣言攻势，说什么"八路军不愿意和中央军配合作战""乘机扩大地盘""打通国际交通线""另立中央政府"，等等。① 国民党军队在中条山的严重失利，引起国内舆论的愤懑。蒋介石为了掩饰自己失败的责任，讳败推过，硬说第十八集团军没有配合行动，坐视友军困战。《中央日报》等报纸照抄日寇谣言，与敌人相呼应。

面对皖南事变后没有多久出现的这场反共风暴，正在重庆的周恩来感到无比愤慨，同蒋介石进行了坚决的斗争。5 月 11 日，在周恩来会见蒋方代表刘斐时，刘斐指责八路军在西北集结重兵，而面对日军向中条山的进攻不予打击，不配合友军行动。周恩来当即反驳说："我军在华北及各地配合友军打击敌人，何能叫不打击敌人？至于与日妥协、移兵西北、打通国际等，均属谣言。"12 日，国民党参政员许孝炎在宴会上公开向新闻界造谣：中条山激战时，十八集团军不遵命配合对敌作战。周恩来在第二天列举事实向中外记者驳斥许孝严的谎言，以后又一再要求国民党当局更正。18 日，他向美国通讯社声明，外传所谓"八路军不抗日，打中央军"之说，全系日寇造谣中伤。② 5 月 28 日，延安《解放日报》发表社论，给这些谣言以充分的揭露，"日寇于本月初发动了一个小规模的军事攻势，而同时发动了一个大规模的谣言攻势"。日本同盟社连篇累牍地散布各种谣言，日军这种军事攻势和谣言攻势双管齐下的目的，不过是玩弄一打一拉的故技，来迫使国民党就范，以军事攻势炫耀兵力压其投降，谣言攻势

① 穆欣：《抗日烽火中的中国报业》，重庆出版社 1992 年版，第 131 页。
② 同上书，第 133 页。

则在挑拨离间国共关系，描绘一幅惨淡的图画诱其速降。"八路军不打日本"之类的谣言是烟幕，诱其投降是目的。① 蒋介石对此并不甘心，于是特意指使第二侍从室主任陈布雷嘱托张季鸾、王芸生出来说说话。

《大公报》于 5 月 21 日发表了王芸生写的社评《为晋南战事作一种呼吁》，引述了在晋南战事中对十八集团军的谣言后说："这些说法，固然大部出自敌人的捏造，惟既播之中外，其事实真相，自为中外人士尤其我们忠良军民各界所亟愿闻知，因此我们热诚希望第十八集团军能给这些说法以有力的反证。第十八集团军要反证这些说法，就是会同中央各友军一致对敌人作战，共同保卫我们的中条山，粉碎敌人的'扫荡'！"接着又说："以上所举各项说法，我们皆不愿相信。晋南战役，业已经过半个月之久，我军苦战，全国关切，而十八集团军集中晋北，迄今尚未与友军协同作战，则系事实。我们相信统帅部必然已有命令，要十八集团军参加战斗，因此我们竭诚呼吁：凡在山西境内的国军，务必协同一致，共同战斗，歼灭敌军！……十八集团军向主团结抗战，并经常将其衷曲向国人呼诉，全国同胞皆知十八集团军是抗日的，是会打游击战的，现当晋境敌军求逞之际，近在咫尺的十八集团军，岂能坐视敌军猖獗而不抗？岂能坐视国军苦战而不援？"②

正在重庆的周恩来看到《大公报》的社评后，十分重视，因为当时的《大公报》在读者心目中的分量比《中央日报》还要重。蒋介石之所以要《大公报》说话，其原因亦基于此。当晚，周恩来提笔给张季鸾、王芸生写一封长信，一方面驳斥敌寇的谣言，一方面借《大公报》宣传十八集团军的抗战业绩和共产党团结抗战的诚意。首先说："季鸾芸生两先生：读贵报今日社论《为晋南战事作一种呼吁》，爱国之情，溢于言表，矧在当事，能不感奋?！惟贵报所引传说，既泰半为敌人谣言，一部分又为华盛顿星报之毫无根据的社评，不仅贵报'不愿相信'，即全国同胞亦皆不能置信。"在引述了敌谣和无根据之语后接着说："再贵报所引事实，一则谓

---

① 《谣言与烟幕》，《解放日报》1941 年 5 月 28 日。
② 《为晋南战事作一种呼吁》，《大公报》（重庆版）1941 年 5 月 21 日。

'十八集团军集中即晋北，迄今尚未与友军参加战斗'，再则谓'我们相信统帅部必然有命令，要十八集团军参加战斗'。但我可负责敬告贵报，贵报所据之事实并非事实。在贵报发表一周前，晋南白晋公路一段即为第十八集团军袭战停止通车；其他地区战事正在进行，只因远在敌后，电讯联络困难，此间隧不得按时报道。而中枢及前线旬余军事有效磋商与夫配合作战之计划，皆因军机所限，即不便且不得公诸报端，亦不宜在此函告，于是贯于造谣者流曾公开向人指摘第十八集团军拒绝与友军配合作战，我曾为此事一再向中枢请求更正，不意市虎之言亦影响于贵报，当自承同业联络之差。唯环境限人，贤者当谅我等处境之苦。"在列举十八集团军在晋南作战的事实、在华北作战的事实、在江南作战的事实后说："我们可负责向贵报及全国军民同胞声明，只要和日寇打仗，十八集团军永远不会放弃配合友军作战的任务，并且会给敌人以致命的打击的。"最后提出希望："敌所欲者我不为，敌所不欲我为之；四五年来常持此语勉己励人。今敌欲于积极准备南进之际，先给我以重击，并以封锁各方困我，力不足则辅之以挑拨流言，和平空气。我虑友邦人士不察，易中敌谣，故曾向美国通讯社作负责声明，已蒙其十九日在上海广播，不图今日在此复须又一次声明。我信贵报此文是善意的督责，但事实不容抹杀，贵报当能一本大公，将此信公诸读者，使贵报的希望得到回应，敌人的谣言从此揭穿。"

张季鸾、王芸生在收到周恩来的信后，也十分重视，不仅于 5 月 23 日发表了周恩来的信，而且同时发表了张季鸾写的长篇社评《读周恩来先生的信》。这篇社评写得非常坦率。张季鸾首先说明了"5·21"社评的写作意图："我们今天为什么要呼吁？就是抗战四年的结果，敌我都到了严重阶段，这时候，敌人希望中国分裂自乱的心理当然更迫切，因而中国人团结自卫的需要也当然要紧急。而中共不比一般人，其组织带有国际性，其国家观与普通人不同，在抗战以前有斗争多年的历史，抗战以后到最近又显出龃龉。正当此时，苏日中立条约成立了，中共向来最信仰苏联，所以人民要知道中共今后政策是否受苏日妥协的影响。这种推论本来很浅薄，然一般同胞在这紧要关头，当然要证明中共今后是否仍在民族自卫的阵

线。这是国家前途一大问题，所以我们期待有协同作战的事实，以速慰同
胞之望。"这段话里面既有成见，也有误解。所谓"成见"，即《大公报》
一贯反对共产主义，反对共产革命；所谓"误解"，即认为 4 月 13 日苏联
与日本签订的《苏日中立条约》破坏了《中苏协定》，妨害了中国主权，
为中国抗战帮了倒忙，故《大公报》担心中国共产党受《苏日中立条约》
的影响，动摇其抗战决心。接着谈了读周恩来信后的感想："读周先生的
来信，关于此点得到圆满答复，就是十八集团军一定协同作战，我们知道
周先生这几年对于促成团结抗战，尽力之处特多。在现时，几乎是政府与
延安间惟一有力的联系。此次给本报的信，我们不但相信其有根据，有权
威，并且相信他正为此事而努力。"文章还重点谈了对处理好国共关系的
希望："最后借此次在晋协同作战为起点，对于统帅部与十八集团军之间
的许多应妥善处理的事情，都协商解决，重新再建团结的壁垒。"应该说，
《大公报》的这一建议是对的，也是及时的。但是对如何解决此事，张季
鸾的观点则有失偏颇，他说："我们认为此事并不难，其所企求中共诸君
考虑者，只对于建国的根本认识之一点，此根本一点，如认识一致，则相
信一切问题皆不难迎刃而解。""根本一点"是什么呢？就是拥护"现在的
国家中心"。他写道："敌我的形势，自己的国力，世界的时机，都绝不容
许存在一种观念，以为现在的国家中心失败了，还可以再建一个中心，然
后将国家再组织再统一起来。这样的事，是必无的。'九·一八'以后，
中国只有这一段时机可以建国，现在抗战四年了，若使现在的国家中心失
败了，那就是亡国之局。所以一般军民同胞的基本认识，是必须拥护国家
中心的国民政府，以贯彻自主自卫之目的。这是唯一的路，此外无路。当
然，政府的施政用人要时时改进，并且政治制度要随时势以进化，一切党
派，在三民主义原则之下，应当诚意合作，不可相互猜防。但是最要紧
的，是前述的根本认识，倘此根本一点不能一致，则合作成了空谈。"最
后，他希望"最好毛泽东先生能来重庆，与蒋委员长彻底讨论几天"，对
于国家前途的基本认识达成一致的谅解，说："这种团结抗战的新示威，
其打击敌人的力量，比什么都伟大。在此意义上，盼周恩来先生今后更多

尽力。"①

在国民党溶共、限共和反共的三位一体策略中，溶共、限共是目的，武装反共是手段。力求维持统一战线，在不破坏统一战线的前提下政治解决中共问题，其总策略基本是联合。而共产党的政策是对国民党既联合又斗争，联合是斗争的目的，斗争是联合的手段，以斗争求联合，其总策略也是联合。这是因为，此时中国社会的主要矛盾不再是中国人民同国民党蒋介石集团之间的阶级矛盾，而是中华民族同日本帝国主义之间的民族矛盾。在这种情况下，结成全民族的抗日统一战线，去对抗日本侵略者，挽救民族危亡，已成为国共两党义不容辞的任务。社会主要矛盾的转化，使国共两党放弃前嫌，联合对敌。

就舆论界来讲，为正确处理好国共矛盾，维持联合，防止分裂，提供一个良好的舆论环境，则尤为重要。应该说《大公报》对皖南事变的态度，要比对晋南战事的态度公正，而晋南战事直接由敌人的诬蔑消息引发，《大公报》尤其应该慎加甄别消息背后的图谋，然后再发言。而其按照蒋介石的意旨，以讹传讹，虽没有承认消息本身，却承认了假消息表达的观点，这却是不利于国共团结的。因此，《大公报》的"国家中心论"，在其一贯宣扬的同时，如果拥蒋的成分过多，甚至成为其打压其他党派的工具，那么号召团结的作用就会大打折扣。

## 第二节　自由民主思想的蛰伏

在中华民族经历生死考验的历史大变局中，大公报人着眼于民族大义，因此不能不服从于"国家至上，民族至上"的原则。这时，"国家中心论"的倡扬使自由主义追求处于蛰伏的状态。

---

① 以上周恩来致《大公报》的信和社评《读周恩来先生来信》，参见《大公报》（重庆版）1941 年 5 月 23 日。

### 一 "国家至上、民族至上"的办报宗旨

1939 年 3 月,国民党通过的《国民精神总动员纲领及实施办法》提出了意志集中、力量集中,民族至上、国家至上,军事第一、胜利第一等口号后,大力开展一个党、一个主义、一个领袖的宣传,要求全国人民的言论,一律以国民党的意志为准绳,"分歧错杂之思想必须纠正",否则,"一体纠绳,共同摈弃"。① 同年 4 月,国民党中央委员会给全国各党部的《关于防制异党活动办法》中规定,没有国民党党员参加的报纸要限制创刊;要求各地党部及警察局、新闻邮电检查部门对"内容反动"的宣传品随时查禁乃至封闭。1939 年 4 月 15 日,重庆新闻界举行国民公约宣誓。当全市报人宣誓之际,《大公报》发表了一篇《报人宣誓》的社评,大公报社全体同人宣誓道:"我们誓本国家至上民族至上之旨,为国效忠,为族行孝;在暴敌凭陵之际,绝对效忠于抗战。"在这里阐明了"国家至上、民族至上"的办报宗旨。可见《大公报》对国民党的新闻政策表示完全拥护。同时,这一宗旨也是《大公报》强烈的爱国主义精神和抗战立场在办报思想上的表现,是其"国家中心"论的政治态度在新闻观点上的反映。具体来说,这一宗旨包括以下两层意思。

首先,抗战的新闻工作必须拥护政府,服从领袖。

抗战是全民族的事,应该全国统一行动,任何局部的轻举妄动都会给抗战全局造成损失和带来被动。军事上和政治上的统一,是御侮建国的前提条件。基于这种认识,《大公报》在抗日战争全面爆发之后大力提倡"国家中心论",主张统一组织,统一思想,统一政策,一切应以最高统帅部之意志为意志,故抗战的新闻工作也必须拥护政府,服从领袖。当然这个政府就是国民政府,领袖就是蒋介石。1938 年 1 月 27 日,《大公报》专载文章《今后之战时新闻政策》建议:一是建立战时统一新闻指挥机关,

---

① 中国人民大学中共党史系资料室编:《中共党史教学参考资料》(抗日战争·上),中国人民大学出版社 1980 年版,第 603 页。

战时新闻政策之决定与施行，应由总政治部负其全责，如是始能亲切战时需要，超越传统鸿沟，而谋在战争中造成舆论一致之阵线；二是确定新闻政策，新闻政策不能脱离政治而独立，然政治上已定之原则，则必须有机地表现于新闻政策上，原则已定，则应策动全国新闻界为此原则而努力。[①]

其次，报纸要接受新闻检查。

全面抗战爆发后，国民党政府随即在国统区实行新闻检查制度，并于1939年6月成立了"军委会战时新闻检查局"，局长由军委会办公厅主任兼任，并于各省成立新闻检查处，省处以下设立新闻检查室，形成了严密的新闻检查网。《大公报》对此持容忍态度。1939年9月1日记者节，《大公报》发表社评说："在民族大战中，我们报纸逢着这个节日，实在异常的感奋与惭愧。报人一向视若生命的是言论自由，但在今日，这个问题简直可说是不存在。因为我们奋全力拼生死以争的是民族国家的自由，没有民族国家的自由，哪里还谈得上言论的自由？所以在今天过记者节，我们第一应为尽力争民族国家自由而感奋，第二应为自己尽力的不够而惭愧。"[②] 这里提出了一个大前提，报人视若生命的言论自由应该服从民族国家的自由。全民族抗战期间，举国上下都在奋全力拼生死争民族国家的自由，那么报人的言论自由只好作暂时的牺牲了。

在这个大前提下，《大公报》认为，在抗战非常时期，政府检查新闻，统制言论，原为不得已，新闻界应体谅国家的利益、政府的苦衷，对新闻检查过程中所出现的问题，要加以谅解。1939年5月5日，《大公报》香港版发表张季鸾写的题为"抗战与报人"的社评说："我们这班人，本来自由主义色彩很浓厚的。人不隶党，报不求人，独立经营，久成习性。所以在天津在上海之时，往往与检查机关小有纠纷，然抗日以后，在汉在渝，都衷心欢迎检查，因为生怕记载有误，妨碍军机之故。中央宣传部本是指导报界的最高机关，抗战以来，我们要更竭诚接受其指导。"[③] 1941年5月，《大公报》荣获美国密苏里新闻奖章，胡政之、张季鸾向美国公众发

---

① 《今后之战时新闻政策》，《大公报》（汉口版）1938年1月27日。
② 《祝九一节——报人自勉》，《大公报》（重庆版）1939年9月1日。
③ 《抗战与报人》，《大公报》（香港版）1939年5月5日。

表广播致辞，在谈到中国报界有没有言论自由时也说："统帅部现在进行着新闻检查；我们在检查的范围与方法上，有时与政府意见不同，但在原则上认为有检查的必要。同时相信，这种战时制度，在战后一定可以废止。"这篇广播演词又说明，《大公报》对于言论自由的放弃只是暂时的，是为了支持政府抗战的民族大义，坚信在抗战胜利后政府一定会给予新闻界以自由。

与《大公报》不同的是，国统区的新闻界展开了争取言论自由的斗争。1938 年 8 月，商务、中华、开明、世界、生活等十多家出版社和书店联合具文吁请国民党当局撤销刚刚出笼的《图书杂志原稿审查办法》。生活书店负责人邹韬奋在第一届第二次国民参政会上提出了《撤销图书杂志原稿审查办法以充分反映舆论及保障出版自由案》，得到 70 多名参政员的联署。经过激烈辩论后，提案获得通过。但是，参政会的决议并不能改变国民党的新闻政策。原稿审查的办法，被变本加厉地继续实施。邹韬奋于 1939 年 9 月上旬在国民参政会一届四次会议上提出《改善审查书报办法及实行撤销增加书报寄费，以解救出版界困难而加强抗战文化事业案》。他建议：查禁书报必须有证明文件及书单；检查书报须由统一机关执行，通过审查后，须予统一的合法保障，各地不得再任意扣留没收。① 这个提案反映了新闻出版界的最低要求，但是它并未付诸实施，而战时新闻检查制度却加紧推行。由于国统区的大部分报刊，为了生存需要不敢过分开罪于新闻检查机构，因此它们的抗检斗争是软弱的。言论自由确实也是《大公报》的生命，"不党、不卖、不私、不盲"是其一贯的办报方针，在这里要竭诚接受国民党中央宣传部的指导，看来"不党"也要暂时放弃了。但是，应当认识到，《大公报》从来没有完全、彻底放弃过自己视若生命的言论自由，这时的放弃只是将自己对言论自由的追求处于蛰伏状态。

---

① 参见邹韬奋《抗战以来·对保障文化事业的再呼吁》，《韬奋文集》第 3 卷，生活·读书·新知三联书店 1955 年版，第 247—250 页。

## 二 将政治运动引入"国家中心论"旗帜下

社会各党派团体为了一致对外，需要拥护国民党，但这种拥护是有条件的。为了抗战建国需要国家统一，而解决统一的方法，只能是推动政治民主化。张君劢在一届四次国民参政会上的提案指出，"国家者，全国国民之国家，而非一党一派之国家；政府者，全国国民之政府，而非一党一派之政府"，因"国家政权，国人能共有共享，而后国事危急，国人当更感休戚相关"，所以必须"立即结束党治，实行宪政"，"立即成立举国一致之战时行政院"。[①]

在社会舆论要求政治民主化的呼声中，《大公报》这家民间报纸，作为中间势力的一员，在1938年1月14日的社评《国家战时军治化》中却从理论上阐述了中国目前集权的重要性，认为现在中国政治体制需要的不是民主，甚至党治都不够，而是要实行军治，一切要在以统帅部为核心的领导下。因此，对各党各派争取民主的斗争提出了批评，"各党各派的要求民主，这在抗战以前是应该的，到现在还可以从事实技术上去求逐渐实现，但若用这个口号发动政争，因而发生政治上的摩擦，那便很严重地违反国家利益了。我们是主张民主的，但在今日，为抗战的利益计，则须加强国家战时的军治化，全国凝结成为一个个体，在我们取得抗战的最后胜利后，国家政治自然民主化了"。"在这时谈党治，与谈民主，在谈者虽各有其立场及理由，其实谈之无益……最要紧的是大家共同着眼于抗战的利益，加强国家战时的军治化。充实大本营的组织，举凡政治军事，一切归其统率，一切听其指挥，而一切统治指挥皆以军事的利益为依归。"[②]

《大公报》的主张就是，民主要求现在不合抗战形势的需要，军事第一，一切要服从于军事利益，各党各派要自觉拥护国家的政治中心。同时还批评各党各派不应该再借要求民主之名发动政争以引起政治摩擦。在民

---

① 《改革政治以应付非常局面案》，《国民参政会第四次大会》，国民参政会秘书处1939年11月印行，第94页。

② 《国家战时军治化》，《大公报》（汉口版）1938年1月4日。

主政治的追求上，从一开始《大公报》就与各党派社会团体之间唱着反调。抗战爆发至相持阶段到来初期，国民参政会的召开和第一次宪政运动是政治民主化进程中的两件大事。在"国家中心论"的旗帜下，《大公报》希望国民参政会成为拥护国家中心的有效手段，并且将宪政运动的宣传纳入拥护国家中心的轨道。

首先，希望国民参政会成为拥护"国家中心"的有效手段。

各民主党派从抗战爆发开始，就把争取民主作为自己义不容辞的任务，极力主张中国应该在抗战中实行政治改革，实现民主政治。他们希望在抗战过程中，经过一个"议会的雏形"取得一些参政权，再进而使这个民意机关发展成西方资产阶级议会那样的组织，去实现理想中的民主宪政。国民党政府设立的国民参政会，自然被他们认为就是这样的通向民主宪政的过渡。

1938 年 3 月 29 日至 4 月 1 日，国民党临时全国代表大会在武汉召开，大会通过《抗战建国纲领决议案》，决定为"团结全国力量，集中全国之思想与意见，以利国策之推行"，组织国民参政会。① 1938 年 4 月，国民党五届四中全会通过《国民参政会组织条例》以及第一届参政员名单。条例规定参政员的产生，由各省市政府和国民党党部联席会议和蒙藏委员会、侨务委员会、国防最高委员会加倍提出，最后由国民党中央决定。国民参政会的职权为："抗战期间，政府对内对外之施政方针，于实施前，应提交国民参政会决议"，"前项决议案，经国防最高会议通过后依其性质，交主管机关制定法律或颁布命令行之，遇有特殊紧急情形，国防最高会议主席得依国防最高会议组织条例，以命令为便宜之措施"；"国民参政会得提出建议案于政府"；"国民参政会有听取政府施政报告及向政府提出询问案之权"。②

《大公报》对国民参政会的成立以及《国民参政会组织条例》的颁布给予了高度评价。在《论国民参政会》中认为它是"国民政府在抗战期间

---

① 《中国国民党临时全国代表大会宣言》，荣孟源、孙彩霞编《中国国民党历次代表大会及中央会资料》（下册），光明日报出版社 1985 年版，第 469 页。

② 《国民参政会第一次大会纪录》，国民参政会秘书处 1938 年编印，第 7—10 页。

为集思广益，团结全国力量而设"，其性质纯"为在抗战期间集中全国抗战力量以利国策决定与施行的机关"。就职权来说，"颇类似中政会，是讨论及决议政府在抗战期间对内对外重要施政方针的机关"。虽然最后决定权及紧急处分权，还保留在国防最高会议，"但本会对于施政方针之决定，得随时与闻，自由决议，其职权不可谓不大"。因此，国民参政会在政治上具有重大的意义。"现当长期抗战，国家前途，有莫大的艰苦，而打破难关争取胜利的唯一途径，惟赖集中一切思虑识见，团结一切力量，大家至诚至勇，共同负责，共同奋斗。……本会之设置，将确为中国政治上之新纪元。"①

国民党蒋介石政府一向坚持一党专政，不许国民参政，在抗战初期设立国民参政会，一方面是开放民主的表示，另一方面也是要用以应付民意。如果没有国内外强大的政治压力，国民党断不会设立什么参政会。正因为如此，国民参政会所具有的参政意义，是极其有限的。按照国民参政会组织条例，参政会有决议国家重大施政方针权、建议权、询问权和调查权，但条例又规定遇有特殊紧急情形，国防最高会议主席可"以命令为便宜之措施"，所以参政会的决议重要方针权，不过是具文。所谓调查权，因规定只调查"政府委托考察事项"，如果政府不委托，当然也就无权。建议权和询问权"略含民意机关的一点点的微微的曙光，但至多只是政府的一个顾问机关，它的决议案并无代表民意监督政府之权，或督促政府必须执行之权"。《大公报》认为这样的权力"不可谓不大"，而实际上，它却是不可谓不小。随着国民党政治高压的加强和政治形势的日趋险恶，各民主党派有了多次碰壁的经验后，他们对于参政会的幻想逐渐消失。罗隆基说，"过去两年参政会可说无事不可谈，亦可说无事可真谈……议员谈者自谈，政府行者自行。参政会'参考而已'都谈不上"，"几百人每隔半年凑这样一次热闹，甚无谓也"。② 左舜生说："中国要有一个真正民意机

---

① 《论国民参政会》，《大公报》（汉口版）1938 年 4 月 16 日。
② 《全民抗战》第 143 号，1940 年 10 月 26 日，转引自张金锗、陈瑞云主编《中国现代政治史》，黑龙江人民出版社 1990 年版，第 542 页。

关的实现,为时尚早!"① 国民党对各党派建立民意机关的要求,所给予的在很大程度上只不过是会场中的坐而论道。

国民参政会的设立,对过去十年顽固坚持一党专政、不准其他党派和民众过问国事的国民党,毕竟还是一个不小的进步。尽管国民参政会同人们的设想相差甚远,由于国民党再三宣布要"团结全国力量""集思广益",同时所公布的人选中,包括了一部分抗日民主党派的领袖和无党派知名人士,因此许多被请到的民主人士,还是感到非常兴奋,并且努力把自己看作代表民意的一分子。他们把国民参政会称作"议会的雏形""民主的楼梯""走向民主政治的枢纽""民主的曙光""民主政治的开端""民主政治的摇篮"。在国民参政会第一次大会上,他们总结说:"这次十天大会相当充分地执行了议决权、询问权和建议权","开会时各参政员所提问句的踊跃以及各部会长逐条答复的诚恳,不禁使人感到中国政治的发展不能不算有了相当的进步"。②

对国民参政会的成立,社会舆论给予了不同程度的肯定。《大公报》也给予了充分肯定。《大公报》在《祝国民参政会开幕》中说:"祖国兴亡,在此一战,我们尽管信仰抗战必胜,但现在没有胜。国土沦陷这样广,同胞流离这样多,一切党派,一切职业者……任凭怎样公诚努力,还怕尽不了责任,哪里还容有党派的私心。最后胜利了,全体是一个兴国党,失败了,千秋历史上,将共同得到一个亡国党的罪名。……自抗战发动以来,大家早觉悟了,团结与合作,早不成问题,但是恐怕觉悟得还不能一致彻底。而为适应长期抗战之需要,全国一切智能之士,特别各党各派,还更要加强团结与合作。这毕竟是抗战建国成功之第一个前提条件。……团结与合作之意义,是说在共同的抗战建国目标之下,要一齐贡献其能力于国家,要一致拥护并强化国家之中心,各尽其能,以贯彻抗战建国之目的。"③ 可见《大公报》对于参政会的最大期望,是让它更进一步地把各党

① 邹韬奋:《经历》,生活·读书·新知三联书店1978年版,第364页。
② 《全民抗战》第4号,1938年7月16日,转引自张金镕、陈瑞云主编《中国现代政治史》,第541页。
③ 《祝国民参政会开幕》,《大公报》(重庆版)1938年7月6日。

派团结在一起，一致拥护并强化"国家中心"，成为拥护"国家中心"的更有效的手段。实际上是将这种肯定纳入其宣传"国家中心论"的轨道，为表现蒋介石的民主风度造势。就此看来，《大公报》和各党派所期望的国民参政会本质上不是一回事。

实现法治下的民主政治，不仅是社会各阶层的迫切愿望，也是抗战形势发展的迫切需要。1938年10月，日本帝国主义占领武汉后，对国民党采取以政治诱降为主，以军事打击为辅的方针。日本诱降导致了汪精卫叛逃事件的发生。这使得推进民主，更充分地动员人民力量团结抗战，变得更为迫切。在这种背景下，在1939年9月间召集的国民参政会第一届第四次大会上，实施民主便成为主要的议题。9月16日，大会通过了《请政府定期召集国民大会实行宪政决议案》。主要内容包括：甲，治本办法。一是请政府明令定期召集国民大会，制定宪法，实行宪政。二是由议长指定参政员若干人，组织参政会宪政期成会，协助政府促成宪政。乙，治标办法。一是请政府命令宣布，全国人民除汉奸外，在法律上其政治地位一律平等。二是为应战时需要，政府行政机构应加充实并改进，借以集中全国各方人才，从事抗战建国工作，争取最后胜利。①随后，蒋介石指定张君劢、周炳琳、杭立武、史良、陶孟和等25人组成国民参政会宪政期成会。以此《决议案》的通过与国民参政会宪政期成会的成立为标志，抗战以来第一次宪政运动很快在全国各地展开。中间党派对这次宪政运动表现出异常的热情，10月3日在重庆，沈钧儒、张澜、张申府等发起成立宪政座谈会，11月3日开第三次会议时，张季鸾也参与其中。

《大公报》发表了一系列关于宪政问题的社评参加宪政的讨论，主要讨论的内容如下。

第一，实行宪政的必要性。三民主义与五权宪法是联系在一起的，四项政权如果不能实施，则五项治权将失其精神依据，而民生主义之平均地

---

① 参见《国民大会第四次大会议事纪录·第六次会议》，《国民参政会第四次大会纪录》，国民参政会秘书处1939年11月编印，第32—33页。

权、节制资本，以及民族主义之对内平等、对外独立，都难以实现。所以，三民主义之中华民国，必须制定宪法，实行宪政。尤其在抗战期间，一切建国大业，"一方须有伟大之党国领袖主持大计"，一方更需要全国全民共同努力。而必须给人民以参政的机会，人民才能视国事如家事，"养成其纯正稳健之爱国动机"。

第二，宪政未能实行的原因。实行宪政之所以屡次失败，政府和民众要共同承担责任。"一般行政机关，治事之迂缓，直令宪政筹备，有名无实，自有应负之咎；但在国民方面，亦不能不负其责，大多数之国民，于选举之根本作用，尚少认识，仅视其为权利，而忘其为义务，故在未颁行选举以前，并不热心作共同之要求，而在颁行选举之后，又相率而为轨外之竞选，即此一端，已足证明宪政之延期，国民与政府分任其责。"① 但是政府还应当负主要责任，民众之认识虽然幼稚。"而奸雄之愚弄民众，其责任为尤巨。……宪政之实现与否，与其诿责于国民程度不及，毋宁责效于有位有权有职有力者为愈。此辈人物果能不负国民所托。而以天下为己任，则国民程度如何，毋烦多虑，如其不然，长夜漫漫纠纷正多，又不仅为宪政之障碍已也。"②

第三，实行宪政的途径。要实行宪政应该训练人民提高其政治意识，还要通过实行地方自治，给民众以参与政治的机会。这就像婴儿刚出生就能受乳，犹如孩提学语学步，由反复训练而习惯成自然。人民参政就应该经过训练和实际参与，形成一种习惯。党员、官吏、军人、学生是民众的表率，这些人，应该首先接受这些训练。如何提高人民的政治意识，其途径有二，即完成心理改造，提高能力修养。要完成心理改造，首先要从领袖做起，尊重法律信仰组织，纠正过去重人轻法的习惯。提高能力修养，须利用宣传，使一般国民明了宪政的用处，另外要厉行地方自治，使多数民众可以通过参与地方政治而养成政治能力。③

第四，宪政中的国民义务。要成为一个宪政国家的国民，尽国民的

① 《如何实行宪政？》，《大公报》（重庆版）1939 年 9 月 30 日。
② 《关于宪政实施问题》，《大公报》（重庆版）1939 年 12 月 14 日。
③ 《如何实行宪政？》，《大公报》（重庆版）1939 年 9 月 30 日。

义务是第一要义，民主政治是建设在每个国民为国尽责的基础上的。国民对国家尽了义务，则国家自然属于国民，因此，这次宣布定期实行宪政，不能认为是国民党给予的，必须竭力尽国民之责，才能得到真正的宪政。①

第五，增重政府职权与限制国民自由的关系。此问题应当一分为二地看，"当非常事变之际，国民唯有协力同心争取国家之大自由。能争取国家之大自由，乃能保全国民之小自由。……因此而限制集会结社言论出版之自由，诚有所不得已，然而要当以不得已者为限。民主国家未尝无此非常作用，然以此比之集权国家，程度悬殊。后者之国民以此积怨，至于暗杀执政，推翻政府，而前者之国民怡然受之不辞者，此无他，后者超过其保卫国家之所必需，而前者乃出于保卫国家之所必不得已；后者出于当道越权之所主张，而前者出于国民之情愿，故也。所谓国民情愿者，正以有宪法保证其自由于前，虽根据宪法以限制其自由于后，而民之不疑也"。

第六，宪政实施的时机。"政治之妙，贵得其人贵得其时……今全国一心，共起抗战，此真所谓非常时期也，又有非常人物以领导之，然则宪政之非常事业，不于此际行之，又将何待？今之热忱抗战者，犹多出于外患之刺激使然，如其乘此人心振奋，启发其内在之直觉，使之了然于做人立国之根本要道，由抗战而建国，由救亡而自强……是又千载一时之会，万不可失者也。吾人甚望政府一面厉行地方自治，建立宪政基础，一面善导宪政运动，优容各方意见，使人民对宪政有兴趣，对政府有信心。"②

实行宪政实在必要，现在也确实是实行的最佳时机，但是目前之所以没有实行，国民和政府都要负一定责任，但主要责任还在政府，当下如何促进宪政实施还得依靠政府。文中谈到了一个增重政府权力与限制国民自由的关系问题。二者看似矛盾，此涨必定彼消，现在正在抗战时期，政府的权力增加，同时人民的权利减少，对人民的限制也增加了，如果处理不

① 《六中全会闭幕》，《大公报》（重庆版）1939 年 11 月 21 日。
② 《关于宪政实施问题》，《大公报》（重庆版）1939 年 12 月 14 日。

好这一关系,会导致政府与人民间的矛盾加深,不利于抗战。那么如何处理好二者的关系,消弭二者的矛盾呢?答案是实行宪政,在各方权力都得到宪法保障的前提下,根据抗战实际需要,依法临时增加政府权力,人民也会从大局出发服从政府,同时由于自身权力得到法律保障也不会担心政府对人民不利。这是在谈实施宪政的必要性与紧迫性。同时,还认为现在是实施宪政的最佳时机,又有团结抗战的形势,又有英明的领袖,可谓万事俱备只欠东风,这个东风就是蒋介石与国民党政府,实行宪政必须在这位"领袖"领导下,"一面厉行地方自治,建立宪政基础,一面善导宪政运动,优容各方意见,使人民对宪政有兴趣,对政府有信心"。但是领袖、政府能不能真的去做又是另一回事。总的来看,又绕回了训政的圈子里,一切还是要在"国家中心"的轨道上进行。

经过中间党派及社会各界的努力,1940 年 3 月 20 日,宪政期成会召开第三次全体大会,经过十天讨论,拟成《国民参政会宪政期成会提出中华民国宪法草案(五五宪草)之修正草案》(即简称的"期成宪草")。"期成宪草"规定国民大会的职权六项,以及国民大会议政会的职权九项。由于国民大会议政会实际行使着许多国民大会限于会期短促而不便行使的职权,所以类似西方的上议院。

由于这一修正案的意义,是要用来钳制国民党的独裁专制,所以遭到国民党方面的强烈反对,引起蒋介石极大的震怒。蒋介石在国民参政会第五次大会对"国民议政会"问题尚未讨论出结论,其他问题尚未讨论时,匆匆命大会副秘书长王世杰宣布停止此项讨论和不付表决。随后,蒋介石本人又做长篇演说,力斥修正案的意见,说设立国民议政会的主张"为袭取欧西之议会政治,与总理遗教完全不合","对执政之束缚太甚,即为不能实行之制度。强行之,必遭破坏","今日国人如以国事倚于我,亦就不要束缚我才行"。经此表示后,"群知其无被采纳之希望矣"①。宪法草案修正案是国民参政会第五次大会的中心议案,也是宪政期成会工作 7 个月的

---

① 梁漱溟:《论当前宪政问题》,中国文化书院学术委员会编《梁漱溟全集》第 6 卷,山东人民出版社 1993 年版,第 55 页。

唯一成果，如此结束，是在实际上宣布国民党蒋介石不拟给人民任何真正的民主自由。与此同时，国民党顽固坚持抗战前选举的国大代表，国民大会只制宪不行宪，拒绝各抗日民主党派和其他人士的一切民主要求。历时一年的宪政运动，至此结束。面对被蒋介石国民党政府一手扼杀的宪政运动，《大公报》在 4 月 11 日的社评《论本届参政会的贡献》中，只是泛泛地列举了参政会的所谓三大贡献：一是实现精诚团结；二是支持抗战国策；三是确立民治楷模，泛泛地表扬了一番，而只字未提宪政的事。[①]《大公报》在开始时就是在"国家中心论"的拥蒋前提下讨论宪政，将其作为团结一切力量于蒋介石的周围、维护蒋介石统治的工具。可是，就是这样的宪政，蒋介石也不愿给予。就此，《大公报》对于宪政的宣传、讨论也只能虎头蛇尾草草收场了。

## 第三节　张季鸾与蒋介石：国士与领袖

"国家中心论"的思想就是要以蒋介石国民党政府为中心，要求全国政治统一、规模统一、思想统一。全国的一切政治势力必须服从中央领导，全国的思想言论必须拥护三民主义，尤其对共产党要求其放弃"赤化"割据的政策，归顺中央。总之，以蒋介石国民党政府为中心，凡是具有向心力的主张就宣传之提倡之，凡是具有离心力的主张活动就反对之批判之。在"国家中心论"下的言论自由与宪政，全都成为维护"国家中心"的工具。

### 一　西安事变期间张蒋关系的升华

《大公报》的"国家中心论"是其主持者"言论报国"的办报宗旨的产物。从形式上看，"国家中心论"无可指责。任何一个国家，一个国家

---

① 《论本届参政会的贡献》，《大公报》（重庆版）1940 年 4 月 11 日。

的任何时期，都必须有一个中心。但是，将"国家的中心"等同于蒋介石个人，将其作为国家的中心来拥护，这里就有一个蒋介石是不是、能不能做国家中心的问题了。西安事变后，"国家中心论"是在对蒋介石的拥护和吹捧中提出的。在《大公报》看来，蒋介石是中国空前绝后的领袖，似乎领导中国救国建国运动的重任"非蒋莫属"。而客观上，当时在日本不断加紧侵华步骤的形势下，国内只有团结，只有稳定，才能进行有效的抵抗。而蒋介石当时被人视为中国统一的象征，因此维护蒋介石，在更大意义上并不是维护他个人，而是维护国家利益。可见，蒋介石这一"国家中心"是时事造出来、舆论捧出来的"英雄"。虽然国民党在形式上执掌全国政权，然而在地方实力派和共产党的存在下，其统治力是有限的，就个人来说显然他还不具备成为一国中心的权威。《大公报》提出"国家中心论"的原因是多方面的，主笔张季鸾的个人作用也不能忽视，其中既有《大公报》主持者张季鸾与蒋介石的私人关系，也有张季鸾担心国家分裂、拥护团结抗战的爱国主义因素。

首先，就蒋介石与张季鸾的私人关系来说，西安事变期间，是二人感情的一次升华。西安事变发生，1936 年 12 月 13 日，张季鸾得知后，"在报馆里坐卧不安，来回踱步，不断催促驻外记者回报消息。这一天他连饭都未顾上吃。……他凡遇到大问题，一定费一番辛苦思索，然后才撰写文章的。这是他个性使然"①。这一情景可在徐铸成的回忆中得到印证："记得十二月十三日那天晚上，我为了发《国闻周报》的稿子，提早到编辑部，看张先生已坐在中间座位上，他如此早到编辑部，这是从来没有的，即使创刊之初也没有那么紧张，而且时而抓抓头皮，时而站起来不断来回走动……编辑同人陆续来到，季鸾先生就踱到他那小房去，下笔写当天的社评了，还不时出来，看有没有外国通讯社续到的新闻。这一天，他到深晚才叫工友到外面买一碗面充饥。"张对徐铸成说："张学良、杨虎城昨晚发动兵谏，要蒋先生答应与共产党联合一致抗日，我是准备庄严地说几句

---

① 陈纪滢：《我对季鸾先生及〈大公报〉的认识》，（台北）《传记文学》第 30 卷第 6 期。

话，千万勿破坏团结，遗人以口实，让敌人乘虚大举进攻，各个击破。"①
张的这番话，表明了他对事变的理智之见。更奇特的是，张当日赶写了一
篇社评，题目是"西安事变之善后"。事变刚发生，就提出了"善后"。这
表明张已对事变存有以和平方式妥善解决的基本构想。"解决时局、避免
分崩"，"国家必须统一、统一必须领袖"，"各方应迅速努力于恢复蒋委员
长之自由"。前文提到，事变发生后，为了能够与国民党中枢保持一致，
张季鸾还专程赶到南京了解情况。1936 年 12 月 15 日到南京后，他首先找
到陈布雷，密商救蒋介石之策。接着，张、陈一起赶往陈公馆，再与陈立
夫密商大计。经陈立夫、陈布雷授意，张回去即赶写了一篇社评，这就是
当时著名的《给西安军界的公开信》。他时时惦念蒋介石的生命安危。蒋
介石因在西安把腰摔伤，回南京后到溪口养伤，张季鸾又把一个自称年过
二百岁的"刘神仙"的膏药遣人送到溪口给蒋介石敷用。这件事当时的亲
历者孔昭恺先生是这样回忆的："1937 年，新年过后，一天，子宽先生
（上海馆经理）传话，说季鸾先生叫我去一趟溪口，送一包膏药，交给陈
布雷就行了。此时蒋介石正在溪口养伤，不言而喻，这包药是送给蒋
的。……后来得知，膏药来自一个自称已过 200 岁的'刘神仙'。张先生迷
信这位'神仙'，自然也迷信'神仙'的膏药，不然怎么会以之赠送给
蒋呢？"②

其次，担心国家分裂、拥护团结抗战的爱国主义的因素。在 1928 年 9
月至 1930 年年底，"蒋桂战争""蒋冯战争""蒋冯阎中原大战"中，《大公
报》就表现了明显的正统观念，即认为蒋介石是正统应加以拥护，认为
桂、冯、阎是叛逆，应加以讨伐。正是由于拥护正统，才使得张季鸾和
《大公报》同蒋介石之间的关系改善并且变得密切起来。中原大战结束后，
获得胜利的蒋介石南京政府在《大公报》心目中的地位得到巩固。"九·
一八"事变后，东北沦陷，国难严重，《大公报》提出，要稳定中枢，集
中民意，统一指挥，"对日须为整个的行动"，某个地区，某个派别，某个

---

① 徐铸成：《报人张季鸾先生传》，生活·读书·新知三联书店 1986 年版，第 124—125 页。
② 孔昭恺：《旧大公报坐科记》，中国文史出版社 1991 年版，第 72 页。

人不应有"单独行动"。"一·二八"事变后，《大公报》呼吁，维持国家之地位、民族之自由，必须倚赖统一的民族精神，尤其要"迅速确立军事中心"，在朝在野，同心协力。1932年3月10日的社评《宜速确立军事中心》认为沪战失败的真正原因是全国没能形成政治、军事、外交的中心，说："军事未能统筹全局，确立中心，当局者更迄未示人以事实证明其决心，使人对内感于权力之不集中，对外则显示散漫牵掣无彻底办法之弱点，此沪战失败之真因，抑又现在最大最亟之危机也！"① 到了西安事变发生后，汪松年曾回忆："事后，张季鸾向我解释他所以为蒋介石卖力的缘故时说：老蒋在这个时候是死不得的。他如果死了，中国就会完了；因为蒋死后，就会出现三个集团，一为白色的集团，由蒋系军人结合而成；一为黑色的集团，由日本扶植的汉奸组成；一为共产党领导的红色集团。这三个集团必然互争雄长，各不相下，日本人趁机大举南侵，中国不就完了吗？"② 可见，担心国家分裂、拥护团结抗战的爱国主义思想一直深深扎根在张季鸾心里。

"九·一八"事变后，日本帝国主义的铁蹄已踏上中国东北三省。中国再也不能一盘散沙了，没有政权中心，群龙无首，就要挨打。张季鸾认为，当时只有国民党执政的国民政府，才能承担起领导全国抗战的重任，只有拥护国民党为"政治中心"，国家的事业才可能达成。这既符合当时老百姓的心理，也符合中国当时的实际情况。事实上，在当时特定的历史环境中，中国国内任何党派组织（包括共产党）都不可能把握全国的局势，更谈不上有军事力量、物质力量来抵御外侮、保卫国家。张季鸾的这个主张就是"国家中心论"。西安事变及善后时期，《大公报》将蒋介石抬举到了无以复加的地步，为全面抗战爆发后高唱"国家中心"论作了牢固的铺垫。

---

① 《宜速确立军事中心》，《大公报》（上海版）1937年3月10日。
② 汪松年：《张季鸾为蒋介石卖力的原因》，《纵横》2005年第12期，第61页。

### 二 张季鸾的报恩思想、国士思想

出于团结抗战的需要，对蒋介石的拥护是必要的，而《大公报》对其的吹捧几乎达到迷信、盲目的程度。左一个"舵师"，右一个"领袖"，一口一声"蒋先生"，全国人民不光要拥护还要爱戴，而且要发自内心，从行动上表现出来。这里，张季鸾与蒋介石私人关系的因素不可忽视。蒋介石对张季鸾礼遇有加，照顾周到，张季鸾则以文章报之。这里总编辑张季鸾思想中的报恩思想、国士思想起了主要作用。张为报蒋的知遇之恩，同时也尽国士之责，所以不惜篇幅，对蒋介石大肆颂扬。"国家中心论"的宣传中渗透着张对这位"领袖"的深情厚谊。

张季鸾的报恩思想最早来自他的家庭。他出生于一个没落的官僚地主家庭。他的先世皆为武官。张季鸾的父亲名楚林，字翘轩，少年时弃武学文，在总兵刘厚基和知府蔡兆槐的栽培下终于考取了进士。不过，张翘轩官运不济，他以知县被分发到山东，20多年内居官只有六七年，曾两度被革职，1900年他病死在济南，死时家中一贫如洗。张翘轩为报答刘厚基、蔡兆槐的知遇之恩，曾在家中设了二人的牌位，令子孙后代祭祀，这种浓厚的封建主义报恩思想对幼年的张季鸾的影响是很深的。

历史人物留下的都是其言论与活动的文字记载，要研究张季鸾当然也要从这些文字记载入手。总体看，最能表现这报恩思想的就是张季鸾后来的那篇《归乡记》。张季鸾功成名就之后，回陕西祭祖，社会各界给予极大关注，张季鸾可谓衣锦还乡。祭祖归来后"为酬答各方同情，义应有所报告……谨撮述个人还乡所经历及感情。藉本报发表，权做报告海内亲友的一封书"。

在"我的家世·我的思想"部分先说了自己的"家庭观念"。"现在是什么时代！中国不保，哪里说到家庭？大家不得乐，一家怎样独乐？所以我的思想，是赞成维持中国的家族主义，但是要把它扩大起来。扩大对父母对子弟的感情，爱大家的父母与子弟。从答报亲恩，扩大而为报共同的民族祖先之恩，这种思想，是很需要的。同时，应该排除只知自私的错误的家族主义，不要只求自家繁荣，甚至于不惜损人利己。"

接下来回顾了自己的家世后说道："这二三十年中，兄嫂皆故，男女兄弟共八人，现在只余我与季妹。侄男三人，只大侄健在。家庭种种的不幸，常常使我感到对先世对父母的重大责任。我的人生观，很迂浅的。简言之，可称为报恩主义。就是报亲恩，报国恩，报一切恩！我以为以此立志，一切只有责任问题，无权利问题，心安理得，省多少烦恼。不过我并无理论，不是得诸注入的智识，是从孤儿的孺慕，感到亲恩应报，国恩更不可忘。全社会皆对我有恩，都应该报。现在中国民族的共同祖先，正需要我们报恩报国，免教万代子孙做奴隶！人们若常常这样想着，似乎易于避免坠落，这是我的思想。"①

关于他的国士思想，1941 年 4 月 28 日，在社评《论政治教育》中提到，学校训育的一切教条，都是所令，而政治榜样是所行。教育标准"要使现在的民族少年锻炼成为有建国卫国共同意志的国民，必须期待每个一人有刚健不屈的人格"。"政治教育应当是国士教育，就是要启发每一个学生都能立志为担当国家运命的战士。"关于此点，张以为中国本来有教导做人的良好标准，那是"儒行"篇孔子的定义。即"儒有一亩之宫，环堵之室，笔门圭窗，蓬户瓮牖，易衣而出，并日而食，上答之不敢以疑，上不答不敢以谄，其任有如此者"。"儒有今人与居，古人与稽，今世行之，后世以为楷，适弗逢世，上弗授，下弗推，谄民有比此党而危之者，身可危，而志不可夺也，虽危，起居竟信其志，犹将不忘百姓之病也，其忧思有如此者。"② 张季鸾就是以这儒家国士的做人准则来要求自己的。

张季鸾的报恩就是一位国士报君王的知遇之恩，因此《大公报》以蒋介石为对象的"国家中心论"，除了抗日爱国的初衷外，很大一部分是张的这种报恩思想、国士思想的反映。

抗战爆发到相持阶段到来初期，《大公报》先后经历了上海版的停刊，汉口版为其一年多的经营，以及重庆版的创刊。这一时期，《大公报》汉

---

① 《国闻周报》1935 年第 20 卷第 1 期。
② 《论政治教育》，《大公报》（重庆版）1941 年 4 月 28 日。

口版尤为风光。由于当时蒋介石由首都南京移驻武昌云桦林行营,武昌、汉口顿成全国抗战重心。由南京撤退赴四川的,由平津南下的,由香港、广州北上的,由四川出发赴前方的,来的去的,有几百万人聚集到武汉地区,刚刚发行不久的《大公报》是关心局势的军民人人欲看爱读的一份报纸。重庆版创刊后,更是在短时间内成为陪都发行量最大的报纸。这一切的辉煌都是与张季鸾分不开的。西安事变时,张季鸾与蒋介石患难与共,抗日战争全面爆发,二人一起携手并肩共赴国难,关系进一步升华。从1937年到1941年张季鸾逝世,张、蒋关系发展到顶峰。1937年7月,张季鸾应蒋介石之邀参加第一次庐山谈话会,共商"建国大计",由于卢沟桥事变爆发而提前返沪。之后,张季鸾成了蒋介石的私人谋士,从1938年起,连任第一、二届国民参政员。出于报蒋介石的"君恩",他在报纸上更是竭力宣扬拥护领袖蒋介石。作为蒋介石的忠心"国士",他和蒋介石配合默契,既为他出谋划策,又亲自参与政治活动。

首先,参与蒋介石的秘密议和活动。

参与陶德曼调停。1937年11月25日,德国大使陶德曼到了汉口,接到柏林希特勒政府之命对中日战事进行调解。随后,陶德曼飞回南京,会晤了在那里布置军事防务的蒋介石。据说,在蒋介石会晤陶时,应蒋介石之邀,张季鸾由汉口到南京商议此事,结果调解破产。这次调解反倒使和谈谣言一时大起,对中国战局起了很坏的作用。由于张季鸾参与了这次调解深知内幕,所以张季鸾在南京保卫战期间接连发表了《德国调解之声》《国家主权与国际信义》《最低调的和战论》等社评,对于打击投降派,驳斥和谣,坚持抗战立场,起到了积极作用。

去香港向敌人撒"迷眼的沙子"。据孔昭恺的回忆,张季鸾多次替蒋介石执行"特殊使命"。1938年1月,"王芸生到汉口没几天,张先生忽有香港之行。行前叫王代他主持编辑部工作,主要是写社评。编辑桌上都猜不出张先生为什么去香港,那时候香港《大公报》尚未发刊。我在过些时候,从王芸生口中得知个中内幕。他说,张先生赴港前夕对他说:'我这次到香港去,是受蒋先生之托,去向敌人撒一把迷眼的沙子。''迷眼的沙子'是什么?据王芸生说,张先生曾暗示于他,此举在于使日本帝国主义知道蒋介石仍有谋和之意,以松弛其进攻武汉的企图。就是这么一回事,不知起了什么作用。在重庆期间,张先生也几次飞到香港,表面上是照料港馆业务,实际还是给蒋介石做类似秘密活动。①张先生赴港前夕,还曾对王芸生说过:'我和蒋先生有交情,你写社评,只要不碰蒋先生,任何人都可以骂。'这是后来王芸生告诉我的。张、蒋关系更清楚了,《大公报》的言论有了这么一个揭不开的底"②。综观这一时期《大公报》的言论报道确实是有这一潜规则的,即使有不同意见要发表,也是以建议的语气。这在以上的论述中可以体会。

为蒋介石起草重要文稿。1938年7月7日,蒋介石发表了《抗战周年纪念日告全国军民》。这一文稿是张季鸾起草的。这篇文稿为蒋介石提出了"国家至上,民族至上,军事第一,胜利第一"四句口号。前两句是前提,后两句是目标。蒋介石当然欣赏,1939年3月在重庆张又为蒋介石起草《国民精神总动员纲领》,又用了这四句口号。陈布雷给添了"意志集中、力量集中"两句,脉络是一致的。两篇文稿,实际都是对国民党以外的党派而言的。

汉口版出刊不到一年,张和蒋的"交情"不断"升级":参与德国调

---

① 1938年5月,日本近卫内阁改组,与蒋介石、张群有旧的宇垣一成出任外相。宇垣本人更注重于对蒋政权诱降的策略,同时,徐州作战未达到既定的歼灭第五战区中国军队主力的目的,日本面临的困难更加严重。宇垣一上台,便声称:中国方面有根本变化时,可能考虑和平问题。宇垣委托《朝日新闻》主笔绪方竹虎物色和平使者,绪方选中朝日新闻社编辑局顾问神尾茂进行具体工作。而与之接触的,就是重庆蒋介石的代表张季鸾。8月9日至23日间,张季鸾与神尾茂在香港断断续续进行了若干次谈判。谈判之初,日方态度强硬,尤其是蒋介石下野等问题,日方不肯让步,这在一定程度上取决于军方的狂妄态度。可是恰好在此前后,日军在张鼓峰事件中被苏军击败,这使军方的态度趋于缓和,陆军本部参谋次长多田骏也表示:"尽量能收时局,即使以蒋为对手也无关系。"在此背景下,神尾茂和张季鸾达成如下协议:一是两国都有结束战争、恢复和平的决心;二是日本停止侵略,中国制止抗日活动。实现两国停战媾和的方法是在极其秘密的状态下与对方联络,派密使达成谅解,在日英会谈时由日本向英国表示停战之意,让英国调停,以此为契机,中日进行直接交涉。但是,9月29日,宇垣一成突然宣布辞去外相之职。主和的宇垣下台,对于各种和平路线几乎都产生了重大影响,唯有张季鸾—神尾路线未受冲击。于是,原来在香港从事和平工作的中方各等人物如马勃援、郑介民、柳云龙、原伯顺等纷纷聚集在张季鸾周围。他们还将李济深的参谋长杜石山介绍到张季鸾—神尾路线中,让其负责与蒋介石的联络。总体来看,张季鸾与日方的谈判并未产生实际效果(以上的史实引自卫金桂《张季鸾与抗战时期的中日和谈》,《民国春秋》1997年5月,第21—23页)。

② 孔昭恺:《旧大公报坐科记》,中国文史出版社1991年版,第82、83页。

解的外交;跑香港向敌人撒一把"迷眼的沙子";又给蒋介石起草文件。

其次,张季鸾与蒋介石,舆论与决策,配合默契。

据《大公报》"票友记者"陈纪滢回忆说:"张季鸾先生的文名,不但见重于国内,也见重于国际;尤其受到我最高当局蒋委员长的礼遇。季鸾先生无论在南京、汉口、重庆,常常被蒋委员长邀请到官邸去谈天。有时最高当局征询季鸾先生关于国是的意见,有建言,因此构成国家领袖与新闻界之重要沟通。中枢也常常把拟做的事,预先透露给他,他也常常在社评中有所暗示。所以那个时期,若干读者常从《大公报》社评中测知政府的动向。因之更增加了大公报社评的权威性。"① 这里陈纪滢讲了一个非常重要的内幕,就是,张季鸾与蒋介石之间的默契,同时也就是《大公报》与国民党政府之间的默契。从其在抗战初期对国家至上民族至上的宣传,到对托德曼调停的报道,都贯穿着这一默契。

关于这一点,阮毅成的回忆给予了佐证,在他的《我与张季鸾先生的一面之缘》中提到了张季鸾与当时军事委员会政治部部长陈诚的一次谈话。"(陈诚)辞修先生谈到宣传问题。他希望宣传能统一,并且要各报勿侈谈战略战术。他又说:'凡是敌人的宣传,我方应予以针对的说明。各报记载通讯,或撰写社论的要旨,不但要能安定后方的秩序;同时,也要注意到前方将士心理的镇定。在第一期作战的时候,报纸的宣传在启发人民抗敌情绪,结果成为不能胜,也不能败。胜即骄,败又即馁。所以委员长勉励国人,必能闻胜勿骄,始能闻败勿馁。现在第二期作战,宣传的功用,已不在启发而在指导。如何将已启发的抗敌情绪,导入正轨,乃今日新闻界的责任。'季鸾先生听了他的话之后,就即席提出了意见。他第一盼望政府宣传有准备,如徐州本不预备死守,即可不必说我兵力充足,防务巩固,决无可虞,决不放弃等语。又如山东之战,既然还不是决战,则对于台儿庄的胜利,就不必过分渲染。究竟何地应守,何地应战,政府应先有计划,并预向报界负责人说明。季鸾先生第二认为统一宣传固好,但

---

① 陈纪滢:《张季鸾先生百年诞辰纪念——一代论宗相关一些琐事简记》,(台北)《传记文学》1987年第15卷第4期,第21页。

是有作用地故意不统一，也有特效。千篇一律，反而失去了宣传的效果。他又说：'现在各报，皆以抗战的利益为利益，政府的政策为政策，在原则上早已统一。'他最后提出了两项要求，一是每周能与政府负责人，有机会商洽意见。二是政府所获得的敌方情报，能送给他一份，以便针对之而为宣传。关于第一项，辞修先生答应在每星期一下午三时，招待外国记者之后，与各报负责人见面。并通知外交部徐次长叔谟也出席，说明每一周的国际情势与外交情况。关于第二项，辞修先生答应将敌方播音记录，于整理之后，分送各报馆。"①

据朱民威的回忆，张季鸾曾经说："我们和蒋先生有直接的接触。前些时，托德曼（德国驻华大使）的调停，蒋先生就直接和我谈及细情以及不会有结果，所以我们就不会为谣言所动，也没有弄错一点外交新闻的报道。……蒋先生关于军事上的重要布置，如在津浦铁路沿线侧面台儿庄对日军的大决战之前，蒋先生就指出那一地区将有大战。所以我们报馆赶紧把几位已在徐州的战地记者，指派去随战地的司令官行动，才有后来好多篇台儿庄大捷的详细报道。……我们因为有英、美、法等国通讯社的电报新闻，以及驻欧洲的专人，所以国际上的大事或将发生的大事，每次我和蒋先生见面时，也是谈及的题材。蒋先生每次在谈到这些欧洲德意与英法之间的大事时，必问及我对欧局及世界趋势的看法与判断。"②

再次，蒋介石对张照顾有加，张对蒋介石情真意切。

朱民威曾经回忆了《大公报》在武汉时张季鸾与蒋介石的交往，以及《大公报》从汉口向重庆撤退时蒋介石给予的照顾。在武汉时，"两老就随时在武昌先总统行邸会见。而季鸾先生在武汉保卫战中，配合先总统的指挥，坚持到民国二十七年十月中旬，距武汉于十月二十六日陷落，已不到两周了"。朱开始向张季鸾建议："报馆这么多人在这里办报，也该有点撤退的安排吧！先生本人身体又弱，如坐船到重庆耗时太久，体力可能不

---

① 阮毅成：《我与张季鸾先生的一面之缘》，（台北）《传记文学》1987年第15卷第4期，第23页。
② 朱民威：《张季鸾先生与先总统蒋公的关系》，（台北）《传记文学》1987年第15卷第4期，第24页。

支。不知先生可愿由我报告航委会钱主任（大钧）安排先生等几位重要的人，搭乘空军的飞机去重庆如何？"张季鸾听后，对朱表示谢意后说道："我们因为此身和报纸都在战事中心，不能轻言移动；而况统帅蒋先生也还在此指挥，必须配合蒋先生才行。不过，你可以放心，蒋先生已直接为我们报馆留在这里出报到最后一天的同事，安排飞机座位，让他们日后可以安全撤退。我自己虽也要延迟到出报的最后一日才走，但蒋先生有他的主张，他要我早几天到重庆写社论安抚四川等省大后方人心，恐怕我要稍微早几天就飞重庆了。"后来，张季鸾以及重要的采编人员，安全地由"先总统"为之安排空运，退到重庆。蒋介石在百忙之中，还照顾张季鸾的战时交通，可见蒋介石待张季鸾真是不薄了。①

张季鸾的好友康心之回忆说："他（张季鸾）平时向我谈话的时候，对蒋介石是有好感的，是在不知不觉间流露出来的，他提到蒋介石，没有喊过蒋委员长，更没有喊过老蒋，总是一口一个蒋先生。"② 蒋介石对张季鸾处处礼遇有加。1937 年 3 月，张季鸾在上海做五十大寿，蒋介石致电为之寿曰："先生文字报国，誉满天下，届兹五十初度，希望益完伟业，指导国论，完成复兴。敬祝幸福无量。"

1941 年 9 月，张季鸾不幸因病去世。张季鸾逝世后，唁电唁函纷纷而至。发唁电的除了包括国民党方面蒋介石、宋子文、阎锡山、冯玉祥、张治中、傅作义，还有共产党方面毛泽东、陈绍禹、秦邦宪、吴玉章、林祖涵，以及黄炎培、胡适、郭沫若、成舍我、王造时、张奚若，中国新闻学会、中国青年写作协会和一些报社。1941 年 9 月初，张季鸾病危时，蒋介石曾亲自到重庆歌乐山中央医院探视，9 月 26 日，又亲至嘉陵宾馆祭悼。1942 年 9 月公葬张季鸾，蒋介石虽然公务繁忙，仍抽时间，几次参与活动。9 月 25 日《大公报》渝版刊登了一则"西安通信"，题目是"季鸾先生安葬之时领袖在陕西两度临祭"，对此作了详细报道。次

---

① 朱民威：《张季鸾先生与先总统蒋公的关系》，（台北）《传记文学》1987 年第 15 卷第 4 期，第 24 页。

② 曹世瑛：《胡政之与大公报》，《文史资料选辑》总第 97 辑，文史资料出版社 1985 年版，第 120 页。

年 9 月，在陕西西安举行了隆重的公祭公葬仪式。

总之，张季鸾与蒋介石，一个普通报人与一个国家领导人，就私人关系论，二人肝胆相照，亲密无间。最高统治者地位越高权力越大亲近的人越少，因而往往都是孤独寂寞的。蒋介石能拥有这样一位新闻界的"知己"确实难得。

### 三 "拥蒋"与"爱国"——"国家中心论"的两点论

"国家中心论"毕竟是《大公报》主持者思想的产物。主观上，出于正统观念，以及张蒋之间的私人关系，使得"国家中心论"具有拥蒋的因素。同时，《大公报》主持者，又是爱国的知识分子，在日本侵略日益严重的情况，出于团结全国抗战需要而拥护蒋介石。由于蒋介石是当时全国统一的象征，所以拥蒋更大意义上是维护国家利益，这使得"国家中心论"具有爱国的因素。应当说，《大公报》在宣传"国家中心论"的时候，这两个因素是同时存在的。以何为主，决定了评价"国家中心论"的褒贬。这里，要从主观动机和客观效果的角度来看待这一问题，当蒋介石能够代表国家利益的时候，主张"国家中心论"就是维护国家利益，而当蒋介石不能代表甚至破坏国家利益的时候，还维护这个"国家中心"，那么其作用也就和其一起是破坏国家利益的了。

抗战初期，蒋介石集全国党、政、军大权于一身，领袖权威空前提高。全面抗战爆发后，整个中国进入了非常时期。为适应战时需要，必须迅速建立战时政治体制，调整军事指挥机构。1937 年 8 月 11 日，中国国民党中央政治委员会第五十一次会议，决定设立国防最高会议。依据规定，国防最高会议为全国国防最高决策机构，设主席、副主席各一人，以军事委员会委员长为主席，中央政治委员会主席为副主席。参加国防最高会议的成员还有中央执行委员会、中央监察委员会、立法院、行政院、军事委员会、全国经济委员会等部门的领导人和各部部长等。它的主要职权为：决定国防方针，决定国防预算，实行国家总动员。其最大特色是："作战时期，关于党政军一切事项，国防最高会议主席得不依平时程序，以命令为便宜之措施。"① 蒋介石作为军事委员会委员长，获得了指挥全国党、政、军，并便宜行事之最大权力。

后来，为了确立军事委员会战时最高统帅部的地位，指挥全国党、政、军事务，国民党对其进行了改组。军事委员会除办公厅外，下设六个部，分掌军令、军政、经济、政略、宣传和组训事宜。另设后方勤务部、管理部、卫生部，执掌军事勤务工作。设立农业调查委员会、工矿调整委员会、贸易调整委员会等三个委员会及军法执行总监部。1938年3月召开的中国国民党临时全国代表大会，决定设置总裁制度，以强化党的组织，并在"制度上明确规定总裁为全党之领袖"。蒋介石在大会上被选举担任中国国民党总裁，以汪精卫副之。蒋介石以军事委员会委员长和国民党总裁的名义，实际掌握了全国党政军大权。

这一时期，国民政府也采取了一系列有积极意义的举措，得到了包括共产党在内的全国各界的肯定。"蒋介石先生七月十七日在庐山关于抗日的讲话，和他在国防上的许多举措，是值得赞许的。"② 1938年4月，国家社会党代表张君劢与中国青年党代表左舜生先后代表各自党致书蒋介石、汪精卫，左舜生书中说："同人等睹目前之艰巨，念来日之大难，仅有与国民党共患难之一念，此外都非所计及。仅知国家不能不团结以求共保，此外亦无所企图。"对于张、左的表示，蒋介石亲自复信，对两党"至切钦佩"，"弥深感慰"。③

《大公报》发表了题为"团结的增进"的社评，文章在对张君劢左舜生作了一番赞扬后，直奔主题，谈道："党派的感情或利害，在这危急存亡的时期，其问题太渺小了。中国人自抗战开始以来，无不认识这最严重的一点，所以党派之暗争，殆随抗战之发动而匿迹。……今天必须绝对一致者，是共同拥护政府，拥护领袖，拥护抗战到底的总目标、总行

---

① 张宪文、方庆秋主编：《蒋介石全传》（上），河南人民出版社1996年版，第462页。
② 《为动员一切力量争取抗战胜利而斗争》（1937年8月25日），《毛泽东选集》第2卷，人民出版社1991年版，第352页。
③ 《团结的增进》，《大公报》（汉口版）1938年4月27日。

动，及共同信仰三民主义的总原则。"① 以李济深、陈铭枢、蔡廷锴、蒋
光鼐、陈友仁、徐谦为首的中华民族革命同盟于 1937 年 10 月底宣告解
散。11 月 2 日，《大公报》发表《中华民族革命同盟宣告解散感言》进
一步阐述了拥蒋的要求。"希望一切在过去自有政治组织的爱国人士……
要扶助并信任政府，要完全服从最高统帅部指导。……我们呼吁取消意
志歧异的小组织，但同时必须主张积极的实现意志共同的大组织。……
政府要负责使全国有热烈民族意识有卫国决心的政治上文化上一切人，
都能实际做拥护政府抗战的工作。归根一句话：要团结，要互信，要澈
上澈下，无党无派，都至诚相见，以共同拥护领袖，贯彻这艰难困苦的
自卫战争！"② 1939 年 1 月 25 日，在社评《论党》中，《大公报》"告诫
党员，必须表率人民，恪守国法。……神圣党章，服从总裁之最后决
定"。"国民党之大法为党章，自去年临全代会修改党章后，党的最高决
定权寄于总裁，其党权同于孙先总理。所谓最后决定权者，凡关大计皆
应尽量讨论，讨论结果取决总裁，而一经总裁决定之后，凡党员应牺牲
己见而服从之。"③

在这一背景下，《大公报》以拥蒋介石为核心的"国家中心论"又进
一步得到发展，并达到了高潮，从鼓吹"一个党、一个主义"到主张
"国家至上，民族至上，军事第一，胜利第一"，直到最后把蒋介石与国
家、民族画等号。由于抗日救亡的特定历史环境，并非个人的才能、品
格、贡献所造就的领袖权威，使得蒋介石进入抗日后的实际权力远远超
过了职权所赋予的范围。而有着非党派色彩的《大公报》的一系列拥护
领袖的宣传，无疑对进一步确认蒋介石作为"国家中心"的合法性，提
高蒋介石的领袖权威和政治影响力起到了相当大的作用。对此，张季鸾
的解释是："我的中心思想，是要抗战救国，必须有一个国家中心。蒋先
生有很多地方也不尽如人意，但强敌当前，而且已侵入内地了，没有时
间允许我们再另外建立一个中心，而没有中心，打仗是要失败的。所以，

---

① 《团结的增进》，《大公报》（汉口版）1938 年 4 月 27 日。
② 《中华民族革命同盟宣告解散感言》，《大公报》（汉口版）1937 年 11 月 12 日。
③ 《论党》，《大公报》（重庆版）1939 年 1 月 25 日。

我近年来千方百计，委曲求全，总要全力维护这个中心。"①

抗战初期，国难日益深重，形势日益吃紧，在这中华民族生死存亡的危急关头，全国必须紧密团结，统一命令，统一组织，统一行动，才能组织起有效的抗日战争。所以，《大公报》在鼓吹蒋介石的时候，始终将其与国家、民族画等号，并且"拥护领袖""拥护政府"的号召大都是与"团结抗战""一致对敌"联系在一起的。其始终将拥护领袖与拥护抗战紧密联系在一起，这在当时也是有一定合理性的。在国民党各派系中，蒋介石是正统，这是《大公报》在新军阀混战中形成的观点，至今更加明确。拥护以蒋介石为领袖的国民政府，对于集中全国力量，一致对付日本侵略是起到一定作用的。抗战爆发到相持阶段初期，正面战场是主战场，蒋介石领导的国民党军队是抗战的主力。尽管正面战场节节败退，蒋介石也在抗日的问题上有过犹疑妥协的倾向，但总的来说，蒋介石在这一阶段还是坚持抗战的。在国共两党关系方面，民族存亡的危险迫在眉睫，两党团结御侮，总的关系还是比较好的。当时，握有中央政权和全国主要武装力量的蒋介石，是国民党内各派系和各地方势力拥戴的"共主"。从民族利益出发，《大公报》在舆论上拥蒋抗日，在一定程度上有利于全民族团结一致，共同对外，这里"国家中心论"的爱国意义是主要的。

在抗战相持阶段到来后，团结的途径问题、统一战线中各党派的地位问题提了出来。国家需要在民主的基础上团结，还是在国民党一党专政的基础上团结，是这一问题的症结所在。团结抗战需要全社会的广泛参与，而承认其地位，给予其参政机会，是实现的手段。这时，国民党蒋介石集团，顽固坚持一党专政的独裁统治。蒋介石集团在各党派的利益发生矛盾时，蒋介石没有站在更高的民族国家的立场上，容纳其他党派，而是与其发生政治斗争，甚至发动武装进攻。一方面，蒋介石破坏民主，将第一次宪政运动扼杀；另一方面，制造摩擦，破坏国内的团结。这时的《大公报》仍然坚持"国家中心论"，在其指导下，将第一次宪政运动纳入"国家中心论"的轨道，在皖南事变中维护国民党的权威，宣扬"军令统一、

---

① 徐铸成：《报人张季鸾先生传》，生活·读书·新知三联书店1986年版，第175—176页。

军队统一"。更在晋南战事中以讹传讹，对共产党进行批评。要求全国只能有"一个党、一个派"，一切党派，行动意志必须完全齐一，这在一定程度上也抹杀了各党派、团体存在之合法性。这里的"国家中心论"虽然主观上是为了团结一致，共同对日抗战，但客观上成为蒋介石维护独裁统治，镇压抗日民主力量的工具，是破坏团结、损害国家利益的。

综合以上的论述，蒋介石国民党统治集团在抗战初期，坚持抗战，开放政权。蒋介石代表国家利益时，如果拥护蒋介石当然也就是拥护了国家的利益。但是在相持阶段到来后，蒋介石统治集团顽固坚持一党专政独裁统治，发动摩擦，破坏团结，这个"中心"实际上有损于国家利益，《大公报》依然维护这个中心，虽然主观动机上出于团结抗战的考虑而维护"国家中心"，但在客观效果上由于其与蒋介石绑在一起，其作用也只能是跟着蒋介石一起破坏团结，损害国家利益。这里要从主观动机和客观效果两方面，并且根据具体情况作具体分析。

## 第四节　"国家中心"旗帜下的文学副刊

在"国家中心论"的旗帜下，在为抗战服务、为国服务的宗旨下，《大公报》文学副刊中抗日救亡的时代主题占据主导地位。在这一前提下，其中的纯文学色彩有所减弱。但应当指出的是，在这一空间中汇聚了沦陷区、延安、西南大后方各方面的作品。抗战时期的《大公报》继续出版《文艺》副刊，同时增加了一个重要的文学副刊《战线》。它们所登载的文学作品涵盖了抗日文学的方方面面，与《大公报》的社评和新闻一道，组成了广泛的抗日阵线。

《大公报》沪版被迫停刊之后，《文艺》也随之停刊，总经理胡政之缩减人员，萧乾随即被《大公报》"遣散"，从香港经广州到武汉，而后和杨振声、沈从文会合，辗转长沙到达昆明。此时，《大公报》武汉版创刊，《大公报》社长胡正之重邀萧乾在昆明遥编汉版《文艺》。1938 年 8 月，《大公报》香港版创刊，萧乾正式回到报馆重编《文艺》，直到 1939 年 8 月

31 日，萧乾去剑桥留学，《文艺》由杨刚接编。1941 年，日军发动太平洋战争，香港沦陷，杨刚继续编辑桂林版、重庆版的文艺。《战线》是《大公报》在武汉和重庆时期一个重要的文学副刊，1937 年的"九·一八"纪念日创刊于武汉，1943 年 10 月 31 日在重庆发表"停刊声明"，共出 996 期，历时 6 年零 1 个月。《战线》自始至终由陈纪滢主编，两位青年作家——小说家谢布德和诗人庄涌是他的助手。陈纪滢早年曾在哈尔滨与罗荪一起创办"蓓蕾文艺社"，主编《国际协报》的《蓓蕾周刊》。他和很多作家都有来往，办刊也很有影响。

## 一 《文艺》与京派作家再聚首、《战线》创刊

抗战前《文艺》有一支较为稳定的作者群，特别是以沈从文为主的京派作家，其中包括一大批青年作者，随着平津沪的沦陷他们被冲散了。1937 年 8 月，教育部命令国立北京大学、国立清华大学和私立南开大学南迁。1938 年 4 月，在昆明成立国立西南联合大学，朱光潜、杨振声、沈从文、林徽因、孙毓棠等人随之到达昆明。其他作者何其芳、曹葆华、卞之琳、严文井、吴伯箫、杨朔等人辗转到达延安，田涛、碧野、黄源、芮中占等则转战于各个战区，周作人、常风等留在了北平，杨刚、芦焚、李健吾、宗钰坚持在已成孤岛的上海，另外还有曹禺、靳以、老舍等到了重庆……

《文艺》辗转于香港、桂林、重庆等大后方，也都和当地的作家取得密切联系，并且根据抗战需要，重新设计和调整了《文艺》的栏目，使更多的作家加入《文艺》的抗日文学阵营中，而且不断地、热诚地呼唤老作家以青春的热情来耕耘这块文学园地。

《大公报》香港版《文艺》复刊后，为了和已经流散到敌后游击区、延安和上海孤岛的作家联系上，萧乾在港版《文艺》复刊两天之后刊出了一封寻找他们的公开信：

李蕤、田涛、威深、炎午、祖春、文井、振亚、以圭、伯箫、力

夫、黄照、凤莩诸兄，和一年来所有失掉联系的朋友们：我不敢确定这封信能否被你们看到，然而在我没有探听到你们行踪以前，我只有破题写这样一封公开信。

……你们用着怎样的勇气，出入于敌人的炮火之下，把枪杆和笔杆很神圣地合并在一起，干着神圣工作。当熟人提起你们哪位当游击队长，或在敌人后方政治工作干得如何成功时，我除了惭愧，就只有兴奋了。

……三年来你们所爱护的那个刊物——《文艺》已于"八一三"周年日在港版《大公报》上复刊了，想必是你所乐闻的吧。这次复刊，准备近于无，但我们相信这刊物在各方有着许多忠实的友人，像你们这些友人绝不会让它空虚下去的。为了这点信心，我才敢空手来负起这份编辑责任。我请求你们不但自己要写，并且约请你们的朋友们写……①

最早的响应来自遥远西北的严文井。严文井从延安来信介绍刚刚成立半年的鲁迅艺术学院："延安鲁迅艺术学院共有学生一百五十人，文学系人数最多共五十余人。那里的生活相当的清苦，吃的是小米饭，住的是窑洞、土炕……因为汇兑的困难，他们和外间金融的往来多以邮票代替。该处的学生，初到时多感有多少营养不足，因为他们精神上都相当愉快，消化能力加强，不久也就可以习惯了。"② 正是这封信，联结了《大公报》与延安的作家，随后何其芳、卞之琳、曹葆华、荒煤、沙汀转来大量延安作家——尤其是鲁艺学院的作品，转战西北抗日战场的刘白羽、吴伯箫、丁玲、蔺凤莩、杨朔等人也时常来信来稿，姚雪垠、李蕤、臧克家、碧野、田涛寄来了战地短章……沈从文也从西南联大寄来了很多青年学生的作品，困在上海孤岛的杨刚、芦焚、李健吾、王统照、绿斐等和四川的曹禺、老舍、冰心等人也寄来稿件。《文艺》拥有了极为庞大的作家群，半

---

① 萧乾：《寻朋友——并为〈文艺〉索文》，《大公报·战线》（汉口版）1938年8月15日。
② 《作家行踪》，《大公报·文艺》（香港版）1938年10月12日。

年之后，它的作者遍布全国，包括：西南大后方，以延安为主的抗日根据地及各战区，还有孤岛上海和香港等地。

1938 年 12 月 31 日，萧乾专文总结了半年来副刊的发展：

> 即使一个神通多么广大的编者，在今日交通脉管时断时续的情形下，全凭自己也一筹莫展的。感谢近处的几位师友，如张凤、谭英、许地山、马耳……诸先生，许多位即使是新认识的，也一样怀了极大的热情，视同己出地帮刊物忙。自然，远处的朋友们我们也一样纪念着，并且无时不在关怀中，像游击在东战场的黄源、蒋炎午两先生，在山西工作的任马天、田涛、李辉英，河南的李蕤、姚雪垠，新近加入冀晋游击战的刘祖春、严文井、李威深、卞之琳、何其芳、吴伯箫诸先生，以及粤战场的于逢，此外，在陕北抗大，在沪，在蓉、渝，在黔滇桂的师友，如沈从文、巴金、杨刚、靳以、王统照、林徽因、李健吾、宗钰、芦焚、艾芜、孙毓堂诸先生，这些位都是多年来本刊的支柱、灵魂。没有比生活在战争中的人们更懂得"友情"是怎样珍贵的了。这些朋友，即使困在人（指日本人）的包围中，生命触着了黑的边缘时，也还不忘寄封信来说"如果侥幸脱开不死，刊物又有文章了"。有比这更感人的吗？在"友情"外，物质上找不到更确切的解释。还有各方的读者，是他们善意的监督和培植，半年来使刊物和它的伙计有所仰赖。①

《大公报》汉口版创刊之时，因为战事的原因，篇幅较之津版、沪版大为减少，仅出一张半，新闻日渐增多，广告又不能过减，因而版面十分紧张。不少从华北和华东迁到武汉复刊的报纸，一般都压缩副刊，而《大公报》依然保持了副刊的版面。只是由于篇幅所限，原来津版上的专门性副刊基本上全部停刊，仅出版了一个文艺副刊，就是《战线》。在谈到《战线》创刊时的情形时，陈纪滢回忆说："当本报在汉口发行时，当时的

---

① 《大公报·文艺》（香港版）1938 年 10 月 12 日。

武汉报纸已受战事的影响，把篇幅由三大张缩为一大张，素被人轻视的报屁股自然在淘汰之列，固然这是一种变态，是不得已的情况……本报发刊以前，我就向馆方建议，应该有一种文艺副刊，而且为了希望多刊载一些具有战斗性的文章和吸引大部分青年作家起见，特把本刊取名《战线》。"①

陈纪滢认为，报纸的新闻版是读者关心的所在，副刊则是读者灵魂寄托的所在。因此，他说，文艺副刊上的稿件虽然不是新闻，实具有新闻性，同时它是文艺作品，又具有永久性。他进而主张，报纸副刊要具有"时代意义"，并解释说，所谓时代意义，就是写实，就是反对开倒车和做出世的想象，就是作者用文艺的笔写他所处的时代和社会。所以陈纪滢编辑副刊最大的特色，就是注意时代性，强调文艺和时代的结合，报纸的文艺副刊应该"领导新闻的文化运动"。《战线》就是他这种理论的体现。他对《战线》的作者们说，在这中华民族的文化命脉遭受敌人摧残之时，我们的文艺工作者要破除"为文艺而文艺"这种不正确的观念，要走出亭子间，以笔为武器，写出各种富有时代感的战斗性的文艺作品，鼓励军民反抗侵略的勇气和争取胜利的信心。

《战线》的时代意义还体现在作品语言的通俗化上。陈纪滢特别强调"文艺的通俗化"，强调"用通俗的文艺作品教育工农士兵"。1943 年，陈纪滢在谈到如何体现副刊的时代意义时说："文艺作品特别需要深入浅出。我们过去的洋化文艺作品，已经过时了，新文言体的小说也不时兴了。今后必须趋向口语化，写大众'喜闻乐见'而且容易懂得的文字，才能适应和领导新闻的文化运动，尤其是报纸副刊上的文字，必须这样才能夺取非文艺爱好者的读者。"② 《战线》上发表的作品形式多种多样，报告文学、短篇小说、散文、诗歌、特写、木刻、戏剧等，无论哪一种形式，都做到了语言的通俗化。为了使作者明白抗战文艺通俗化的重要性，陈纪滢还多次出版《战线》的"通俗文艺特辑"，以作示范。

《战线》的作者很多，尤其注意向前方将士和后方支前救亡人员约稿。

① 陈纪滢：《迎春——并答读者、作者》，《大公报》（重庆版）1940 年 1 月 3 日。
② 王文彬：《中国报纸的副刊》，中国文史出版社 1988 年版，第 37—38 页。

《战线》创刊之时，陈纪滢就在报上宣布："我们希望士兵、官佐能够爬在沟壕里完成作品。同时希望参加救护、运输、慰劳的人们，把每天的亲身经历的事情，也片段的写出来。"文化程度不高，不善于描写，也不要紧，"只要把实施朴实的写给我们"也行。"希望在后方的非战斗员而实际已肩起救亡任务的人们，每天把所接触的可歌可泣的事情，能用各种不同的体裁写来。""我们不但希望老作家们在这个时期特别努力，更希望无名作家不要忽视自己的责任。"这样，在《战线》周围，团结了一大批爱国的文艺工作者，陈纪滢在以后的回忆时说，重庆的时期，《战线》的作者主要有三个方面的：大学的教师和学生；战区作家和文艺青年；重庆的作家。可以看出虽然《战线》的作者群体没有延安的作家，但仍然是十分广泛的。

1939 年 1 月，陈纪滢邀请《战线》和香港《文艺》版的部分读者和爱护这两个副刊的文艺界朋友聚会，与会者踊跃发言，对"目前文艺工作者努力的方向"这个议题谈了各自的看法，对如何办好《战线》《文艺》提出了一些宝贵的意见。会上，朗诵诗最努力的作者高兰还亲自朗诵了自己的作品。《大公报》对这次座谈会很重视，不仅陈纪滢、子冈、徐盈等人参加，而且王芸生还亲自到会。

为了对抗战以来的文艺工作进行理论总结，《战线》还于 1939 年年底专门邀请几位名作家写了几篇"概括性的检讨文章"，在《战线》陆续发表出来，以期对抗战文艺的健康发展起些指导作用。这些文章有《再论现阶段通俗文艺的缺陷及其克服》（向冰冰）、《抗战第二期的诗过程》（王冰洋）、《论现阶段的木刻与漫画》（陈烟桥）、《抗战戏剧发展的检讨》（马彦祥）、《检讨过去一年间的抗战电影》（潘子农）等。

陈纪滢认为，报纸的文艺副刊应担负起领导时代文化运动的责任，他要求《战线》的作者必须是一名走在时代前列的战士。他说："我们这一群，素来以文艺工作自任的一群，今天仍是有祖国的孩子，仍是一名不屈不挠的战士，我们没有吉波塞人流亡的悲哀，我们只有斯巴达人的卫国精神，我们要拿起这支铁笔，戳破敌人想征服我们的痴梦，发挥更大的威力，帮助抗战，抛掉一切失败主义的情绪，唤起民众，鼓励士气，争取抗战最后胜利！"① 这体现出了鲜明的时代主题。《战线》的稿源非常丰富，在抗战期间很有影响。

## 二 众声汇聚的文学空间

《文艺》由于有过去的作者和群众基础，所以其最早的作者来自当年活跃在《文艺》上的京派作家群。这时的京派作家已经分散到全国各地，有留在孤岛的，有奔赴延安的，有撤退到大西南的。当他们再次在《文艺》上聚集的时候，带来了各方的声音，同时他们还发动各地的作者纷纷来稿，使得《大公报》文学副刊汇聚了来自全国各地的声音。

### 1. 来自孤岛上海的声音

1937 年 11 月 20 日，国民党政府迁都重庆。上海周边城市南京、杭州、徐州等地相继失守，上海郊县也多为日军占据，只有美、英、法等国管制的租界区处于日军控制之外，上海如一座孤岛悬浮在日军的包围之中。这段时期始于 1937 年 11 月 12 日，止于 1941 年 12 月 9 日。《文艺》的汉口版和香港版刊登了许多来自上海的文章，如汉口版刊登了巴金的《给山川均先生》和靳以的《上海书简》，表达了对日本侵略的谴责，记述了上海战乱之中的情形。汉口版停刊，《文艺》于 1938 年 8 月 13 日在香港续出。港版继续刊出了杨刚、芦焚、王统照、李健吾、宗钰等人的作品，扩大了"孤岛"文学在大后方的影响及各方文学的交流。

杨刚是抗战前《文艺》的作者，经常参加《文艺》的聚会。抗战初期杨刚留在了上海，也有重要的作品发表在《文艺》上，如长诗《我站在地球中央》。诗中写道：

> 生命，啊，生命！
> 正义的生命掌握在强横的手里，
> 叫我那里去闻到生命的气息？

---

① 陈纪滢：《寄本刊读者与作者》，《大公报》（重庆版）1938 年 12 月 1 日。

我的孩子，我的生命的追觅者，

正义现在是一个无助的老人，

没有守卫正义的勇士！

我的门，我的墙，只看贪虐，强横，残暴，自私，

是他们给我打筑起来了，

是他们把我囚在里面。

……

我站在地球中央！

右手抚抱喜马拉雅，左手揽住了长白、兴安岭；

四万万八千万缕活跳的血脉环绕我全身。

我可以杀生取义，守死成仁，

你笑我嘻嘻哈哈，

一盘散沙，

我有我中华心肝，

千年煮不熟，

万年锤不烂！

这首诗在《文艺》连载之后，很快就由巴金主持的文化生活出版社出版（1940 年 7 月出版）。杨刚在书前写了序言，她告诉读者：这本册子的散行不是诗，不是哲学，也不是散文，只是"一只挂着红绸子对着太阳高唱的号筒"吹出的"宇宙的心音"，"别人以生命的动作，原野村庄的演出铺陈他们的锦艳，我则只要吹号，吹出生命遍在的秘密"。所以它没有音节词语的精雕细琢，而是一种豪迈坚韧的生命显现，全诗洋溢着浪漫主义的绮丽想象，又充满了象征、讽刺。

芦焚在抗战时期的《文艺》上发表短篇小说、散文 12 篇，包括《夜哨》《胡子》《方其乐》《归途》《颜料盒》《上海的难民》等，以及未完成的反映北平"一·二八"时期青年人思想和爱情的长篇小说《争斗》。以上作品主要为乡村题材，也写农民倔强的生存力量，但是他抒写中的诗意带上了灰色的调子，正如黄绳在《文艺》上发表的对芦焚小说的评论《评

看人集》中所说："在芦焚先生的人生哲学中，似乎少了一个最可宝贵的名词：'憧憬'。"实际上，芦焚作品风格变化的一个重要原因是"孤岛"抑郁、低沉而又压抑的外在环境在作家身上投下了浓重的阴影。他们的反抗和憎恨只能曲折地表现出来。

抗战前非常活跃的京派批评家李健吾惯常以京派批评观评判作品、发掘新人，这一时期的文艺批评全部落脚在左翼作家，他在《文艺》上连续发表了长篇评论《萧军论》《叶紫论》和《夏衍论》，从这些文章的评论对象可以看出京派作家群中的"首席"批评家李健吾在这个国破家亡的非常时期对"左"翼作家表现出了异乎寻常的关注。他在评论中虽然仍旧坚持固有的艺术标准，却更为热烈地赞扬他们作品中的力度和热情。《文艺》还发表了李健吾的剧作《回忆一·二八》和《黄花》。李健吾的这两个剧本都是根据真实事件写成的，《黄花》中美丽善良的少女由于她的情人——空军将领牺牲在与敌人的交战中，她顶着耻辱生下了腹中婴儿，为了养活孩子，替夫报仇，她隐姓埋名，从上海到香港做了红舞女。但是儿子却在一次突然的急病中死了……剧本通过她的遭遇把前方和后方人民的命运联结在了一起，也从侧面鞭挞了发国难财、享受灯红酒绿的阔少和贵妇。

为了让大后方的读者了解"孤岛"文坛的全貌，萧乾还特意向抗战前就在《文艺》上发表书评的上海作家宗钰约稿，发表了《上海文艺的伏流》，使大后方的读者能够全面及时地了解上海文艺界的创作活动。《文艺》为上海和后方的文学传播架起了一座桥梁。

**2. 来自延安的声音**

萧乾同抗战各战区尤其是延安的作家取得联系之后，为《文艺》"展示新的姿态"创造了有利条件。刊登这些"投笔从戎"的作家寄来的文章，是萧乾主编的香港《文艺》副刊展示的第一个新姿。据穆紫在《延安文学在香港〈大公报〉》一文中的统计，从 1938 年 8 月至 1939 年 8 月，《文艺》上发表的延安作品共 44 篇。这些反映延安和各根据地人民斗争生活的文艺作品，形式有散文、特写、小说和诗歌等，其中不乏上乘佳作。

由陆荆、陈璞、陈远高、野火集体创作，野火执笔的《抗大生活》，

（发表于 1938 年 2 月 23 日、24 日）是一篇直接反映延安生活的优秀散文。该文生动而详细地描写了抗日军政大学的学习和生活，无论是内容还是表达，堪称佳作。刘白羽的《延河上》（发表于 1939 年 4—5 月）是一篇反映根据地人民火热斗争生活的小说。吴伯箫的《潞安风物》，从 1939 年 6 月至 7 月连载 16 期，是一篇优秀的有分量的散文，记录了他从陕北到太行山前线路经潞安的见闻，歌颂了根据地军民的勤劳、质朴和敢于斗争的精神。此外，还有严文井的《春天——一个小鬼的故事》（发表于 1939 年 3 月 8 日）、黑丁的《我怀念吕梁山》（发表于 1939 年 8 月 18 日），都是这一时期经萧乾之手发表于《文艺》上的力作。

列群的《新年的延安》是一篇思想性十分鲜明的散文，文章叙述了延安抗战军民共度 1938 年春节的情景，描写了毛泽东与群众共度除夕的动人场面。下面截取其中一部分：

> ……各机关都放假了，冷静的小街上，行人格外的增多，一些青年的学生们——抗大与公学的学生——生气勃勃的穿过街心，他们几乎忘记了自己是走在行人密密的街头，尤其是一些女军人，看来更加出神，她们谈着，笑着，一点没有什么拘泥！
>
> 老百姓穿着羊皮大褂，欢欣的叙谈着，他们没有丝毫挂虑，没有半点担忧，最值得夸耀的是他们的互相爱好，就说收拾铺店，张贴对联，都是合伙帮助的，真的快，上午只看到一切都和平常一样，可是短短的一个下午，门面装置得焕然一新；……他们的对联是："巩固民族统一战线　扩大国际反日阵营"，"新春降临财源茂　日寇驱出生意兴"之类，其余什么"全面抗战""争取胜利"的大标语到处是贴满着，这些，充分的表现了这是抗日民族统一战线的策源地。
>
> 在街头，在巷尾，到处有各机关人员装制新标语……假若有凉血的人走入这样的城池，我敢担保"他的血一定会沸腾起来的"。
>
> 一九三八的开始
>
> ……太阳射出那万丈光芒，风也停止了！一群群的青年男女，带着马，穿上"老黄格"的军服走到旷野里去，它们兴奋的，快乐的跑

着马，说着，笑着，简直是一群群天使，他们几乎忘形了！跑得够了，大伙围在一块野餐，他们的食品，不会有什么洋套，而是这里出产的核桃，花生，南瓜子，看他们真吃得玩得起劲，"欢迎……歌唱""欢迎……跳舞"的高亢声音，不时的由他们的圈子中吼出来，静下去，接着就是个人或几个人的唱歌，跳舞，他们毫不拘泥，他们毫不顾虑。……

晚上，各机关各团体都举行热烈的晚会，在大礼堂的抗大干部晚会中，更表示出一种疯狂似的热情，他们唱着雄壮的歌，他们演出现实的戏……

……毛主席开始说话了，他泰然的向全场巡视了一下，就慢慢的说起来：

"好，大家都要健康，用健康去打倒日本帝国主义！"他微笑着。

"今年是'侵略反攻'年，我们要用'反攻'去向日本拜年，所谓'礼尚往来，来而不往非礼也'。"全场哄然大笑，他也笑了！顺便的吞了一口香烟。

"我们的中心任务……加强军事技术，展开民众运动，巩固军队！"

"我们的战术是运动战，阵地战，游击战，尤其是游击战是必须迅速建立起来……"他似乎很不在意的说着，因为这都是把握中可能的事。

"日前日本要封锁我们唯一广州海口，我们不要害怕，我们地大物博，全不成问题，只有我们准备吃苦，就说药吧，有草可代？'神农尝百草，医药有方'我们难道不能够吗！"合场又笑起来了！他吞了一口气，又继续说下去：

"……大家要明白，今年是抗战的中间时期，我们须要更艰苦的奋斗，去年虽然战略错误，然而在八年的时间中，日本内部就发生恐慌了，今年有两个半年，起码要收到很大的效果，相反的假若我们不努力，不变更战略，那么，去年半年失去了这么广大的土地，全年不丢完了吗？"台下又笑起来了，他自己也笑着。

最后，希望大家努力，去准备吃苦，奋斗，争取我们的胜利！他跳下台来，挤到人群中坐下，全然与群众没有什么两样。

毛泽东同志万岁！

打倒日本帝国主义！

全场怒吼起来，洪亮的声浪，震荡到延安全城。①

1939 年 9 月至 1941 年 12 月，《大公报》香港版的副刊《文艺》在杨刚的主持下，有如跨上了战马的勇士，纵横于抗战宣传的战场，洋溢着勃勃生机。来自延安的文学打上了强烈而直接的战争印记，技巧运用、文字雕琢上略显不够，战争使得这些作家不可能沉湎于文体和语言的精雕细琢，戎马倥偬，转战游击生活火热沸腾却也异常艰苦，从前线发来的稿子大部分是这种战争生活的记录，甚至是行军中的"急就章"。吴伯箫的《潞安风物》和《沁州行》在《文艺》上连载，编者就把它们称为"战地素写"。

但是，延安，在这些作品中已经成为一个象征，是这些青年知识者在国破家亡之时为生命和心灵找到的一块安身立命之处，是小米、文章、歌声组成的青春。延安生活的各个方面：新年晚会、月色中的延安城、日常生活、誓师大会、儿童团……都与歌声、笑声交织在一起，表达了一个共同的心声——我歌唱延安。他们是离前线最近的一群，却以饱满的激情和热烈的理想行进在抗战文学中，乐观向上的理想主义扫荡了战争的阴霾和艰苦，成为《文艺》中的一片亮色。无论是从文学自身的意义还是就文学传播而言，《文艺》上的延安文学都有其特殊意义。

### 3. 来自西南大后方的声音

《文艺》中很多作品来自战时西南联大，那里有抗战前《大公报》文艺副刊的重要作者沈从文、朱光潜、杨振声、朱自清、李广田、冯至、孙毓棠以及后来从延安来到这里的卞之琳，他们也是 20 世纪 30 年代京派作家群的核心成员。

---

① 列群：《新年的延安》，《大公报·文艺》（汉口版）1938 年 1 月 25 日。

作为《文艺》副刊的创始人，虽然他离开了这个倾注了自己心血的刊物，但是他和他周围的年轻作家的作品一直伴随着这个副刊在抗战中辗转迁徙。战争环境使沈从文不可能再像北平时期那样以自己的刊物建设自己的文学蓝图，但是他仍然像抗战之前编《文艺》副刊时期那样把推荐和发展青年作者的作品作为他文学活动的一个重要印记。这一时期他自己在其中发表的作品不多，却也留下了他文学思想的重要印记。他不断感受和拷问生命存在的意义和文学的存在方式，认为国家的现状和未来的命运都在等待着"国家重造""社会重造"，他说："恶邻加于我们这个民族的忧患。分量虽然不轻，然而近 20 年来（也可以说是白话文运动以来），所产生的民族气概，一点自尊心和自信心，却一定担当得起这种忧患。"① 因而这一时期的沈从文对西南腹地表现了强烈的关注，力求从中吸纳恢复民族自信和民族自尊的力量。

《文艺》在香港复刊的第一天就开始连载沈从文的长篇纪实散文《湘西》，"编者按"中说明这篇散文是沈从文应《文艺》编者之邀而写："我们鉴于湘西在抗战中的重要性日益增多，为使国人对这后方重镇取得一个亲切认识，特请沈先生为我们写一篇关于湘西各方面的介绍，逐日发表……作者去冬曾返故乡一行，看到了抗战时期的湘西。这里出现在他笔下的，不仅是诗意的湘西，富裕的湘西，而且还是生气勃勃的湘西。"② 《湘西》在《文艺》上连载了 43 天，是沈从文在抗战时期最重要的一部作品。

《湘西》写于抗战全面爆发之后，对作者来说，并不只是地域风情的描绘，文章本身就深刻地反映了作者抗战时期的国家观念和文学倾向。当炮火炸毁了大片国土，战争蔓延了大半个中国，沈从文却从文化的角度在这西南一隅看到了"建国复兴"的希望，所以《湘西》写于抗战时期是大有深意的。首先，作品是沈从文一贯的文学观的延续，是沈从文"城市与乡村"的永恒主题在特殊时空中的独特阐释，他提醒人们从湘西虽然野蛮却充满活力的强悍生命中来汲取力量，并由此真正认识湘西，所以他说：

---

① 沈从文（上官碧）：《废邮存底·给一个广东朋友》，《大公报·文艺》（香港版）1940 年12 月 30 日。

② 《湘西》编者按，《大公报·文艺》（香港版）1938 年 8 月 13 日。

"一个旅行者若想起公路就是这种蛮悍不驯的山民或土匪，在烈日和风雪中努力作成的，乘了新式公共汽车由这条公路经过，既感觉公路工程的伟大结实，到得沅陵时，更随处所见妇人如何认真称职，用劳力讨生活，而对于自然所给的印象，又如此秀美，不免感慨系之。这地方神秘处原来在此不在彼。"① 作者认为湘西一带是西南公路的咽喉，而且随着战争的发展，其地势的重要将愈加突出，大批流亡者的涌入也使它不再如"桃花源"般与世隔绝，但是他们对这些地方的认识或止于地图和教科书，或止于某种神秘的传说，而对现实中的西南腹地却缺乏真切的了解。因此，认识湘西、了解湘西，应该是民族复兴的重要组成部分。

作品昭示了这样一个真理："虽生活与自然相契，若不想法改造，却将不免与自然同一命运，被另一种强悍有训练的外来者征服制驭，终于衰亡消灭……目睹山川秀美如此，'爱'与'不忍'会使人不敢堕落。"② 在异族侵略，国难当头的时刻，沈从文从这一个独特的视角参与了民族救亡。所以作者并不遮掩湘西落后和野蛮的生存方式，但他认为开发和教育才是解决问题的根本途径，从建设的角度出发，湘西必将成为最稳固的抗战后方。沈从文对湘西的描述并没有停留在对自然与人类相契相合的赞美中，从这个意义上说，《湘西》比他抗战前的作品更推进了一步。

《湘西》发表之后，《文艺》上也有很多来自大后方的作品以西南腹地为题材，他们对这里的审视并不和沈从文的视角完全相同，更多的是"闯入者"的目光，但有一点是相通的：外来强权的入侵强化了他们对上地的感受。在《湘西》中，沈从文沿着一条公路线把湘西带给了他的读者。公路也成为"闯入者"与大西南联结的纽带，迎来他们投向陌生土地的第一道目光，他们对这里的认识时常由公路展开。公路把他们与祖国腹地连接到一起。抗战时期，中国的铁路为数不多，公路是陆路交通运输的命脉。抗战期间大后方新修公路近十条，全长约 10126 千米，③ 纵贯西北、西南，

① 沈从文：《湘西》，1938 年 8 月 13 日至 1938 年 11 月 17 日在《大公报·文艺》（香港版）第 395 期至第 442 期连载。

② 沈从文：《湘西》，《大公报·文艺》（香港版）1938 年 8 月 13 日。

③ 《中国现代史地图集》，中国地图出版社 1999 年版。

并与国际接壤。这些"公路"在《文艺》中成为众多作品的主题和意象。他们说："对于那些不知道祖国伟大的灵魂，一个办法，是将它们抓进一辆公共汽车，从西南的任何城市开向重庆去。"因为公路是一个坚强的真实，可以和生活连接得更紧密。正如佐良在《公路礼赞》中所写："是谁筑下了这些路的？是谁扫除了山岩敷设了一条黄土大道的？无名的农民来自远远的乡村，挨饿忍苦，用大的汗珠蚀去了顽强的石子，在许多时候，并且用血！在一切都完毕之后，他们看看这条路，又默默地走回家去……能够筑出这样公路的国家就真的衰老？做不了别的事？对于明天，我们尽会有不同的理想，但这公路成了血管，输送了战车和炮，也输给了希望和梦。"① 公路展开了一个窗口，迎接着知识者特有的礼赞。因此在《文艺》上可以看到来自祖国大后方的作品中众多的"公路"意象：《跨国横断山脉——修筑滇缅路的人们》（白阶平）、《成渝路上》（老舍）、《湘桂路上》（艾芜）、《滇黔道上》（李霖灿）、《湘江行》《桃源行》《下益阳》（林蒲）、《旅伴——湘西道上所遇》（辛代）、《出发——三千里步行之一》《原野上走路——三千里步行之二》（穆旦）、《公路礼赞》（佐良）……

1937 年 12 月 13 日，南京陷落，随后武汉告急，危及长沙，长沙临时大学决定西迁入滇。一部分学生组成了湘黔滇步行团，步行 1300 千米，完成了教育史上的一次壮举。同样的"公路"意象也展现在此次学生由湘入滇"三千里步行"中，《大公报》的《文艺》和《战线》发表了他们的所见所感。林蒲为此写下了长篇纪实散文《湘西行》以及《下益阳》《湘江上》，辛代写了《旅伴——湘西道上所遇》，穆旦写下诗歌《出发——三千里步行之一》《原野上走路——三千里步行之二》……这些作品是青年知识者在独特的时空背景中对西南腹地的审视，雄奇的自然风光与战争的硝烟混杂在一起，风土人情和见闻感受融入了对战争和人的命运的思考。

"三千里步行"既是这些青年学子在战争中的流亡，又是他们"认识祖国"的开始。所以《文艺》发表林蒲记录这次步行壮举的散文《湘江上》时，特加编者按说："去春西南联大同学三百人，沿公路浩浩荡荡由

---

① 佐良：《公路礼赞》，《大公报·文艺》（香港版）1941 年 2 月 17 日。

长沙步行赴滇，在中国教育史上，这将是值得夸耀的一个壮举，因为徐霞客才是一个文人隐士，后来知识分子没这样大规模而广阔地抚摸了小半个山河。这无疑是空前的……本书作者即该壮烈队伍中的一员……在后方的作家们不是没有可写的啊，因为国人不只关心'仗怎样打'，更重要的是后方够坚固吗？中国是在脱壳么？"① 由此可见《文艺》的编者已经把他们的这次行为看作坚固后方、民族重振的象征。

从《文艺》中这些青年学子所发表的文章中可以看到：西南联大因为战争而生成，但是它给这些青年学子展示的首先不是战争的惨烈，而是战争在人和土地中的巨大投影，使他们在更广阔的生活空间中体验生命的本质，重新认识个人与国家、战争与人类的关系。

穆旦为纪念这次步行写了两首诗，《出发——三千里步行之一》和《原野上走路——三千里步行之二》，诗中这样写道：

> 我们有不同的梦，
> 浓雾似的覆在沅江上，
> 而每日每夜，沅江是一条明亮的道路，
> 不尽的滔滔的感情，伸在土地里扎根！
>
> 我们走在热爱的祖先走过的道路上，
> 多少年来都是一样的无际的原野，
> 啊！蓝色的海，橙黄的海，棕赤的海……
> 多少年来都澎湃着丰盛收获的原野啊，
> 如今是你，展开同样的诱惑的图案，
> 等待我们的野力来翻滚。所以我们走着，
> 我们怎能抗拒呢？啊！我们不能抗拒，
> 那曾在无数代祖先心中燃烧着的希望。②

---

① 《湘江上》编者按，《大公报·文艺》（香港版）1939 年 3 月 22 日。
② 穆旦：《出发——三千里步行之一》，《大公报·战线》（汉口版）1940 年 10 月 21 日。

穆旦的诗里仍然充满着不可抗拒的"野力"和翻滚着的原野。他用"对话"来表达对这种"力"的认识。对话，在穆旦的诗中最为常见。这种对话有时是显现的，有时是隐蔽的，代表了诗人对战争状态中人类生命的复杂形态和人与自然、人与土地的思考。所以王佐良评论这次穿越祖国西南的步行时说："后来到了昆明，我发现良铮的诗风变了。他是从长沙步行到昆明的，看到了中国内地的真相，这就比我们另外一些走海道的同学更有现实感。他的一些诗里有了一些泥土气息，语言也硬朗起来。"① 由此可见"三千里步行"对于穆旦及其诗歌的意义。

西南联大给了穆旦和他的诗友们完全不同于延安鲁艺的生存环境、文化氛围和感知世界的方式，使他们的作品的文学特征呈现出巨大的差别。如果说延安的年轻人多用浪漫主义的抒情和现实主义的描绘来表现他们内心的轻快、明朗、热情的歌调，那么穆旦和他的诗友则充分地运用了众多的繁复意象，来表现人的紧张、压抑、变形和挣扎，其中也有对土地的赞美，但那赞美不是轻快和透明的。这里，来自西南边陲的大后方与来自西北根据地的歌声形成了鲜明的对照，而《文艺》为它们的聚拢展示了一个历史事实：也许对于诗歌本身的命运来说，联大的诗人是幸运的，战争没能阻隔他们与现代诗的联结，却给了他们一个特殊的环境，使他们能在与西方文学的对话中开始自己的创作，借用现代诗的形式把他们对战争的思考和对人性的拷问提升到一个前所未有的高度。但是延安的诗人们在火热的天地营造了自己的另一片世界，"明朗的天空"下的歌是透明的。然而就时代而言，这些又都是来自自己心灵的歌声。西北与西南、后方与前线由此达到了高度的统一，构成了这一时代乐章的不同声部。

后来陈纪滢在总结一年来《大公报》文学副刊的工作时，对此给予了高度的评价，文章从三个方面赞扬了各方文艺工作者在此形成的大团结局面。

第一，从七七抗战后，全国文艺工作者跟随着政治上的进步，停止了

① 王佐良：《穆旦：由来与归宿》，袁可嘉、周与良编《一个民族已经起来》，江苏人民出版社1987年版，第1页。

十几年来的有关文艺的自我斗争，形成了大团结，和国家对抗战的一切设施配合起来。"……我们既不可忽视文艺的政治性，则可知它的某一个阶段的结果，也是富于政治性的！一切认为自然的，也可以说是必然的。关于文艺界的精诚团结，取消壁垒的现象，我们可以拿各种刊物做代表，从前在某一种刊物上，永不会有某些人的作品是常有的事实，而某些人和某些人硬做对头也是事实，现在这种现象不再常见，这种现象就是政治性的、自然的、必然的结果，而最现实的事实是归功于'七七'"。

第二，在文字上，在体裁上完全把握现实，充分地发挥了它的暴露性。"检阅过去一年中的文艺刊物，就可以知道文艺工作者是怎样握住现实，配合着军事、政治、外交用不同的体裁向疯狂的敌人进攻，虽然为了各种客观条件未能尽量发挥，而英勇的更坚实的姿态，也是不容淹没的事实。在抗战的过程中，因为事实上的要求，文艺大众化问题是有重复地提到，不仅是提到，不仅是在理论上做进一步的研讨，并且，很踊跃地拿出了各色各式的'货色'，这是在过去一年中和很现实、尖锐的速写、散文、小说、诗歌，同成了宣传最有力的工具运动。"

第三，把文艺孕育在实际的战斗生活中，从实际的战争生活中换取了文艺的成果。"……在这次神圣的战争中，我们看见、听到许许多多从事过文艺的青年男女，跑上疆场，直接地、间接地为保卫祖国坚决地实行抗战，而同时还尽着向后方报道的责任。并且也有牺牲了性命的。所以他所得的效果尽管小而且微，但是在本位上说，他们是多尽了一份责任，顶底限度是没说说完了。我们借这个日子，对这班青年朋友表示敬意和慰劳。"①

实际上，抗战时期的《大公报》一直在大后方坚持为抗战呐喊助威，并以自己力求公正的民间言论立场，成为求得民族解放的舆论阵地，《战线》一直与《大公报》的办报立场相一致，他们的取稿原则是："我们不但希望老作家们在这时候特别努力，更希望无名作家不要忽视自己的责

---

① 陈纪滢：《文艺抗敌一周年》，《大公报·战线》（汉口版）1938 年 7 月 7 日。

任。我们无宗派观念，不崇拜偶像，不论人，只管文章。"①《战线》的确
是以民族救亡为第一位，不存在党派意识，不存在宗派思想，尽可能广泛
地发表抗战文学作品，1937 年 11 月 18 日发表了诗人穆木天为纪念苏联十
月革命 20 周年而写的诗《今天我这样欢喜若狂》；光未然的《黄河大合唱》
中的第二支歌《黄河颂》，第三支歌《黄河之水天上来》，最早也是发表在
《战线》上。

---

① 发刊词：《我们的信念和态度》，《大公报·战线》（汉口版）1937 年 9 月 18 日。

# 第五章

# 抗战中后期"国家中心论"的淡化

太平洋战争爆发，国民政府备受鼓舞，中国在独立抗战的第四个年头，终于有了美国这个强大的盟国，从此中国抗战的形势大为改观。然而就在国际形势日趋改善的时候，国民党政府却日益颓废。在这种情况下，《大公报》主持者忧心忡忡，虽然仍坚持"国家中心论"，但批评和督责的言论逐渐明显，在继续批评共产党的同时，也呼吁政府"修明政治"。这一变化，反映了《大公报》对"国家中心论"的宣扬已开始淡化，自由民主思想开始复苏。其具体表现，一是希望政府放宽对言论自由的限制，提出以"小批评、大帮忙"的原则处理其与政府的关系；二是对宪政运动表现出极大热情。这一转变背后，除了国统区危机不断加深的外因以外，《大公报》主持人与蒋介石关系的疏远则是重要的内因，王芸生主持笔政后，《大公报》与蒋介石的关系远不如张季鸾时期了。

## 第一节　提出修明政治，以谏言督责方式拥护国民党政府

### 一　国民党五届九中全会修明政治案的提出

1941 年 12 月，日本偷袭美国珍珠港海军基地，太平洋战争爆发。国民党政府得知这一消息后，备受鼓舞。在国民党看来，抗战到了第四个年

头，终于盼来了美国参战，中国从此有了美国这个强大的盟友，依靠美国很快就能打垮日本。中国只要坚持下去，就是世界上的四强国之一。然而就在国际形势日益好转的时候，国内形势却每况愈下。国民党的腐败日益加剧，官僚势力利用军队、交通工具、特权机关进行走私、营私舞弊已经公开化。物价飞涨，无衣无食的人所在多有，而特权者发国难财，国外存款剧增。物资奇缺，前方官兵给养不足，而后方则奢华无度。

1941年12月10日，蒋介石发表《告全国军民书》，称："吾全国同胞自今伊始，更须紧张严肃，各竭其能，各尽其责，共作最大最后之奋斗。吾海外侨胞，应尽其赤诚，奋其伟力，各就所在地区，贡献所有力量。协助友邦，消灭共同之公敌，造成祖国之荣誉。吾全国将士，更应切认今日为吾军人奋勉图报唯一重要之时机，亦为国家民族存亡荣辱之关头，宜更沉着坚忍，英勇奋发，以收获'九•一八'以来血肉所造成的战果。"[1] 蒋介石认为，当此世界战局突变之际，必须立即作出加快各项施政方针的战略部署，把全体国民党员及他统率的党政军队伍动员起来，扭转国民党的颓废状态，激发起斗争精神，大力加强国民党的统治能力。于是，太平洋战争爆发刚满一周，便召开了国民党五届九中全会。

1941年12月15日至23日，国民党在重庆召开五届九中全会。由于这次全会是在国际局势发生重大变化的关头召开的，所以国民党格外重视。在全会开幕式上，蒋介石首先致训词。他认为，世界局势的变化，已使中国处在"转危为安，转败为胜之重要时机"，要求国民党员"务必加倍策励紧张振奋，更须戒慎恐惧"，"使国家民族起死回生"。他认为抗战四年多，国民党已成"散漫因循"之状，精神与物质力量均未得到发挥。国民党应当"乘此举国振奋之时机，努力于三民主义与五权宪法政治基础之建立"。对此他做了具体解释，即一方面调整现有组织机构，充实内容，一方面斟酌当时环境检讨军事、政治、经济等各种基本政策与制度，并重新厘定，做到：（一）充实基层力量，如期完成新县制与地方自治，以充实抗战力量；（二）延揽全国人才，凡忠于国民党中央的政治、军事、经

---

① 《中央日报》1941年12月11日。

济人才，"尽量吸收，多方延揽"，以求国民党的政令、军令皆能统一；（三）进一步实行全民动员，以求集中一切力量，利用外国的技术，完成中国社会政治、军事、经济的现代化，"贡献于对日作战"①。蒋介石的训词，是全会讨论的中心。

按照蒋介石训词的精神，全会主要通过了五个方面的议案。其中关于增进行政效能的议案是《增进行政效能厉行法治制度以拥护修明政治案》，国民党在议案中承认虽然已经提出了多项提高行政效率的措施，但"仍不无疲玩迟滞之感，机构不免重复。既足启推诿之端，人事未上轨道，更难收奖惩之效"。"颓风不挽，流弊滋多"，"贪污腐恶，常逃法网"。鉴于这些教训，提案决定："（一）由国防最高委员会集中政权；（二）采取5项措施加强治权机关的效能。"②

1941 年 12 月 22 日，王芸生借此议案公布之机，发表了题为"拥护修明政治案"的社评，表面上表示拥护国民党的决议案，实质上却对国民党政治上的腐败进行了严厉的抨击。社评首先说："看政治现状，政府机构既缠夹不清，人事制度也形貌不全。稍负时望的人，因为负担太重，为兼差忙得要死，而做不成事；一些略有才具的人，正因为法多而疏，人杂情重，而公然作恶；至于一般挂名唱喏之辈，不负责，领干薪，开起会来，则人多嘴杂，莫衷一是。当然谈不到办法与效果。为今之计，所有政府机关，一要全部厘清其系统，二要逐个考核其执掌，系统紊乱或重复的，就毅然将其裁并，执掌空洞的，就决然把它撤销。"这里首先提出了裁并重复机关、裁减冗员的问题。接着提出了"最要紧的一点，就是肃官箴，做官邪。譬如最近太平洋战事爆发，逃难的飞机竟装来了箱笼老妈洋狗，而多少应该内渡的人尚危悬海外，善于持盈保泰者，本应该敛锋谦推，现竟这样不识大体。又如某部长在重庆已有几处住宅，最近竟用六十五万元公款买了一所公馆。国家升平时代，为壮观瞻，原不妨为一部之长置备漂亮的宿舍，现当国家如此艰难之时，他的衙门还是箕踞办公，而个人如此排

① 《中央日报》1941 年 12 月 16 日。
② 《增进行政效能厉行法治制度以拥护修明政治案》，中国人民大学中共党史系《中国国民党历史教学参考资料》（校内用书）第 3 册，第 514 页。

场享受，于心怎安？……另闻此君于私行上尚有不检之事，不堪揭举。总之，非分妄为之事，荡检逾闲之行，以掌握政府枢要之人，竟公然为之无忌。此等事例，已传遍重庆，乃一不见于监察院的弹章，二不见于舆论的抗言，直使是非模糊，正义泯灭"。这里不仅揭载了"飞机洋狗"事件，而且又亮出了一个私行不检、利用公款购置私宅的"某部长"。这位"某部长"实际上说的就是外交部部长郭泰祺。文章最后说："现当国家艰难之会，正政府奋发之时，本报同人为国载笔，在过去数年中，所以未敢坦率指摘内政，深恐暴露弱点，沮国人之气，损政府威望，现在国际大势已定，国家此后之存在与兴废，端视我们自己在内政上的努力如何以为定；中央既有修明政治的决心与英断，全国人心，闻风而振，本报岂惜这一张烂纸，而不为国家效驰驱，而不为政府作后盾？"①

据王芸生回忆，1941 年 12 月 8 日，太平洋战争爆发时，胡政之陷于香港，在形势紧张时，王芸生去找陈布雷，请设法救胡出来。陈布雷旋告知王芸生，说"蒋委员长已电知香港机构，让胡先生尽速乘飞机出来"云云。大公报社即派人到珊瑚坝飞机场守候迎接。12 月 9 日由港飞渝的最后一班飞机降落在珊瑚坝，机门打开，并无胡政之，却见大批箱笼、几条洋狗和老妈从飞机上下来，由穿着男子西装的孔二小姐接运而去。王芸生得报，甚是气愤。过了多日，仍无关于胡政之下落的消息，心想：张季鸾已经死了，胡政之假使就此完结，《大公报》还怎么往下办？② 在《大公报》这篇确有所指的社评发表后，"飞机洋狗事件"和"某部长轶事丑闻"一时间成为社会上的主要话题。迫于舆论的压力，蒋介石在正在进行的国民党五届九中全会上当即提议将郭泰祺撤职，以宋子文继任。另外，关于文中所说的"老妈洋狗"问题，交通部长张嘉璈出面于 12 月 29 日致函《大公报》进行了一番辩解。《大公报》将这封信标以"交通部来函"的五字标题，刊于 12 月 30 日第三版末。

虽然如此，广大人民对国民党腐败政治的激愤之情仍然难以平息。

---

① 《拥护修明政治案》，《大公报》（重庆版）1941 年 12 月 22 日。
② 吴廷俊：《新记〈大公报〉史稿》，武汉出版社 1994 年版，第 313 页。

1941 年年底至 1942 年年初，遵义的浙江大学学生和昆明的西南联大学生先后游行示威，抗议"飞机洋狗事件"。此事也触动了蒋介石，遂让陈布雷找王芸生再写一篇社评，劝学生不要闹事。王芸生遵命写了一篇题为"青年与政治"的社评，主要对一月前的《拥护修明政治案》进行委婉的辩解。社评称："关于飞机载物之事，已经交通部张部长来函声述，据确切查明系外籍机师所为，已严予申儆，箱笼等件是中央银行的公物。本报既于上月三十日揭载于报端，而此函又为中央政府主管官吏的负责文件，则社会自能明察真相之所在。……据最近新闻，竟有若干学校之学生因诵该文而荒废学业，作越轨之举动。此种无益于国家有害于学业之事，若万一蔓延，或将使抗战以来一般青年日趋严肃笃实之学风，濒于隳弃。因此使我们深感立言之艰难，而为之心疚。"① 王芸生这里说的"深感立言之难"，当然另有弦外之音，在强大压力下，写这篇言不由衷的违心之论，其中的难言之隐，只有作者自己心里知道。这篇社评发表后，编辑部曾收到一些青年的来函，质问《大公报》的言论为何出尔反尔、前后矛盾，王芸生一时无言以对。此时的《大公报》已经全无了张季鸾时期与蒋介石的亲密与默契。

## 二 主张修明政治

五届九中全会通过的《增进行政效能厉行法治制度以修明政治案》中，决定采取五项具体措施加强治权机关的效能。第一，调整各种机构。凡政府及国营省营各种机构，有业务相同而系统分歧者，业务因战时而失去对象者裁撤；业务与抗战无重要关系者缩编，不得擅自增编。第二，改进人事制度。按已定规章，凡公务员考试、训练、任免、调用、登记、保举及专才储养等，均应悉遵固定之程序，不得任意增减升调。从严取缔位置闲曹，严禁滥引姻戚，严格考核各机关人员的政绩、业务、知能、操守。按中央统一规定妥筹薪金待遇，不得巧立名目，特予优厚，期以改进

---

① 《青年与政治》，《大公报》（重庆版）1942 年 1 月 22 日。

人事制度提高行政效率。第三，节缩预算程序。政府各部编制预算程序烦琐，由制定到实行，要经过很长时间，物价上涨太快，"往往待预算批准时，原预算已不适用，又紧急追加"，此弊必须纠正。第四，强化监察、检察制度。监察使按时出巡，检察官充分行使检举职权，以杜绝贪污而鼓励廉能者。第五，推行地方自治。以实行新县制为起点，以求国民党的基层统治机构得到巩固与加强。①

以《拥护修明政治案》为开始，《大公报》发表了一系列提倡"修明政治"的社评、文章。这些文章都有一定的针对性，对国民党政府加强治权机关效能的 5 项措施，进行了进一步分析，并提出了具体的建议。主要内容包括以下几个方面。

第一，国民政府机构的基本现状是三冗，"冗事、冗官、冗衙门"。这种情况，古已有之，"古来中国官制，自内阁以至六部，外而督抚，小而丞史，有一个共通特点，是互相牵制，互相掣肘。叫他们没有一个人有权可以做事，也没有一个人可以负责"。虽然经过了几十年维新改革，官制已改变，而这种分权承制的做法，从其上下承转的关系看，仍然没有改变。现在的国民政府，行政院负实际政治责任，但行政院之上又有中央政治会议、国防最高委员会，还有军事委员会，高高在上的更有中常会。这样一来，行政院要负责实际政治而没有权力，而中执会有权力却不负实际政治责任，结果行政院既没有当机立断的权力，中常会又往往与实际政务隔开。国家政治重心，没有一个紧凑的机构可以寄托，其下的机关组织自然也就散漫紊乱。

第二，冗衙门导致行政效率低下。一般舆论都说要裁并机关，但是尚未认识到其真正的危害。机关多充其量机构臃肿，如果这些机关不起作用倒也危害不大。关键在于层层节制的机关太多，对于事务的处理、办事的效率却有大害。层转过多则上下产生隔阂，指挥不灵，报告不敏捷。手续增加，事务增加，而人手增加，时间浪费，时机容易失去。上层机关因为

---

① 《增进行政效能厉行法治制度以修明政治案》，《中国国民党历史教学参考资料》第 3 册，第 514 页。

隔阂之故，判断不能准确，处理因而不能得当，其所发政令，不容易执行，上下相蒙，彼此以具文敷衍。这种繁复冗杂的组织，现在用来应付现代国家的事业，更当抗战建国的重要关头，自然效率不够。近年来政府虽然也实行了一些督促与改革的措施，但是没有注意到此种组织的根本缺陷，而只以检察、监察制度来加紧督促，结果是更增加了节制干涉的机关，更增加了表报文告的手续。

第三，提出裁并机关的具体实施办法。政府应当按照以下几个标准裁并机关，合乎标准的保留，不合乎标准的裁并。（一）有实际事业的机关，所谓实际事业是指执行的机关，而不是该管的机关。如司法机关、海关及税收机关、交通机关、公用公安机关、教育卫生机关、水利工商农矿机关等。（二）民间有实际事业，迫切需要政府代为调整统一而设立的机关。例如：中央公共运输机关。如民间无此事者，政府可不用先设管理机关。例如：民间本无这项事业，或者虽然有但并不需要管理，就不用设管理机构。（三）直接为国家处理事务的机关。例如：外交、财政、军政、经济、作战等。（四）现在无此事业，而为国家计划发展此事业设立的机关，但应以极少数为限，以确有希望者为限，并且要以实际事业机关而并非上层管理机关为限。例如：国家希望有硫酸工业，可以设立硫酸厂，但不可设立硫酸监督公署或化工部之类的机关。[①]

增进行政效能是国民党的迫切愿望，工作效能低下已使国民党施政方针的实行严重受阻。议案在实行时，国民党也提出了一些规章制度，要求各级实行。省县金库进行整理，调整了一些省主席。一些从事投机的官吏开始受到惩处。然而由于国民党不从根本上进行行政改革，以惩办小的贪官污吏来保护大的贪官污吏，只打苍蝇不打老虎。人们看出其中的奥秘，也就想出各种办法一级欺骗一级，欺下瞒上之风大盛，结果各项施政方针推行起来都遇到重重困难。事实证明，仅仅规定一些工作制度，而不改变错误的施政指导思想，国民党官场的面貌不会改变。

至于行政院、中政会、中常会、国防委员会等的设置是蒋介石独裁统

---

① 《调整机构提高行政效率》，《大公报》（重庆版）1942 年 2 月 2 日。

治、国民党一党专政的体制保证。这些中央机构的设置无论有多大弊端，也是不会改革的。根本的问题无法触动，那么《大公报》所提出的裁并机构等一系列建议无论多么合理，多么切中时弊，多么行之有效，充其量也只能是国民党用来打苍蝇的工具，而不会对解决国民党政府行政效率低下问题产生作用。

### 三 对政府"小批评，大帮忙"的办报思想

在"国家中心论"指导下，坚持"国家至上、民族至上"是《大公报》一贯的办报宗旨，只是各个时期侧重点不同，如果说抗战初期以号召新闻工作要拥护政府、信任领袖、接受检查为主要内容，那么抗战相持阶段中后期做政府的"诤民"，对政府"小批评，大帮忙"则是主要内容。言论自由的追求开始复苏，也标志着"国家中心论"的淡化。

社评《今后的中国新闻界》，正式将"小批评，大帮忙"这一思想表达了出来。1943 年 10 月 1 日，中国新闻学会第二届年会在重庆举行，《大公报》趁此机会发表了这篇社评，"一谈今后的中国新闻界，为同业勉，更以自勉"。为什么《大公报》突然想到要"一谈今后的中国新闻界"呢？社评说："我们做报的人，每天执笔立言纪事，对国运隆替，社会进退关系之大，每不自知其然。……我们若为抗战以来的中国新闻界作一个自我批评，大致可以说是，在精神上确有表现，而在业务上实少有进步。这种情形，尤其以后方的报界为然。""这所谓业务上的少进步，并非完全由于战时物质条件的关系，而毋宁说是由于新闻从业员的懒惰。在当前中国新闻事业上，政府有两个大机构，对新闻界尽了最大的协助，反尔养成一般新闻记者的懒惰性。这两大机构，就是中央通讯社与新闻检查处。中央社做到了公布与报道的总汇，报馆只要订一份中央社稿，就不愁没有稿登，出白报。……不知者，谓做报难；其实现在的报人，只要你一懒二滑，真是轻松容易之至。现在后方的报人，真应该感谢中央社与检查处的大力协助，但却不应一切倚赖现成，还应当力求业务的进步。现在国家已臻于四强之列，到战后中国新闻记者就要活跃于世界舞台，协助国家争取和平的

努力。……我们报人尤其青年从业员们，就应该打起精神，准备技术，以迎接我们的大时代。我们自然不能离开中央社的协助，但一般老老少少的报馆记者，现在就应该觉悟，一洗懒惰依赖的习性，开始练习独立采访与独立写稿。新闻检查制度，在战时确有需要。但因为新闻检查标准已因袭有年，各上级机关的指示随时累积，也已相当繁多，执行检查的人又不能擅为伸缩，则尺度不狭而狭，不窄也窄。在此情况之下，一般记者因所写之稿常被检扣而难鼓舞其兴趣……每每不免提起笔来而又放下。这情形，使记者有理由懒惰，而记者人才也就很难练习得出来了。这自然是新闻界的损失，其实就是国家的损失。"这里作者是在反话正说，指出了全国的报纸上"清一色"的中央社稿，表达的都是新闻检查处的观点，报界不能发挥自己的主观能动性，不能尽到对国家、民族的言论责任。这实际上是在批评中央社的消息垄断和新闻检查所钳制舆论。

接下来，文章阐明了自己的主张："为国家的利益着想，有人谓报纸对于政府，应该是小批评，大帮忙。假使批评为难，则帮忙时也就乏力。因为在那种情形之下，一般民众以为反正报纸都是政府的应声虫，不曾有真知灼见，而国际读者也以为你们的报纸没有独立精神，而不重视，到那时报纸虽欲对政府帮忙，而也没有力量了。本此见解，我们认为政府应该放宽新闻检查的尺度，使报纸渐有活气，一可培植舆论的力量，并可给报界以产生人才的生机。"①

从文章来看。首先，为国家利益着想，为政府利益着想，是报纸对于政府"小批评、大帮忙"的立足点和出发点。其次，批评是为了帮忙，批评本身便是帮忙。批评顺畅，则帮忙有力；批评为难，则帮忙乏力。如果政府不能容忍这种批评，那么帮忙也就乏力，这是因为国内民众将其视为政府传声筒，自然得不到民众的信任和国际读者的重视。最后，为使批评顺畅，帮忙有力，政府应当放宽新闻检查尺度，使报纸有活力。

"小批评、大帮忙"既是《大公报》对自身办报实践的总结，也是它对报界与政府之间理想关系的一种向往。"小批评、大帮忙"是民间报纸

---

① 《今后的中国新闻界》，《大公报》（重庆版）1943 年 10 月 1 日。

为其自身生存和发展的长远利益服务的一种较为有效的做法。上面这篇社评道出了合法民办报纸对政府"小批评、大帮忙"的初衷，可谓用心良苦。

应当指出，《大公报》作为一个文人论政的报纸，出于对国家民族的责任感，从国民党的政策，到国民党政府的官员，尤其是对有损民族利益、国家主权领土完整的渎职官吏，《大公报》的批评往往是相当激烈的。尤其是从张季鸾去世以后，《大公报》与蒋介石国民政府之间关系日益疏远，并且多次起冲突，最大的一次冲突，就是社评《看重庆，念中原！》的发表。

1942 年夏秋，河南大灾，3000 万同胞大都深陷在饥馑死亡的地狱。1943 年 2 月 1 日，《大公报》刊载了记者张高峰寄自河南叶县的通讯《豫灾实录》，对这种惨绝人寰的情况作详细报道。"饿死的暴骨失肉，逃亡的妻离子散，吃杂草的毒发而死，吃树皮的忍不住刺喉绞肠之苦。有人把妻女驮到遥远的人肉市场，未必能换到几斗粮食。"2 月 2 日，《大公报》发表社评《看重庆，念中原！》说："令人不忍的，灾荒如此，粮课依然。县衙捉人逼赋，饿着肚纳粮，卖了田纳粮。忆童时读《石豪吏》辄为之掩卷太息，乃不意竟依稀见于今日的事实。今天报载中央社鲁山电，谓'豫省三十一年度之征实征购，虽在灾情严重下，进行亦颇顺利'。所谓：'据省田管处负责人说，征购情况极为良好，各地人民均馨其所有，贡献国家。'这'馨其所有'四个字，实出诸血泪之笔！"① 社评将只顾自己升官发财、不管灾民死活，照样课税征粮的国民党官员比附为封建社会捉人、逼赋的"石豪吏"，结果得罪了国民党蒋介石，这篇社评发表的当晚，新闻检查所派人送来了国民政府军事委员会限令《大公报》停刊三天的命令，这种严厉的处罚是前所未有的。

作为民间报纸，《大公报》对言论自由的追求是一贯的，但是其追求的目标是西方式的民主政治下的自由，这同党治的国民政府压制言论的做法从根本上是互相冲突的。试图通过独立的民间舆论的地位去影响和干预

---

① 《看重庆，念中原！》，《大公报》（重庆版）1943 年 2 月 2 日。

官方政治朝着理性、民主的方向发展，也是不现实的。《大公报》受到国民政府的处罚，就是例子。从更深一层说，这是由于王芸生犯了抽象谬置的错误。他虽然移植了西方自由主义理念中"忠诚反对"的概念，却始终没有弄明白，这种"忠诚的反对"是西方民主政治运动的重要成果，即宪政确立，个人自由权利被普遍尊重，于是才有了这种独立自由的舆论局面。而在中国，却不得不先有"忠诚的反对"，然后再去追求宪政和民主、自由秩序的建立。如果说张季鸾时代的《大公报》由于张季鸾与蒋介石的亲密关系使得《大公报》获得了政府的信任，这种"忠诚的反对"能够为政府所理解，那么王芸生时代的《大公报》则回到了自由主义者这一固有的观念与现实的矛盾当中。

## 第二节　要求共产党服从"国家至上"原则

第二次世界大战爆发以后，许多国家建立起了反法西斯统一战线，共产国际于 1943 年 5 月 22 日宣布解散。消息传来，国民党乘势刮起取消共产党的歪风，国共关系再次紧张。《大公报》站在国民党一边，也鼓吹共产党应当取消组织。但在面对国共冲突时，还是主张在宪政框架内，双方通过政治协商解决矛盾。

罗斯福、丘吉尔于 1943 年 1 月 14 日在北非卡萨布兰卡会晤之后，曾多次与苏联政府进行谈判。他们怀疑苏联利用共产国际指挥各国共产党，乘世界反法西斯战争之机在各国发展势力，这将有损于三国的密切合作，要求苏联能以诚意表示其没有操纵共产国际支配各国的计划。苏联政府经过多方考虑，与共产国际执委会主席团充分协商后，决定解散共产国际，以加强同盟国家间的反法西斯合作。

1943 年 5 月 15 日，共产国际执委会主席团作出《关于建议解散共产国际的决定》。决定指出，根据 25 年来国际共产主义运动的发展与当时世界反法西斯战争的新形势，作为世界共产主义指导中心的组织已然没有存在的必要。理由是：第一，"各个国度的内部和国际形势已经变得更其复杂"，不能用国际中心"来解决每一个别国度工人运动的各种问题"，而要由各国共产党根据本国情况自行解决。第二，"世界各国发展之历史道路的深刻差别，他们社会制度的殊异，他们社会和政治发展水平与速度的不同，以及最后工人们觉悟与组织程度的各异，也决定了每一个别国度工人阶级面前问题的不同"。第三，反法西斯战争，使各国工人阶级政党参加本国的反法西斯阵线，是"神圣的职责"，要"用一切方法来支持这些国度政府的作战措施"。这就决定了各国工人阶级政党在解决本国问题时，应当有"更大的伸缩性和独立性"。第四，各国工人阶级政党已经能够独立领导本国的斗争。基于以上原因，共产国际组织的历史任务已经完成，不应当再保存"已经变为陈旧的组织形式"了。于是，由共产国际执委会主席团提议，经共产国际各分部批准，"解散国际工人运动的指导中心——共产国际，解除共产国际各分部因共产国际章程及历届代表大会决议所负的义务"。①

从这项决定的内容可以看出，共产国际组织的解散，正是为了在新形势下更充分地发挥各国工人阶级政党的战斗作用，而不是要同时解散各国工人阶级政党。

共产国际决定解散之后，国民党立即大造舆论，要求中国共产党也立即解散，说既然总部已经解散了，中国共产党作为共产国际的支部当然也要解散。5月之后，国民党军不断向陕甘宁边区境内进逼。西安国民党劳动营训练处处长张涤非，公开伪造民意，召开会议，狂叫解散共产党，取消边区。7月6日，国民党中央社在广播中通告中外，为发动内战大造舆论。在国民党中央的授意下，《中央日报》接连刊登所谓要求解散中共的消息。如7月30日载："桂省记者会议致电毛泽东，促解散中共，同力融成一片，加速完成抗战建国。"② 8月6日载："全国各团体促解散中共，服从命令，努力祖国复兴"；"闽省团体电促解散中共，并严斥过去不法行

---

① 《关于建议解散共产国际的决定》，华东师范大学政教系国际共运史教研室编《国际共产主义运动史讲座》，华东师范大学出版社1989年版，第233页。

② 《中央日报》1943年7月30日。

为";"黔省文化界促解散中共"等。① 更有甚者,《中央日报》还搬出美国人来吓唬人,说"美国前任驻苏大使台维斯著文,解散中共"②。

中国共产党为坚持全民族的团结抗战,与国民党的倒行逆施行为进行了针锋相对的斗争,挫败了国民党企图挑起全面内战的阴谋。共产国际宣布解散之际,中共中央即于5月26日作出《中国共产党中央委员会关于共产国际执委会主席团提议解散共产国际的决定》,表示:"共产国际的解散,将使中国共产党人的自信心与创造性更加加强,将使党与中国人民的联系更加巩固,将使党的战斗力量更加提高。中国共产党人是中华民族最优秀的子孙,他们将继续英勇地站在抗日战争的最前线,和国民党及一切抗日党派、无党派人士合作,支持国民政府的措施,战胜日寇及其同盟者——德意法西斯,完成独立民主新中国的大业。"③

1943年5月26日,《大公报》发表题为"论第三国际之解散"的社评,首先对这个消息表示"恳挚而热烈的欢迎",接着在解释第三国际为什么要解散时说:第三国际是为"世界革命"而存在的,而"今天谈世界革命,似颇不合时宜"了。因为:"第一,现在人民所从事的战争,是反侵略战争,在同盟国内的共产党,最大及唯一任务,乃援助本国政府,拥护祖国,反对侵略。这就不是世界革命的形势,所以第三国际也就无须存在了。""第二,自史达林先生执政以来,国家本位的社会主义的理论及建设均已获得实际成功,托罗斯基派的世界革命理论已归清算,苏联国内爱国的民族主义也在抬头。这次抗德战争中,苏联人民所表现的爱国情绪何等忠勇,可以说,今日的苏联也与抗战的中国一样,是'国家至上','胜利第一'。国际主义的形式慢慢不适用了,'工人无祖国'的口号落伍了,世界革命的远景淡漠下去了。""第三,共产国际已有自知之明……共产国际已趋向于尊重各民族的独立性及特殊性。"照上述三点观察,"我们认为共产国际的解散,很合理,也很自然,不问其原因如何,动机如何,其结

---

① 《中央日报》1943年8月6日。
② 《中央日报》1943年8月2日。
③ 《中国共产党中央委员会关于共产国际执委会主席团提议解散共产国际的决定》,《解放日报》1943年5月27日。

论将归宿于：放弃世界革命，而代之以'国家至上'，'胜利第一'"①。共产国际解散之后，各国共产党就要来一个"转变"，就要放弃阶级斗争和无产阶级专政的理论，改弦更张，尊奉"国家至上""胜利第一"的原则。

在《大公报》看来，反法西斯战争不属于世界革命范畴，共产国际的解散，就意味着"世界革命"的放弃。连国际共产主义运动的中心苏联都放弃了"世界革命"的理论，而实行"爱国的民族主义"，所以其他国家的共产党也应该顺应大势放弃共产主义革命。在这里，《大公报》虽然没有说要"解散中国共产党"，而是说要求共产党来一个所谓"转变"，但是这个"转变"的含义却是很明确的，即放弃阶级斗争和无产阶级专政的理论，转变到与国民党"不分彼此""不分阶级"的立场上来，拥护国家至上、胜利第一的原则，实质上就是无条件地拥护和服从蒋介石国民政府这个"国家中心"。

1944年6月至7月，中外记者参观访问团参观延安。记者团在延安期间，曾两次受到毛泽东接待。《大公报》的记者孔昭恺为记者团成员，参与了所有的活动。在西北参观过程中，他完成系列通讯《西北纪行》共9篇，其中8篇为长篇通讯，专记延安见闻，题目是"中共、十八集团军与陕甘宁边区"，主要包括："十年来之中共"（具体写了"几点改变""新民主主义论""党性的增强""整风运动""毛泽东先生访问记"）、"关于十八集团军""陕甘宁边区的政治""陕甘宁边区的生产运动""供给制与公务员生活""陕甘宁边区的教育与文化""在延安的日本人""陕北四十三天"。这篇通讯发表于7月29日到8月6日的《大公报》。在"党性的增强"中，孔昭恺写道："中共对政事与民众团体的领导，就经过中共的党员及党团。在军队里面，有相当于党代表制度的政治委员的存在。一切命令非政治委员与部队长共同签署不能生效，而且部队长中更不乏干部党员出身者。中共的军党关系是非常明显的。"中共中央的政治局是中共最高权力机关，其权利组织一直贯彻到乡村。"中共中央在每一相当大的地区

① 《论第三国际之解散》，《大公报》（重庆版）1943年5月26日。

设一代表机关,也名之曰政治局。如陕甘宁边区,就设立了西北政治局。其向下的系统如下:西北局—分局—区党委会—地方党委会(与区党委会略有大小之分,有时可并作一个)—县党委会—区党委会(与上列之区不同)—乡支部—小组。⋯⋯其党务组织在地方上就是一个地方的绝对领导机关。"①

在这篇通讯发表即将完毕时,即8月5日,《大公报》发表了王芸生写的题为"延安参观的感想"的社评,文中谈了五点:(一)当前的世界大战,是民主与轴心之战。中国的传统精神是民主,中国的立国主义是民主⋯⋯记者团在延安,所见所闻,凡所设施,一切主张,都是党在活动,党在主持,这可说明党之有力。中共尤其注重党性的增强,一股强烈的党性,贯彻在党政军各方面,流注在政府及社会的一切。(二)中国今日是一个统一的国家,也必须是一个统一的国家。⋯⋯我们拥护国家统一,我们爱护国家中心,政府若有缺点,应该促其改善,政府若有失败,应该促其纠正,但绝不可轻谋另起炉灶。(三)论国家内政,在法律及道理上,国民政府皆权威极强⋯⋯中央所主张的军令政令统一,实属天经地义,无人能加否认。我们以纯国民的立场,绝对拥护军令政令的统一,而同时也衷心拥护国民政府更增强其道德权威。(四)我们视察延安,其心情实与同行的外国记者或他人不同,因为我们与延安并非不相干的陌路人。延安是中国的地方,中共党人是我们的同胞,我们以中国人看中国地方,看中国人,其好其坏,入目铭心,都非不相干的鉴赏。⋯⋯我们拥护国家统一,主张党派团结,因此,我们愿特别强调拥护统一,呼吁团结!(五)记者团在赴延安的路上及在延安的所闻所见,显然可知在那里存在着一种政治距离,横亘着一个中共问题。②

该文对中共增强党性持否定态度,认为它不符合中国的传统,也不符合中国的立国主义,指责中共"另起炉灶",破坏了"国家中心"。希望中共服从蒋介石"统一"的"军令政令"。要拥护国家统一,增强党派团结。

---

① 孔昭恺:《旧大公报坐科记》,中国文史出版社1991年版,第115—116页。

② 《延安参观的感想》,《大公报》(重庆版)1944年8月5日。

文章认为，解决"中共问题"的根本途径是国民党提出的"政治解决"，即要共产党放弃党性，同国民党团结；放弃军队，同国民党"合法竞争"。这篇《延安视察的感想》是对《论第三国际之解散》提出要求中共来一个"转变"的进一步解释，明确了这个"转变"的含义，就是不要另起"炉灶"，放弃独立的军令、政令，要向蒋介石这个"国家中心"靠拢。中国的立国主义如果以三民主义相标榜，说成是民主的倒也说得过去，但是几千年封建专制统治下的中国怎么会在传统上成了民主的呢？拿这当说辞，来否定共产党在根据地的抗日民主政权未免缺乏说服力。

9月15日，三届三次国民参政会在重庆开幕。9月16日，《大公报》发表题为"中共问题之公开，民主统一的进步"的社评，对国共双方代表在参政会上之公开观点、展开争论这种形式进行了一番赞扬。首先说："好！公开了好！无论什么事只要肯公开就好！"接着说："昨天的公开大会，紧张热烈，结果大家是愉快的，一贯洋溢着民主议政的风度。上午林祖函先生的报告，以中共代表的身份，向象征代表全国朝野各方的议会侃侃而谈，实是自有中共以来的第一次。……下午张治中部长的报告，直率坦白，虽略略带有点责问的口气，也不大伤感情。"① 这表明了《大公报》对西方资本主义国家议会政治的向往：建立宪政，各党派之间有问题到议会来争辩，以求"政治解决"。这也是这一时期《大公报》在继续坚持"国家中心论"的前提下，对待国共关系的基本态度。

虽然在对待国共关系问题上，主张协商，政治解决，但在以共产国际的解散为契机要求中共放弃组织自行解散这一点上，《大公报》与国民党的舆论是合拍的。然而事实却恰恰相反，太平洋战争爆发后一年多，国民党的状况不仅与其所应承担的义务不相称，而且它的行动也严重削弱了自身的统治力量，政治腐败、党纪松弛、经济形势恶化。不但要求共产党解散的舆论攻势没有起作用，相反越来越多的人认识到共产党领导的八路军作战的英勇，以及抗日根据地建设取得的成就，心里的天平开始了倾斜。正如孔昭恺先生在回忆他在西北采访时说的，"在延安听了许多报告，有

---

① 《中共问题之公开，民主统一的进步》，《大公报》（重庆版）1944年9月16日。

十八集团军抗日军事的,有陕甘宁边区政事的。此外还参观了不少地方,最吸引人的是这两年大生产运动的成绩。大生产运动中人人动手,苦干实干。毛主席、朱总司令都自己动手种地,这是我闻所未闻的事情。大生产的结果渐渐达到丰衣足食的目标。我参观过几个幼稚园,孩子们长得都挺健壮,脸蛋胖胖的像个大苹果。我回到重庆写了长篇通讯《中共十八集团军与陕甘宁边区》,其中写了不少有关大生产的情况。陕甘宁边区在非常困难的情况下自力更生,做出那样的成绩实在了不起。回过头来看看重庆,不论上下照常吃喝玩乐。'前方吃紧、后方紧吃',达官贵人常用飞机从香港运美味佳肴到重庆解馋。哪里看得出国难当头啊!两相对照,我不能不认为共产党管得好。我的头脑中突然冒出个想法:谁好谁来(管理这个国家)!"①

## 第三节　积极参与第二次宪政运动

1943 年,国际局势已开始出现好转的趋势,而此时的国内正面战场的对日作战却几乎没有多少进展。国内矛盾不仅没有因为有利的国际局势有所改善,相反却愈加突出。以美国为代表的国际社会以及国内各界纷纷要求国民党实施宪政以促进国内团结抗战。迫于国内外的责难和压力,1943年9月召开的国民党五届十一中全会,通过《关于实施宪政总报告之决议案》,重新提出"关于筹备国民大会及开始实施宪政各项应有之准备,由政府督饬主管机关负责办理","于战争结束一年内召集国民大会,制颁宪法"。② 同月在第三届国民参政会第二次大会上蒋介石又宣布,为了进行宪政的准备,设置"宪政实施协进会"。一度低落的民主宪政运动又活跃起来了,社会各界对宪政的热情也再度高涨。作为国统区的舆论重镇,《大公报》也参与了这场实施宪政的运动。其主要的活动包括瞩望五届十一中

---

① 孔昭恺:《旧大公报坐科记》,中国文史出版社 1991 年版,第 101—102 页。
② 《关于实施宪政总报告之决议案》,荣孟源、孙彩霞编《中国国民党历次代表大会及中央全会资料》下册,光明日报出版社 1985 年版,第 884 页。

全会和三届二次国民参政会，鼓励宪政实施协进会，参加有关宪政实施诸问题的讨论。

## 一　赞扬国民党五届十一中全会

1943 年，敌后根据地和人民抗日武装渡过了抗战最困难的时期，并且得到发展和壮大。在抗战最艰苦的岁月中，国民党却利用国难，大大膨胀了官僚资本，并把一党专政和特务制度、保甲制度更深地结合起来。各级官吏贪赃枉法、聚敛财富，政治一片黑暗。1943 年，蒋介石发表《中国之命运》后，声言两年内一定解决共产党，并调动河防兵力向陕甘宁边区进攻，又利用共产国际的解散，掀起又一次反共高潮。

这一切动向引起了盟邦的不安，8 月 19 日，美国国务院政治事务顾问亨贝克在与宋子文长谈时提醒说，美国国务院现在的态度与皖南事变时一样，就是希望中国避免内战。① 美国驻重庆大使馆代办艾切森在 9 月 11 日与吴铁城谈话中，也对国共矛盾、中国显著发展的法西斯倾向，以及民主政治的削弱等，表示了美国的担心。他说，一个强大的、联合的中国一直是美国远东政策的一个基本点，因此美国对于中国人民中间任何一个与强大的、联合的中国背道而驰的各种严重倾向，均表关注；尤其目前国共之间的分歧，使那些本来应该在云南和别的抗日战场积极杀敌的中国大量优秀部队驻扎在西北，使不管是政府军还是被困的中共军队都不能用于对日作战，这显然削弱了中国的战争努力。②

蒋介石集团坚持法西斯独裁，使美国当局深感不满。美国总统罗斯福考虑到国际战争与中国国内形势的关系，曾向蒋介石提出过三点建议，其中包括"中国宜从速实施宪政"和"国民党退为平民，与国内各党处同等地位以解决纠纷"。③ 对美国依赖性很强的蒋介石正在极力争取大量援助，

---

① 美国国务院编：《美国外交文书》，1943 年中国卷，第 97—98 页。

② 同上书，第 334 页。

③ 中国社会科学院近代史研究所中华民国史研究组编：《黄炎培日记摘录》（1943 年 9 月 10日），中华书局 1979 年版。

不能对罗斯福的上述意见无动于衷。此外，自 1941 年起，"在野一方对于执政方面，深感无话可谈"，以至张澜、张君劢、左舜生三人不再出席国民参政会以"隐示抗议"。由是"不民主之责难，与民主之吁求，由国内侵及国外，交乘而齐兴"[①]。

迫于国内外的责难和压力，1943 年 9 月召开的国民党五届十一中全会，又声言"政治解决"共产党问题，并且通过《关于实施宪政总报告之决议案》，重新提出"关于筹备国民大会及开始实施宪政各项应有之准备，由政府督饬主管机关负责办理"，"于战争结束一年内召集国民大会，制颁宪法"[②]。同月，在第三届国民参政会第二次大会上蒋介石又宣布，为了进行宪政的准备，设置"宪政实施协进会"，由他指定的"国民党中委、参政员、地方富有政治学识经验或对宪政有特殊研究人士组成"，自任主席。一度低落的民主宪政运动又活跃起来了，社会各界对宪政的热情也再度高涨。

对于国民党要实施宪政的表示，《大公报》给予了热情的赞扬。1943年 9 月 7 日，《大公报》头条报道了这一消息："十一中全会昨开幕蒋总裁指示战后建国方针"，"政治建设应促进宪政实施"。并发表社评《祝十一中全会》，社评说："此次中央全会的意义重大，而不禁勃兴欣悦与兴奋之感。……实施宪政，是正确宣明国民党的民主精神，更明确昭告世人，中国之必为民主国家，国父遗教的建国程序必求其完成。……蒋委员长训辞之所指示，实具有庄严的信仰，是在认真地实行三民主义。蒋委员长领导抗战并把握胜利，是完成民族主义；实施宪政，是实行民权主义；经济建设，是实行民生主义。国父的遗教是三民主义，中国的建国目标是三民主义共和国，蒋委员长是三民主义的信徒，三民主义的实行者，他现在就正领导国民党，领导国民，向把握胜利奠定国基以彻底实现三民主义的途径迈进，愿全国军民同胞暨国民党同志一致竭诚拥护之！"[③]

---

① 梁漱溟：《论当前宪政问题》，《梁漱溟全集》第 6 卷，第 55 页。
② 荣孟源、孙彩霞编：《中国国民党历次代表大会及中央全会资料》下册，光明日报出版社 1985 年版，第 884 页。
③ 《祝十一中全会》，《大公报》（重庆版）1943 年 9 月 7 日。

随后，《大公报》继续发表文章，对蒋介石实施宪政的表示大加赞扬。在《促进宪政之实施》中说："国民党是具有革命主义抱有建国宏愿的政党，孙中山先生创造三民主义，缔建中华民国其建国的遗教，虽有军政训政宪政三时段的划分，而其基本目标则在实施宪政，还政与民。蒋委员长是三民主义的信徒，是孙中山先生的继承者，他继承国父的遗志，统一全国，更无时不以实施宪政完成建国大业为念。……凡属国民党的同志，自然都以孙总理之心为心，都以蒋总裁之心为心，忠诚践行党的主义，热烈拥护领袖的谋国赤忱，及早促进宪政之实施。至于全体国民，自然更愿见列身四强之一的中国，及早建设成为富强康乐自由民主的国家。国民党的训政，应该就是伊尹周公的用心。伊尹周公之所以为大圣人，就因为他们能于训政之后归政于太甲成王。国父有实施宪政还政与民的遗教，蒋委员长迭次表示实施宪政的决心，国民党无久亲政权之私，其宅心之公，应该与天下以共见了。"①

在《十一中全会的收获》中说："现在中央全会复郑重决议实施宪政的办法，开诚布公，与天下共见。在世界的意义上，说明中国国家是在完成民主政治的途径上努力，本身是列于民主国家之林。在国内的意义上，说明国民党并无久亲政权的私心，是在热心准备实施宪政，并愿将来在颁布宪法之后，与一般国民及普通政党立于同等的地位，在法定的集会结社言论出版自由的原则之下，享同等的权利，尽同等的义务，受国家同等的待遇。以创造民国领导建国的主政大党作此开诚布公的表示，在世界的意义上自然要增高国威，在国内的意义上更要加强向心力，而潜消反侧。本此观点，我们认为无论在当前的国家需要上，或在将来的百年大计上，都是异常贤明之举。"②

蒋介石一番表示之后，又是"三民主义的忠实信徒""三民主义的实行者""孙中山先生的继承者"，又是"伊尹周公"，《大公报》迫不及待地给他戴上了多顶高帽，并且忠诚地相信，"国民党无久亲政权之私"，它

① 《促进宪政之实施》，《大公报》（重庆版）1943 年 9 月 8 日。
② 《十一中全会的收获》，《大公报》（重庆版）1943 年 9 月 14 日。

"一直在准备实施宪政，并愿将来在颁布宪法之后，与一般国民及普通政党立于同等地位"。将这一表示，视为中国迈向世界民主国家之林的开始，中国的民主政治前途一片光明。《大公报》有些欢喜得过了头。其实《大公报》并不了解国民党提出实施宪政的真实用心。

国民党的这些表示，在很大程度上是做给盟邦看的，况且决议强调"战争结束后一年内召集国民大会"，也表明国民党并不想马上发动一次宪政运动。如毛泽东所说，蒋介石集团"念念不忘法西斯独裁和积极准备内战"，"只是他们还想打着抗日的招牌，还不愿丧失国民党的国际地位，有时也还顾虑到国际国内的舆论指责"，才以"政治解决"和"准备实施宪政"，作为拖一下的幌子，等待将来有利条件。① 孙科对实施宪政的目的讲得很坦率，他说："我们十余年来既掌握了政权，便应该速求实现长治久安的方策，就是要建立政治上久远的规模，实现民权主义，使中国真正成为民权国家。否则国内可能因为政治问题未妥善解决发生变乱。""现在我们要与盟邦共同负担维持战后世界和平与复兴的责任，对国内政治问题当然求出一劳永逸的办法。必如此，然后国家才能维持永久，不然将来抗战胜利后，还不能有安定的机会从事建设。""我们是执政党……十一中全会关于宪政实施的决议，就是国民党解决国内政治问题的主张，更是实现民权主义使国家长治久安的办法。这个决议向世界表明了中国今后的动向。"② 孙科所说的国内政治问题，最主要的是共产党问题，其次是民主党派问题，最后是地方实力派问题。国民党实施宪政的着眼点，就是要用"宪政"把这些地方势力，而首先是共产党的势力，融化在国民党一手把持的宪政体系中，以民主政权之名，行专制统治之实。

可是，这个决议毕竟打破了第一次宪政运动后期国民党与在野党派达成的抗战期间不再提宪政的约定，所以有人认为它"由重庆传到国外，对文明世界发生极好的印象"，"尤其民治的友邦舆论"会"大表欢迎"。同时，由于"中国施行宪政已经有了明定的期限，从此可希望这个东方大国

---

① 《评国民党十一中全会和三届二次国民参政会》（1943 年 10 月 5 日），中共中央文献研究室编《毛泽东选集》第 3 卷，人民出版社 1991 年版，第 918 页。

② 《中央日报》1944 年 5 月 22 日。

走上民主政治的康庄大道，为世界民治增加声势，为世界和平巩固基础”。①

1943 年 9 月 18 日上午，国民参政会三届二次会议在重庆国民政府军委会礼堂开幕。蒋介石在开幕式上作训词，以实施宪政相号召，使全体参政员把国民党十一中全会的决议精神，变成本次国民参政会决议的内容。大会主席团还根据蒋介石的提议，提出《设立宪政实施筹备会和经济建设期成会两机构案》，“并由主席团暨驻会委员会与政府协商办法，务期早日组织成立”②。张伯苓在参政会闭幕式上，把这次会议的要旨归结为“以宪政筹备与经济建设相期勉”。

9 月 20 日，《大公报》在社评《促进宪政培养民主　这次参政会的一大任务》中指出：“民主政治的精髓在于言论自由，这一点，我们以为此次参政会先要试行。……我们的新闻检查与图书杂志审查已实行多年，检查标准与审查标准也因袭了多年，且有各上级机关的随时指示，日久年深，积累起来，也相当繁多了。”因此，希望参政员向政府建议“将现行的新闻检查标准及图书杂志审查标准，以及关于言论出版的一切指示，加以审定。……我们以为言论出版的限制，除非军事外交之涉及绝对机密者外，应该尽可能地把尺度放宽，不必作过分的取缔”③。

9 月 28 日，在《可喜的民主风度》中说：“民主政治的原则，就是……作有礼而合法的竞争。……民主政治的精神是公平，民主政治的灵魂在言论自由。在这次参政会的议事中，参政员的言论很自由，并提有‘维护正当舆论’一案，也令人闻之滋慰。防民之口，原是一件极难甚至不可能的事；让大家讲讲话，尽管嘴上激昂，心里反倒消了火；议会上的舌剑唇枪，可以抵消沙场上的实弹射击；民主政治就妙在得此诀窍。由这次参政会的情形，我们已看出言论自由的生机，言论出版的管理方针可望放宽了。我们如此希望，也如此相信。国民参政会业已休会，它应该已为

---

① 周鲠生：《这一战的意义》，《中国青年》1944 年第 10 卷第 5 期。
② 《大公报》（重庆版）1943 年 9 月 27 日。
③ 《促进宪政培养民主　这次参政会的一大任务》，《大公报》（重庆版）1943 年 9 月 20 日。

民主政治播下了肥硕的种子。"①

从这里也可以看出，再次兴起的宪政运动，获得了新的特点。它已经不是一般地抨击国民党专制独裁，而是要求立法，争取言论自由等人民的自由权利。言论自由准确地说就是意见自由，即人们有发表不同见解的自由。然而，国民党摧残人民言论自由的事例，自抗战以来可谓层出不穷，不胜枚举。包括《大公报》在内的新闻出版界，对此更表现出极为迫切的心情。社会舆论亦认为"请求政府注意改善者"，大多"集中于言论出版之自由"方面。从以上两篇社评来看，《大公报》对此次参政会抱有如下希望：第一，民主政治的精髓在于言论自由，要真正培养民主风气，参政员就应当大胆地提出自己的政见。第二，言论自由又是民主的萌芽，如果把言论自由都限制掉了，还有什么民主可言？所以要求重庆政府改变限制言论自由的新闻书报检查制度，放宽对出版限制的尺度。第三，政府应当为战后各党派关系的和谐打下基础，尽量放宽言论自由，养成民主国家公平竞争的风气，增强抗日民主团结。这是当时《大公报》希望参政会能做到的具体各项工作，也代表了民众对国民党标榜准备实施宪政的天真理解。

## 二　鼓励宪政实施协进会

五届十一中全会及三届二次国民参政会之后，按照《关于实施宪政总报告之决议案》的规定，1943 年 11 月 12 日，宪政实施协进会正式成立，委员中包括了共产党代表周恩来、董必武。

宪政实施协进会成立后，《大公报》对其提出了关于促进宪政实施的三点建议，包括：第一，要养成宪政习惯，"国民与政府双方都要努力，以养成宪政习惯，培植宪政风度。……此种风度，本非短期所能养成。关于这一点，大家要忍耐，逐步检讨，反省，互谅，互信；假以岁月，才能培养新精神，完成新建设"。第二，贯彻宪政于地方，"地方情形与中央法

① 《可喜的民主风度》，《大公报》（重庆版）1943 年 9 月 28 日。

令既难尽相符合，所以要使宪政贯彻到各地方，中央还须多多了解各地方的情形。省政府本是中央派出的机关。在其自己隶属机关之内，因地因时，运用政令，以期切合地方实际情形，正可格外提高政治效能，加强中央的恩信"。第三，切实实行地方自治，宪政与地方自治的关系好比塔面与地基，实施宪政要是不先实行地方自治有如光盖塔面不打地基。"中国政治，多少年来一般都只注意到中央政治，对于省之一级每加忽略，至县以下，则更加漠然。中国政治之所以多年弄不好，这是一个很大的原因。中山先生创立三民主义，以达到民有民治民享为目标，其基本精神就在地方自治。"①

11月13日，在社评《宪政之路在法治与舆论》中又对宪政实施协进会提出促进法治与争取言论自由两项希望。民主的宪政有两大基础，就是法治与舆论。法治与舆论，是到宪政之路，也可说是宪政的本身。首先，宪法是国家的根本大法，宪政的本身就是法治。……宪政实施之日，上自政府领袖，下至一般平民，必须能重法守法，共臻于法治之域。从现在起，政府官吏与一般人民，就应该不约而同的，严格重法守法，认真练习怎样做一个民主宪政下的公仆与主人！打下法治的根基，宪政实施才更有把握。其次，民主政治的根本在于舆论。"舆论是属于人民的，它能反映民意，指导社会，监督政府，故舆论有影响甚至左右政治之效。反言之，若政府欲决一新策，行一新政，也须先从转移舆论入手。民主政治必须有有力量的舆论，最好的民主政治，几乎就是舆论政治。""舆论，必须有言论自由，如鱼之于水，是不可须臾离的。在轴心专制国家，没有言论自由，我们以其为强暴；而言论自由的国度愈多，也就是文明的程度愈深，这可说是一种文野的尺度。"为了走上宪政之路，完成国家的政治建设，现在就应该开始放宽言论自由的尺度，就应该开始培养言论自由的能力。②

以上几点，是《大公报》对于宪政实施协进会的期望，包括了三项，要重法守法培养宪政习惯，实行地方自治，开放言论。宪政实施协进会成

---

① 《献给宪政实施协进会》，《大公报》（重庆版）1943年11月12日。

② 《宪政之路在法治与舆论》，《大公报》（重庆版）1943年11月13日。

立后，1943 年 10 月初，张君劢、褚辅成、左舜生、李璜等人向王世杰、邵力子郑重表示：宪政实施的筹备工作重心应放在言论自由的逐步开放方面。① 随后，李璜、王云武、张志让、钱端升等在宪政实施协进会第一次会上正式提出数项"关于改善新闻检查及书籍审查办法"的提案。蒋介石在宪政实施协进会的说明书上批示道："现值战时，报纸言论记载，动与战局人心息息相关，检查制度未便遂行取消，即现行检查方法，究应如何改善之处，亦尚须慎重研究。"② 事实上拒绝了宪政协进会的建议和要求。与此同时，社会对言论自由的呼声也十分强烈。在强大的社会舆论的推动下，9 月 21 日，宪政实施协进会通过了《改善书报检查办法》案。此办法于 12 月 14 日经国民党中央秘书处审查通过，但以蒋介石为首的国民党政府没有开放言论自由的诚意，因此不可能认真实行。

1944 年 5 月 26 日，国民党五届十二中全会在重庆召开，在会议的全体宣言中提到了"关于厉行法治、保障民权、尊重舆论、宣达民意，以慰国民之愿望者"一项。全会被迫承认，重庆政府违反法治是不容否认的事实，但是只以遮遮掩掩的手法加以描述，称："军事殷繁，督察难周，各地人民不免有因各种服务人员之玩忽职守，而受意外之损害者。或因逾越职权之措施而遭意外之苛扰者。本会议以为国家当此战时，有权要求人民负担其法令所课之一切义务。但必须贯彻法治精神，决不容有违法失职之举，以损害人民之权益，加重人民之负担。更不容豪强有力之徒，逃避其对国家应有之义务。"③ 但是，与这种表白相反，提案中却没有保证实行法治的具体措施。对于反动的新闻出版检查法，限制言论自由的种种法规，没有作任何修改的表示，又怎能实现法治呢？

关于地方自治问题，五届十二中全会通过了《限期完成地方自治确立宪政基础案》，规定了各县完成自治的标准。主要内容包括：第一，各县

① 《王世杰日记》1943 年 10 月 2 日。
② 《宪政实施协进会工作报告》（1944 年 5 月 19 日），秦孝仪主编《中华民国重要史料初编·对日抗战时期》第 4 编第 2 册，（台北）中国国民党"中央"委员会 1988 年版，第1793 页。
③ 《中国国民党第五届中央执行委员会第十二次全体会议宣言》，《大公报》（重庆版）1944 年 5 月 27 日。

完全自治前必须达到程序，以实际上能于两年内办到者为限。第二，各县人民曾厉行公民宣誓，并受四权行使之训练及遵守战时政令之成绩，应视为完全自治之基本条件。第三，陪都及各省政府所在之县市与省所指定之示范县市，应率先完成，其余县市由行政院详定分期完成之程序。战区各县应于秩序恢复时，积极办理自治，至迟应于战事结束后两年完成。第四，各县办理自治成绩之优劣，应列为县长重要考绩之一。各省所属县份如已达到完全自治程度，应分别列举事实报告内政部，经考察属实后，呈转国民政府核定并公布之。第五，国民政府核定公布完全自治之县，依建国大纲第九条之规定，其人民得直接行使四权。从这些规定中可以看出，地方完成自治的标准，实质是每个县都完成了充当国民党顺民的训练，国民党的基层统治牢固建立起来，并经中央核准，才算最后完成。这样，在国民党宣布全国实施宪政时，国民党以外的其他政治势力，便没有立足的余地了。这就是国民党积极倡导宪政的根本目的。

通过这两项议案可以看出《大公报》提出的要重法守法培养宪政习惯、实行地方自治等期望，国民政府没有一项是有诚意准备真正实行的。但是，尽管如此，《大公报》的态度是积极热情的，这表达了它对实施宪政的强烈愿望，说明其追求民主宪政的思想逐渐复苏。


### 三 积极参加有关宪政问题的讨论

这次宪政运动主要还是在国统区通过宣传、座谈、讨论的形式展开的。在重庆最为活跃的是刚刚诞生的宪政月刊社。该社于 1944 年 1 月 1 日创刊，发行人黄炎培与主编张志让都是宪政实施协进会会员。《大公报》总编辑王芸生也是宪政月刊社编辑委员会的成员。

宪政月刊社主办的座谈会是 1 月 4 日开始举行的，与会者都是社会知名人士，因此产生了不小的社会影响。这个座谈会开始时只有十几人参加，后来孙科、邵力子、于右任、王世杰、冯玉祥等国民党的高层人物也经常到会。座谈会的题目涉及十分广泛，包括：中国目前是否需要宪政，为什么需要宪政，需要什么宪政；中国在抗战期间未实施宪政以前，是否

应在民治大道上有所设施，应有何种设施；今日在推动宪政运动之时，各
界对于现在政治法令及一般状况之改进有何建议；各界对于有关事项，认
为在宪法上应有何种规定；目前应怎样推进宪政运动，等等。王芸生曾经
在座谈会上指出："谈宪政应先努力于基本民权的争取，大家不要放弃自
己的责任，不要怕事。我们要将私的变成公的，暗的变成明的，秽的变成
洁的。"①

《大公报》积极参与了社会各界关于宪政问题的大讨论，发表了大量
社评，主要集中在"五五宪草"的修改以及宪政实施的时机等问题上。

首先，宪法草案的修改。

关于宪法草案的修改，《大公报》主要谈了三个问题：三民主义的释
义、宪政国家军队的地位和中央政府机构间的权力关系。

三民主义的释义。当时中国的国民，可说是无人不赞成三民主义，也
无人不佩仰孙先生遗教。但要绝大多数的国民宣誓实行，则三民主义需要
有一个简单明了的定义。若指那两厚册三民主义讲演词就是三民主义，理
论实在繁博，非一般人所能得其要领，要对几本大书负道德上法律上的绝
对责任，实在有一个很大的技术问题待解决。所以"要使公民宣誓'实行
三民主义'庄严明确，实在需要给三民主义下个简单明瞭的定义。……至
于国民大会代表宣誓的誓词中的'接受创立中华民国之孙先生之遗教'，
题目更大，更笼统，也需要斟酌"。"中华民国的前途是要建设成为一个三
民主义共和国，要不把中华民国的国民拒于信行主义的门外，使及龄的国
民都有资格依法享有民权，实在需要给三民主义下一个简单明了而家喻户
晓的定义。"②《大公报》认为关于三民主义的定义仅仅是一个技术性问题，
希望政府给出一个简单明了的定义。事实上，三民主义本身在孙中山那里
都没有明确的定义，民族、民权要说还清楚一点，就民生来说在孙中山的
言论中就多有前后矛盾、不一致的地方，那国民党又如何能下明确定义？

宪政国家军队的地位。民国以来，中国之所以一直处在分裂动荡之

---

① 《新华日报》1944 年 2 月 8 日。
② 《三民主义共和国——五五宪草的第一条》，《大公报》（重庆版）1944 年 1 月 11 日。

中，一是由于宪政没有确立，还有一个更实际的问题，就是军队未曾国家化。宪政国家的军队有三化：一国家化，二超然化，三专门化。军队国家化，则须确定军队的国家地位，确定军队为国军，为国防军；就是说，军队是绝对属于国家的。军队超然化，则须使军队超然于政治之外，超然于党派之外，任何党派不得自有军队，也不得于军队内活动。军队专门化，须使军事机构制度化、专业化。"将来的宪政能否名副其实，以及将来国家能否长治久安，实系于这几点原则能否贯彻。现在，当研讨宪政之际，希望能够确定军队的国家地位，把这几点精神纳入根本大法。"① 这里《大公报》提出了军队国家化的主张，这是国家民主统一的要求，也是它所一贯倡导的。

中央政府机构间的权力关系。第一，关于立法权，当时的立法院只有被动的立法权，而无主动的立法权。若求立法权限的完备，应有一种规定，"使立法委员可以代表人民的意见，自动提出法律案，经院会议决，送请政府施行"。第二，关于监察权，宪法草案规定监察院院长、副院长及监察委员由国民大会选举，是独立的。为加强监察权的行使，有三点应加补充："一、监察院得接受人民的诉愿，经调查有据，而提出弹劾案。二、弹劾案得发表，以收儆戒之效。三、应将惩戒程序具体规定，以资保障。"第三，关于各院院长、副院长的任命及罢免。司法考试两院院长、副院长由总统任命，由国民大会罢免，对国民大会负其责任，其性格系统，就不如立法监察两院那样单一。由总统任命的官吏，不对总统负责，而且不由总统罢免，在立法技术上还有斟酌的必要。再从总统与五院的关系来看，依宪法草案规定，总统由国民大会选举，对国民大会负责，而立法司法考试监察四院院长也都对国民大会负责，在法律地位上总统与此四位院长平等，假若总统是责任元首，若院际发生纠纷，总统恐不免被卷入旋涡。一旦出现这种情形，总统负实际行政责任，便很难解决。若召集临时国民大会解决，又不便轻易召集。因此，在五权宪法中对总统与行政院

---

① 《军队的国家地位——研讨宪草应注意之一点》，《大公报》（重庆版）1944 年 1 月 14 日。

院长之间的权责关系应多作考虑，以使总统不易陷入院际纠纷。①

其次，宪政实施的时机问题。

当时认为宪政实施的时机不成熟的观点，主要是基于以下两点原因：第一，建国大纲的程序，必须经过训政，推进地方自治，训练人民行使四权以增强人民的国家意识和自治能力，现在这项工作没有完成；第二，中国老百姓的智识程度不够，同时对政治也缺乏兴趣。对此，《大公报》一一给以驳斥。

关于训政问题。国家经过七年的抗战，这样苦难的磨炼，血汗的奋斗，比十年的训政还有效，人民的国家意识已大大加强，自治能力已大大提高，到抗战胜利之后，中华民国的人民应该已有做宪政国民的资格与能力了。再就世界大势看，大战的结果，当然是轴心国失败，民主国胜利，战后世界的主流当然是民主原则。中国不但身列民主国家之林，而且是四强之一，把握战争的胜利，展开战后的建国工作，都必须遵循民主的大路前进，这种迫切的需要，天然就是实施宪政的时候。

关于国民智识问题。在政治家看来，不懂民权，不懂政治，是知识不够。实行宪政，如果要让人民参与中央政事，或对中央元首官吏直接选举罢免，对法律直接创制复决，则中国人民的知识教育或者诚可以说是不够。但此四权之行使，宪法草案已赋予国民大会，并不是人民直接行使。人民所应做的，只是投票选举一个国民代表而已。人民知识教育，即使很差，但本乡本县，谁是好人，谁是坏人，大概知道得清楚。②

关于政治兴趣问题。一个国家对实际感政治兴趣的人总限于少数知识阶级。多数民众的兴趣，大多只限于投票选举，或者街头巷尾的闲谈，并无实际参加政治的兴趣与要求。所谓宪政，本是为有参加实际政治工作兴趣的人，提供一个彼此政见不同可以和平论难的方法，原非希望一般无兴趣之人民，人人参与政治。人民选出代表，将权力交给代表。只要代表有政治兴趣，就算具备条件了。③

---

① 《五五宪草中的中央政府》，《大公报》（重庆版）1944 年 2 月 10 日。

② 《谈宪政答客问》，《大公报》（重庆版）1944 年 1 月 28 日。

③ 《宪政时机问题》，《大公报》（重庆版）1944 年 3 月 5 日。

关于地方自治问题。地方自治尚未完成而中央之宪政时机尚未成熟，虽不无道理，但毕竟是间接原因。建国大纲于此也并无明确规定。仅第二十三条规定全国有过半数省份之地方自治完全成立，则开国民大会，决定宪法而颁布之。而第二十二条则规定宪法草案当本于建国大纲及训政宪政两时期之成绩议订。所以，孙中山明确表示宪政之实行，要在地方自治完全成立以前，可以根据其成绩以订宪法。所以以地方自治未完成而认为宪政时机未成熟，似乎只可指民选省长县长等一部分工作而言，不一定与中央实施宪政有关。①

抗战时期的民主宪政运动，其实是为抗战建国，战胜日本帝国主义而发，社会各界要求民主抗战、团结抗战，反对国民党蒋介石集团法西斯独裁统治，具有民族民主革命的性质。它使中国民主力量在政治上和组织上获得了具有历史意义的发展。民主党派在这次民主宪政运动中，经受了重要的政治锻炼，以新的姿态活跃于政治舞台。此外，第二次宪政运动的宣传讨论，使民主观念得到普及，这对中国政治的健康成长，无疑起到积极作用。众所周知，民主是个带有全民性的问题，假如广大民众缺乏基本的民主常识，就无法具备民主意识与民主精神，这样，真正的民主制度也就无法建立起来，即使建立了也难以得到发展。毋庸讳言，对于大多数中国人来说，由于经济上的落后，教育的不普及，加之长期受到封建传统意识束缚，以致在民主意识和民主观念上都存在着很大的不足。从这点看，这次围绕宪政问题的热烈讨论与宣传，确实在一定程度上起到了增强民众政治意识的作用，这对今后中国政治的进步，无疑产生了相当影响。

关于第二次宪政运动的意义，《大公报》曾经评价说，这次宪政运动"使全国人民对国家前途更具备了光明的信念，更增强了向心力，共向民主宪政的坦途以趋，明示中国之必然是一个民主国家，而更提高了国誉。这效果已是了不起的大。我们认为报纸杂志在此时讨论宪政问题，实际是接受了领袖的感召及国民党的领导，其影响所及，足以加强国力，提高国

---

① 《宪政时机问题》，《大公报》（重庆版）1944 年 3 月 5 日。

誉，对社会也具有政治教育的意义，可说是对国家有百利而无一害"①。这里，《大公报》还是以其"国家中心论"为言论的出发点，认为这次宪政运动是"领袖的号召"和"国民党的领导"，是蒋介石国民党政府真心实行宪政的表示。但是，作为当时的舆论重镇，《大公报》不仅亲身参与其中发表观点和主张，而且为这次讨论和宣传提供了重要阵地，为这次民主观念的普及作出了重大的贡献。

## 第四节  《大公报》与蒋介石关系的疏离

从以上论述中可以看到，《大公报》在言论自由追求方面，提出了以"小批评，大帮忙"的方式处理与政府之间的关系，虽然还是站在政府的立场上，但是其要求政府放宽对言论的限制的要求，日益接近于其他中间势力对于开放言论的要求，几篇指摘政府的文章，增大了其与蒋介石政府之间的隔阂。而在宪政运动中，《大公报》积极地加入这场宣传和讨论。在对宪政时机的认识上，强烈主张目前就是实行宪政的最佳时机，而且在宪政实施途径上，也提出了要求政府实行法治与放宽言论限制的要求。与其在第一次宪政运动中有意识地将舆论引入"国家中心论"的轨道相比，这一时期《大公报》完全失去了与蒋介石国民党政府的默契。这表明《大公报》更多地向着其他多数中间势力的民主要求靠拢，在这一点上，可以看出，其自由民主思想，已经由潜隐转向复苏。出现这一转变，除了国内国际形势变化的外因之外，主持人更迭所造成的《大公报》与蒋介石之间关系的疏离则是其内因。

王芸生与蒋介石的关系显然没有张季鸾和蒋介石那么亲密无间。应当说，一开始二人的关系还是不错的。1934 年 8 月，王芸生以《大公报》编辑部主任和著名的日本问题专家的身份，受蒋介石邀请上庐山对这位委员长进行采访，并且给蒋介石讲课，主要内容是关于"三国干涉还辽"，蒋

---

① 《谈宪政答客问》，《大公报》（重庆版）1944 年 1 月 28 日。

对其非常赞赏。王芸生后来兴奋地说："我当了八九年新闻记者，大概都
是在屋里抹桌子，出门访新闻，这是破题儿第一遭。这次奉命到江西旅
行，由八月八日出发，至九月九日归来，共享三十三天时间，在牯岭住了
二十四天，其余时间大都消耗在火车轮船上。这次旅行经过河北、山
东、江苏、安徽、江西、湖北、河南七省，见过不少朝野要人。汪、蒋、
林、段是国家先后四位元首，这次都见到了。余如各部部长各省主席、政
治家、外交家、军事家、各地学者，就是我们同行也会见了几位……"①
一种前所未有的成就感激励着他。但是，他之所以倍感荣耀，是因为他实
实在在地看到了中国的自由主义报人，终于被"权力中心"所重视，终于
有了和所谓的"最高领袖"进行"平等对话"的一天，他希望能通过这样
的方式去影响中国的政治。

在张季鸾死后，王芸生主《大公报》笔政，其站在中间立场批评政府
的态度，日益现露。其实早在张季鸾在世的时候，由于相持阶段到来后国
统区的形势日益恶化，《大公报》就已经开始批评政府了，只是由于当时
蒋介石与张的关系，和出于维护蒋介石这个"国家中心"考虑，这些批评
往往不能深入。早在 1940 年夏季，粮价飞涨，王芸生即曾写过一篇社论，
题目是"天时人事之雨"，主张用曹操借人头的办法，杀几个囤积居奇的
奸商，以平抑物价。张季鸾去世后，王芸生发表了《拥护修明政治案》
《看重庆，念中原》等社评，这些文章都引起蒋介石的恼怒，并给《大公
报》以严厉处分。张季鸾曾经告诉王芸生，"只要不碰蒋先生，任何人都
可以骂"，这里王已经多次"碰了蒋先生"。1944 年 1 月 30 日，《大公报》
在"星期论文"栏刊登了国民党中宣部副部长程沧波写的题为"论传记文
学"的文章，纯学术性。次日，正好星期一，是国民党中央纪念周，蒋介
石到会，厉声问道："程沧波来了吗？"程沧波回答："到了。"蒋介石问：
"你既然是中央宣传部长，为什么给党外的报写文章？还有党的纪律吗？"
程当场惶恐无言，会后连忙上辞呈。② 其实，国民党没有不许党员或部长

① 汤恒：《王芸生》，《新闻界人物》（4），新华出版社 1984 年版，第 72 页。
② 吴廷俊：《新记〈大公报〉史稿》，武汉出版社 1994 年版，第 320 页。

给党外报刊写文章的纪律规定。程沧波为一篇不相干的文章送掉一个中宣部副部长的职务,这正反映了蒋介石当时的心态。

王芸生与陈布雷的一段往事也可以说明王与蒋介石的关系。王芸生自走入办报行业,尤其进入《大公报》以后,立意不涉足其他。用他本人的话说:"我服从司马迁的一句话,盆戴何能望天?"意思是说,头上已经戴了新闻记者这个盆子,便看不见别的了。王多次拒绝国民党的"官衔"。一次,《大公报》刚迁入重庆不久,国民政府就给王芸生下了"聘书",聘他为"军委会参议"。"聘书"刚到,紧接着陈布雷的电话就来了:"这是委员长的意思,请勉强收下吧,好在只是个空头衔。"其实前几次也都是"委员长"的意思,此次王破例地默许了。可是,到了月底,"军委会"竟给王送去了"薪水",数目还不小,王最后仍没给陈"面子",将"聘书"和钱如数退回。①

如前文所述,1941年9月,《拥护修明政治案》发表后,陈布雷亲自出面,请求王写社评,劝学生不要闹事。王被迫在上一篇社评发表整整一个月后,写了篇题为"青年与政治"的社评,对学生进行了委婉的规劝。抗战末期,湘桂溃败,日寇长驱直入,直逼独山。《大公报》反对国民党"以空间换时间"的战法,并同时吁请蒋介石到贵阳督战,击退日寇。同时,王芸生致函陈布雷,请陈布雷谏蒋介石前往贵阳。不久,陈给王回函,却是这样的字句:"臣力已竭,丹心未死;仰首苍穹,徒唤奈何!"王芸生与蒋介石之间已经完全没有了像张季鸾与蒋介石之间的那种默契。

《大公报》这一时期与蒋介石关系的转变实际上是回归了《大公报》一直标榜的独立品格,即可以与政治系统,甚至与"权力中心"有所接触,但必须始终保持距离,因为这样,方能确保"文人论政"的基本样式和精神品格。王芸生上庐山给蒋介石上课,不仅和王世杰、张道藩、翁文灏、蒋廷黻等人以士入仕,最终彻底丧失掉了其自由主义的品格迥异;而且迥异于后来组建的中国民主政团同盟,这一路自由主义者是试图以组建政党的方式,将自己的理念楔入"权力中心"。这一点,也是王芸生与张

---

① 王芝琛:《百年沧桑王芸生》,中国工人出版社 2001 年版,第 89—90 页。

季鸾最大的不同之处。有一个被傅斯年一语点破的关键：为了保持批评政府的民间独立地位，中国的自由主义者可以采取的办法有两个：一是组党，二是办报。盖因"与其组党，不如办报"①，足见"办报"较之"组党"更技高一筹，为自由主义者的最高境界。王芸生没有退而求其次。

抗战相持阶段到来之后，国统区经济、政治危机的加深，使社会舆论普遍对政府不满。这是导致《大公报》与蒋介石日益疏离、冲突增多的一方面原因。再有另一个重要原因，即是王芸生的思想中自由主义文人情结。关于王芸生的思想，将在下一章专门论述。

---

① 《傅斯年致胡适》，中国社会科学院近代史研究所中华民国史研究组编《胡适来往书信选》（下册），中华书局 1980 年版，第 170 页。

# 第六章

# "国家中心论"的终结

1944 年至 1946 年是国共两大政治力量政治斗争的决战时期。在国共两党的激烈斗争中，"为天地立心，为生民请命"，《大公报》展示了那个时代鲜为人知的另一个思想世界。为了抚平战争给人民带来的创伤，安定第一、和平至上、民主统一、休养生息是《大公报》这一时期的主要政治主张。为了达到以上四项目标，《大公报》呼吁国共双方进行政治谈判，实现和平统一。对国民党政府要求施行休养生息，警告其不要在收复失土中失去人心，开放政权实现政治民主化。对共产党要求放弃武装实现军队国家化，要政争不要兵争，一切问题要通过谈判政治解决。在以上宣传中，贯穿着人民至上、主权在民的思想核心，这是《大公报》自由主义的回归。国民党破坏民主，发动内战，再也无法代表国家人民的利益了，人民取代了蒋介石成为国家的中心，《大公报》以蒋介石为对象的"国家中心论"至此终结。在经历了抗战期间一度蛰伏之后，抗战胜利后出现的和平统一的曙光令《大公报》自由主义理想重新活跃。然而残酷的政治现实，使以人民利益为职守的《大公报》一次次幻想破灭。

## 第一节　为实现和平统一而呼吁、呐喊

1945 年 8 月 15 日，日本正式宣布无条件投降，中华民族艰苦卓绝的八年抗战胜利了。经过了八年的屈辱与苦难，为了战胜日本侵略者，中国

人民付出了巨大的牺牲，中华大地千疮百孔。人民的生产、生活亟待恢复，人民太需要安定和平、休养生息了。从抗战结束之前开始，《大公报》就一直在为实现国家的和平安定而奔走呼吁，抗战胜利后，更是对国共历次谈判寄予厚望，呼吁国共两党和平息战，进行政治谈判，反对武力解决。然而国共内战并没有因为《大公报》的呼吁而避免，一次次希望的破灭，让《大公报》感受到了现实政治的残酷。

## 一 对国共内战的担忧

在日军一号作战计划实施后期，国民党出现了严重的统治危机。豫湘桂战役中，国民党军一溃千里，导致了国共力量对比的变化。面对共产党领导的抗日民主力量的壮大，《大公报》头一次感觉到这是一股完全可以与国民党相抗衡的力量。对此，早在抗战胜利到来之前，《大公报》就提出了一系列实现和平统一，避免内战的主张。

在 1944 年 9 月 23 日的社评《在大艰难中作大努力》中，提出："提前结束训政，加速民主化"，"政治解决党派问题，加强全国团结"。① 在 10 月 3 日的《向人民申说！向世界控诉！》中说："当前内政需要'变'，但不需要'乱'，即政府必须下决心，有原则有轨道地实行民主。"② 

1945 年是世界反法西斯战争取得最后胜利的一年，而国民党政府在军事上却一直没有进行足以振奋人心的大反攻。《大公报》对此颇为着急。6 月 1 日发表题为"着急两点"的社评，在希望国民党能够主动出击后，谈第二点时说："召开国民大会，实施宪政，还政于民。这是把握国家局面的一个关键。……国民大会开得好，则国家统一团结，政治宪政民主；国民大会若开得不好，则其结果可能是相反的。"③ 把握国家局面的关键是召开国民大会，但是由一党专政过渡到民主宪政这一点，是蒋介石国民党不愿意做也做不到的，因而他便不可能把握国家统一团结的局面。6 月 13

① 《在大艰难中作大努力》，《大公报》（重庆版）1944 年 9 月 23 日。
② 《向人民申说！向世界控诉！》，《大公报》（重庆版）1944 年 10 月 3 日。
③ 《着急两点》，《大公报》（重庆版）1945 年 6 月 1 日。

日,《大公报》发表题为"胜利逼人"的社评,文章认为要做到两条,其一,"无论是国民党或共产党,一切措施,都不可以党为出发点,应该以国家为出发点";其二,"要变不要乱。……什么叫乱?就是自乱步骤,甚至演为内战。或许是杞人忧天,但是我们希望朝野上下,全国一致,都要有一个坚决的概念,就是:反内战。"①

在日本投降之前,《大公报》也预感到了内战的危机。1945 年 7 月,在抗战胜利即将到来之时,国共之间发生了"淳化事件"。8 月 3 日,《大公报》发表了题为"论淳化事件,并附述我们对国事的意见"的社评。文章说:"在陕西的淳化中央军与十八集团军曾有武装冲突,因此使人们警觉到内战的危险。内战是一个大不祥和的名词。中国抗战,是在统一与团结的规模中进行的,现当抗战第八年代大敌将溃胜利在望之时,又听到内战这个名词,真是不幸。国家到今日,人人都不讳言我们的统一与团结还有问题,所以人人希望国家能够统一团结。至于内战这个不祥的名词,人人听了心惊胆战,但实际说来,内战的形势是存在的。"在谈到"淳化事件的真相"时,文章断言:"两军都有前进","不是一方未动,而另一方去进攻的",并呼吁:"冲突务须立刻停止;停止了务须不要再起;即组织一个社会公正人士的团体,并请几位盟友参加,前往现地调查,以明真相,兼谋避免再起冲突之道。"然后谈对国家大事的意见:"(一)我们绝对反对内战……(二)为了完成国家的统一与团结,最正确、最平坦的道路是民主与宪政。民主宪政之路,必然要国民党政府结束训政,国民党还政于民,开国民大会,制颁宪法,选举民主政府,改组军队,使之国家化。"②

抗战胜利后历史的发展证实了《大公报》的担忧。日寇投降后,国共两党的矛盾突出了,《大公报》"息战"的呼声更高了,具体表现为对"重庆谈判"寄予厚望,欢迎马歇尔调停,期待"政治协商","南京谈判"最后希望的破灭。

---

① 《胜利逼人》,《大公报》(重庆版)1945 年 6 月 13 日。
② 《论淳化事件,并附述我们对国事的意见》,《大公报》(重庆版)1945 年 8 月 3 日。

## 二 对重庆谈判寄予厚望

国民党军队在日军的最后进攻下，从河南溃败到贵州。但是，从日本宣布无条件投降，到重庆谈判开始，在这短短两周时间内，又出现了两个有利于蒋介石的政治形势，蒋介石获得两个扭转被动局面的砝码。第一个是盟军关于日军向蒋介石投降的命令，第二个是中苏条约。第一个砝码使中共不能采取与盟军直接挂钩的方式绕过蒋介石，从而不能实现使日军向中共交防的意图。另一个砝码使中共不能与苏军配合作战。这两个砝码加固了国民党在国际社会的政治地位。蒋介石通过中苏条约，从国际背景上完成了对中共的政治包抄，通过垄断日军受降权，变日军为守备队，阻止了中共进占大城市的计划。于是，蒋介石立即对中共展开政治攻势，电邀毛泽东赴渝谈判。蒋介石邀请毛泽东前来谈判既可举起"和平"这面大旗，在政治上争取主动，又可以利用谈判争取时间，运送部队抢夺抗战果实，并做好发动内战的准备工作。

对于蒋介石邀请毛泽东赴渝谈判一事，在重庆新闻界，《大公报》知道最早，在社评中论及也最早。据王抡楷《重庆谈判期间的中央日报》一文说，此事《中央日报》事前毫无所知，直到 8 月 15 日深夜收到中央社的新闻稿时才知道，社长胡建中才连忙商讨对此事的宣传。16 日，《中央日报》只发了中央社新闻，登了蒋介石电全文，而《大公报》除此之外，还在社评中论及了此事。

蒋介石 8 月 14 日的寒电，16 日在重庆各报上发表，同日《大公报》在题为"日本投降了"的社评中即论及此事，说："在我们欣庆胜利到来之时，国内也有一个令人兴奋的新闻，就是蒋主席致电毛泽东先生，请其克日来渝，共商国是。这真是令人兴奋欣慰。……果使国家的统一与团结完成于一席谈，那真是喜上加喜，不但八年抗战为不虚，且将奠定国家建设的千年大计！忠贞爱国的中国人，都在翘望毛先生的惠然肯来了。"① 这

---

① 《日本投降了》，《大公报》（重庆版）1945 年 8 月 14 日。

是抗战胜利后《大公报》的第一篇社评，将蒋介石电邀毛泽东的这个举措完全从正面进行了充分肯定和高度评价，为蒋介石在政治上争取主动助了一臂之力。也许《大公报》是真心诚意地希望国共两党最高领导人通过和平协商，消除分歧，从而避免内战。《大公报》的主持人是否知道蒋介石的真实想法，尚不得而知，但客观上是迎合了蒋介石的需要。

8月16日，毛泽东复电蒋介石，说："未寒电悉。朱德总司令本日午有一电给你，陈述敝方意见，待你表示意见后，我将考虑和你会见的问题。"朱德的电报，向蒋介石提出了关于接受日军投降以及国内民主问题的六项要求。蒋介石收到毛、朱电报后，又发电给延安，再次敦请毛泽东早日赴渝。《大公报》22日，发表题为"读蒋主席再致延安电"，对蒋介石电予以全面支持，说："这一星期来，人人为胜利欢欣，也人人为团结悬念。日前得见蒋主席致毛先生的寒电，大家为之兴奋，希望能由此启开政治解决之门。现在又读到蒋主席致毛先生电，更感到一片祥和之气，真使人既感激，又兴奋。"①

8月23日，毛泽东在政治局会议上，对迅速变化的局势做如下总结："中国有两种可能进入和平情况，一种是我们可以得到一部分大城市，一种是得不到。现在是得不到，原因有二：一是苏联为了国际和平和受苏中条约的限制，不可能帮助我们；二是蒋介石利用其合法地位，使日本完全投降他。我们只能承认这个事实。"② 这个事实，就是局势逆转的事实。在这个背景下，中共最终决定，接受蒋介石的邀请，赴重庆谈判。23日，蒋介石三电毛泽东，并派飞机到延安迎接。24日，毛泽东急电蒋介石，表示"俟飞机到"与周恩来"立即赴渝晋谒"。

28日，毛泽东偕周恩来、王若飞飞抵重庆，与蒋介石等开始了举世瞩目的"重庆谈判"。29日，《大公报》要闻版头条报道了毛泽东抵渝的消息《毛泽东昨抵渝，周恩来、王若飞偕来，蒋主席昨晚宴于山洞》，并发表了题为"毛泽东先生来了！"的社评。社评首先说："昨日下午三点多钟，毛

① 《读蒋主席再致延安电》，《大公报》（重庆版）1945年8月22日。
② 中共中央文献研究室编：《毛泽东年谱》下卷，人民出版社、中央文献出版社1993年版，第10页。

泽东先生到了重庆。毛泽东先生来了！中国人听了高兴，世界人听了高兴，无疑问的，大家都认为这是中国的一件大喜事。"这是因为"现在毛先生来了，他下飞机时发表的书面谈话，说他的来是为了：'保证国内和平，实施民主政治，巩固国内团结。'请想：在抗战已告胜利，盟友业已结成，我们再能做到和平、民主与团结，这岂不是国家喜上加喜的大喜事！一切好事，有的已经到来，有的已在开始，循此发展，国运开拓，前途无量。为今日的中国人民，真是光荣极了！……说来有趣，中国传统的小说、戏剧，内容演述无穷无尽的悲欢离合，最后结果一定是一幕大团圆。……现在毛泽东先生来到重庆，他与蒋主席有十九年的阔别，经长期内战，八年抗战，多少离合悲欢，今于国家大胜利之日，一旦重行握手真是一幕空前的大团圆！认真地演这幕大团圆的喜剧吧，要知道，这是中国人民所最嗜好的"①！

重庆谈判期间，毛泽东与《大公报》有关人士进行了多次接触和交谈。9月5日，毛泽东接见《大公报》的总编辑王芸生、编辑主任孔昭恺、采访主任王文彬，申述了"统一之政令军令必须建立于民主政治之基础之上"的观点。他说："只有包括各党各派、无党无派代表人士之政治会议，始能解决当前国事，民主统一之联合政府始能带给全国人民以幸福。"9月6日《大公报》将谈话要点公开发表。9月20日，《大公报》又在李子坝季鸾堂设宴招待毛泽东、周恩来、董必武。席间谈论国事，王芸生重提所谓共产党"不要另起炉灶"的论调，毛泽东驳斥说："不是我们要另起炉灶，而是国民党的炉灶里不许我们造饭。"宴会后，毛泽东提笔为大公报社员工题写"为人民服务"。②

国共谈判牵动着全国人民的心。全国人民渴望国共两党能达成确实保障国家和平、民主、统一、富强的协议。在重庆的各方面人士及国民党"左派"也都以各种方式表达了这种愿望。何香凝在她写给宋庆龄、宋子文、孙科三人的信中说："我们四人都是亲受孙中山先生临终嘱言的人。我们不

---

① 《毛泽东先生来了！》，《大公报》（重庆版）1945 年 8 月 29 日。
② 吴廷俊：《新记〈大公报〉史稿》，武汉出版社 1994 年版，第 421 页。

忍看见在国外的压迫解除之后，民族的前途又陷于黑暗。我不能到重庆去，希望你们三位向蒋先生苦言力争停止内战，一切问题以政治协商求得合理解决。如此庶几能告慰于总理及先烈在天之灵与八年来流血牺牲的将士和同胞的英魂。"①

中共从大局出发，为实现国内和平作出了最大努力。9月27日，毛泽东在对英国记者甘贝尔的谈话中表示："在实现全国和平、民主、团结的条件下，中共准备作重要的让步，包括缩减解放区的军队在内。""我不相信谈判会破裂，在无论什么情形之下，中共都将坚持避免内战的方针。困难会有的，但是可能克服的。"② 蒋介石也作出了不少"团结"的表示。10月9日，蒋介石及夫人宴请毛泽东。10日，蒋介石又亲自拜访毛泽东。重庆政府还向毛泽东、董必武授予胜利勋章。

10月10日，《国共双方代表会谈纪要》签字。虽然国共双方都作出了团结的姿态，但是，此次谈判所签署的纪要大部分都是些原则性规定，最重要的政治民主化、军队国家化问题没有任何实质进展。尽管中共在军队问题及解放区地方政府问题上作了最大限度的让步，国民党仍以"统一军令""统一政令"为借口，顽固坚持要根本取消中国共产党领导的人民军队和解放区。早在8月28日，毛在赴渝的飞机上就对同行的胡乔木说：谈判"很可能是不了之局"③。事实正是如此，重庆谈判的最终结果是"维持现状"，一个不是结果的结果，正是一个不了之局。

《大公报》12日发表了题为"团结会谈初步成就"的社评，首先说："毛泽东先生自八月二十八日来重庆，于昨天飞返延安，在这四十几天中，政府与中共方面曾有多次的会谈。因为团结问题所包括范围甚广，关系国家的命运至大，所以这一会谈为全国人心所焦切关心。这一会谈，以毛先生之来去为一标志，已获得一些初步的成就，发表双方会谈纪要。我们检读《政府与中共代表会谈纪要》以后，思绪起落，虽百感交集，却一时难以说出满意或失望。我们实在对团结会谈太关切了，也太瞩望了，所以此

---

① 《解放日报》1945年11月19日。
② 《新华日报》1945年9月27日。
③ 胡乔木：《胡乔木回忆毛泽东》，人民出版社2003年版，第82页。

刻读到一字一句的正式发表，只觉得有极大的希望，而不必轻下断语。"①
蒋介石电邀毛泽东，理由堂皇，姿态高耸，《大公报》不知蒋介石的真实
意图，真诚地为其渲染了一番"团结""祥和"的舆论氛围，为蒋介石将
毛泽东邀至重庆的举动帮了许多忙。但是，谈判结果却大大出乎《大公
报》的意料之外，这个维持现状的不了之局让其"一时难以说出满意
或失望"。


### 三　欢迎马歇尔调停

《双十协定》公布后，国民党蓄意制造分裂，调动军队向各解放区发
动进攻。1945 年 10 月，南起广东，北至察绥，国民党出动 80 万军队向各
解放区进攻。而国民党大造舆论指责中共军队先打了第一枪。11 月初，国
民党在重庆召开重要军事会议，制订了对解放军作战的全盘计划。中国共
产党针对这种严重的形势，动员解放区军民，对国民党军队的进攻给予坚
决回击，国内形势日趋严重。美国在中国一贯推行拥蒋反共政策，不过它
从全球战略考虑，也会采取一些比较灵活的方式处理中国问题。一面援助
国民党尽可能扩大占领区，控制各军事要地；一面鼓励重庆政府尽快召开
政治协商会议，劝说蒋介石把通过内战统一中国的政策改变为通过政治谈
判统一中国的政策。马歇尔使华就是为完成制止内战，通过政治谈判组建
联合政府这一使命。

1945 年 12 月 7 日，美国国务卿贝尔纳斯在参议院外交委员会上说：
"蒋介石委员长的政府在发展民主政治方面提供了令人满意的基础。但是
我们也认为，它还必须扩大，以便包揽那些现在在中国政府中还没有任何
人参加的和组织得很好的团体的代表。""光靠中国领袖们自己还不能解决
问题。在这方面，我们的影响是一个因素。……运用我们的影响，促成中
央政府、所谓共产党及其他党派，彼此让步。"② 杜鲁门明确地说："我派

---

① 《团结会谈初步成就》，《大公报》（重庆版）1945 年 10 月 12 日。
② ［美］杜鲁门：《杜鲁门回忆录》第 2 卷，李石译，生活·读书·新知三联书店 1974 年版，
第 82 页。

马歇尔将军到中国去是为了设法制止战争，以帮助国民党和共产党签订协定，组织一个联合政府。"马歇尔后来曾多次说，他使华时是希望"建立一个两党政府体制，以共产党为少数派成为处于合法地位的反对派"①，也就是在中国推行类似于美国式的两党制。

1945年12月20日，马歇尔抵上海，22日飞重庆。《大公报》对马歇尔的到来，表现出了一定的热情，认为国共"息战"总算有望了。21日，《大公报》不仅报道了马歇尔抵沪的消息，而且发表了短评《欢迎马歇尔将军》："马将军之来，时机甚好，对于中国统一团结之促进，必能发生良好的影响。"② 22日，又发表了胡政之以同样题目写的社评，对他进行了一番宣扬，并要求各关系方面觉悟，立止兵争，诚意团结，实现民主，厉行建设。1946年1月初，马歇尔参与国共关于停止国内军事冲突的谈判。1月7日，成立了由张群（后为张治中）、周恩来、马歇尔组成的三人军事小组。

1946年1月8日，《大公报》发表了《赶快停战!》的社评，表达了期望马上停止国共冲突的急迫心情。"胜利以来，我们一直在内乱中鬼混，不要说民力国力的消耗，单说这五个月的时间，牺牲得就实在太可惜。我们本来是一个既贫且弱的国家，有了这样好的建国机会，应该一步不停，迎头赶上，或者在二三十年内可以成个样子，挺然立于并世大国之列。看日本投降后国际的狂涛疑浪，我们更应惊心动魄，时乎不再，稍纵即逝。五个月的宝贵光阴虚掷了，不仅虚掷，已经招致了许多轻侮。惩前毖后，要赶快以昨死今生的精神，改弦更张，抛弃一切恩怨固执和武力的迷梦，集中意志和力量来建国复兴。最紧要是第一步：立即停止内战!"③

1月10日，张群、周恩来联合签署了《关于停止国内军事冲突的命令和声明》，同时，蒋介石和毛泽东分别向自己的军队发出"停战令"。1月11日，《大公报》发表题为"欢迎停战令下"的社评，将马歇尔又大大地

<hr>

① ［美］杜鲁门：《杜鲁门回忆录》第2卷，李石译，生活·读书·新知三联书店1974年版，第101页。

② 《欢迎马歇尔将军》，《大公报》（重庆版）1945年12月21日。

③ 《赶快停战!》，《大公报》（上海版）1946年1月8日。

美言了一番："马歇尔元帅是中国和平的收生婆，全国人民都特别谢谢他！马歇尔元帅曾助世界赢得战争，现在又助中国赢得和平，真是盖世的功勋。"①

后来，三人小组又视察了北方，并且协商提出了整军方案，与国民党各地方官员订立协定：（一）解各城镇之围；（二）解除人民自由行动的约束；（三）消除恢复所有交通的任何延搁。为此，《大公报》不但赞扬，而且"感激"了一番三人小组，尤其是马歇尔元帅。

在3月13日的社评中说："如果政治的协商是政治民主化的开端，整军方案便是军队国家化的基石。这两件事情实现了，中国才可以走上和平安定进步之路。这两件事具有同等重量，而军队国家化尤为关键所在。因为军队不国家化，政治的民主化便没有保证。……在这里，我们应该特别赞美三人小组的工作，尤其马歇尔将军对军事调处以至整编，一贯热诚参加协助。这位六十六岁高龄的友人，在北方凛冽的气候中到处视察，脚不停，口不停，为了中国人民当前的痛苦，也为了中国国家的前途。他的辛劳将使中国永远不忘。……国家要求发展，要有前途，过去的过去了，大家应该作远大之想，把目光注到将来！马氏过去几个月，已给我们国家重大问题的解决做了极可感的初步工作。"②

《大公报》对前途的憧憬过于乐观。蒋介石一面下"停战令"，一面下作战令，加上美国帮助运送军队，尽管中共作出了诸多让步，但"战"还是"停"不下来。这使《大公报》难以发言。在《和平第一安定至上》中，说："从中国的老百姓说，中国人是最爱和平安定，而且最需要和平安定的。中国在这次大战中作战最久，受苦最深，现在简直要等待和平安定来救命了。今天全世界都获得和平了，中国依然骚乱；全世界都寻求安定了，中国还在傻扰。停止冲突，迄未彻底；恢复交通，波折时生；再看东北一角，更是阴霾重重。带着火药臭味的宣传，嚷得人人不能安寝。这种恶劣的情况，这么违反人类应有的理智，这么违背中国人民的愿望，真

---

① 《欢迎停战令下》，《大公报》（上海版）1946年1月11日。
② 《三人小组的大成功》，《大公报》（上海版）1946年3月13日。

是叫人难以理解。不但苦心孤诣协助中国瞩望中国的友人会茫然不解，就是中国的老百姓也茫然不解。今天全国大半人口是饥民灾民，人人在贫乏饥饿中面对死亡，再叫他们遭受祸乱，实在太违反人性了，今天拥有武力足以制造战争的人们，请睁开眼睛看看世界：世界在求治，世界在求安定，如果还妄想利用幻想中的机会，作不正当的打算，糟蹋国家，残虐老百姓，那就未免太丧心病狂了。大家要记着：和平第一！安定至上！"① 国家应该建设，人民应该抚慰，因此必须和平安定。全国大半人口在挨饿，而各武装力量却还要用战争蹂躏他们，也确实反人性。按照理性的思考，在逻辑上这些都是不合理甚至荒唐的。但是，中国当时社会的主要矛盾确是如此，就是国共两党你死我活的斗争。这一点，一向以理性来看待问题的自由主义报人是无法理解的。

5月21日，全面内战爆发前夕，《大公报》发表了一篇《我们反对武力解决！》的社评。先说："当前的国家局面，真令人太息痛恨！所谓和平谈判，已沉闷得进入睡眠状态：军事行动的锣鼓，却加紧的敲打起来。……说'政治解决'，高叫'民主'，图穷匕首见，还是武力解决！还是打！打！打！'民主'，'民主'，真是天晓得；中国的民主希望，已被你们打成炮灰了！"后说："目前的战乱局面，真是令人痛恨，令人愤怒！我们愿意喊出人民心底的一个呼声：我们反对武力解决！你们不要迷信武力万能。我们可以坚定地告诉你们一件事，就是武力绝不能解决问题。动武力，讲打，最后不论谁打倒谁，必然都是武力统一。武力统一了，必然没有是非，一切服从暴力。那非但不会有民主，还要制造更大的战乱。那非但国家不幸，人民遭殃，凭恃武力者的本身也终必惨败。"② 虔诚地希望"和平息战"的《大公报》，着实地白"欢喜"了一场，一种被愚弄的感觉油然而生，唯一可以发泄怒火的方式，也就是大叫一通。

① 《和平第一安定至上》，《大公报》（重庆版）1946年4月17日。
② 《我们反对武力解决！》，《大公报》（上海版）1946年5月21日。

### 四 期待政治协商会议

迫于中国共产党及全国人民强烈的民主要求和国际舆论的压力，蒋介石被迫同意按《双十协定》的规定，召开政治协商会议。这是《大公报》对"和平息战"的另一份期待。1946 年 1 月 10 日，政治协商会议在渝开幕。胡政之以无党派人士的身份出席了政协会议。由于前两次的教训，对政协的召开，《大公报》是喜中有忧，希望值不是太高，发言也比较谨慎。同日发表题为"勉政治协商会议"的社评，先说："今天揭幕的政治协商会议，是当前中国的第一等大事。我们对之瞩望，开头应该先说两句吉利话。其实，我们的心情一点也不轻松，毋宁是极其沉重的。我们纵观世界大势，默察国家实况，体会人民心理，中国都非和平安定不可。这个政治协商，是应时代的迫切要求而产生，只许成功，不准失败。"然后警告说："政治协商会议的各位代表，无论你代表的是哪党哪派，都必须一切以国家为重，不得执拗于各自党派的利益。大家一定要知道，这是国家解决问题难得的机会，是千载一时，当此时机，若是不能解决问题，甚至失败了，其后果恐将是国家大糜烂，那可太严重了！做政治的人必不可有后悔而误国家大事。大概从事政治的人，绝少居心祸国，但因一念之私，以致偾事误国者，则比比皆是。这次的政治协商会议，是国家拨乱反治之机，是国家和平进步之阶，务望各位代表珍重！为国家珍重！为人民珍重！"①

政协开会期间，《大公报》积极参与了会议的五项议题的讨论。

第一，关于国大代表的资格问题。

当蒋介石宣布召开国大后，国大代表资格问题随即引起争议。重庆谈判时，国共两党曾就这一问题进行过磋商。国民党方面的意见是，已选出的 900 余名代表均系依法选出，其代表资格仍有效。此外，原区域和职业代表名额中，尚有 240 名未选出，政府遴选代表 240 名也未选出，共为 480 名，国民党建议，将这 480 名代表名额提供于中共和其他党派。中共

---

① 《勉政治协商会议》，《大公报》（上海版）1946 年 1 月 10 日。

和民盟的意见是全部代表应重选，理由是：当初国大代表选举时，中共与其他党派处于非法状态，未能参选，选举为国民党一党包办。国大代表问题在重庆谈判时未能解决，留给了政协会议。

就国大代表问题，在对比了各方意见之后，《大公报》指出："八年前的代表，是在怎样的情形下选举的，我们且不谈，而这些代表，在八年后的今日，是否还能代表民意，是一大疑问。抗战八年，天地都变了，有多少八年前的社会贤达，在时代巨轮下随风而逝了，更有多少新阶层涌起，领导着奋斗。无论如何，这八年中贡献最大牺牲最惨的战士、生产劳动者，以及一切忠贞苦斗的人，都应该有权推选代表，参与这建国制宪的大会。而这些人，在八年前大都还在青年，或者根本还无权选举。而且旧代表中，除了附逆及死亡者外，也许有不少对抗战根本无贡献。这样的代表，如何能代表真正的民意！"[1]

旧国大代表资格问题是政协会议上争论的一个焦点。这些旧国大代表是由国民党包办产生的，以他们为主体召开国大，便可通过一系列有利于国民党的法规。正如《新民报》所说，如果由旧代表召开国大来实现"还政于民"，"那就等于国民党'从左手还给右手'"。[2]《大公报》在这一问题上侧重于，旧有的国大代表无法代表民意。《新民报》则侧重于，这些旧国大代表的存在会导致国民党控制国民大会。虽然侧重点不同，但在主张旧国大代表资格应当取消，国大代表应当重选这一点上，《大公报》的观点和《新民报》以及中共、民盟的意见是比较接近的。

最后，旧国大代表问题达成的协议是一个折中的方案。原区域与职业代表 1200 名仍有效，如前所述，这部分代表原只选出 900 名，剩下的 200余名，由原来未选出的地区如新疆、西藏等地区继续选出。此外，我国台湾、东北地区原无代表，此次新增 150 名。另外，党派和社会贤达代表700 名。

第二，关于军队国家化问题。

---

① 《停战以后》，《大公报》（上海版）1946 年 1 月 12 日。
② 《国民大会问题》，《新民报》（重庆版）1946 年 1 月 18 日。

在政协会议期间，军事小组的讨论核心便是军队国家化问题，军队国家化的核心又是军党分离。在这个问题上，民盟与青年党在原则问题上态度较为一致，而国、共则在某些问题上较为一致。青年党在其提案中提出："实行军党分立，以免政争变为兵争。全部国防军应独立于一切党派之外，任何党派均不得以军队为政争之工具。"①

1月16日，民盟9名代表联名提出军事问题提案，内容较为简要，核心是："全国所有军队应即脱离任何党派关系，而归属于国家。"为此，该提案要求"现役军人脱离党籍"②。

关于军队应当脱离党籍，《大公报》的立场与民盟和青年党的立场是一致的。1月20日，《大公报》在社评《停战·裁兵·军队国家化》中指出："我们今天实行民主宪政，实现军队国家化，军事行政的首长大可借重文人。为贯彻军队国家化，防止党争演为兵争，在职军人概应保持超党派的地位，凡属军人不应入党。人民供养军队，希望他们为国效力，他们绝不应把这种力量移来参与政党的斗争。也只有军人不入党，国内的政治竞争才能遵循宪轨，和平前进。"③

后来国共两党联合抵制了民盟、青年党提出的现役军人脱离党籍问题。最后，军事小组通过两项原则：军党分离和军政分离。军党分离，就是在军队内，军人可以有党籍，但不得有党团组织，也不得有党派活动，此即军党分离。军政分离，就是军队在驻地不与当地政治发生任何关系，只能进行训练，不负责地方防务，军队供给由中央统一筹划。

第三，关于施政纲领。

施政纲领又称和平建国纲领、共同纲领，这项议案所要解决的问题是，在宪法颁布之前的过渡时期如何施政的问题，具有"准宪法"的性质。

《大公报》认为："依我们的了解，当前国家若需要一个施政纲领，应该是临时性的。因为到宪法制成宪政实施之时，一切依宪法施政，自然不

---

① 《新华日报》1946年1月17日。
② 《大公报》（天津版）1946年1月17日。
③ 《停战·裁兵·军队国家化》，《大公报》（重庆版）1946年1月20日。

需要另有一个施政纲领。因此，这个施政纲领只是一个一年的施政纲领。看清了这个时间性，则这个施政纲领应该愈简明愈好，朗朗的具体几条就够了，不必多开菜单，不必把不克于短期做到的百年大计都列举上去。"

民盟代表张申府的发言也持同样观点。他将共同纲领赋予了"临时的法"的性质，也就是要取消原有的约法。关于纲领的条款，张申府说："我以为既是临时性的，而且是纲领，条文不可太多，要是荦荦大端的原则而不是具体事项。"中共代表董必武发言认为，纲领条文不能太过简略，随即提出一个32项条款的初步方案。董必武的发言得到了民盟代表章伯钧的赞成。①

总的来看，由于施政纲领所涉及的一些具体问题，就是其他几个专门小组讨论的问题，因此纲领小组不做具体讨论。存在争论的也主要是一些技术性问题，因此纲领小组的争论大概是最平静的。

第四，政府改组问题。

政府改组问题是当时最为人们关注的问题。1月14日，国民党8名代表联名提出扩大政府组织方案。其中一项规定：国民政府委员得由主席提请选任党外人士充任之。王世杰对这个提案做了说明，王说："所谓选任，就是由国民政府主席提经国民党中央执行委员会通过。这种手续，国民大会未召集前，不能不保持，否则法律的系统也就变了。"② 政府委员须经过国民党中央通过，表明国民党是高于政府的，这个党的法统仍然维持。

对此，董必武说："如此则还是国民党一党专政的形式。"③ 民盟代表罗隆基发言说："国府委员须经国民党通过，这些人是否要向国民党的机关负责？"④

就此问题，《大公报》认为："改组后的国民政府应该是政治最高指导机关，而不另受党的控制。据国民党代表的提案说明，党外人士任府委，

---

① 以上为陈布雷记录的1月15日会议发言。见秦孝仪主编《中华民国重要史料初编——对日抗战时期》第7编（2），（台北）"中央"文物供应社1980年版，第158—164页。

② 《中央日报》1946年1月25日。

③ 《新华日报》1946年1月15日。

④ 同上。

将由主席提请中常会通过选任。如此，则中常会既可通过选任，当然也可以决定罢免，仍是以党制政。我们以为改组后的国民政府最好与党隔开，国民党中常会尽可授权与总裁，由国府主席一人对党负责。"

可见，国民党以扩大政府为标榜的提案，实际上仍由国民党把持一切，国民党是高于政府的，这个党的法统仍然维持。《大公报》与所有国民党以外的政治势力的态度是一致的，一致反对这个提案。最后，政协协议中未规定国府委员须经国民党中央通过。

第五，宪法草案修改问题。

此次政协会议仍以1936年公布的"五五宪草"为蓝本，但必须对其进行修改。由于修改宪法草案是一项十分复杂的工作，不可能于政协会议期间完成，因此政协只制定一个"宪法草案修改原则"，政协闭幕之后，设立一个专门机构"宪草审议委员会"，由该委员会根据政协的宪法草案修改原则，对"五五宪草"做具体修改。

《大公报》也主张修改宪草应该从长计议："宪草问题。时代走向民主，中国必须民主，我们必须制定一部彻头彻尾的民主宪法。这是根本的国是，绝对不容马虎。五五宪草缺点太多，只可作为参考，不可用为蓝本。……这问题绝不是政治协商会议所能匆匆决定的。会中有人主张设立一个宪法草案研究会，期于三四个月内完成工作，实是一个应有的步骤。"①

但是对于在政协争论最多的宪法草案修改原则问题，《大公报》没有发表更多的意见。宪法草案小组开会四次，通过了宪法草案修改原则。其核心是，第一，行政院对立法院负责；第二，省得制定省宪。

政协开会22天，在共产党和民主党派、无党派人士的努力下，会议通过了关于政府组织问题、和平建国纲领问题、国民大会问题、宪法草案问题和军事问题的五项协议。根据以上签订协议的内容来看。这五项协议有利于人民和民主而不利于独裁与内战。1月31日，政协会议闭幕。2月1日，《大公报》发表题为"政治协商会议的成就"的社评，对政协会议进

---

① 《纲领·政府·国大·宪草》，《大公报》（重庆版）1946年1月24日。

行了充分肯定。首先说:"政治协商会议得以终获成就,各党派的态度妥协,都值得赞美。共产党是第二大党,在会议中对若干问题能不固执己见,而使各项问题得到妥协,甚为难能。尤其在国民党,在各项问题上几乎大部分处于给予的地位,却能着眼时代,着眼国家,使过去的难解之结,都一个个解开了,特别值得赞扬。"在全面肯定了会议各项协议后说:"最后,我们应该向国民党道贺。国民党领导国民革命,已大部分成功,领导国家抗战已获完全胜利。现在卸了一肩,减轻了责任。别的党派相对分了责任。以后国事若治理不好,国人就不能专责国民党了。由今天起,各党派都要痛感责任,忠实于本身的任务。"①

主编王芸生在写这篇社评时认为问题真的完全解决了,因此就急忙安慰国民党,给各党派加压力,实在把事情看简单了。实际上,政协的各项决议后来均未真正实施,当然国民党政府不可能让这些决议实施,那将意味着拱手让出自己独揽的政权。因此,政协真正的成果实际上只有一个,此即一党训政制在政治上被彻底批判,在理论上被彻底清算。唐纵在一则日记中这样写道:"在政治协商会,政府好似在受裁判,其屈辱难堪,令人难受已极。"②的确,在政协五项议题的讨论中,国民党全面处于被"批判"的地位。张申府在政协发言时说:"中国近年来给党害苦了。"这个党当然是指国民党。邵力子起而申辩:"中国如无同盟会,则不能推翻清政府;如无十三年国民党改组,则不能推翻北洋军阀;又如无八年来国民党领导抗战,中国今日已不知成何局面。……目前国家苦难,吾人自当反省,然若今为党所害,则绝不公道。"③邵力子以国民党的历史功绩来为国民党讨回"公道",这种申辩本身就是被"裁判"的表现。

政协会议所争论的问题,实质上就是多党制与一党制的对立。陈立夫曾就这个问题为国民党辩护,在1月18日的大会上,陈说:"由一党政治

---

① 《政治协商会议的成就》,《大公报》(重庆版)1946年2月1日。
② 公安部档案馆编注:《在蒋介石身边八年——侍从室高级幕僚唐纵日记》(1946年1月15日),群众出版社1991年版,第580页。
③ 秦孝仪主编:《中华民国重要史料初编——对日抗战时期》第7编(2),(台北)"中央"文物供应社1980年版,第182页。

制度到多党政治制度之过渡期间，不能抹杀现有一党的政治制度。有的人以一党治国的政治制度，为过渡到多党政治制度的批评对象，于是乎一切事情认为是错误，终至一切问题都不能得到解决了。对中国国民党自十三年改组迄今所领导政府建国的方法，事实上告诉我们的确是取法苏联制度，如果一定要在多党制的立场上来批评这一点，当然一切不对的，也就一切问题不易解决了。因为这两种制度根本不同，今天我们要一党走向多党，如果绝对否认过去一党制度的事实，也就不必协商了。在多党的立场看，一切建国事情是权利；在一党制度的立场看，一切建国工作是义务。"① 陈立夫将一党制与多党制的区别，解释为两种建国方法的权利与义务的区别，试图淡化两者的政治对立，从而淡化对一党制的批判。陈立夫屡屡试图以苏联的名义压制对国民党的批判，但并无收效。蒋介石在1月21日的日记中这样写道："近日心神痛悔交集，乃知往日对共党宽容之误事也。"② 蒋介石的这种切肤之痛，源自国共态势的变迁。问题在于：一个执政党一旦被推上被批判的地位，也就是其政治衰落的开始。自此，国民党蒋介石的政治声望从抗战胜利之初的鼎盛时期猛然跌落下来，直至退出大陆时止，国民党再也未能摆脱被批判的地位。

倒是《大公报》的态度比较和缓，没有批判国民党的一党专政。在1946年2月19日的社评《民主的考验》中为国民党打气，并继续给其他党派加压力。"国民党应该有自信，不怕公开竞争，不怕民意考验，越放手，越受爱护，越把持，将来的挫折越大。其他党派，在今后的一年内，也应该以事实来和国民党竞赛。全国民众，目前都还是一张白纸，对于各党派没有成见，没有偏爱，要在这一年内看事实，下评判。共产党过去割踞一隅，与外间几完全隔绝，究竟政治上有多少表现，不为人所深知，有什么缺点，也未受评判，今后也要公开受批评受考验了。至于民主同盟和青年党等，一向都未尝身当政治之冲，旁观的批评，一旦肩荷实际的责任，则未必事事备尽如理想。现在所有在野党派都要参加政府，共负宪政

---

① 《大公报》（上海版）1946年1月19日。

② ［日］古屋奎二编著：《蒋总统秘录》第14册，（台北）"中央"日报出版部1986年版，第34页。

过渡期间的重任。这个考验，就要决定将来的政治生命的民意向背。"① 这里，《大公报》站在了超党派的立场上，以资产阶级议会民主观点来看待各党派。各党派都要以争取民众支持为手段，进行政争。那么谁对谁错，自有公论了。可见，《大公报》不自觉又把表面的协定当成了就在眼前的现实，再一次脱离了中国的政治现实。

### 五 南京谈判最后希望的破灭

1946 年 6 月至 7 月的南京谈判是国共最后的摊牌，结果是以不宣而战告终。南京谈判的主题是议和，就是四平大战，战罢议和。毛泽东于 6 月 19 日致电刘伯承、邓小平等："观察今日形势，蒋介石准备大打，恐难挽回。大打后，估计六个月内外时间如我军大胜，必可议和；如胜负相当，亦可能议和；如蒋军大胜，则不能议和。"② 毛泽东所言，其实就是政治的规则，也就是说，能否议和以及议和的程度，取决于战争的胜负以及胜负的程度。南京谈判是在四平战役"蒋军大胜"的背景下举行的，因而一开始便注定了"不能议和"的结局。

经过前几次希望的破灭，对于这次议和的前途，《大公报》应该说有了清醒的认识，但还是把它当作最后的不是希望的希望。

在《从东北停战十五天说起》中，说："我们是反对内战的，今天听见蒋主席下令东北停战，当然感到欣慰，但还不到兴奋的程度。因为经验业已告诉我们，尚不必作过早的兴奋。……煌煌停战令，战未尝一日停，而且大打特打起来，甚至打到火山边。现在又下令停战了，停的是东北，时限是十五天。有地限，有时限，其范围已经告诉我们这不是真正的停战。故虽欣慰，而尚不必兴奋。""现在是暂时停战了，紧接着自然是商谈。商谈是必要的。用口辩论总比用手打好。但是商谈可靠吗？也实在令人不能无虑。我们也得到过苦经验。政治协商会议的五项协议，谁不说

① 《民主的考验》，《大公报》（上海版）1946 年 2 月 19 日。
② 中共中央文献研究室编：《毛泽东年谱》下卷，中央文献出版社 2002 年版，第 93 页。

好？谁不兴奋？但是协议过后，紧跟着吵闹起来，这边骂那边'无诚意'，那边骂这边'顽固'，结果闹得沸反盈天，一条也不实行。今天又要谈了，谈极好，确实应该谈，但是，必要认真解决问题，更要说话算数。"①

在《自信与疑惧》中说："因为有一月十日全面停战令的实际无效，前面的车既然翻了，谁也不敢对这次的十五天停战令抱过奢的希望。但是，国家与人民实在太为内战所苦了，所以无可奈何，也非对这短期的停战有些希望不可。希望什么？希望这短期停战成为长期停战，更希望这短期停战成为永远弭战。十五天的停战，已到了第十一天，虽然空气轻松了一些，而长期停战与永远弭战的希望实还渺茫得很。再乐观的人，今天对于国家的命运与人民的灾难也还抱着深忧。"②

谈判进行了20多天仍然毫无结果，国民党代表彭学沛代表政府发表了一篇声明，表示政府对于共产党问题，一本政治解决之方针，始终不渝。政府仍请马歇尔将军继续调解，期得和平解决。但共产党必须停止其军事进攻与破坏交通之行动，以证明其诚意，并开诚切商整军实施方案与指定驻军地区之协议，限期成立，则政府仍当曲予容忍。中共发言人也发表了一篇谈话，表示仍坚持争取和平反对内战的立场，问题在马歇尔将军赞助之下，继续商谈，求得政治解决；同时又指出国民党政府的种种军事准备，指出政府的声明可能是造成新事件的伏笔。

《大公报》失望地说："全国人民都希望南京商谈能如期获得结果，现在谈判既未妥协，而由政府与中共的两篇声明看来，都说要和平，要政治解决，再继续商谈，这是说，还要谈。但是话都拖着尾巴，谓若不如何如何，便将难免如何如何，这是说，还不免战。全国人民都希望和，都反对战，都不要拖，但看大势，恐怕是也战也和的拖。无论和多战少，或是战多和少，结果还是拖。……当前情形，中国四万万多人民都不要战乱，国共若要打仗，而多数人民竟无力阻止，岂不是真正希望和平的人却没力量吗？……说来可怜，中国人民几千年来一贯在专制劫持之下，被人牵着鼻

---

① 《从东北停战十五天说起》，《大公报》（上海版）1946年6月7日。
② 《自信与疑惧》，《大公报》（上海版）1946年6月17日。

子上战场，打着板子拿钱，成了积重之势。我们天天呼喊民主，民主岂是赏赐而来？人民不能直接拿出力量来，所以去民主尚有距离。目前局面之所以还是拖，真正的道理也在此。"①

在一次次失望后，在回顾国共间谈谈打打的过程中，《大公报》也悟出了些道理。"国共间的具体商谈，是由去年八月毛泽东先生到重庆始。双十纪录，是个无结果；但到今年一月的停战令及政治协商会议，是有了结果却不曾实行。其后，时断时续的商谈了半年多，同时也时紧时慢的打了半年多。到今天看来，费了多少唇舌笔墨的商谈，都是虚的，都是不可靠的；惟有打，却是血淋淋的真实，而且是在日益扩大，日益残酷。这样的谈与打相配合，人民痴心望和，结果都受了骗！我们反对打，到今天我们也反对这样谈！经验告诉我们，所有的谈，都被打利用了。谈是假的，打才是真的！谈，应该是国家走向和平团结民主统一的真诚道路，而不应该是扩大战事的一种手段。中央自始不相信共产党有诚意，一面谈，一面也在准备武力解决；共产党也一样对商谈无信心，利用谈，渡过一个个军事危机，也利用谈，骎骎扩张地盘，扩张势力。这样的谈，民主同盟与社会贤达都变成被用做穿插的配搭，更累坏了马帅与司徒这样热心的调人。结果都被利用了，而实际战事的规模越来越大，人民的劫难牺牲也越来越深。"②

以党派私利为出发点的斗争，无论哪一派，哪种形式，哪种主张，都是有损国家民族利益的，都是《人公报》反对的，同时由于一个报人强烈的文人情怀，和为民请命的感情，使得这种反对饱含赤诚，也令人感喟。党派无不以国家为标榜，但是所争的都是党派的利益，没有丝毫顾及人民的苦痛。当一切伪装与标榜都谢幕以后，是图穷匕现的武装斗争。大公报人由幼稚充满幻想，到渐渐认识到中国的残酷现实，幻想破灭，才发现自己的鼓呼不会为斗争双方所理睬，只能独自叫喊，为人民百姓悲，为国家悲了。

---

① 《还是拖》，《大公报》（上海版）1946 年 7 月 2 日。
② 《怎样推进时局？怎样解决国事？》，《大公报》（上海版）1946 年 8 月 8 日。

《大公报》的主持者深深地为被现实政治的欺骗而感到痛苦。其根本原因在于，他们处理解决政治问题的努力和寄予的希望，背离了民国政治的逻辑。民国政治的基本特征在于，"政治与武力高度统一，政党作为政治集团的同时，又是一个武装集团，武装斗争是政治的出发点和最终依据"①。这一点构成了民国政治的基本逻辑。根据这个逻辑，问题的提出只能以武力为基础。因此，根据这个逻辑的历史局限，以武力为基础提出的问题，很难以武力之外的方式予以最终化解。国共双方都无谈判的诚意，所有的谈判都被作为打的过渡。但这恰恰是民国政治逻辑的表现。

## 第二节　脱离现实的中间立场

### 一　警告国民党在复员中莫失尽人心

经过八年抗日战争，国家百孔千疮，社会需要稳定，人民需要恢复生产生活，国家也应该趁此机会完成民主建设的任务。这一切的一切，执政的国民党政府都责无旁贷。"民亦劳止，汔可小休"，《大公报》多次引用《诗经》里的这句话，呼吁政府予民休养生息。在胜利之初，1945 年 8 月17 日，《大公报》发表社评呼吁道："对苦熬苦撑的国民大众，则必须有以慰之。诗云：'民亦劳止，汔可小休。'最消极之义，也应该给疲劳的人民以苏息。我们主张免征田赋，同时命令实行二五减租与减息，并酌量提高雇农的工资。所有本年应征兵额概行停止。"② 1946 年 9 月 9 日，国民政府正式还都南京，《大公报》再次呼吁："国民政府坚决执行人民的意志，忠实服从人民的愿望，必要和平，必要安定，必要统一，必要民主，必要进步。民亦劳止，汔可小休。人民劳苦极了，我们非要求休息不可！人民困顿极了，我们非要求蘖生不可。人民厌倦极了，我们非要求进步不可。人

---

① 邓野：《联合政府与一党训政——1944—1946 年间国共政争》，社会科学文献出版社 2003 年版，第 458 页。
② 《最后胜利与民更始》，《大公报》（重庆版）1945 年 8 月 17 日。

民这些要求，还都后的国民政府，非有以满足不可。"①

　　然而抗战胜利以后，本来已经腐朽了的国民党更加速了它腐败堕落的进程。日本投降，沦陷区人民的喜悦心情可想而知。重庆政府作为当时中国的中央政府，派人到光复区办理接收，本应是件受到光复区人民欢迎的事。可是，光复区人民所渴望见到的本国政府派来的接收人员，并没有给他们带来新的生活，而是带来了灾难，使光复区人民刚从日本侵略者的铁蹄下解放出来，又陷入了国民党的黑暗统治中。这使《大公报》痛心疾首，于是悲愤地向国民党发出警告：收复失土莫要失尽人心！然而醉心于大抢出手、搜刮财富、中饱私囊，国民党已经将人心失尽了。

　　1945 年 9 月 10 日，中国战区日军投降签字，《大公报》发表了题为"由抗战到建国"的社评，给国民党敲响了警钟："谨防胜利到来后的人心大开闸！"并具体指出了三点。第一点指出："中国人长于忍，长于混，而短于干，短于建设。"抗战八年，"有不少的人实在是'混'胜了的。国家既在抗战，无可奈何，混吧！混了八年，居然混胜了。且有不少的人在混浑了的水里摸着大鱼"。现在建国，不能忍，"尤其不能混"。第二点指出："八年抗战，自然给人以不少磨炼与陶铸，但我们也不可不承认抗战也给人以反面的变化"，因此，要防止社会风气及道德人心的颓废与堕落。第三点指出：抗战吃了苦的人要补偿，沾了光的要挥霍。"这两种人好坏极端，却可能走上同一条路，就是趋于宴逸与享受"，这样，就会是"人心大开闸"。②

　　然而，国民党在接收工作中，对《大公报》的警告却丝毫没有听进去。接收大员们化公为私，贪污受贿，大饱私囊，各显神通，人人都拿出了聚资敛财的拿手本领。各地群众都称接收大员为"三阳（洋）开泰"，即爱东洋，捧西洋，要现洋；"五子登科"，即抢车子、房子、金子、衣服料子和婊子。从这些简洁明快的语言中，足以看出国民党的接收人员都干了些什么。仅据报纸所载，北平城区有敌伪房产 1.4 万多所，郊区县有 6

---

① 《国民政府还都南京》，《大公报》（上海版）1946 年 5 月 5 日。
② 《由抗战到建国》，《大公报》（重庆版）1945 年 9 月 10 日。

千余所，合计 2 万余所。但登记造册由国民党政府正式接收的仅 380 多所，其余部分都被国民党的各类接收官员化为私有。房产是不动产，尚且如此，那些金银财宝、古董等可随便移动的东西，流失多少就无法统计了。如 94 军军长牟廷芳在天津私吞敌伪资产，价值法币 2000 亿元。上海市国民党市党部主任委员吴绍树，以各种名目将 1000 多幢房子、800 多辆汽车、1 万多根金条，以及没有经过清点的珠宝，都攫为己有；中央通讯社武汉分社社长徐怨宇，抢夺敌伪物资达数十亿法币；在武汉地区的国民党第六战区副司令长官郭忏，贪污受贿达 500 亿元以上。《新蜀报》评论说："国军到达上海以后，所有歌坛舞榭无不生意兴隆，而歌女、舞女、向导姑娘……均大接财神，真是在夫子庙征歌选色，在崇楼杰阁上婆娑醉舞。"①

9 月 14 日，《大公报》发表社评《收复失土不要失去人心》，在历数了国民党政府官员们在收复工作中的种种丑态后，警告说："因为我们现在不但去收复失土，而且去抚慰受创的人心。收复失土，千万不要失去人心。那些同胞多年来在敌人铁蹄魔手下过着黑暗的生活，眼睁睁的盼望天亮，好容易才望到今天，只有光明才可以满足他们的渴望。如同大旱望云霓，落下来的必须是甘雨。从另一方面说，收复失土，接收敌伪攫取的财产，迎接我们受苦的同胞，把他们从水深火热中拯起，登之衽席，这是抗战一项任务，既庄严，又神圣。肮脏的手，漆黑的心，都请远远离开，不要染污这一庄严神圣的任务！"②

国民党通过接收敌伪财产，官僚垄断资本猛烈扩张。敌伪的金融机构，完全被国民党的四行（中央、中国、交通、农民银行）、二局（中央信托局、邮政储金汇业局）接收，如敌伪的正金银行、住友银行、台湾银行、朝鲜银行、中央储备银行、中央信托公司、中央保险公司等。到 1946 年 6 月为止，国民党统治区共有银行 3489 家，其中官办的达 2446 家，占银行总数的 70%，所占金融总额的比例还要更多。其余千家左右的中小银

---

① 以上史实和报道参见巴图《国民党接收日伪财产》，群众出版社 2001 年版，第 440 页。
② 《收复失土不要失去人心》，《大公报》（重庆版）1945 年 9 月 14 日。

行无不被官僚买办资本所渗透，被间接控制。国民党的官僚资本接收敌伪金融业，加强了它在金融业的地位，等于掌握了一根粗大的吸血管，无情地吸人民的膏血。

对此，9月27日，《大公报》又发表《莫失尽人心!》的社评，悲愤地说："客有自京沪来者，说了许多京沪同胞的兴奋情况，也说了他们的苦情。京沪的景况兴奋极了，也乱极了。在热烘烘乱嚷嚷中，这二十几天时间，几乎把京沪一带的人心丢光了。有早已伏在那里的，也有由后方去的，只要人人有来头，就人人捷手先抢。一部汽车有几十人抢，一所房子有许多机关争；而长长的铁路，大大的矿场，却很少人过问。尽管是一部分或少数人，但八年长夜，一旦天亮，国旗飘扬，爆竹声喧，这些人也被欢迎在内吗？尤其因为币制迟迟无规定办法，更形成了收复区之乱，更加重了收复区人民的苦。由后方去的人，满箱满笼的关金法币，成了武器，成了法宝，伪币与法币的比价无定，物价一日三迁，大大的苦了收复区同胞，大大的发了后方去的人。可怜收复区同胞，他们盼到天亮，望见了祖国的旌旗，他们喜极如狂，但睡了几夜觉之后，发觉了他们多已破家荡产，手上所仅有的财产筹码——伪币，差不多已分文不值。卖房子吧，卖财产吧，累世的财富转移到手里握有关金法币的人。……在十几天前我们就曾着文呼吁'收复失土不要失去人心'，现在我们要呼吁'莫失尽人心'了。"[①] 不仅接收大员"大抢出手"，而且官僚资本控制金融机构利用法币与伪币的比价坑害光复区人民。

最后，《大公报》在《为浙江人民呼吁》中悲愤地说："有极大部分人受到了胜利的灾难。这真是匪夷所思，胜利就是胜利，怎么倒会成了灾难？请在重庆的人们站在朝天门沿长江东望，一直看到长江尽头的大江南北。这是中国亘古迄今的一条大动脉，而今正是我们凯旋的路。这汹涌多情的长江啊！它不舍昼夜地流着，它汹涌不已地流着，它把国家的胜利光荣流到那头，它把许多的思想热情流到那头，我们循着这股光荣热情的江流看到那头的大江南北，却看到了胜利的灾难!"

---

① 《莫失尽人心!》，《大公报》(重庆版)1945年9月27日。

　　李宗仁先生以他的耳闻目睹,在其回忆录中对平津地区的接收官员这样写道,这些国府的接收人员,一飞入"纸醉金迷的平、津地区,直如恶虎扑羊,贪赃枉法的程度简直骇人听闻。他们金钱到手,便穷奢极欲,大肆挥霍,把一个民风原极淳朴的古都,旦夕之间便变成罪恶的渊薮"。连当时的美国总统杜鲁门也大骂"他们都是贼⋯⋯他们从我们给蒋送去的38亿美元中偷去7.5亿美元。他们用这笔钱在圣保罗搞房地产投资,他们有的房地产就在纽约市"。经济接收失败所造成的最严重的社会影响和政治后果是民心的丧失,并且加速了国民党在大陆统治的最后崩溃。1946年8月,蒋介石政权派出"清查团"到各地清查接收情况时,到处都接到人民群众大量的揭发检举材料。其中,济南为221件,台湾为284件,上海为400件,平津两地则达1300件。各方人士提及接收人员的表现,"无不摇头咋舌",真可谓民怨鼎沸,愤怒至极。负责经济接收的重要人物邵毓麟,向蒋介石当面进言:"像这样下去,我们虽已收复了国土,但我们将丧失人心!"他预言,"在一片胜利声中,早已埋下了一颗失败的定时炸弹"。1949年,美国驻华大使司徒雷登在仓皇逃离中国前,对国民党的将领说:"共产党战胜你们的不是飞机大炮,是廉洁,以及廉洁换得的民心。"在种种事实面前,蒋经国在他的日记中这样写道:"这个腐旧的大厦无论如何是没法再支撑下去了。"蒋介石也痛感:"自'抗战'末期以来,我们国民革命军内部所表现的贪污、腐败的内容和实情,真是光怪陆离,简直令人不能想象","我们的失败,就是败于接收"。①

　　这次经济大接收不仅急剧激化了中国社会的基本矛盾,而且给国民党政权自身造成了致命的恶果,使它在政治、经济、军事以及社会道德风尚和吏治等各个方面,基本毁掉或严重动摇了自己的统治基础。接收彻底暴露了蒋介石集团不思国家民族之振兴,只图统治集团营私逞欲的反动性与腐败性,引起举国上下民怨沸腾,使其在政治上失掉民心而陷于极端孤立的境地,从根本上毁掉其赖以维持和存在的民众基础。应当说,八年"抗战"中蒋介石集团未能败亡,一个决定性的原因是它采取了同中国共产党

---

　　① 巴图:《国民党接收日伪财产》,群众出版社2001年版,第440—441页。

联合抗日、团结对敌的方针，组织并领导了正面战场的对日作战，因而得
到了人民的赞同和支持，从中增强了其政权的生存能力。在抗日这个问题
上，它顺乎了民心，也赢得了民心。而接收中的种种腐败行为，却使它的
声望受到极为严重的损害，使它的威信一落千丈。一个已经毁掉了民众根
基的政权，无论其军事力量一时间如何强大，也是难以支撑下去的。随着
人民革命力量的迅速强大，它的结局就只能是迅速覆亡。

《大公报》在《人人有罪 个个叫冤》中，谈道："我们的政治，一向
不讲组织，不讲法律。……在这种官僚政治不合理的情形下，领官墨吏，
公开违法，犯法，弄法。积渐成风，不以为怪。……政府近年励精图治，
对于这种情形，未尝不了解，而且也不断规定了许多法律章程，来加以防
范。无奈这些法规，有些并不合情，有些并不合理；结果法律成了具文，
法愈多，事愈坏；真正奉公守法的人，处处受法的约束，不能有所施
展……所以有人说：中国的法律，是专门对付好人的，好人动辄得咎，而
坏人则左右逢源。事实上……的确使人有'合法不合理'之感。"①《大公
报》认为官僚政治的不合理导致政治风气的败坏，是造成国民党在接收中
腐败现象的主要原因。将笔锋直接指向了国民党政府的政治制度。一个
"好人动辄得咎，坏人则左右逢源"的政府，怎么能不腐旧？颁布再多的
法律也是积重难返，难以挽回日益严重的危机。可见，曾经在抗战时期，
一直被当作"国家中心"来拥护的蒋介石国民党政府，这时在《大公报》
心目中的地位也急剧下降。

## 二 妄想共产党勿以兵争，走政争之路

早在重庆谈判开始前，1945 年 8 月 29 日，蒋介石为谈判拟定了三项
原则：第一，不得于现在政府法统之外来谈改组政府问题；第二，不得分
期或局部解决，必须现时整个解决一切问题；第三，归结于政令、军令之

---

① 《人人有罪 个个叫冤》，《大公报》（重庆版）1945 年 12 月 17 日。

统一，一切问题必须以此为中心。① 可以看出，军事问题是一切问题解决的目标。为确保目标的达到，蒋为谈判制定出一个总策略，此即："对政治问题之要求予以极度之宽容，而对军事问题则严格之统一不稍迁就。"② "政治放宽，军事从严"是蒋介石与中共打交道所采取的一贯方针。

《大公报》从为了和平统一的观点出发，认为军队应该国家化，党派不应该有军队。共产党掌握的武装力量对于当时中国的合法政府国民政府来说，是其实现民主统一的最大障碍，所以，它警告共产党交出军队，勿以兵争，走政争之路。这一观点是要求中共服从国家至上，"不要另起炉灶"的继续。

重庆谈判期间，在《军队复员问题》中，《大公报》就提出了要求中共放弃武装，实现军队国家化的主张。文章说："为使国军现代化而从事的整军工作，应该是全国性的。中央军自须裁减整理，中国共产党的军队也不该例外。这需要中央与中共有一个共同的谅解。……可以互谅互信的态度去解决——也就是政治解决，以充实我国统一的局面。"③

共产党不会如《大公报》所希望的那样，放下军队，走所谓"政争之路"；国民党没有也绝不会如《大公报》所希望的那样，实行民主政治，允许共产党与它进行所谓"政争"。如前文所说，这个问题只能是个不了之局。

在东北接收问题上，《大公报》再次向中共进入东北后组建的东北民主联军发难。在《东北的军事与政治》中指责道："自从苏联参战，苏军进入东北之后，中国共产党所领导的'东北民主联军'，及'东北民主政权'，都大大地发展而出现了。我们相信，苏联最后是必然撤兵的，但到苏军撤退之后，广大的东北到处是中共的'民主联军'，到处是中共的'民主政权'，现实如此，从而要政府承认，要人民承认。承认了，东北就

---

① ［日］古屋奎二编著：《蒋总统密录》第 14 册，（台北）"中央"日报出版部 1986 年版，第 19 页。

② 同上书，第 18 页。

③ 《军队复员问题》，《大公报》（重庆版）1945 年 9 月 5 日。

特殊化了！不承认呢，就是打仗了！情况若真演成那样，政府与人民也真将无可奈何，但是，我们却要请中共党人想一想：假使事情那样演出，那固然不是国家之福，实际也非共产党之利。共产党纵使得到广大而肥美的东北，却将丧失了她的全部政治生命，因为中国人民，最痛恨的就是假借外势以割裂自己国土的人物及其企图；犯了人民这种痛恨的人物或集团，最后无不失败。"①

内战全面爆发后余怒未消的《大公报》抱定了一个信念就是，共产党对于内战的爆发要负主要责任。于是，根据一些谣言，指责共产党。在《可耻的长春之战》中，无中生有地说道："苏军刚刚迈步走去，国军接防立脚未稳，中共的部队四面八方打来，且以攻入市区。多难的长春，军民又在喋血。……中国人想想吧！这可耻不可耻？"接着使用造谣的手段，说中共的部队"常是用徒手的老百姓打先锋，以机枪迫击炮在后面督战。徒手的先锋队成堆成群的倒了，消耗了对方的火力后，才正式作战"②。

在《战争的人道问题》中说："内战使中国道德太堕落了。苏北鲁南战事，近有共军决堤的传说。决一道堤，动辄数县沦胥，千百万人民灭顶荡家，这手段实在太残酷了。这些消息尚难证实，我们不敢信其有，不敢信其无，但宁愿希望都不是事实。我们无法报道内战的真实状况，良心上也不忍报道。鉴于过去长期争战的残酷史实，今犹谈虎色变，谁也不能担保内战不愈演而愈无人道。这是我们忧心，及对内战愤慨的原因之一。在内战的区域内，非战斗员而生命不得保障，实在太黑暗，太野蛮，太可怕了。"③

《大公报》的主持者依然依靠其虚幻的人民至上的理念，脱离中国政治的现实，用其理性思维来指责共产党的武装斗争。在中国，政治是以武力为基础的，没有武力的政治是脆弱的、无效的，因此，只要解决了武力，就等于解决了政治。有了枪杆子才有所谓的"政治生命"。要是不让人民"痛恨"，交出武装，那么在蒋介石的武力下，"生命"也就难保了。

① 《东北的军事与政治》，《大公报》（重庆版）1946 年 3 月 16 日。
② 《可耻的长春之战》，《大公报》（重庆版）1946 年 4 月 17 日。
③ 《战争的人道问题》，《大公报》（上海版）1946 年 8 月 6 日。

蒋介石深谙此道，故而提出以政治的 "极度宽容"，来换取军事的 "不稍迁就"。

对于这一点，毛泽东有着更为清醒的认识。他曾经指出："在中国，离开了武装斗争，便没有共产党的地位。" 在《论联合政府》的报告中，毛泽东几乎直接针对蒋提出的这个问题作了回答，毛说："这些人向共产党说：你交出军队，我给你自由。根据这个学说，没有军队的党派该有自由了。但是一九二四至一九二七年，中国共产党只有很少一点军队，国民党政府的 '清党' 政策和屠杀政策一来，自由也光了。现在中国民主同盟和中国国民党的民主分子并没有军队，同时也就没有自由。"① 正因为如此，毛泽东来渝之前在提出法国道路的同时，就强调 "只要把军队拿在手里就有办法"。这就预示了，无论怎样谈判，军事上不能达成任何实质性的协议，中共不可能放弃武装。要让中共放弃军队，当初改组国民政府，实现政治民主化，是一个办法，然而国民党又不会放弃自己的一党专政。到了后来共产党在战争中日益强大后，更不可能放弃军队了。无论在什么时候，《大公报》那种充满理性和文人情怀的批评与指责，都不会起任何作用。

### 三 脱离现实的中间立场

由于《大公报》根本上不了解当时中国政治的逻辑，它对政局的看法是建立在其西方民主宪政制度的乌托邦之上的，所以现实的发展越来越背离其主张和要求。无论《大公报》怎样、警告、呼吁，直到最后声嘶力竭也没起丝毫作用，和平形势依然不断恶化。在它眼里，国共两党忽视人民，对和平统一无诚意，成为它痛斥的对象。当然，两党宣传机关不可能让它随便批评，于是毫不留情地攻击《大公报》，让以王芸生为首的大公报人体会到了现实政治的残酷。

在国民党眼里，"王芸生是新华社的应声虫"；而共产党又严厉斥责他

---

① 毛泽东：《论联合政府》，中共中央文献研究室编《毛泽东选集》第 3 卷，第 1096 页。

说："王芸生是国民党的帮凶。"

《可耻的长春之战》发表后，1946 年 4 月 18 日，重庆《新华日报》发表了《可耻的大公报社论》，对其予以严厉反击。社论列举事实说明国民党在东北进行内战，已有五个多月，拿了美国的枪炮，屠杀自己的同胞，不见《大公报》对这些罪行说一声"可耻"，到现在共产党刚一还击，"长春一战"，《大公报》便说这一战是"可耻"的了。可见《大公报》社论作者的立场完全站在反对人民的一边，站在国民党的一边。最后指出："大公报里是有好人的，但它的社论作者，原来是这样一个法西斯的有力帮凶，在平时假装自由主义，一到紧要关头，一到法西斯要有所行动时，就出来尽力效劳，不但效劳而且替法西斯当开路先锋，替吃人的老虎当虎伥，替刽子手当走狗。"①

在《大公报》批评国民党镇压国统区学生、民主运动后，《中央日报》发表题为"在野党的特权"的社论，采取断章取义的手法，对《大公报》进行攻击，并说王芸生是"新华社的应声虫"②。

国际特使马歇尔于 1946 年 5 月 20 日发表了一个书面谈话，说："目前国共两方的宣传战，自必刺激情感，而增加若干暴躁人士酿成燎原大火的可能。怨恨与怀疑交织而成的过分宣传，予目前情况以重大刺激，并同时引起危害中国人民的后果。"这篇谈话发表之后，分别约请国共两方洽商宣传休战，经国民党宣传部长彭学沛与共产党宣传部长陆定一多次商谈之后，对于暂停宣传战达成口头谅解。借此机会，《大公报》于 1946 年 5 月 29 日发表了《论宣传休战》，倾诉了一番心中的委屈。

令人心惊肉跳魂魄不安的宣传战，主要的对垒者是国共双方。……《大公报》不属于任何党派，是一张人民立场的独立报纸，我们就痛感我们的力量微弱，努力不够。胜利以来，我们为国事的起落而忧，为国运的盲触而惧。我们反内战，我们要安定，我们尤其要

---

① 《可耻的大公报社论》，《新华日报》1946 年 4 月 18 日。
② 《在野党的特权》，《中央日报》1947 年 7 月 16 日。

民主与进步。《大公报》拥有广大的读者，但是我们的沉痛呼声，我们的挣扎努力，究竟有些什么影响，究竟发生了什么力量，稍一思量，辄不禁惭愧无地。在声势汹汹宣传战短兵相接之际，我们努力维持可怜的人民立场，努力保持头脑清明，心境平和。说来可怜，《大公报》一非"国特"，二不"尾巴"，在这天下滔滔，不归于杨则归于墨的情势之下，《大公报》实在落于一条极狭极狭的夹缝当中。我们诅咒内战，愤恨内战，要安定，要进步。同一立场，两面受攻。一面飞来红帽子，使我们苦笑。另一面又骂你是"帮闲"，骂你是"法西斯帮凶"，更使我们莫明其妙。奉告一面，不可为渊驱鱼，把天下人都看作共产党。奉告另一面，要争政权，就不可作践人心。天下真理，不必定于武力。说一声痛恶内战，便骂"帮闲"，然则何人忙？难道只是有枪有炮会打会骂的人忙吗？赤手空拳的小百姓只有忍气吞声静候统治了。《大公报》在这方面，是打不还手，骂不还口。也许是我们的懦弱，内心一句话，我们不愿意参加宣传战。《大公报》很少刊载新华社的稿子，因为其中主要的是攻讦暴露。同时我们也很少登载走出"解放区"而痛述共党暴行的文字。为什么？小气些说，我们还愿意保持君子风度；从大局说，我们实在想为大局留些余地，总不忍其破裂。坦白说，这一点心情，是《大公报》的弱点，我们承认。①

作为自由主义者，这种左右夹击的境遇是不可避免的。杨人楩曾经感叹道："一年以来，自由主义遭受了左右夹攻，颇有无以招架之势。"②《大公报》的境遇，正是当时倡导和平主义的自由主义者们的缩影，根本上是由于他们的自由主义理性无法理解民国政治的逻辑规则。

---

① 《论宣传休战》，《大公报》（上海版）1946 年 5 月 29 日。
② 杨人楩：《再论自由主义途径》，《观察》第 5 卷第 8 期。

## 第三节　自由民主思想的回归

《大公报》的主持人是自由主义新闻思想的实践者，本质上也是自由
主义者，在抗战时期，在国家民族大义下，为了团结抗战的需要，他们一
直维护蒋介石国民党政府这个"国家中心"，服从政府的言论控制，其自
由民主的追求处于潜隐甚至蛰伏的状态。但是作为自由主义者，他们从来
也没有放弃过自己的追求，抗战胜利到来后，在世界和平民主大势面前，
他们又坚定地重新高举起言论自由、政治民主的大旗。

### 一　言论自由的期待与失望

视新闻言论自由若生命的《大公报》在抗战时期，在"国家中心论"
的要求下，容忍了国民党的新闻检查，并原则上认为，在抗战非常时期，
政府有管制新闻报道的必要；同时又相信，政府实行新闻检查制度，是抗
战的权宜之计，战后一定可以废止。

其实，早在抗战中后期，《大公报》就对国民党政府的所谓"战时新
闻检查制度"产生反感了，屡次撰文对新闻检查制度和新闻垄断现象进行
抨击，指出其产生的流弊。在第二次宪政运动时期，宪政实施协进会于
1944 年 9 月 21 日通过了"改善书报检查办法"。12 月 11 日，王世杰以国
民党中央宣传部部长身份，在中央党部常委会上提出"放宽新闻之检查"
的宣传方针，最终经 14 日的国民党中央秘书处审查通过。其实国民党并没
有开放言论自由的决心，正如时人所说，1944 年"九月参政会开会时确曾
一度放宽尺度，但不久就又缩紧"，而新闻检查的尺度总是"俨如寒暑表，
热了涨冷了缩，需要新闻记者善察空气才行"，以至记者不敢"放胆吼几
声"。

国民党"大体通过"了王世杰提出的"放宽新闻之检查"的方针后。
1945 年 1 月 1 日，蒋介石在元旦讲话中声称"鼓励正当舆论"。借着这句

话，《大公报》发表社评赞赏蒋介石"博采舆论"的明达，同时强调"新闻检查条例应该大加修正"，因为"假使新闻检查制度还继续存在"，那便是违背蒋介石的指示，"不忠于职务"。舆论如果"不正当"是否就要取缔呢？社评认为即使舆论"传闻有误"或"批评失当"，也仍然能"给当事人一个辨明解释的机会"，以使"真相大明"。其实，"社会对于报馆的监督与检查"，要"比政府的检查统制还来得有力量"。"一段新闻登错，当事者马上就来抗议，甚至起诉"；"一个论点错误，读者马上就来指责，而且报馆非自己公开认错不可"；"若真荒唐得不成话，则大家自然不买不看，报馆大赔老本，就非关门不可"。①

1945 年 3 月 28 日，美国新闻界代表福勒斯特、麦吉尔、亚更曼为推动世界新闻自由运动组成"新闻自由访问团"到重庆考察。其间，两次访问曾经荣获过密苏里新闻奖章的《大公报》。趁此机会，《大公报》在福勒斯特等人到来和离去之时，分别发表了《欢迎新闻自由！》《送别新闻自由的使者》两篇社评。文章说，"自有近代报纸以来，中国报人就未曾享受过新闻自由与言论自由"，虽然战时政府检查新闻统制言论或有其不得已，但"既有检查制度，就难免有过分使用之处，也就难免有其相当大的流弊"，这种现象"到战后绝对不能容许其继续存在"。文中还进一步指出：这次战争"就是为了反抗世界法西斯专制独裁暴政，在打倒世界法西斯专制暴政之后，我们还能容许这种窒息自由的制度存在吗"？目前政府既然"一再表示愿意放宽新闻检查尺度"，那就应当将新闻检查"缩小到必要的限度"，对于"言论自由应该无所踌躇地实现"，况且"言论自由是报馆自身负其法律及道德的责任的，大可不必由政府检查所代负其责了"。② 还说"新闻自由"这几个字，浅浅看来，好像是只为新闻记者谋便利，求保障，其实是为人类世界保障和平，增加幸福，是民主政治的精髓。③

因此，抗战胜利后，《大公报》呼吁政府在政治民主化上做的第一件事，就是取消新闻检查，开放言论自由。1945 年 9 月 1 日，《大公报》发

---

① 《博采舆论的新作风》，《大公报》（重庆版）1945 年 1 月 3 日。
② 《欢迎新闻自由！》，《大公报》（重庆版）1945 年 3 月 30 日。
③ 《送别新闻自由的使者》，《大公报》（重庆版）1945 年 3 月 31 日。

表题为"政府可先做一件事"的社评说，为了表明中国开始了政治民主化进程，也为了给国共团结商谈布置些好环境，制造些好空气，建议政府"先做一件事，就是：取消新闻检查，开放言论自由。检查新闻，限制言论，本来是反自由的，反民主的，我们不该有此制度。……因为是限于'战时'二字。现在抗战胜利了，'战时'可以让它过去了。我们相信，如果政府此刻宣布取消新闻检查，开放言论自由，国内外舆情必然翕然欢慰，以为中国真正向民主与自由的大路走了。只要彼此不动手，给大家以说话的同等机会，给大家以争辩的同等机会，就先给人以公道与自由的印象，对国家的荣誉以及当前的时局都有莫大的提高与帮助"①。

在新闻界的强烈要求下，国民党政府被迫宣布从 10 月 1 日起在除光复区外的国统区内取消战时新闻出版检查制度。《大公报》对此持欢迎和赞赏态度，认为"这真是中国新闻界值得大笔特书的一件事"，在当日发表的题为"新闻言论自由之始"的社评中，希望以此成为中国新闻言论自由的开始。社评说，在中国封建社会，高度的皇权政治、儒家的"讳"的道德律、残酷的思想专制，三重枷锁自然使得新闻言论自由无从产生，中国的古代报纸只是一种宣达皇权的官文书，而不是揭载舆论的新闻纸。中国之有近代报纸，始自清末，然在清政府制下，固然也无新闻自由。入民国后，政治未上轨道，连年内乱，也未曾有过新闻言论自由。"在这种情况下，所有中国报纸实是一种畸形的存在，所有较重要的报纸大都设在外国保护的租界内，因此也就形成了中国报纸的畸形自由，在租界内的报纸，只要不侵犯外国人，可以随意批评以至谩骂政府、官吏及个人，而非国家法律所能干涉。"社评认为："那看起来很自由，而实际上是一种非常变态的现象。"现在政府取消新闻检查了，希望从此以后，中国新闻界获得真正的新闻言论自由。②

10 月 13 日，《大公报》又发表一篇题为"新闻检查取消之后"的社评，认为取消新闻检查，并不意味着新闻自由了。因为"所谓新闻自由，

---

① 《政府可先做一件事》，《大公报》(重庆版) 1945 年 9 月 1 日。
② 《新闻言论自由之始》，《大公报》(重庆版) 1945 年 10 月 1 日。

除了取消检查制度之外，至少还包括采访自由、传递自由以及发布自由。这些自由是否实现，还要看新闻垄断制度及歧视制度是否仍然存在"。所谓"新闻垄断制度"主要是指国民党"中央社"的新闻垄断。抗战爆发后，中央社不仅垄断了政治新闻、军事新闻，而且连社会新闻也垄断了，成了国统区唯一一家公布和报道新闻的总汇。所谓"歧视制度"，是指歧视民营报纸。故而《大公报》进而主张，政府不仅应取消检查制度，放宽自由尺度，培植新闻事业，而且还应该在具体环节上大刀阔斧地改善一番，以保证新闻采访、传递和发布等方面的自由。否则，仅仅宣布取消新闻原稿审查制度，真正的新闻自由仍不能实现。①

果然如《大公报》所言，战时新闻检查制度取消之后，国统区的新闻并没有自由。压制言论自由、捣毁报社、逮捕或杀害新闻工作者，民主进步人士的事件仍然层出不穷。从1946年1月到8月，北平、上海、广州、西安、昆明、重庆几个大城市，有195家报纸、杂志、通讯社、印刷所、民营广播电台被勒令停刊、停业，两家报纸被停止邮寄，9家报馆被特务捣毁，20多个新闻工作者被特务殴打，40多个新闻记者遭逮捕，3名新闻工作者被杀害。

1946年1月，政治协商会议陪都各界协进会在沧白堂邀请协商会代表演讲，连日遭流氓捣乱。石块自窗外飞来，场内叫打之声不绝，散会后场外还大打出手，这就是沧白堂事件。《大公报》对事件谴责道："这恐怕不是无人指使漫无组织的行动。如果政治的斗争采用到这种方式，我们真该为中国民主政治前途痛哭流涕。这些捣乱的歹徒如果拿上武器，还不是到处冲突，荼毒人民？全国所承认的协商会的会员在会外演讲要挨石头被喝打，以后中国的政治还会像样吗？这种举动太下作了，干政治的人最好还是讲究一下政治的艺术，学一点政治家风度。"②

"下关惨案"中，《大公报》记者高集受重伤。惨案发生后的次日，6月25日，《大公报》第二版头条发表南京专电，报道了事件经过，并发表了

① 《新闻检查取消之后》，《大公报》（重庆版）1945年10月13日。
② 《应该做的几件事与不应该有的两件事》，《大公报》（重庆版）1946年1月25日。

题为"反对干涉，拥护民主"的社评，对国民党政府进行了严厉批评。社
评说："在政治的基本观念上，政府有一个原则错了。孙中山先生痛心中
国被骂为一盘散沙，提倡民族主义，扩大了固有的家庭主义，倡言'组织
即力量'，并为建国定下一个'训政时期'。这个原则演绎到后来，组织变
成特务，训政就是统制干涉，回到封建专制的路上去。欲以封建专制的形
态，迎纳世界的民主思潮，不啻南辕北辙。"文章在分析了政治方面与经
济方面的"干涉"形式后说："一个原则错了，满脑子是'官'，又是管
制，又是教训，这样把国家带上与人民对立的封建专制的死路去了。我们
希望政府憬然悔悟，放弃干涉政策，尊重四万万五千万的主人翁，给人民
应有的自由，让民间生产发展，这样，才不致同归于尽！"①

"李、闻惨案"发生后，《大公报》于7月19日在第二版报道"李闻被
刺之巨波，中共向政府抗议"，并发表题为"李公朴、闻一多案感言"的
社评说："由于李公朴闻一多两氏之死，使我们发生无限的感慨。暗杀，
是人类一种最卑鄙而可耻的行为。……李公朴、闻一多都是无拳无勇的文
人，假如说两人本如鸿毛之轻，而遭此凶死，其意义却有如泰山之重。假
如两氏之死是有政治背景，则前方兵争，后方暗杀，那岂不是国家大乱的
象征？"②

抗战胜利了，饱经苦难的沦陷区人民本来以为生活可以改善，生产可
以恢复，一切都会好起来。国际形势的转变，民主声浪的高涨，给自由主
义者描绘了一幅美妙的前景，但是国民党的专制独裁统治使言论自由的理
想落入幻灭，这种幻灭同时就是对国民党的希望的幻灭。《大公报》在报
道中对此忧心忡忡，产生了一种不祥的预感，国家大乱似乎为期不远。一
直为其拥护的蒋介石国民政府这个"国家中心"似乎坐在了火山口上。它
的预感是有根据的，实际上，国民党屡屡动用军警特务镇压学潮，逮捕杀害
记者编辑，查封书报刊物，甚至暗杀像闻一多这样的诗人学者，只能加剧国
民党与普通自由主义知识分子的对立，促使更多的知识分子向共产党靠拢。

---

① 《反对干涉，拥护民主》，《大公报》（上海版）1946年6月25日。
② 《李公朴、闻一多案感言》，《大公报》（上海版）1946年7月19日。

## 二 "人民至上、主权在民"思想

《大公报》在主张和平安定，反对内战，警告国民党要抚慰人民不可失尽人心，警告共产党不可使用武力的过程中，都贯穿着人民至上的观点，资产阶级宪政民主思想逐渐凸显。这里，人民的利益是第一位的，人民是国家的主人，而蒋介石国民党政府则下降到与共产党及其他政治势力等同的地位，这些政治派别的利益必须服从人民的最高利益。人民需要休养生息，所以必须实现和平、安定。包括国共两党在内的各派政治势力，必须在议会范围内通过合法的政治斗争来夺取政权。以蒋介石为对象的"国家中心论"至此终结，再不是《大公报》言论的指导思想了。人民至上、主权在民、宪政民主是《大公报》关于政治理想的主要主张。《大公报》发表多篇社评，对此作了详细阐述。

人民至上。必须把人民摆在第一位，一切要尊重人民的意志，一切应以人民的利益为前提。今天各派政治势力，虽然都以维护人民利益相标榜，但是他们所作所为却与人民的需要背道而驰。必须把人民时刻置于念中，民之所好好之，民之所恶恶之。"水能载舟，亦能覆舟。"人民的力量是广大的，一切反民主反人民的恶势力都会被埋葬。因为所谓有权有力者，他们的权或力实无一不是得诸人民。人民觉醒了，他们就不肯再受欺骗或"劫持"了。① 今后的世界潮流，是民主。民主的基础不在政府、党派，更不在任何势力集团。由上而下的民主，绝不能持久，少数操纵伪造的民主，也绝不能乱真。必须每一个国民，发挥其智慧与力量，积极参与政治，监督政治。发动真正的舆论，随时纠正一切不进步不健全的倾向，才可以形成真正的民间力量，推动民主建国的实现。② 但是，现在作斗争的党派势力所争的大都是私利，而不是国家人民的公利。所争的很少是政策与原则，而竟是些如何为自己谋方便争地盘的私利。大都是将自党的利

---

① 《莫忘记了人民》，《大公报》（上海版）1946 年 5 月 13 日。
② 《重来上海》，《大公报》（上海版）1945 年 11 月 1 日。

益放在国家的利益之上。因此，必须清楚，党是手段，而国家人民的福利才是目的。①

主权在民。"中华民国是属于全体人民的。既不是国民党的产业，也不是共产党的产业，更不是任何一党一派军队的产业。民主国家的人民，是国家的主人。在朝的政府，在野的党派，是人民的公仆或候补公仆。假使这些热心的仆从们对于国事有不同的意见而必须请示时，是向主人请示，要问问人民！"人民的意愿是什么，是要实现和平统一。因此党派之间争夺政权必须通过政治斗争，而不可使用武力。同时争夺政权的观念也必须正确，"争政权的人，人人自以为我们的办法比别人的高，我们的政府比别人的好，所以我们应当有资格来统治人民，有资格来管理人民。从这种观念出发，以为我们是国家人民的主人，以为人民该由我们来生聚教训"，这种观念是极大的错误。②"国民党口口声声要民主，要还政于民，共产党也口口声声要民主，要提倡新民主主义，但他们现所争执地盘大小与军队多少，在人民面前都是不能成立的。"国共两党要放弃本党本派的利害，承认人民是主人，赶早彼此相让而解决，假使不能如此兼容相让，就应当把问题提出，请人民公决。③

《大公报》曾经将自己假设为国共两党的领导人，然后系统全面地描绘了其心目中在中国建立一个欧美式宪政民主国家的图景。

我是中国第一大党中国国民党的总裁，我是中华民国国民政府的主席，我领导国家抗战，得到最后胜利。……我立刻宣布国民党不再专政，我决定使国民政府结束训政，还政于民。我邀请一个全国性的会议（如同拟议中的政治协商会议）协商国事。我决定召开国民大会，选举政府，制颁宪法。……我愿意重选国民大会代表，以问经过八年大战以后的全国同胞。我愿意重订国民大会的组织法，充实国民

---

① 《政治　党派　人物》，《大公报》（上海版）1946年5月2日。
② 《应该问问人民》，《大公报》（重庆版）1945年11月15日。
③ 同上。

大会的职权，务使国民大会成为一个名副其实能够充分行使民权的国会。我愿意把五五宪草彻底修改，务使中华民国的宪法是一部崭新的民主宪法。我主张军队国家化，民选国会产生，即改组全国军队，不使留有任何党的形式及任何党的痕迹。……我今天既已领导国家抗战胜利，更决心促成国家政治民主。以上几点，我都不计个人权位，不计党的得失，一切问民意，一切运民主。

假如我是毛先生，我是中国第二大党中国共产党的领袖，我会领导我的同志参加国家的抗战，建有功勋。我有群众，我有主张，我对当前的国事有发言权。……我早经告诉国人，中国的革命还是国民革命，应该实行三民主义。我绝没有打碎国家的形式而组织一种类似苏维埃政权的野心。今天国家抗战胜利了，我为国家为人民争民主，务使国家走上民主的大路。……我要求国民党结束训政，但并不必由共产党专政。我要求重选国民大会代表……与国民党及其他党派公开竞选。我主张修改国民大会组织法，充实国民大会的职权，……我主张彻底修改五五宪草，务使中华民国的宪法成为一部属准人民的民主宪法。我争党的地位公开，我争各种基本的人权自由。……这一切得到保证，我即宣布取消边区政府，我即宣布改组我党的军队，使之一律国家化。①

这段话的主旨就是实行欧美式的宪政，在中国建立自由资本主义制度。这篇文章，既是《大公报》关于民主宪政的理想，同时也是对于国共两党的根本主张，文中它假设要做的恰恰是其要求国共两党做，而他们却没做。早在1928年，《大公报》就宣布了自己的政治理想。"夫中国改革既有绝对之必要，而改革之大义曰解放创造，非复古，亦非俄化，则大体之国是可定矣。此无他，对内厉行民主政治，提倡国民经济，采欧美宪政之长，而去其资本家专政之短；大兴教育以唤起民众，争回税权以发达产

---

① 《中国政治之路》，《大公报》（重庆版）1945年11月6日。

业；对内务求长治久安之规模，对外必脱离不平等条约之束缚。"①

在国共第二次合作的过程中，出于团结抗战和《大公报》主持人与蒋介石的私人关系，"国家中心论"一直是其坚持的言论指导，无论是宣传国家至上、民族至上、拥护政府、信任领袖还是对政府"小批评大帮忙"，提倡修明政治，虽然经历了形成、提出、淡化，但这一拥护的中心没有变。与之此消彼长的自由民主思想在经历了抗战时期的潜隐，最后蛰伏，后来逐渐复苏之后，《大公报》终于又高举起人民至上、主权在民、实行宪政民主的大旗。同时在这一过程中，党派下降到受民众监督，对人民负责的地位。这种民有、民治、民享的思想，从根本上宣告了以蒋介石国民政府为拥护对象的"国家中心论"的终结。

## 第四节　王芸生从激进主义者到自由主义者的转变

王芸生是新记《大公报》第二代领袖人物。在张季鸾逝世以后，《大公报》的笔政主要由王芸生主持。作为张季鸾所寄予厚望的事业传人，王芸生和胡政之一道继续贯彻"四不"方针，并且进一步将"文人论政"推向一个更高的水平。但是他已经无法达到张季鸾时代与蒋介石的那种默契的关系了。抗战胜利以后，蒋介石曾派夫人宋美龄赴美国做"亲善工作"。为此，王芸生曾打电话给陈布雷，建议是否上面应派孙夫人宋庆龄赴苏联访问。可数日后，陈布雷回答曰："完全不可能。"内战烽烟四起，国民党接连"惨"败，国统区人心浮动。蒋介石好几次对陈布雷指示宣传机要，其中蒋介石多次骂《大公报》，他说："……譬如《大公报》，过去张季鸾主持，对抗战建国的基本国策，尽力支持，在中央执行技术上则作善意批评，在社会上有中立声望。张氏一死，王芸生继主笔政，作风一变，由善意批评转为恶毒讽刺。胡政之拿了国家津贴20万美元，却以中立姿态为共

---

① 《岁首辞》，《大公报》（天津版）1928年1月1日。

方张目。"① 从以上社评所反映出的王芸生的主张和观点来看，《大公报》完全没有了与蒋介石国民党之间的默契，完全是处在中间立场上，对其进行批评。在这背后，王芸生自由主义思想的回归并主导《大公报》，是其思想根源。

虽然王芸生不是一个理论家，而更多地表现为一个报刊自由主义实践家。但是，他的那些贯穿在大量社评文章中的自由主义思想，却在当时的知识分子和普通民众中产生过相当的影响，从而奠定了他在自由主义新闻思想史中的特殊地位。著名自由主义报人俞颂华称赞他说："王芸生的文章为世人所传颂。他立言的长处是在常以国家为前提，而站在人民的立场，说一般人民所要说的话，虽则格于环境，他有时未必能畅所欲言，可是他富于热情，所说的话，常能打入读者的心坎。所以他的文章，始终能动人心弦，不致与无党无派的多数民意脱节。"② 在20世纪40年代中期，王芸生是当时最顽固、最具有挑战性的自由主义者和报刊评论家之一；在以呼唤言论自由和民主宪政为主要内容的自由主义运动中，他的思想在当时一直居于前卫序列。王芸生经常宣称："《大公报》就是王芸生，王芸生就是《大公报》！"也就是说，王芸生的自由主义性格就是《大公报》的自由主义性格。

探究王芸生的思想，经历了一个从激进主义到自由主义的转变过程。以下两篇文章比较有代表性，能够大致反映这种转变。

1936年，影响遍及中国的《大公报》又增设了上海版，王芸生到上海主持总编务。这时的王芸生已经从十年前一个曾经受过政治迫害的流亡青年、职业革命者，转变成了资深的报人和日本问题专家。回首往事，他以自由主义者惯有的伤感喟叹道："那一年的生活，大体说来，是烈烈轰轰的，终日所接触的都是热血蓬勃的人物，夜间则睡在冷清清的亭子间里。

---

① 王泰栋：《陈布雷外史》，中国文史出版社1992年版，第170页。这里蒋介石提到的"国家津贴"一说是错误的，根据老大公报人袁光中的回忆，这笔钱实际上是总经理胡政之为在美国购买印刷机器，以"官价"兑换的（袁光中：《大公报的经营管理》，周雨《大公报史》，江苏古籍出版社1993年版，第335页。）。

② 俞颂华：《富有热情的王芸生》，周雨《大公报史》，江苏古籍出版社1993年版，第387页。

那时的朋友们（指'大革命'时的激进主义同志们——引者注），到现在死的死，散的散，都为一个大时代尽过他们的责任了；屈指数来，也有不少的人们业已显达。我对于显达的人们毫不羡慕，而对于被时代巨浪吞噬了的朋友们，每一念及，辄不免心头滚烫，暗暗地落泪。一位北方朋友，他比我迟来了几个月，也晚走了几个月，当我在北方惊心南方恶潮时，这位朋友的热血也与许多人的血流在一起了。还有一个女孩子，她为革命的情绪所鼓舞，要到武汉去投军，我曾帮助他取得一个资格，并确知她已登了长江轮。两天后报纸上注销了一段新闻，据说一只轮船由上海驶到南京时，一大批去武汉投军的学生被扣留，且给孙传芳杀掉了。这段新闻在我的记忆中永远占着一个重要的位置，一直到现在，我还在担心着那个女孩子是否尚在人间。"[①]

他似乎没有透露自己的变化，没有吐露自己从激进主义转变到自由主义的过程。但看得出来，从民间立场，从道义和良知的立场，他对于十年前的"大时代"在悲悼中是持肯定态度的。不同的是，他服务和尽职于国家的信念愈加强烈了："我是一个中国人，而且正是在这个时代的中国人，国家在这个时代的悲喜，我自然也分享了一份。庚子以后的残破局面，已在妈妈的怀抱下过去，孩童的脑子里没留下一点印象。我的小辫子是给辛亥革命剃掉的，壬子兵变时的火光和杀声，曾照耀过我的眼睛，震动过我的心，五四运动给我打下了一个做人的基础；五卅运动又使我认识了自己的国家。民族的热血曾鼓舞着我的年轻的心，使我走上民国十五十六年的革命，革命的火焰曾使我的生命发光，而革命阵营的腐败现象也确曾伤过我的心。我从那时开始有了一种觉悟，觉悟自己不是一个一手回天的英雄，遂摒绝一切政治的纠葛，安心过来做一个新闻记者的生活。人是从那时起变得没出息了，也从那时起变得老实些了，但自信我的心未冷。这十多年来，我一贯在编报写文章，报已编了三四千天，文章便也写了一堆。我的报自然是我们这个国家的生命史料，我的文章也不至于太对不起我的

---

① 王芸生：《芸生文存》，大公报馆 1937 年版，第 346 页。

国家。"①

王芸生是一个文学伤感情结很深的忧国伤时之士。这篇刊于《芸生文存》中的"自序"，其对自己作为一个自由主义者的成长过程，至少有三点值得注意。

一是他认为，是五四运动给他打下了一个"做人的基础"。那么很显然，这就是在懂得了"科学"和"民主"的最基本的人文含蕴的同时，更懂得了作为一个人，他有追求自己的幸福和尊严的自由与权利。

二是革命阵营的腐败现象使他伤心至极，终使其"摒绝一切政治纠葛"，安心做一个报人。事实上，这一觉悟的起点来自自由主义者为维护每一个"个人"的幸福和尊严而对极权政治和暴力政治的勇猛批评立场——因为要最终成为一个自由主义者，必须以严厉抨击极权和暴力对个人自由的侵害为标志。

三是国家职守的基本观点。这里，王芸生所崇奉的"国家中心"并不是蒋介石、"党国"的翻版，而是以提供和保证每一个国民的自由为前提的国家主义。王芸生说他的报纸和他的文章都要对得起这个国家，就是说要以"不党、不卖、不私、不盲"以及不欺不瞒的新闻写作和坚持民间立场的"文人论政"来报效国民，如此而已。

"把自己铸造成器，方才可以希望有益于社会。真诚地为我，便是最有益地为人。不知足，不满意于现状，敢说实话，敢攻击社会上的腐败情形，做一个'贫贱不能移，富贵不能淫，威武不能屈'的斯绎曼先生。"胡适在《介绍我自己的思想》里说的这些话，完全可以移用来描述王芸生由激进主义者"进步"到自由主义者的内心转变。1936 年 5 月 8 日，他在燕京大学新闻系的讲坛上发表讲演时，其坚毅敦厚已经与青年时代作为一个工会活动家演说的狂热煽动性判若两人。② 这时的王芸生已习惯于以自由主义的"平常心"对待任何一种人生和社会难题了。当谈到中国的新闻时，他说："第一要平常化。不矜奇，不立异，老老实实，平平常常，一

① 王芸生：《芸生文存》自序，大公报馆 1937 年版，第 7 页。
② 王芸生的家属根据王芸生本人生前的叙述整理，王曾于 1926 年加入共产党，地点是上海，后来与党组织失去联系。[汤恒：《王芸生》，《新闻界人物》（4），新华出版社 1984 年版，第 67 页]

切循平常轨道而行，直接养成坚实的舆论，间接促进社会坚实的风气。"
"做新闻记者不是一件容易的事。因为新闻记者手上有个武器，容易受人
恭维，也容易被人诱惑。你们尽看见有许多新闻记者很得发，若从另一个
角度上看去，他们是成功了，但是我希望你们不要走这条成功的捷径，希
望你们每个人都努力做一个有灵魂的新闻记者。……在我的眼里，便有许
多被人恭维做'无冕之王'的，实际上是'无魂之鬼'！"①

　　1931 年"九·一八"事变之后，《大公报》在呼吁全体国民和所有党
派共赴国难的过程中，体现了中国知识分子爱国忧民的传统品格的可贵和
可敬。曾经当过大公报人的旅美华裔学者梁厚甫先生在《美国人怎样看大
公报》一文中评价说："在美国，资产阶级的主要的需要，是推销自己的
商品，其次是谋求自己的政治利益。两种利益发生矛盾的时候，还是让前
者先行。因此，美国的报纸，必须装成及摆出完全为读者来服务，完全以
报道及分析新闻为职责的样子。若问报馆的立场，则标榜'独立'。什么
叫作'独立'？换言之，就是要做'非之无举也，刺之无刺也'的乡愿。"②
美国的报人确实爱标举"新闻自由"的旗帜，甚至不少人还要标举"自由
主义"，但比之中国的大公报人，却总有叶公好龙之嫌。所以他又慨叹道：
"我经常想，有朝一日，如果美国也像中国一般，遭逢国难，美国就不可
能有一张像是《大公报》的报纸。"为什么呢？这是因为，在中国"文人
报国有心，而回天无计，于是寄希望于白纸黑字的报纸，把内心蕴藏去告
诉大家。其用心，实在有'还其谊不谋其利，明其道不计其功'的苦
况"③。具体到有着自由主义个性的王芸生来说，就更是如此。因此，在抗
战胜利前后由他那支犀利笔所惹出的几桩公案，就充分凸显了《大公报》
的那种"还其谊不谋其利，明其道不计其功"的苦况。对此，胡政之曾有
言："我们真是有苦自己知。我们的社评，不见得就是露布，我们的笔也

────────────

　　① 王芸生：《芸生文存》，大公报馆 1937 年版，第 260 页。
　　② 梁厚甫：《美国人怎样看大公报》，周雨《大公报人忆旧》，中国文史出版社 1991 年版，
第 326 页。
　　③ 同上书，第 328 页。

不能横扫千军。我们始终是一个有理说不清的秀才。"① 这里的"有理说不清"，主要是指他们因坚持自由主义的立场，所陷进的"左右不是"的窘迫。由于深陷其中，王芸生这样的文人无法体会到自身自由主义者力量的软弱和其理性的局限。

民国政治的基本特征在于，政治与武力高度统一，政党作为政治集团的同时，又是一个武装集团，武力是政治的出发点和最终依据。这一点构成了民国政治的基本逻辑和硬性规则。根据这个逻辑，问题的提出只能以武力为基础。因此，根据这个逻辑的历史局限，以武力为基础提出的问题，很难以武力之外的方式予以最终化解。② 属于中间势力的自由主义者与国共两党的基本区别，"就是大家都没有武力，作为其政治要求的后盾"。"他们的前途，只能以言论以理性去活动"③，无疑是最为远离武力的，因而也是最为远离民国政治的逻辑的。

抗战胜利后，正是国共双方在武力基础上的对峙，使得处于中间地带的自由主义者一时感到可以在革命与暴政之间走出一条坎坷的狭路。从抗战胜利到全面内战爆发之前不到一年的时间里，他们真诚地为防止、消弭战祸而奔走呼号，在国共双方之间调停斡旋；在报章杂志上发表大量呼吁停止内战的文章，造成维护和平的舆论力量。但是，国民党堵塞了和平之路，内战的烽烟弥漫。在此状况下，自由主义者仍然只能求助于呼吁国共两党"大家都放弃武力斗争，大家都退居普通政党的地位，大家都依据'公平竞争'的原则，把问题公开诉诸人民"。完全按民意定国是，那么国共两党成为第一、第二大党，其他民主党派"可以代表国内自由主义的势力的一股主流"，前途未可限量。④

当时自由主义者反内战有积极的意义，但是，他们将反内战上升到一

---

① 李侠文：《我所认识的张季鸾、胡政之两先生》，周雨《大公报人忆旧》，中国文史出版社1991年版，第267页。

② 邓野：《联合政府与一党训政——1944—1946年间国共政争》，社会科学文献出版社2003年版，第470页。

③ 中国民主同盟中央文史资料委员会编：《中国民主同盟历史文献（1941—1949）》，文史资料出版社1983年版，第11页。

④ 孙斯鸣：《中国政党政治往哪里走？》，《世纪评论》第16期。

般原则，就显露出了这种和平主义的弱点。他们认为，战争是阻止进步的力量，所以自由主义者坚决反对战争，尤反对内战。但是，自由主义者如何来制止战乱呢？他们所赖以斗争的武器是口与笔，所赖以见重于人的是一种不屈不挠的坚强人格；果能坚守此人格而不辞口笔之劳，自能表现其力量。同时，他们不明白内战是国内阶级矛盾不可调和的产物，是国共两党你死我活斗争的必然结果，是民国时期政治逻辑支配下的铁规则，而误认为内战的根本原因是丧失了理性。他们认定人是有理性的，按理性去认识自己的利益所在，而且政治应当是理性的产物，所以他们反复恳求人们都去诉诸理性："我们知道一切悲剧的造成，都是由于盲目的意志，由于情感抹杀理性。要从悲剧中解脱，从悲剧中升华，只有求救于理性，求救于清明的理性！我要大声疾呼的请大家'回到理性'！请大家放弃一切私心、盲动、妄动，一切诉诸理性！"①

如果说抗战胜利前后，自由主义在中国盛极一时，主要缘于国共两党在实力上的均势而继续维持着合作的态势，和平尚未破灭，宪政尚存希望；那么当国共合作破裂，中国的问题最终必须通过武装斗争而不是政治谈判的手段来加以解决时，自由主义便迅速从主流政治文化中被排挤出来。在民国政治中，支配其运行的根本规则就是武力与政治的高度统一，武装斗争是根本的、决定性的，政治斗争是其表现和为其服务的，政治斗争的结束正是武装斗争的开始，是民国政治逻辑的回归。正如格里德所说："自由主义在中国的失败并不是因为自由主义者本身没有抓住为他们提供了的机会，而是因为他们不能创造他们所需要的机会。自由主义之所以失败，是因为中国那时正处于混乱之中，而且自由主义所需要的是秩序。自由主义的失败是因为，自由主义所假定应当存在的共同价值标准在中国却不存在，而自由主义又不能提供任何可以产生这类价值准则的手段。它的失败是因为中国人的生活是由武力来塑造的，而自由主义的要求是，人应靠理性来生活。简言之，自由主义之所以会在中国失败，乃因为中国人的生活是淹没在暴力和革命之中的，而自由主义则不能为暴力和革

---

① 周绶章：《疯狂了的中国——一个盲动的、悲剧的大时代》，《观察》第2卷第15期。

命的重大问题提供什么答案。"①

《大公报》属于国共两极之间的中间势力的一员，一家以自由主义为追求的报纸。《大公报》就是这样不依靠武力作为其政治要求的后盾，而是以自己手中的言论和理性为武器参与政治的，无疑是最为远离武力的，因而也是最为远离民国政治的逻辑的。早在1928年，《大公报》就宣布了自己的政治理想，就是实行欧美式的宪政，在中国建立自由资本主义制度。《大公报》在抗战胜利前后，认为其理想实现的时机到来了。于是呼吁国共双方进行政治谈判，实现和平统一，实行宪政和议会民主。然而无论其怎样呼吁，呐喊直到最后声嘶力竭，国共内战的硝烟还是将其淹没。其根本原因在于，在民国政治逻辑中，《大公报》的生存权是处于集权主义政治控制之下的，而《大公报》以其理性指导下的话语权更是远离民国政治斗争的逻辑的。王芸生主持《大公报》以后，这种远离的趋势更加明显。以"文人论政"为职守为荣耀的王芸生，其实可怜得很，他除了空怀自由主义的凌云壮志，对"人民至上""主权在民""民主建国"等怀抱梦想外，从来就没有搞清楚中国的"政治"到底为何物，更谈不上懂得什么"政治技巧"之类。这样，《大公报》可谓真的回到了民间，当然无法达到张季鸾时代那种既预测政府决策又可以引导舆论的风光时代了。由于《大公报》没有了与政府的默契，政府也就没有了对《大公报》的信任和支持，共产党也对争取这张代表中间势力的民间报纸失去了热情。在国共政争掩盖下的兵争是残酷无情的，随着当时中国武装斗争的政治逻辑的回归，国共面对它的批评指摘也就毫不留情地进行打击了。

---

① ［美］格里德：《胡适与中国的文艺复兴》，鲁奇译，江苏人民出版社1996年版，第377—378页。

# 余　　论

## 一　《大公报》政治理想与现实结局

处于国共两党之间的中间党派是中间势力的政治代表，是国共两党之外的第三种力量。纵观整个第二次国共合作抗战时期，中间党派对国民党蒋介石的态度明显有一个变化，如果说抗战初期他们曾把一切希望都寄托于蒋介石，那么抗战中后期他们渐渐发生了转向。中间党派又是一个非常松散复杂的群体，在这种转向中其步伐也各有快慢。以中间党派为参照，同为中间势力一员的《大公报》在抗战时期随着"国家中心论"的形成、高潮、淡化、终结，其拥蒋立场也发生了转向，在总的趋势上和中间党派是相同的，但在具体步伐上，《大公报》属于落后者。

抗战初期，国民党实行抗战，满足了中间党派的迫切要求，符合了国家民族的根本利益，所以能够赢得拥护。再有，从现实出发，中间党派本身没有军事实力，必须靠国共两党，尤其是国民党。当时国民党拥有全国政权和 200 万军队，相比之下，中共仅据陕甘宁边区，军队不过数万，因此将抗战胜利的希望主要寄托在国民党蒋介石身上也十分自然。抗战初期，国民党对日作战确实十分努力，政治上也表现出前所未有的开明，国民参政会的召开便是一种崭新的姿态。但是在拥蒋过程中，具体的方法和各自动机各有不同。中间党派也有左中右，以"失意政客"为首的国家社会党和青年党属于右翼，他们与蒋介石既有矛盾又难以割舍。抗战初期，国社党、青年党不仅主动致函国民党以示拥戴，而且要求中共交出军队，取消边区，将马克思主义"暂搁一边"。左舜生称：

"中国今日，老实说只有爱国或当汉奸两条路，哪有那么多主义可言？"①
言下之意，在民族战争中马克思主义与爱国主义根本对立，不放弃马克思
主义便有汉奸之嫌。相比之下，中华民族革命同盟解散的动机则单纯得
多，该组织领导人之一陈铭枢甚至希望"国民党以外之党派"都应该"自
愿解散"，让国民党蒋介石包办抗战。② 这一主张表面上与右翼别无二致，
所不同的是民革同盟的解散纯粹出于抗战的目的。抗战初期，中间党派的
左翼同样拥蒋，然而相对来说就不那么盲目。1937 年 8 月，陈立夫、邵力
子代表国民党同全国各界救国联合会谈判，劝救国会也像民革同盟那样自
行解散，结果遭到沈钧儒、邹韬奋等人的拒绝。救国会支持蒋介石抗战，
但又不完全依赖。

　　《大公报》在抗战初期，大力提倡"国家中心论"，号召国内各界一致
信任政府，拥护领袖，要求全国只能有一个党、一个派、一个主义。对中
华民族革命同盟的解散大加赞扬，并以此为契机，大力宣传各党派取消自
己的组织，一致服从蒋介石。在总体上看，《大公报》与中间党派的拥蒋
立场是一致的。具体来说，按立场的左中右来衡量，《大公报》倾向于中
间偏右者。

　　1938 年 10 月武汉会战至 1941 年 3 月中国民主政团同盟成立，这是中
间党派由拥蒋到失望的转变阶段。武汉会战结束后抗战进入了相持阶段，
蒋介石以国民党五届五中全会为开端，企图借抗战削弱和消灭中共及中间
党派的反动倾向日益明显。《限制异党活动办法》《异党问题处理办法》等
企图束缚中共及一切进步组织和进步分子的思想、言论和行动，抗战初期
那么一点民主自由似乎是昙花一现。围绕坚持民主反对独裁，坚持抗战反
对投降，中间党派决定抗争。救国会的机关刊物《全民抗战》"不断揭露
日寇对国民党采取诱降阴谋，批评国民党当局的投降议和、镇压民众运
动，发动反共高潮的反共活动"③。沈钧儒、沙千里、李公朴等为促进民主
宪政运动积极宣传奔走，流亡香港的邹韬奋在当地《华商报》上连续发表

---

① 李璜：《学钝室回忆录》上卷，（台北）传记文学出版社 1973 年版，第 225 页。
② 陈铭枢：《抗战中的党派问题》，包清岑《抗战文选》第 2 辑，1938 年版。
③ 沙千里：《漫谈救国会》，文史资料出版社 1983 年版，第 91 页。

文章，揭露蒋介石反共反民主的真面目，认为抗战初期对蒋介石的信赖是"发傻"，蒋介石"表面上是一回事，骨子里又是一回事"。① 简称第三党的中华民族解放行动委员会也打消了幻想，开始向中共靠拢，他们谴责国民党制造反共摩擦，反对国民党独裁统治和分裂投降阴谋。尤其是蒋介石没有如期召开他曾许诺的国民大会，不久又制造了皖南流血事变，更使中间党派看清了蒋介石反共反民主的真面目。对蒋介石的不满和认识的提高催生了联合的意愿，只有共同努力，才能实现宪政，推动抗战。1941 年 3月，在原统一建国会的基础上，成立了由青年党、国社党、第三党、职教社、乡建派（救国会次年正式加入）和部分无党派人士组成的中国民主政团同盟。它的成立无疑在中国政治天平上增加了民主的砝码。但是，中国民主政团同盟在为民主斗争的时候，仍然是以服从蒋介石政权为前提的，"国家统一""军队统一"仍是其宣传的口号。

可见，虽然中间党派仍然承认蒋介石国民党政权的统治地位，但是已经开始了立场转变的步伐。然而，这时的《大公报》仍然处于其提倡"国家中心论"的阶段，在皖南事变中其拥蒋的立场鲜明。在宪政运动中，表面上主张实行宪政，但同时又认为，实行宪政必须在蒋介石这位"领袖"领导下，一面厉行地方自治，建立宪政基础，一面善导宪政运动，容纳各方意见，使人民对宪政有兴趣，对政府有信心。但是领袖、政府能不能真的去做又是另一回事。总的来看，没有绕出训政的圈子，一切还是要在服从"国家中心"的轨道上进行。因此，《大公报》还在拥蒋的立场上原地踏步，其转变已经落后于中间党派。

从民主政团同盟成立至抗战胜利后，这是中间党派由对蒋介石失望到反蒋的转变阶段。该阶段中间党派反对国民党蒋介石专制独裁和消极抗战的斗争更加坚决，同时也愈来愈向中共靠拢，这种变化在抗战胜利前后表现得尤为明显。1944 年 9 月 19 日，中国民主政团同盟在重庆改组为中国民主同盟，10 月 7 日，民盟主席张澜在成都召开的国事座谈会上大声疾

---

① 邹韬奋：《韬奋文集》第 3 卷，生活·读书·新知三联书店 1955 年版，第 181—182 页。

呼："民主的开步走，就是联合政府。"① 建立联合政府由中共最先倡议，中间党派立即响应决意同中共站在一起。1945 年 1 月，民盟发表时局声明，旗帜鲜明地提出了保障人民民主权利，结束一党专制、建立联合政府等 10 项主张。② 这些主张反映了中间党派的共同愿望。国社党领袖张君劢发表了《国共问题公开报告之后》，从党政军三个方面提出了时局主张：第一，"国民党所处的特殊地位，及早改变"；第二，主权在民；第三，"军队专司国防，不事党争，各军饷待遇一视同仁"。③ 青年党也希望全面改革，成立民主政府。1944 年年底，该党发表了《对时局宣言》和《告全党同志书》，主张在政治、军事、经济、外交各个方面进行改革，立即结束一党专制。抗战胜利以后，政协会议期间，中间党派更是在政治民主化、建立联合政府等方面与共产党站在了一起。

可见，这时的中间党派已经开始了向反蒋并与共产党合作的方向转变。而这时的《大公报》处在其"国家中心论"主张的淡化和终结时期，面对蒋介石政权的腐败，国民党统治的危机，《大公报》的拥蒋立场开始转变，在抗战相持阶段中后期，主张修明政治，指摘批评政府的言论增多并与国民党发生严重的冲突。到抗战胜利前后，《大公报》以人民至上、主权在民为思想核心，要求国民党政治民主化，要求中共实现军队国家化。国民党破坏民主，发动内战，再也无法代表国家人民的利益了，《大公报》以蒋介石为对象的"国家中心论"至此终结。但是其超阶级的人民至上、主权在民的思想认为，国共两党对破坏和平统一，同负其责，因此，它虽然放弃拥蒋，但是也没有转到和中共合作的轨道上。到全面内战爆发前，《大公报》立场转到了中间，中间党派的立场开始向中共靠拢，《大公报》慢了半拍。

中间党派的步伐显然快慢不一，有的一时还会倒退，但总的趋势是不断向前的。同为中间势力的一员，《大公报》转变的趋势也是如此。中间

---

① 《解放日报》1944 年 10 月 31 日。

② 中国民主同盟中央文史资料委员会编：《中国民主同盟历史文献》，文史资料出版社 1983 年版，第 36—37 页。

③ 张君劢：《国共问题公开报告之后》，《民宪》第 11 期。

党派由拥蒋到反蒋的转变，是由国民党蒋介石独裁统治、经济垄断、消极抗战所导致的，是由中国共产党统一战线政策的引导取得的，但主要还是他们有一颗救亡图存、追求民主的心。就《大公报》来说，其反共的立场一直没有变，所以它立场的转变在很大程度上是由于对蒋介石的腐败统治、消极抗战感到失望，而被动促成的。形象地说，就是被蒋介石推开的，而不像中间党派那样，被推开来的同时，又被共产党拉过去。

中间势力中的民族资产阶级、小资产阶级及其政治代表，是中间势力中比较活跃的分子。以往按照阶级斗争的理论，这部分人具有软弱性、妥协性、两面性。然而笔者在对《大公报》的研究中体会到，这三种特性的提出，是以无产阶级为参照，相对于无产阶级的革命彻底性来说的。那么我们如果换一个视角来看呢？因为，《大公报》所主张的本来就不是通过暴力革命解决中国发展的问题，而是主张建立西方式的议会民主政治，通过渐进的改良来实现中国的民族独立、国家富强。无论是在国共合作时期还是国共破裂时期，无论是在得到国共重视和推崇的时期还是在遭到左右夹攻的时期。虽然其言论有时强烈有时和缓，但是它的这一基本主张没有变化，就此来看，它对自己所追求的理想，自己所持的主张是坚定的、一贯的。并不能因为他们没有投身无产阶级革命而批评他们是软弱的。他们有着自己的主张、立场，也在为国家的独立、富强而奔走呼号，只是道路不同而已。

《大公报》的"不党、不卖、不私、不盲"方针颁布后，大公报人确实在努力贯彻，吴鼎昌进入国民政府后即辞去大公报社社长的职务，张季鸾、王芸生多次拒绝来自国民党高官厚禄的拉拢。他们之所以这么做，就是为了让《大公报》在官方秩序之外，能以独立的精神品格和立场，代表社会良心和社会舆论。徐铸成曾经说："参加政治组织，等于女人决定选择对象，此为终身大事。我对政治素不感兴趣，愿抱独身主义。"① 这代表了大公报人的集体性的政治和人格态度。超党派、超政治、超官方等，成了这些自由主义报人最引人注目的政治和人格标语。

---

① 徐铸成：《徐铸成回忆录》，生活·读书·新知三联书店 1998 年版，第 107 页。

然而，他们的这种姿态遭到了中国政治现实的迎头痛击。事实证明，梦想通过独立的民间舆论，以"小批评、大帮忙"的方式干预和影响官方政治朝着理性、民主的方向发展，不异于天方夜谭。新闻界的前辈邵飘萍、林白水被军阀的屠刀和暗弹所杀害，就是对自由主义者这种超验的"理性"的迎头痛击。

张季鸾以一名"国士"、诤友的身份处理与蒋介石的关系，是对自由主义政治姿态的调整。在抗战初期，在张季鸾主持下，《大公报》坚持国家至上的办报宗旨，主张报纸要服从政府的检查，为蒋介石这个"国家中心论"服务。其一贯坚持的言论自由的追求处于蛰伏状态。这是对以脱离政治之外，不与现实政治发生联系，保持独立地位相标榜的"四不"方针的否定。具有讽刺意味的是，恰恰是这种自我否定使张季鸾与蒋介石的关系不断升华，《大公报》也取得了辉煌的成绩。西安事变时，张季鸾与蒋介石患难与共；抗日战争全面爆发后，二人携手并肩共赴国难。蒋介石对张礼遇有加，出于报蒋介石的"君恩"，张在报纸上竭力宣扬拥护领袖蒋介石。作为蒋介石的衷心"国士"，他和蒋介石配合默契，既为他出谋划策，又亲自参与政治活动。张季鸾功成名就，得到当时方方面面的赞扬。他去世之后极尽哀荣，蒋介石的《唁电》称："季鸾先生，一代论宗，精诚爱国，忘劬积瘁，致耗其躯。握手犹温，遽闻殂谢。斯人不作，天下所悲，怆悼之怀，匪可言罄。"毛泽东、陈绍禹、秦邦宪、吴玉章、林祖涵的《唁电》称："季鸾先生在历次参政会内坚持团结抗战，功在国家，惊闻逝世，悼念同深。肃电致悼，藉大哀忱。"周恩来、董必武、邓颖超的《唁电》称："季鸾先生，文坛巨擘，报界宗师。谋国之忠，立言之达，尤为士林所矜式。不意积劳成疾，遽归道山。音响已沉，切劘不再。天才限于中寿，痛悼何堪！"[①]

坚持贯彻这"四不"方针的王芸生却陷入了困境。他主持《大公报》以后，回归到中间立场的结果是完全与蒋介石失去了默契，以致左右不是，无所适从。《拥护修明政治案》引起社会强烈反响后，又不得不在政

---

① 吴廷俊：《新记〈大公报〉史稿》，武汉出版社1994年版，第243—244页。

府压力下重写一篇"青年与政治"为政府辩解。《看重庆，念中原》发表后更是被停刊三天。

从根本上讲，这是由于王芸生犯了中国自由主义者的通病，即抽象谬置的错误。他虽然移植了西方自由主义理念中的"忠诚的反对"这概念，却始终没有弄明白，这种"忠诚的反对"是西方民主政治运动的重要成果，即宪政的确立，个人自由权利被普遍尊重的前提下，才有这种独立自由的舆论局面，才有自由主义者在官方政治之外参政议政的自由。然而，在中国的自由主义者那里，却不得不先有"忠诚的反对"，然后再去寻求宪政和民主、自由秩序的建立。格里德曾经对此进行过深入的剖析，"欧洲的启蒙哲学家所进入的是一个与他们的目标十分相宜的环境；而他们的中国模仿者却没有这样的好运"；最难堪的是，"（欧洲）的启蒙哲学家由于他们的世界主义使其本质上始终是西方人，而中国的自由主义者只是些西方化的人……启蒙哲学家们没有意识到他们是早期现代人，而他们的中国模仿者则是些自我意识到的现代化的人"①，这种"西方化的人"和超前的"现代化的人"，不仅使他们成了传统的叛逆者，而且使他们成了专制政权最仇视和最憎恨的人。

作为奉自由主义为圭臬的民间报刊，《大公报》其行事和思考在集权主义政治中是绝对做不到"左右逢源"或者"左右规避"的。张季鸾时代《大公报》与蒋介石的关系，恰恰背离了"四不"自由主义的中间立场，加之幸运地处在国共合作的初期阶段这一环境下，才使它在民国政治环境中达到鼎盛。王芸生的自由主义思想使《大公报》回归到自由主义的指导下。然而王芸生时代的《大公报》站在中间立场，又不幸地处在国共合作破裂的环境下，则陷入左右不是的境遇。

全面内战阴云笼罩，国共两党历史性大搏杀一触即发，造成了自由主义者必须在两者之间作出抉择的局面。王芸生的命运正是他们的缩影。原来的权威日益瓦解，另一派政治力量日益强大，然而这两者的政治制度却

---

① ［美］格里德：《胡适与中国的文艺复兴》，鲁奇译，江苏人民出版社 2010 年版，第 335—336 页。

都与自由主义者的追求相去甚远。自己的政治理想依靠自身的力量无法实现。正在决战中的政治力量，能够决定中国的政治前途，然而不管哪一种前途都会埋葬自由主义者的政治梦想。致命的是，这种决战是"不归于杨则归于墨"，不存在中间道路，也不允许有中间的人存在，自由主义者还必须在这两者中作出选择。痛苦与彷徨可想而知。

储安平主编的《观察》和张纯明主编的《世纪评论》是最有代表性的两种自由主义刊物。

《观察》创刊于1946年9月，储安平在《中国的政局》一文中这样评价了国共两党："今日的国民党成了维护其既得利益阶级的机构，要希望他能顾到一般底层人民的生活，不啻缘木求鱼。我们希望共产党参加联合政府，能在这方面有所作为。"

《世纪评论》则还对国民党政府抱有一定的幻想。希望国民党政府能做两件收拢人心的事。它们代表了社会上的两种心理，一种对政府失望，一种还抱有某种幻想。在这一点上，《大公报》与《世纪评论》颇有相似之处。《大公报》从瞩望和平统一开始，就一直满怀希望，虽然希望一次次破灭，但总不忍"看见中华民国从此混乱到玉石俱焚的程度，总不愿看见国民党政府就是断送国家命运的执行者，总希望国家好，政府好，大家都好"。但是对政府的幻想似乎比《世纪评论》更加强烈，更加不切合实际。就是这个人民至上、主权在民、实行宪政民主的主张，在当时根本就不会为国共两党所理睬。要求政府作出一两件好事尚且不易，何况要求其把人民的利益放在第一位，一切以人民利益为重呢？但有一点是肯定的，就是蒋介石国民党政府这个"国家中心"再也不是其拥护的对象了，再也不是它用来要求社会各阶层必须服从的最高权威和中心了。在自由主义开始思考往何处去的时代里，《大公报》虽然还没有最终确定自己的出路，但是之所以彷徨不知所措，就是因为放弃了其一贯追随的"国家中心"。

周作人曾经以十字街头和塔描绘自由主义者的困境与心态。它可以有丰富的喻指：可以指政治斗争与文化事业，也可以指如火如荼的群众运动与自由主义的理想，也可以指相当一批自由主义者的整个生活态度——高度人间性的，却又渴望超越。① 20 世纪 30 年代的自由主义文学派别，既反对国民党的残酷杀戮与文化专制，又不赞成左翼作家激进的文学主张。他们心底执着于五四的个性解放、思想自由等自由主义基本价值，因此，一边唱着情歌，一边躲进文学的象牙塔。《大公报》既反对国民党的专制独裁，同时也反对共产党的武装斗争、共产主义革命，他们心底的理想是建立欧美式的民主宪政国家，然而国共内战的硝烟无情地将其淹没。不同的是，《大公报》身处现实政治中，无法向文学家那样躲进象牙塔不问世事。那么彷徨之余，心中的理想的只有在梦中实现了。

1946 年 6 月 26 日，蒋介石命令国民党军队以猛烈炮火向中共中原解放区大举进犯，扬言要在"四十八小时内消灭李先念部"、创造"惊人的胜利与奇迹"，内战由此全面爆发。7 月至 10 月，蒋介石调集 160 多万人的正规军向各解放区进攻，到 10 月 11 日，占据张家口，蒋介石向解放区的进犯达到顶峰。1946 年 11 月 4 日，《大公报》（上海版）发表了王芸生的《做一个现实的梦》的社评，把现实中无法实现的理想寄托于梦中。《大公报》的梦是这样的：

> （一）全国并无枪炮之声，全国人都过着和平的日子，绝无士兵或人民流血牺牲或转徙流亡。……（二）国民政府业已改组，毛泽东、周恩来、张君劢、曾琦、莫德惠等都在国府委员会席上与蒋介石、孙科、宋子文等环坐讨论国事了。行政院亦已改组，各党派都有人为部长，是一个举国一致的内阁规模。（三）根据整军方案，国军与共军多已整编，两个军队的痕迹虽然还没有完全泯灭，但是业已向"军队国家化"的理想跨了一大步，两相敌对的情绪差不多已完全消失。（四）五五宪草，已经政协小组修正完毕，其内容完全依照政协决议的原则加以条理化。国民大会已于五月五日召开，除了十年前选出的旧代表及补选的新代表外，国民党、共产党、民主同盟、青年党及社会贤达的代表都出席了。……中华民国从此产生了一部比较合于

---

① 胡伟希等：《十字街头与塔》（后记），上海人民出版社 1991 年版。

理想与现实的民主宪法。公布之后，全国翕然。（五）改组后的国民政府，一面在逐步做着整军工作，同时根据宪法，在筹备普选。……大选完成，我们有了民选的大总统及议会，中国从此开始了宪政。（六）盟军共同作战的任务早已完成，中国境内无外国军队。（七）一年来的中国外交，独立自主，举世尊重。……（八）战后一年，法币已整理就绪，物价稳定，又兼各地丰收，粮价下跌，人民贫困大减，建设多在着手。……各地工商业多欣欣向荣，展望不远的将来，更是一片光明。①

这八点梦想描绘了一派自由资本主义社会的场景。王芸生心目中的乌托邦是美好的、令人向往的，是他矢志不渝所追寻的，然而，幻想最终破灭了。这个梦成了自由主义思想的灵魂，在弥留之际浮现在脑海的一幅美丽的画。

还要提的一个问题是《大公报》后人在思想领域的一些观点。刘自立就曾经在网络发表文章，指出中国现在所走的道路正是在经济上朝着建立以市场为主导的自由主义模式，政治上在朝着民主、法制化方向迈进，这恰恰是《大公报》当初所提出的主张。中国绕了一个大圈子，虽然当初将《大公报》批判得体无完肤，现在却不得不回到这条道路上来。因此作出了结论："历史往往要重演第二次。"世易时移，现在所进行的一切改革是在国家获得独立，并通过艰苦斗争赢得了和平稳定的国际国内环境的前提下进行的。然而这一切恰恰是《大公报》主持者那一辈人所处的时代中国所不具备的。

抗战胜利之后，中国面临的是两种前途和命运的最后决战。中国的阶级斗争是一个阶级推翻另一个阶级的斗争，没有任何中间道路可选，武装斗争是其最终的决定手段。在这种情况，社会一切阶层、团体必须在二者中择其一。其自由主义的立场遭到了国共两党的左右夹击。在这种情况下提出了第三条道路的主张，却被淹没在隆隆炮声中，《大公报》也最终归

---

① 王芸生：《做一个现实的梦》，《大公报》（上海版）1946 年 11 月 4 日。

属人民，宣布了自己的新生。

宣传"第三条道路"的报刊1947年年底以前主要是以民盟为代表的一些中间民主党派主办的报刊，宣传一种除国民党、共产党之外的政治主张，这种主张反映了民族资产阶级和上层小资产阶级的思想倾向。持这种政治主张的人，既不满国民党的专制统治，又不希望中国在共产党领导下实行人民民主专政，他们向往英美国家的议会政治。1947年10月，国民党政府宣布中国民主同盟为"非法"团体，使"第三条道路"的主张成为泡影。当国民党在军事上遭到惨败、人民解放军转入反攻之后，宣传"第三条道路"的报刊日益增多，情况也变得复杂起来。其中有些以鼓吹"第三条道路"为幌子，企图挽救蒋介石国民党统治行将覆灭的命运；有些反映了美国对蒋介石政府的失望，企图扶植资产阶级自由主义者组成新的政党取而代之。

《大公报》就其政治主张和思想体系来看，属于前一种情况。从1928年元旦发表《岁首之辞》到1946年11月4日刊登《做了一个现实的梦》，说明《大公报》一直把实现西方自由资产阶级民主宪政作为自己的政治理想，只是从来没有打出"第三条道路"或"中间路线"的旗号。解放战争时期，随着宣传"第三条道路"报刊的出现，《大公报》上也曾几次出现过类似的文章，据当时的社评委员李纯青讲："（战后）《大公报》曾想走中间路线。这只是几个人，在一段时间内，发表过一些文章，并没有占据《大公报》的主张，在这个人身上是受美国宣传民主个人主义的影响，在另一个人身上，又偏爱着英国工党路线。"①

内战重起，《大公报》对时局迷茫，在思想烦闷之际和无可奈何之时，正好驻英特派员萧乾于1946年夏天回到上海，任《大公报》社评委员，负责撰写国际社评。萧乾在英伦生活近7年之久，一踏上祖国的大地，面对的是内战的战火，"当时真有些像是坠入五里雾中"②。他撰《英国工党执政一年》的社评一篇，发表于8月28日《大公报》（上海版），是为《大公

---

① 吴廷俊：《新记大公报史稿》，武汉出版社1994年版，第447页。
② 同上。

报》宣扬改良主义道路的先声。英国工党是战后上台执政的，文章认为工党的改良主义使英国避免了"赤化"，还说由于英国"工党执政一年"的影响，欧洲人纷纷偏爱缓进的改良主义，还主张把英国工党的改良主义搬到亚洲来。

10 月 1 日，又发表一篇题为"世界需要中道而行"的社评，宣传中间路线。文章在叙说了战后的世界是两极对抗，苏美冲突，人类随时处于战争的威胁之中后说："我们相信美苏矛盾有一条中道可走，应走。"什么是"中道"？文章说："理想社会须兼有美、苏之长。美、苏以外的国家及人民，都希望如此。我们认为这是中道。"文章希望中国做"中间国家"，既不做美国的"卫星"，也不做苏联的"附庸"，选择"中道而行"。

1947 年年底 1948 年年初，《大公报》因同情、支持学生运动而遭到南京《中央日报》的叫骂，王芸生十分矛盾与困惑。他被重庆《新华日报》痛斥在前，遭南京《中央日报》叫骂于后，前者斥他为"法西斯的帮凶"，后者骂他是"新华日报的应声虫"。他感到左右为难，于是决定打出自由主义的旗帜，指派萧乾执笔，起草一篇自由主义宣言式的社评。于是有了1948 年 1 月 8 日《大公报》上《自由主义者的信念》长篇社评的发表。

这篇社评洋洋四千余言，对自由主义作了详细解说，并列举了自由主义的五点基本信念："一政治自由与经济平等并重；二相信理性与公平，也即反对意气、霸气与武器；三我们以大多数的幸福为前提；四赞成民主的多党竞争制，也即是反对任何一党专政；五我们认为任何革命必须与改造并驾齐驱。"萧乾以西方民主政治为参照，把"自由主义"这个在西方社会发育起来的概念具体化了，他认为，目前的中国社会内战迭起，烽烟弥漫，国共两党的分化已成定局，萧乾一方面希望用"民主"和"法制"来治理国家，促进"和平"的实现；一方面保卫自己言论自由的权利。萧乾一再强调自由主义者的立场不是"中立"而是"独立"。一个自由主义者并不是一个走中间路线的妥协骑墙者，他应当有坚定的信念和明确的责任，因为"自由主义是一种理想，一种抱负，信奉此理想抱负的，坐在沙发上与挺立在断头台上，信念得一般坚定"，所以"不左也不右，政府与共党，美国与苏联一起骂的未必即是自由主义者"。① 这篇文章界定了"自由主义者"的概念及其时代责任，是一篇典型的自由主义者的宣言。除此之外，萧乾还写了《人道与人权（课题：中国人好吗）》《怀四大自由》《华盛顿精神的不朽——颂艾森豪元帅的风度》《泛论民主与自由》等。他这一时期的思想系统地反映在他为《大公报》写的这些社评和论文中。

王芸生事后说，打出自由主义旗号，只是他在受到共产党斥责和国民党辱骂后，思想苦闷之时所采取的一种寻求排解的"精神胜利法"而已。但是，马歇尔和司徒雷登则十分认真地把《大公报》及其总经理胡政之纳入"中国的民主个人主义"之列进行拉拢。据李侠文回忆，在胡政之赴香港恢复《大公报》港版之前来到南京，急于物色"民主个人主义"者来取代蒋介石独裁统治的司徒雷登还郑重其事地派秘书傅泾波来访，说准备了洋房汽车招待他，并试探他是否有意出任行政院长。

中国人民解放军发起"三大战役"之后，国民党政权的倒台已成定局。此时，美国对蒋介石已经丧失信心，不仅不肯在军事和经济上继续援蒋，而且采取各种方式逼蒋介石下野，以便"走马换将"。同时，国民党内部的白崇禧、程潜等人也纷纷要求蒋介石改弦更张。于是，蒋介石于1949年1月1日发表《新年文告》，向共产党求和。这当然是一种梦想。毛泽东当即以《将革命进行到底》的新年献词作了明确回答，呼吁中国人民绝不能可怜毒蛇一样的恶人。1月8日，中共中央政治局又通过了《目前形势和党在一九四九年的任务》的决议，进一步强调必须将革命进行到底。在内外交困、压力重重的情况下，1月21日，蒋介石无可奈何地以"因故不能视事"的名义宣告"引退"，由副总统李宗仁代理总统。蒋介石用"引退"一词，并非"去职"或"辞职"，接替他职务的仍用"代总统"的名义，这表明他人虽然离开了南京，但仍然可以统驭南京政府的军政，并且随时可以"复出"。

对此，《大公报》（香港版）1949年1月22日发表了王芸生写的题为"蒋宣告引退"的社评指出，蒋介石宣告引退，"这是目前国事发展的一个

---

① 萧乾：《自由主义者的信念》，《大公报》（天津版）1948年1月10日。

重要关键"，并"谨以人民舆论的立场"发表了两点"切要的主张"："第一，蒋既宣告引退，以其个性的固执倔强，而竟不得不发表引退的文告以去，可见内外的压力之大之重，使他不得不出于一走。他这走的方式应该是下野，不是且战且退的转移阵地。因此，为了国家，为了人民，也是为了蒋介石个人，他的这次的走应该是斩钉截铁的走，不论今后如何演变，不必再管国事，以免横生枝节。"这是要求蒋介石彻底地"退"，不要以"退"为进，更不能只是将指挥中心由南京转移到奉化溪口而已。"第二，应目前大势的需要，也为了实现蒋氏引退文告'解救人民倒悬'的语言，李宗仁所代理的南京政府，应该立即迅速做到下列三件事：（一）下令所有前方国军立即无条件停战。（二）下令中央政府及各地政府，停止一切战争施政及战斗行为，妥善维持地方秩序，妥善照料人民生活。（三）通告中共，接受本月十四日毛泽东宣布的八项和平条件，谈判和平。"这三条是为李宗仁指出的最佳出路。最后，文章直截了当地说："李宗仁氏暨孙科内阁应该了然，当然的事势，已到了国民党结束其政权之时。无论甘愿不甘愿，都非如此不可。速了，则可减少人民痛苦；迟延，则必要增个人罪戾。事势如此，其间再无操纵运用之可能了。"这实际上是敦促李宗仁、孙科向中共投降。

为了进一步使一些中间势力认清蒋介石的面目。王芸生署名"旧闻记者"在《大公报》（香港版）"旧闻新谈"专栏发表系列文章，予以揭露。1月5日的《蒋介石的襟度》还蒋以独裁者真面目。文章写道："蒋介石这个人，今后的归宿还有些尾声，而其为人大致可以论定了。蒋的襟度是：刚愎自用，唯我独尊，反民主，反自由，并且嫉视人民。"接着列举"近十年来，若干旧闻"以资证明："1943年9月，国民党的十一中全会决议了一张支票：'抗战胜利一年之后，实施宪政'，于是谈论宪政的议论风起云涌，民主人士的座谈会常在举行，呼民主要自由的声音洋洋盈耳，蒋甚厌之。陈布雷与'旧闻记者'谈起此事，说：委座对所谓民主人士们的起哄很讨厌，近来火气更大，今天委座提到此事，忽然一拍胸膛说：'什么民主，什么自由，没有我姓蒋的，中华民国要成什么样子？'我听了大为咋舌，这不就是曹孟德所说的'天下无孤，不知几人称帝称王'的话吗？

这不但反民主，反自由，唯我独尊，简直就是'朕即国家'了。"

为了说明蒋介石"刚愎自用"，王芸生联系到1942年《大公报》因报道河南大旱灾所受到的迫害。王芸生写道，当时人民冻馁而死者三百多万人，真实惨绝人寰，而政府非但坐视不管，而且还不准重庆各报报道河南的灾情。王芸生去问陈布雷是何道理，陈告知，因为"委员长不相信河南有灾情"，并严令河南的征实不得缓免，"这是多么刚愎啊"！在蒋介石的逼迫下，河南四处是"石壕吏"夜捉人，皮鞭铁锁，拉丁逼粮，农民把姑娘卖到人市，买谷纳粮，大街小巷，狗啃饿尸。"《大公报》实在忍不住了，于1943年2月1日登载了张高峰君的一篇河南通信《豫灾实录》，二月二日发表了一篇题为'看重庆念中原'的社评，不得了！蒋介石大发雷霆，《大公报》勒令停刊三天！"王芸生还写道："蒋这样无视民命，除了刚愎任性之外，还有一个'嫉视人民'的观念深潜心底。"说蒋介石连"抗战须依赖广大人民"这样的话都反感，"厌听带有'人民'名词的话语，厌看印有'人民'字样的报纸"。文章最后说："他越是反民主，反自由，嫉视人民，结果他就失败在要民主争自由的人民手上！"

王芸生于2月11日发表的《学而不思的"阿斗"》是骂孙科这"中山先生的不孝之子"的。此外，王芸生还把替蒋介石捉刀的三个人——戴季陶、陈布雷、陶希圣"请"出来"亮相"。关于戴季陶，王芸生说："戴季陶这家伙，简直是一代妖狐。他写了一本《三民主义的哲学基础》，曲解三民主义，硬与中国封建'道统'拉关系，说什么'尧以是传之舜，舜以是传之禹，禹以是传之文武周公子孙，文物周公子孙又以是传之孙中山'。他这一套是国民党反动派理论根据。"关于陈布雷，王芸生写道："陈布雷虽然谈不上什么思想，但他的旧书生的气息极为浓厚，与蒋遇合，俨若圣陶贤相。"并说蒋介石开口闭口"礼义廉耻"，搞什么"新生活运动"，案头上摆《宋元学案》，这些"都是陈布雷给他的影响"。关于陶希圣，王芸生说："陶希圣为蒋代写的《中国之命运》一书。在这本书里，大谈其臭而不通的'革命哲学'，俨然思想大师；在这本书里，反自由，反民主，大骂中共，刀光剑影，硝烟弥漫，抗战胜利后的三年内战不早就以蒋的名义宣之于陶希圣的笔下了吗？"

人民解放战争迅猛发展，国民党蒋介石的政权日薄西山。共产党与国民党、新与旧、光明与黑暗的决斗胜负已成定局。《大公报》和王芸生弃旧迎新的态度也愈加鲜明。1949年元旦，《大公报》（香港版）发表王芸生写的题为"展望中华民国三十八年"的社评，是一篇典型的弃旧迎新的文章。首先说："今天东方一亮，中华民国三十八年就到了，三十七年就过去了。这到来的是新的到来，那过去的是旧的过去。新的应该发荣滋长，旧的应该是永远地过去。拿过去的是战争的痛苦，人民的磨难；是八年抗战三年内战的战争痛苦，两千多年专制封主高压下人民的磨难。这到来的应该是和平、民主、自由、平等、进步与繁荣的新中国。"接着叙述了抗战胜利后，内战又起，使中国人民"又受了三年压榨、敲诈、迫害、征发、破坏，以至屠杀。到现在，大势了然了：一贯作威作福的，到了末日；一向贪婪腐败的，终于没落沉沦；从来顽固凶暴的，业已心中忐忑，不知所措；一生只知唯我独尊奴役众人的，已然众叛亲离，颓然即倒。要如此，这三年的内战才真正值得"。并强调说："让失败的旧的永远过去，让胜利永远属于人民。要如此，这三年的内战才真正值得。"并强调说："这里所谓旧的，不仅是眼前的，更应该是两千多年以来的中国封建传统。"因为中国的封建传统根深蒂固，"所谓'民国'，就未曾真正尊重过人民，更不必说由人民来做国家的主人。谁爬到统治者的高位子上，谁就是专制封主"。因此，结束旧的，就是要发动人民，挥动利斧巨锄，将专制封主"砍到掘净"。《大公报》的这种"除旧观"是很有见地的。文章最后说："中华民国三十七年业已过去了，一切可诅咒的旧东西都应该把它甩掉；中华民国三十八年业已到来，我们要迎接一切新的光明。"并说："新的统治应该不折不扣的是属于人民的。"

这些可诅咒的东西当然包括了蒋介石这个"国家中心"。在胡政之逝世后两个月，公元1949年6月17日，《大公报》（上海版）发表了王芸生写的《大公报新生宣言》，宣布《大公报》"属于人民"。

## 二 《大公报》文学理想与现实结局

周作人提到自由主义者躲进了文学的象牙堂。但是，不能以此来看待《大公报》的文学副刊。《大公报》文学副刊的编辑作家们，并不是消极地躲避，而是自觉实践一种自由独立的文学追求。

1945 年 11 月 1 日，《大公报》（上海版）复刊，作为主要的副刊，《文艺》最初为周刊，后改为周二刊，继改为周三刊，缩张后又变为周刊。同日《文艺》刊出了"复刊的话"，全文如下：

> 当兹胜利降临之后，国运转换之际，一方面光明在望、民族复兴的理想渐趋实现，而另一方面百废未举，政治、军事、社会、民生的险象丛生，谁也不能否认：比八年前更艰苦、更残酷的日子还有可能降临到我们头上。虽然这只是一种可能，可是全国人民的心头已经蒙上了一层暗影，胜利的笑容已经将被愁云夺去了。我们像被沉重的石块压住胸口，连呼喊和痛哭的力量都已经失去，惟有悲愤的热泪泉水一般的涌进。
>
> 在这样的一个时候，复刊的《文艺》的命运和任务又岂待多言！这不仅是一个小小副刊的事情。全中国人，全中国的事事物物，有哪一个、有哪一件能够不分享或然的光明？历史的规律正如以太一般贯穿于一切之中，惟一的关键是你主动地控制它还是盲目地被他挟制。然而，对于这小小副刊的产生，实在是无须加以赘语的了。
>
> 可是，艺术自有其特殊的性格。而《大公报》文艺也有它独特的作风。
>
> 自从沈从文先生创刊《文艺》以来，这期间本报和本刊经历过许多崎岖的道路。除了人事的更迭无关紧要之外，更重大的例如本报由津迁沪、由沪而港、而桂林、而重庆，真可谓受尽折磨和苦难。然而本报非但没有退缩，反而从苦难中发展起来，壮大起来；而且只要一有可能，立刻开辟文艺园地，供老作家们的龙蛇之笔的驰骋和新作家

们练技的场所。可以大胆地说一句，《大公报》和《文艺》结为一体不可分离了。《大公报》永远重视《文艺》，而《文艺》也永远是大公报的一个肢体。

其次，艺术总归还是艺术，而艺术又是很不单纯而且极其复杂的东西。这话不是为艺术而艺术的主张，也未必是艺术即人生，人生即艺术的主张。原理我们姑且不论，事实是，根据《文艺》的一贯传统，这个园地是绝对公开的了。人类的最高理想是打开一切的门，何况艺术之门？艺术之门也就是人类心灵之门。我们相信，由于心灵之门的开放，人与人之间的隔阂将会消灭，而人与人之间的伟大崇高的爱将会发扬。

最后，我们诚挚地乞求作家们高尚的协助和新的生力军的不断的参加。为了艺术这光荣不朽的名字、这以个人荣辱得失来衡量不了的伟大的名字，我们要在荆棘中前进到最后一息。

这个宣言充满了对未来的担忧和无奈以及对命运的无法把握，却又坚定不移地表达了这样一个信念：《文艺》要坚持文学的独立意义，寄希望于艺术能够独立于政治纷争之外，用爱来涤荡人类的心灵。这也是《文艺》的一贯宗旨。抗战之前沈从文就不断用"宗教精神"唤起青年作家对文学的崇高敬意和对文学独立意义的坚守，并试图通过《文艺》把这种文学理想变为现实。抗战之中，萧乾应民族战争的需要把《文艺》改版，在"国家中心"的旗帜下变成了抗战文学的阵地，但是他们仍然强调对文学本体的重视："我们应做的是怎样把文字变成见识、信念和力量——比呐喊更切实些的力量。"[1] 即使是把《文艺》"披上了战袍，环上了甲胄"的杨刚，[2] 也同样没有改变这个宗旨。所以复原之后的《文艺》副刊首先就是要坚持这个信念，无论是沈从文还是萧乾都强调要保持这个办刊传统。

抗战胜利后，《大公报》另外一个重要的文学副刊《星期文艺》于

---

① 萧乾编：《这个刊物——代复刊词》，《大公报·文艺》（香港版）1938 年 8 月 13 日。

② 杨刚编：《重申〈文艺〉宗旨》，《大公报·文艺》（香港版）1939 年 9 月 4 日。

1946 年 10 月 13 日创刊，共出了 112 期，每周日出刊，占第 6 版，终刊于 1949 年 1 月 2 日。据副刊编辑袁可嘉的回忆："先后由沈从文、朱光潜、冯至先生主编，最后半年由我收场。"[①] 从创刊至第 50 期，即 1946 年 10 月 13 日到 1947 年 9 月，主编是沈从文。[②] 而冯至从 1947 年 4 月到 1948 年 9 月就开始担当编委并最终担任了主编。从 1948 年 10 月起到终刊，它的主编则是袁可嘉。[③]《星期文艺》在当时的局势下一直出到第 38 期都还是整版登载作品不登任何广告。除了在特别困难的时期，《大公报》被缩减为两版的情况下而没有出刊外，基本上都能按时出刊。相比于出版日期一再变更，长时间不能发刊，而且广告占了大半版面的《大公报·文艺》而言，它成为《大公报》后期更为重要文学空间。

《大公报》在 20 世纪 30 年代，为北方文学——尤其是北方文坛的作家——提供了一个独立的舞台，使他们在这个与政治中心相对疏离的文学空间中营造一方自己的天地，在"荒原"般的古城中唱出了"现代"的旋律，那么，此时此刻这些作家的创作也是继续着那未完成的歌唱。但是这个时期的时代特征已经发生了极大的变化，随着内战的全面爆发，《大公报》——包括整个中国的自由知识分子阶层——的民间立场面临着挑战，抗战胜利之初建国复兴的梦想与热情、阻止内战爆发的种种呼吁都已付之东去，他们敏锐地感受到了未来的命运，所以这些作品也不可避免地折射出了这种时代的回音。

诗人郑敏在《残废者》中写道：

这世界并不是完全，不完全
却在我的身上达到了极点
我缺少着手，缺少着脚
像深冬的树木却又缺少了

---

① 袁可嘉：《诗人穆旦的位置——纪念穆旦逝世十周年》，江苏人民出版社 1987 年版，第 17 页。

② 邵华强：《沈从文研究资料》（下），花城出版社 1991 年版，第 991 页。

③ 《星期文艺》除了主编外，还有很多人参与了实际的选稿工作，所以在主编交接的时间上，不能查证出一个确切的时间段，而袁可嘉在回忆中提到朱光潜，则也是由于朱光潜参与选稿误认为是主编的缘故。

> 一个可希望的春天，我的歌唱
>
> 从身躯的深处吐出
>
> 好像被伐的古树
>
> 在寒风里呼号
>
> 我奇怪有谁愿意听他的悲怆
>
> 若不是我的同伴有这样的信仰
>
> 唯有让更多的痛苦弥补
>
> 你正在痛苦着的创伤。

同抗战之前相比，这个时期作家们面临的时代语境已经有了彻底的改变，现实强有力地冲击了文学的世界，作家内心的感觉世界也被注入了弥漫的硝烟。

沈从文在复刊后的《文艺》和《星期文艺》上陆续发表了《怀昆明》《一个传奇的本事》《湘人对于新文学运动的贡献》《谈苦闷》等文章。八年抗争的"沉潜"，使沈从文对国家和民族的荣辱兴衰有了更直接和深切的体验，他对文学的意义也有了新的认识，他认为文学对建国复兴承担着义不容辞的使命，所以恢复民族自信、打造民族辉煌，首先要有一个"文学运动的重造"，由"文学"的复兴作为建国复兴的起点。因此，回到北平的沈从文，仍然对西南腹地频频回首，他用自己最熟悉、感受最真切的湘西故土作为实例来看待这场即将到来的内战，认为这一次的武力使用将会导致整个民族感情的"集团消耗"，或"变相自杀"。[①] 对沈从文来说，湘西是他生命的生长点，也是孕育他思想的地方。抗战初期，他在《湘西》中表达了以"建设"来抗敌的观念，此时，他期盼用"和平"来代替"战争"。

1946 年 11 月，沈从文在《星期文艺》发表长文《从现实学习》，集中和强烈地表达了他的这种思想，这是他最重要的一篇自我剖析文章，有人称之为"一份沈从文从湘西进入都市 20 余年来的自传纲要"。这篇文章中，

---

① 沈从文：《一个传奇的本事》，《大公报·星期文艺》（天津版）1947 年 3 月 23 日。

他调遣了自己二十多年走南闯北观察人生的感受和经验，不无忧虑地认为内战的爆发将"坐使国力作广泛消耗，作成民族自杀的悲剧"。"民族"一词，不止一次出现在沈从文的笔下，他对八年抗战的回忆中充满了对"民族"命运的审视，对内战的态度也是首先把"民族"的未来作为着眼点，把民族复兴与文学发展联系在一起，既然战争是不可避免的，文学也就面临一个"更新的庄严课题"：谋求爱与合作的种子，谋取人类真正的和平与公正，"将宗教政治充满封建意识形成的'强迫'、'统制'、'专横'、'阴狠'种种不健全情绪加以完全的净化廓清，而成为一种更强有力的光明健康人生观的基础"①。

　　相对于沈从文，由异乡回到祖国的萧乾对民族复兴和国家重建的愿望更是强烈。他很自然地用西方世界比照自己祖国的未来。"我对资本主义——尤其是当时麦卡锡那套，深恶痛绝；但在英伦待了七年，对苏联三十年代肃反时的情形也略有所闻。我真诚地希望战后的中国取苏美之长，走自己的路，而不当任何一方的傀儡。"② 1947 年 5 月 4 日，萧乾发表了题为"中国文艺往哪里走"的社评，该文是为纪念"五四"而作，他特别强调了"五四"民主自由的空气对今天文坛的重要性，认为纪念"五四"，就是要革除一家之言，在文艺创作和文艺欣赏上拥有民主的雅量。他保持着自由主义立场，发出了对"党派政治"的质疑，虽然他也看到了国民党政府对文艺刊物和著作版权的严苛留难使得作家写作的自由度越来越狭小，遏制和萎缩了作家的文学生产，但是他把这一切都归结于"集团之争"，他说，自五四以来中国社会虽然一直处于动荡之中，可是作家的创作从未失去"精神内容"，或反对封建、弘扬科学，或反对侵略、反对法西斯，作家永远有一具写作的"马达"。然而"胜利后的今日，可说是民国以来前所未有的一片精神虚空……国家前途的渺茫造成了文艺创造力的枯竭"，而"自杀性"的内战又使作家穷愁潦倒，提起笔来除了"酸性牢骚，一无可写"，因而今天的文艺要想获得一线生机，就必须摆脱"集团

---

① 沈从文：《一个传奇的本事》，《大公报·星期文艺》（天津版）1947 年 3 月 23 日。
② 萧乾：《旅英七载（1939—1946）》，《萧乾文集》第 6 卷，浙江文艺出版社 1998 年版，第 214 页。

主义"和"党派政治"的影响，"一个有理想，站得住的作家，绝不宜受党派风气的左右"，要创造有永久价值的伟作，就要使文坛由战场变为花圃，让"平民化的向日葵"与"贵族化的兰芝"并肩而立。

抗战之前，杨振声就曾用《文艺副刊》为文坛"乞雨"，①《星期文艺》创刊号上他又呼吁要为文坛"打开一条生路"。两篇文章相隔 13 年，却提出了一个共同的问题，就是如何使文学者在文坛上找到自己的立足点。13 年前，杨振声不满于文坛上锣鼓喧天的"主义"和"论争"，认为"锣鼓打得很响，但是戏是没有出台"，他寄希望于《文艺副刊》贡献出的文学作品，为这个久旱的园地洒下一片春雨。② 13 年后的今天，杨振声所祈望的就不止是一场春雨了，而是要在"一切的腐烂中去培植一颗新种子"，这个新的"种子"就是"我们日夜所祈祷的一个新文化"的胚芽，"从它，将发育成一种新人生观，从新人生观所造成我们的新国民；也从它将滋育出一种人类相处的新道理，新方式，来应付这个'天涯若比邻'的新时代"。③ 杨振声提出的这个设想已经把文学作为新文化的一个生长点。他不但强化了文学的独立意义，而且借此指出自由知识分子应当如何在这个时代安身立命，此文与沈从文的《从现实学习》非常相和，引起了反响。

废名发表《响应"打开一条生路"》，并按照自己的理解为这条生路作了解说："这一条生路是什么呢？很简单，我们要自信。从态度上说，我们不妨自居于师道；从工作上说，我们要发扬民族精神，我们的民族精神表现于孔子，再说简单些，我们现在要讲孔子。"废名强调他倡导的"尊孔"是建立在对孔子"师道"观和"思无邪"观的重新认识上，他说文学家应当有充分的自信把握自己，也许日常生活的材料是平庸的，甚至是丑恶的，但是文学要创造"诗的生活"，或者"生活的诗"，所以理想的文艺就是"使人得其性情之正"。④

杨振声在废名这篇文章之后作了编者附记，公布了他自己对于打开一

---

① 杨振声：《乞雨》，《大公报·文艺副刊》（天津版）1933 年 12 月 9 日。
② 同上。
③ 杨振声：《我们要打开一条生路》，《大公报·星期文艺》（天津版）1946 年 10 月 13 日。
④ 同上。

条文艺生路的具体意见：（一）打开新旧文艺的壁垒，（二）打开中外文艺的界限，（三）打开文艺与哲学及科学的疆界。虽然杨振声与废名的表达方式不同，但是他们立论理据是相通的：要为文艺打开一条生路，就必须融会中外古今，建设一个新兴的文艺，而这个新兴的文艺是跨越阶级也是跨越时代的，他明确地反对文学工具论，认为文学是人类的一种向上性，一种求完美的心理，是"在时时刻刻的创新与不屈服中闪耀出的片片灵光"，所以要"以眼泪和汗水去抚育它的成长"，甚至"以自身的毁灭和暴亡来维护它的花朵"。① 杨振声后来在《星期文艺》上又发表了《今日的文艺》和《文言文与语体文的重检讨》，把这个问题说得更清楚，是他以上三点意见的详述和扩展。其中，他特别提出建设新文艺的具体措施还应当从文学本体入手，"材料可以说是时代的专予，观点也由于平素的修养，唯有处理题材，便全是作者自己的，临阵的那片刻。这里一分假作不得，一分含糊不得，也一分装作不得。文艺的成功或失败，便全在这千金一掷了"②。

沈从文、萧乾和杨振声从不同的角度表达了大体相同的文学主张，虽然他们的观点也都带有个人色彩，但是作为《大公报》文艺副刊的编者，他们的文学主张已经不止是个人的发言，而是渗透到了刊物的编辑之中，使副刊成为一个阵地，扩展了他们的文学影响，凸显了他们作为一个文学群体而坚守的自由主义立场。国内战争的爆发已给作家摆出了新的课题，文学与政治的关系已经变得格外突出，他们仍然相信文学会在政治之外找到自己的出路，并且说"这条路必然是从'争夺'以外接受一种教育，用爱与合作来重新解释'政治'两字的含义，在重者憧憬中，以及憧憬扩大的努力中，一个国家的新生、进步与繁荣，也会慢慢来到人间的"③。

国内战争的全面爆发使国共两党尖锐对立，一方面是蒋介石悍然发动内战，一方面是"人民大革命"的到来，随着国民党由战略进攻转为全面溃败，人民解放军的大反攻取得节节胜利，"中国时局将要发展到一个新

---

① 杨振声：《我们要打开一条生路》，《大公报·星期文艺》（天津版）1946 年 10 月 13 日。
② 杨振声：《今日的文艺》，《大公报·星期文艺》（天津版）1946 年 11 月 3 日。
③ 沈从文：《从现实学习》，《大公报·星期文艺》（天津版）1946 年 11 月 3 日、10 日。

的阶段"①。这个时代的文化语境已经给作家摆出了新的课题，自由主义的文人立场面临着严峻的挑战。自由主义的出路在哪里，如何看待这个时代中的文学与政治的关系，重新确立"文学的标准和尺度"，以及如何面对"今日文学的方向"已经成为格外突出的问题。

首先，"文学的标准和尺度"。1947 年 5 月 4 日，李广田在《星期文艺》上发表了《纪念文艺节——论怎样打开一条生路》，这篇文章是为纪念"五四"而作，但是写作的缘起却是由于杨振声在《星期文艺》创刊号上发表的《我们要打开一条生路》。杨振声认为文学者应当做开路工人，为新兴的文艺打开一条生路。他说：造成内战降临、社会动荡、民不聊生这样一个社会现实的原因看起来是表面的，实际上它代表了整个文化的衰落，责任应负在每一个人的双肩上，因为"帝国主义的死亡，独裁政体的死亡，资本主义与殖民政策也都在死亡中，因而从那些主义与政策发展出来的文化必然地也有穷途日暮之悲"。②只有打开一条生路，建立一个新的文化才能挽救国家的危亡。

正是杨振声的这篇文章引发了李广田也来讨论这个问题，作者感奋于杨振声要打开一条生路的号召，也在切盼一个文学的新生之路的开创，但是他却对杨振声给出的路径能否成为今天文艺的一条生路提出了质疑，他认为那只是处理文学问题的"方法论"，而不是"打开一条生路"的"本体论"。要为今天的文学打开一条新生之路就必须确立"今天的创作方向与批评标准"，所以重新评定"文学的标准和尺度"才是文学的本体问题。这篇文章发表在"五四"纪念日，也表明了李广田以"五四"为坐标对这个时代的深刻认识。他把杨振声的观点重新提出并加以引申，明确指出文学家在这个时代首先要面对的问题应当是："代替了帝国主义的是什么主义？"回答了这些问题，也就确定了今天的文化和文学应当走的道路，因为与死亡相对的是新生，帝国主义独裁政体或资本主义造成了内战爆发、政治昏暗，只有新生的主义和整体才是"和平"和"建设"的新希望。所

---

① 毛泽东：《迎接中国革命的新高潮》，《毛泽东选集》第四卷，人民出版社 1991 年版，第 1211 页。

② 杨振声：《我们要打开一条生路》，《大公报·星期论文》（天津版）1946 年 10 月 13 日。

谓要打开一条生路，也就是要从这里打开。在此，李广田特别提出了朱自清同样发表在《星期文艺》上的《文学的标准和尺度》，他认为这篇文章就是从这样一个立足点来看今天文学的发展方向的，是对这个问题最好的解说。

《文学的标准和尺度》发表于 1947 年 3 月 12 日，是杨振声提出"我们要打开一条生路"三个月之后。事实上，在杨振声的文章刚刚发表的时候，朱自清就已经发问：生路自然是要打开的，但是怎样打开呢?[①] 由此可见，《文学的标准和尺度》就是朱自清对这个问题所做的回答。他在此表达了自己对这个时代的政治与文学的看法，把文学的变迁纳入历史发展的变迁中，指出文学标准与尺度不可能一成不变，历史的不断发展必然会导致文学标准的不断变化，抗战胜利带来了一个动乱的时代，也给文学摆出了一个新的尺度，新的民主运动大发展使知识阶级渐渐走向了民众，所以在今天的文学中"人道主义"的尺度也就变成"社会主义"的尺度，而这样的尺度也才是文学的新的标准。李广田对朱自清的观点表示了强烈的共鸣，认为这样的看法真正触及了文学的"本体"问题。他说："朱先生说'社会主义'与'民主'乃是今天的文学尺度，是的，因为'社会主义'与'民主'正式将代替了那必死而尚未全死的'帝国主义''资本主义'和'独裁政体'的新事物。要为文学打开一条生路，就应当在这上面打开；不知是为了文学，其实乃是为了社会、人民，为了整个的文化，整个的生活，文学与这一切原是分不开的。"[②] 1948 年 8 月 12 日，朱自清逝世后，李广田在《星期文艺》上发表了悼念文章《朱自清先生的思想和为人》。在这篇文章中，他全面回顾了朱自清在这个新的标准和尺度下文学

---

① 杨振声的《我们要打开一条生路》发表之后，废名写文《响应"打开一条生路"》发表在 1946 年 12 月 1 日《星期文艺》（天津版）第 8 期。杨振声在这篇文章之后写有编者附记，指出："在我发表过《打开一条生路》之后，朱自清先生便说：'生路自然要打开，但是怎样打开呢?'这问得甚有道理，我似乎只能这样说，在文艺方面，我们（一）打开新旧文艺的壁垒，（二）打开中外文艺的界限，（三）打开文艺与哲学及科学的疆界。废名先生的这篇文章，正是废名先生的一个打开（生路）的办法，见解正不必一致，而自由讨论与无界限的开辟新荒，才正是我们的企求。"

② 李广田（黎地）：《纪念文艺节——论怎样打开一条生路》，《大公报·星期文艺》（天津版）1947 年第 30 期。

观念和人生理想所发生的变化，由"人的立场"向"人民的立场"的转换。①

事实上，李广田自己对这样一个文学"本体"的认识也早已经开始了。1946年10月27日，刚刚从大后方回到北平，他就在创刊不久的《星期文艺》上发表了《给抗战期间留在沦陷区的朋友们》②，这篇文章已经清楚地表明了作者对时代的理解：这是一个集体的时代而非个人的时代，也是一个历史发展的时代，在这个时代中的文学和文学家都面临着主题的变革和"人的改造"。很显然，朱自清和李广田已经清楚地意识到一个文学家面临的时代挑战，并且在这种挑战中确立了自己的文学选择。正像京派文学的研究者所说："作为京派作家，李广田在40年代开始并完成了他同京派的'告别式'。"③

其次，今日文学的方向。罗大冈和盛澄华在《星期文艺》上发表的存在主义文学的介绍文章反映了自由主义作家的心理期待：期待人能够自由选择和掌握自己的命运。存在主义无疑会影响和启迪他们对人作为个体如何"存在"的思考，因为在当时的社会现实中，这是一个极其复杂尖锐的问题。从合理的一面来说，存在主义对人的自我价值的认定的确给一些彷徨而无所归依的知识分子一种力量支撑，这也许是他们写这些介绍文字的初衷。

1948年元旦，冯至为《星期文艺》写的《新年致辞》就是"自觉地运用存在主义观点来观察问题"④。他写了一个奇寒的冬夜里时断时续的咳嗽声，他说，"从这个声音里我们会感到一个生存者是怎样孤寂地在贫寒的冬夜里挣扎"，"若是把一个小小的文艺副刊比作冬夜里咳嗽的声音，未免太不伦不类，但就生存者的挣扎这一点来看，则又有颇多类似的地方……但愿这个副刊能够继续下去，和一切生存者息息相关，没有修饰，没有浮

---

① 刘淑玲：《自由主义往哪里走？——1946—1949：〈大公报〉的文人立场与京派作家的文学选择》，《社会科学论坛》2004年第5期。

② 此文收入文集时改题为"人的改造与人的方向——给抗战期间留在沦陷区的朋友们"。

③ 许道明：《京派文学的世界》，复旦大学出版社1994年版，第391页。

④ 解志熙：《生的执著——存在主义与中国现代文学》，人民文学出版社1999年版，第65页。

夸，自然也愿意从自己的生命里开一些美好的花朵"。① 可见，作为主编的冯至在为这个刊物找寻一种"存在"的决断，既然无从知道未来，那么何去何从就应该产生在自我选择和对命运的承担之中。因此，冯至的《新年致辞》是写给《星期文艺》的，也是写给它的作者和读者的，他希望这个刊物能传达对生命的把握，并达到对自由的选择。

袁可嘉曾经提出"人的文学"立场来确立今日文学的发展方向。1947年7月6日，他在《星期文艺》上发表《"人的文学"与"人民的文学"》，这篇文章的副题是"从分析比较寻修正，求和谐"，他把这两种文学作为30年来新文学运动一显一潜的两支潮流提出，并试图寻找它们相分相合的界限和进一步调谐的可能性。袁可嘉明确地阐释了"人的文学"所遵循的两个原则：一是"最大可能量意识形态的获得"，即作品的主题与意识只求真实与意义，而不问这一主题所属的社会阶层或性质上的类别。只有这样的文学才能达到无事不包（广泛性），无处不合（普遍性）和无时不在（永恒性）这三个最高的品质。作者从文学的"生命本位"和"艺术本位"出发，肯定了"人的文学"中文学对人生的积极性，也强调了文学作为艺术的自足性。作者认为一部分"人民的文学"论者，由于对"阶级本位"和"工具本位"的强化，使得文学的丰富性被抽空、压缩、简化，"以'人民'否定了人，以'政治'否定了生命；到最后人被简化为一部大的政治机器中的小齿轮，只许这样地配合转动，文学也被简化为一个观念的几千万次的翻版说明，改头换面的公式运用。这样的过度简化，不但不利于文学，而且更有害生命"。因而"人民的文学"得以发展的前提是：首先要放弃统一文学的野心；缩减或者放弃以狭窄的阶级意识来衡量作家与作品；确认文学的工具性和战斗性只有在艺术中才能实现；"人民的文学"并不是决定一切作品的唯一标准；"人民的文学"只是历史发展的一个阶段，它最终将在"人的文学"的传统中消化、溶解，得到归宿。正如他自己所说的，他并不是"为艺术而艺术"论者，但他对文学的考察却是站在西方人文主义立场上，强调文学的本体性，强调文学的生命体验，强调个

---

① 冯至：《新年致辞》，《大公报·星期文艺》1948年1月1日。

体的存在于艺术的永恒……袁可嘉的这种"人的文学"观仍然是自由主义立场上的超阶级的选择，而这种选择的何去何从已经是时代摆在这些京派作家面前的一个大十字路口，"自由主义往哪里走"是他们要对这个时代作出的最为严峻的抉择。

1948 年 11 月 14 日，《星期文艺》刊出了一个星期之前在北大蔡子民纪念堂召开的"方向社"第一次座谈会记录，题目是"今日文学的方向"。讨论会的参加者基本上属于京派作家群，① 讨论会有两大主题，一个是如何选择未来文学的"方向"；另一个就是关于文学本体，尤其是现代派诗歌前景的讨论。其实，他们在这两个问题上都面临着何去何从的选择，前者涉及了文学与政治的关系，后者涉及了文学的表现方式，而这两者之间也并不是完全分离的，站在自由主义作家的立场上，文学是一种自足的存在，文学家可以选择他所倾心的艺术手法，完成属于他的独立制作。但是在政治对文学的制约中，艺术手段的运用也常常被限制。现代派文学较少能够表现"集体"及"大我"的共同意志，倾向于自我和个体，因此它在京派文学面临的未来选择中也是一个不可回避的问题。

讨论并没有结局，但已经可以清楚看到站在自由主义立场上的文学选择已经受到了严峻的政治挑战。他们也预感到了未来的命运，因而给自己提供了两条可供行走的路线：一是不顾一切，走向前去，走到被枪毙为止；另一条是妥协的路，暂时停笔，将来再说。他们也悲观地预言——实际上妥协等于枪毙自己。这次讨论注明是"方向社"第一次讨论纪要，但是没有资料表明讨论会又继续下去。从这次讨论可以看出，随着国内战争的深入发展，自由主义者超越阶级政治的文学立场也必然会受到质疑。

毛泽东曾经对这一时期的自由主义知识分子作过如下论断："中国的许多自由主义分子，亦即旧民主主义分子，亦即杜鲁门、马歇尔、艾奇逊、司徒雷登们所瞩望的，和经常企图争取的所谓'民主个人主义'的拥护者们之所以往往陷入被动地位，对问题的观察往往不正确，对苏联的观

---

① 讨论会的参加者是：朱光潜、沈从文、冯至、废名、钱学熙、陈占元、常风、沈自敏、汪曾祺、金堤、江泽垓、叶汝琏、马逢华、萧离、高庆琪、袁可嘉。见《今日文学的方向》，《大公报·星期文艺》（天津版）1948 年第 107 期。

察往往不正确，对中国共产党的观察也往往不正确，就是因为他们没有也不赞成用历史唯物主义的观点去看问题的缘故。"沈从文和萧乾等京派作家都把即将到来的内战等同于抗战前的历次政治纷争，仍然相信文学会在政治之外找到自己的出路，没有看到国统区的社会现实已经表明国民党政府就像一座就要倾毁的大厦，无法也不可能承担以民主政治来建设国家的历史使命，人民战争将使中国历史进入一个崭新的时代，所以他们对国共携手、"和平"建国的祈盼将永远是一个梦想，因而他们站在自由主义立场上的文学选择也是不可能实现的乌托邦。

1946 年 8 月 4 日，沈从文在《大公报》上发表了星期论文《忆北平》。这篇文章是作者对"五四"以来中国社会经历战乱、曲折发展的历史独特的思考和评说。

> 在北方，在所谓死气沉沉的大城里，却慢慢生长了一群有实力有生气的作家。曹禺、芦焚、卞之琳、萧乾、林徽因、李健吾、李广田……是在这个时期中陆续为人所熟悉的，而熟悉的不仅是姓名，却熟悉他们用个谦虚态度产生的优秀作品！因为在游离涣散不相黏附各自为战情形中，即有个相似态度，争表现，从一个广泛原则下自由争表现。再承认另一件事实，即听凭比空洞理论还公正些的"时间"来陶冶清算，证明什么将消灭，什么能存在。这个发展虽若缓慢而呆笨，影响之深远却到目前尚有作用，一般也可看出的。提及这个抚育工作时，《大公报》对文学副刊的理想，朱光潜、闻一多、郑振铎、叶公超、朱自清先生主持大学文学系的态度，共同作成的贡献是不可忘的。

沈从文内心深处蛰伏着一个完美的文学乌托邦之梦，这个梦曾经闪耀过，又被战争切断了，但他相信这样的文学理想只会被中断，却永远不会终结，对由这张报纸聚集起来的京派作家群深情回首使这个梦想再一次涌现，更加具体，也更加强烈。不能说他没有重振京派文学的愿望，但是历史无法重现，京派文学永远合上了昨天的那一页。

  1948 年年底，《大公报》的津沪两版《文艺》和《星期文艺》以及沈从文等京派作家在北平主编的文学副刊全部停刊。《大公报》于 1949 年 5 月 4 日发表了杨振声的《我甃在时代的后面》，1950 年 1 月 9 日，萧乾发表《试论买办文化》，1951 年 11 月 14 日又刊登了沈从文的一篇长文《我的学习》。他们在这些文章中都做了彻底的自我批判，是他们同以前的告别，也是他们同《大公报》的告别。

# 参 考 文 献

## 一 档案、资料集

[1] 国民参政会秘书处编：《国民参政会第一次大会纪录》，国民参政会秘书处 1938 年 9 月印行。

[2] 国民参政会秘书处编：《国民参政会第四次大会》，国民参政会秘书处 1939 年 11 月印行。

[3] 王文彬：《中国现代报史资料汇编》，重庆出版社 1996 年版。

[4] 方蒙主编：《〈大公报〉与现代中国：1926—1949 年大事记实录》，重庆出版社 1983 年版。

[5] 中国人民政治协商会议全国委员会文史资料研究委员会编：《文史资料选辑》第 25、27、28 辑，中华书局 1962 年版；第 97 辑，文史资料出版社 1985 年版。

[6] 中国社会科学院新闻研究所《新闻研究资料》编辑部编：《新闻研究资料》第 23 辑，中国新闻出版社 1984 年版；第 43 辑，中国社会科学出版社 1988 年版；第 47 辑，中国社会科学出版社 1989 年版；第 50 辑，中国社会科学出版社 1990 年版；第 56 辑，中国社会科学出版社 1992 年版。

[7] 《新闻界人物》编辑委员会编：《新闻界人物》第 1、4、10 期，新华出版社 1983 年、1984 年、1989 年版。

[8] 南京第二历史档案馆编：《中华民国档案资料汇编》第 4 辑，江苏古籍出版社 1986 年版。

[9] 南京第二历史档案馆编：《中华民国档案资料汇编》第 5 辑，江苏古籍出版社 1994 年版。

[10] 荣孟源：《中国国民党历次代表大会及中央全会资料》，光明日报出版社 1985 年版。

［11］秦孝仪主编：《总统蒋公大事长编初稿》第 4 卷，（台北）中国国民党
"中央"委员会党史委员会 1988 年编印。

［12］《南方局党史资料》征集小组编：《南方局党史资料·大事记》，重庆
出版社 1986 年版。

［13］中央档案馆编：《皖南事变资料选辑》，中共中央党校出版社 1982 年版。

［14］美国国务院：《美国对外关系文件》1942 年中国卷，美国政府出版署
1956 年版。

［15］孟广涵主编：《国民参政会纪实》，重庆出版社 1989 年版。

［16］中国人民大学中共党史系：《中国国民党历史教学参考资料》（校内
用书）。

［17］秦孝仪主编：《中华民国重要史料初编·对日抗战时期》第 4 编，（台
北）中国国民党"中央"委员会 1988 年出版。

［18］中国民主同盟中央文史资料委员会编：《中国民主同盟历史文献
（1941—1949）》，文史资料出版社 1983 年版。


二　报纸、刊物

［19］《大公报》（天津版）1902—1916 年，1926—1937 年，1945—1949 年。

［20］《大公报》（上海版）1936 年、1937 年，1945—1949 年。

［21］《大公报》（汉口版）1937 年、1938 年。

［22］《大公报》（重庆版）1938—1949 年。

［23］《大公报》（香港版）1938—1941 年。

［24］《新华日报》（汉口版）1938 年。

［25］《新华日报》（重庆版）1940—1946 年。

［26］《中央日报》（重庆版）1939—1946 年。

［27］《中央日报》（南京版）1936 年、1937 年。

［28］《解放日报》（延安版）1941—1945 年。

［29］《进步日报》（天津版）1949 年。

［30］《新闻报》（上海版）1936—1937 年。

［31］《扫荡报》（重庆版）1940 年、1941 年。

［32］《申报》（上海版）1936—1937 年

［33］《益世报》（天津版）1936—1937 年。

［34］《国闻周报》1932—1937 年。

［35］《自由评论》1936 年。

［36］《独立评论》1936 年。

［37］《中国青年》1944 年。

［38］《观察》1946 年、1947 年。

［39］《世纪评论》1947 年。

［40］《民宪》（东南版）1945 年。

［41］《文艺月刊》1931 年第 2 卷第 4 期，第 5、6 期合刊。

［42］《新月》1930 年。

［43］《清议报》，中华书局 1991 年影印版。


三　文集、日记、年谱

［44］中共中央文献研究室编：《毛泽东选集》第 1、2、3 卷，人民出版社 1991 年版。

［45］中共中央文献研究室编：《周恩来年谱（1898—1949）》，中央文献出版社、人民出版社 1989 年版。

［46］胡霖：《季鸾文存》，天津大公报馆 1947 年版。

［47］王芸生：《芸生文存》，上海大公报馆 1937 年版。

［48］孔祥熙：《孔庸之先生演讲集》下册，（台北）文海出版社 1972 年版。

［49］《何应钦将军九五纪念纪事长编》上，（台北）黎明文化事业公司 1984 年版。

［50］周天度编：《救国会》，中国社会科学出版社 1981 年版。

［51］王世杰：《王世杰日记》，（台北）“中研院”近代史研究所 1990 年影印本。

［52］中国社会科学院近代史研究所中华民国史研究组编：《黄炎培日记摘录》，中华书局 1979 年版。

［53］中国文化书院学术委员会编：《梁漱溟全集》第 6 卷，山东人民出版

社 1993 年版。

[54] 中国社会科学院近代史研究所中华民国史研究组编：《胡适来往书信选》下册，中华书局 1980 年版。

[55] 中共中央文献研究室编：《毛泽东年谱》下卷，人民出版社、中央文献出版社 1993 年版。

[56] 公安部档案馆编注：《在蒋介石身边八年——侍从室高级幕僚唐纵日记》，群众出版社 1991 年版。

[57] 邹韬奋：《韬奋文集》第 3 卷，生活·读书·新知三联书店 1955 年版。

[58] 中国社会科学院新闻研究所编：《抗日战争时期的中国新闻界》，重庆出版社 1987 年版。

## 四 传记、回忆录

[59] 徐铸成：《报人张季鸾先生传》，生活·读书·新知三联书店 1986 年版。

[60] 徐铸成：《报海旧闻》，上海人民出版社 1981 年版。

[61] 徐铸成：《旧闻杂忆》，四川人民出版社 1981 年版。

[62] 徐铸成：《旧闻杂忆续篇》，四川人民出版社 1982 年版。

[63] 徐铸成：《旧闻杂忆补篇》，四川人民出版社 1983 年版。

[64] 周雨：《大公报史》，江苏古籍出版社 1993 年板。

[65] 周雨：《大公报人忆旧》，中国文史出版社 1991 年版。

[66] 王芝琛：《百年沧桑——王芸生与大公报》，中国工人出版社 2001 年版。

[67] 王芝琛、刘自立：《1949 年以前的大公报》，山东画报出版社 2002 年版。

[68] 方蒙：《范长江传》，中国新闻出版社 1989 年版。

[69] 夏林根：《近代中国名记者》，福建人民出版社 1990 年版。

[70] 陈纪滢：《报人张季鸾》，（台湾）重光出版社 1971 年版。

[71] 陈纪滢：《胡政之与大公报》，（香港）掌故出版社 1974 年版。

[72] 陈纪滢：《抗战时期的大公报》，（台湾）黎明文化事业公司 1981 年版。

[73] 孔昭恺：《旧大公报坐科记》，中国文史出版社 1991 年版。

[74] 张宪文、方庆秋主编：《蒋介石全传》（上），河南人民出版社 1996 年版。

[75] 胡乔木：《胡乔木回忆毛泽东》，人民出版社 2003 年版。

[76] 徐铸成：《徐铸成回忆录》，生活·读书·新知三联书店 1998 年版。

[77] 周天度：《七君子传》，中国社会科学出版社 1988 年版。

[78] 李璜：《学钝室回忆录》上卷，（台北）传记文学出版社 1973 年版。

[79] ［美］福雷斯特·C. 波格：《马歇尔传（1945—1959）》，施旅译，世界知识出版社 1991 年版。

[80] ［美］杜鲁门：《杜鲁门回忆录》第 2 卷，李石译，生活·读书·新知三联书店 1974 年版。

[81] ［日］古屋奎二编著：《蒋总统秘录》第 14 册，（台北）"中央"日报出版部 1986 年版。

## 五　专著

[82] 闻黎明：《第三种力量与抗战时期的中国政治》，上海书店出版社 2004 年版。

[83] "从五四运动到中华人民共和国成立"课题组：《胡绳论"从五四运动到中华人民共和国成立"》，社会科学文献出版社 2001 年版。

[84] 方汉奇：《报史与报人》，新华出版社 1991 年版。

[85] 方汉奇等：《〈大公报〉百年史》，中国人民大学出版社 2004 年版。

[86] 方汉奇：《中国新闻事业通史》第 2 卷，中国人民大学出版社 1996 年版。

[87] 任桐：《徘徊于民本与民主之间——〈大公报〉政治改良言论述评（1927—1937）》，生活·读书·新知三联书店 2004 年版。

[88] 军事科学院军事历史部：《中国抗日战争史》中卷、下卷，解放军出版社 1994 年版。

[89] 王永祥：《中国现代宪政运动史》，人民出版社 1996 年版。

[90] 袁旭、党德信：《中国民主党派与抗日战争》，北京燕山出版社 1997
年版。

[91] 曹健民等：《中国民主同盟历史研究》，中国人民大学出版社 1994 年版。

[92] 刘大年、白介夫主编：《中国复兴枢纽——抗日战争的八年》，北京
出版社 1997 年版。

[93] 曾业英主编：《五十年来的中国近代史研究》，上海书店出版社 2000
年版。

[94] 中共中央党史研究室：《中国共产党历史》上卷，人民出版社 1991
年版。

[95] 胡绳主编：《中国共产党的七十年》，中共党史出版社 1991 年版。

[96] 黄修荣：《国共关系七十年》，广东教育出版社 1998 年版。

[97] 宋春等：《中国新民主主义革命统一战线史》，东北师范大学出版社
1987 年版。

[98] 张国福：《民国宪法史》，华文出版社 1991 年版。

[99] 张宪文：《中国现代史史料学》，山东人民出版社 1985 年版。

[100] 杨者胜：《国民党"军机大臣"陈布雷》，上海人民出版社 1999 年版。

[101] 刘永路等：《张学思将军》，解放军出版社 1985 年版。

[102] 李云汉：《西安事变始末之研究》，（台北）近代中国出版社 1982
年版。

[103] 穆欣：《抗日烽火中的中国报业》，重庆出版社 1992 年版。

[104] 张金镂、陈瑞云：《中国现代政治史》，黑龙江人民出版社 1990
年版。

[105] 张执一：《抗战中的政党和派别》，读书生活出版社 1939 年 3 月补
正版。

[106] 朱建华、宋春主编：《中国近现代政党史》，黑龙江人民出版社 1984
年版。

[107] 吴廷俊：《新记〈大公报〉史稿》，武汉出版社 1994 年版。

[108] 吴廷俊：《中国新闻传播史稿》，华中理工大学出版社 1999 年版。

[109] 高瑞泉：《中国近代社会思潮》，华东师范大学出版社 1996 年版。

[110] 吴雁南等：《中国近代社会思潮》，湖南教育出版社 1998 年版。

[111] 贾晓慧：《〈大公报〉新论》，天津人民出版社 2002 年版。

[112] 华东师范大学政教系国际共运史教研室编：《国际共产主义运动史讲座》，华东师范大学出版社 1989 年版。

[113] 李启民：《中国民主党派史稿》，四川人民出版社 1988 年版。

[114] 方庆秋主编：《中国民主社会党》，中国档案出版社 1988 年版。

[115] 方庆秋主编：《中国青年党》，中国档案出版社 1988 年版。

[116] 邓野：《联合政府与一党训政——1944—1946 年间国共政争》，社会科学文献出版社 2003 年版。

[117] 巴图：《接收日伪财产》，群众出版社 2001 年版。

[118] 沙千里：《漫谈救国会》，文史资料出版社 1983 年版。

[119] 胡伟希等：《十字街头与塔》，上海人民出版社 1991 年版。

[120] 张同新：《陪都风雨——重庆时期的国民政府》，黑龙江人民出版社 1992 年版。

[121] 张忆军主编：《风雨同舟七十年——中国共产党与民主党派关系史》，学林出版社 2001 年版。

[122] 耿云志等：《西方民主在近代中国》，中国青年出版社 2003 年版。

[123] 徐宗勉等：《近代中国对民主的追求》，安徽人民出版社 1996 年版。

[124] 张育仁：《自由的历险——中国自由主义新闻思想史》，云南人民出版社 2002 年版。

[125] 刘宁军：《共和·民主·宪政——自由主义思想研究》，上海三联书店 1998 年版。

[126] 许纪霖：《寻求意义——现代化变迁与文学批判》，上海三联书店 1997 年版。

[127] ［美］赫伯特·菲斯：《中国的纠葛——从珍珠港事变到马歇尔使华美国在中国的努力》，林海等译，北京大学出版社 1989 年版。

[128] ［日］西村成雄：《张学良》，史桂芳、李保华、李炳青译，中国社会科学出版社 1999 年版。

[129] ［美］格里德：《胡适与中国的文艺复兴》，鲁奇译，江苏人民出版

社 1996 年版。

[130] 周海波、杨庆东：《传媒与现代文学之间》，中国社会科学出版社
2004 年版。

[131] ［德］哈贝马斯：《公共领域》，汪晖、陈燕谷主编《文化与公共
性》，生活·读书·新知三联书店 1998 年版。

[132] 蒋晓丽：《中国近代大众传媒与中国近代文学》，巴蜀书社 2005 年版。

[133] 刘少文：《大众媒体打造的神话》，中国社会科学出版社 2006 年版。

[134] 侯杰：《〈大公报〉与近代中国社会》，南开大学出版社 2006 年版。

[135] 郭汾阳、丁东：《报馆旧踪》，江西教育出版社 1999 年版。

[136] 邓云乡：《文化古城旧事》，中华书局 1999 年版。

[137] 李泽厚：《中国近代思想史论》，安徽文艺出版社 1994 年版。

[138] 许纪霖编：《二十世纪中国思想史论》（上、下），东方出版中心
2000 年版。

[139] 李世涛主编：《知识分子立场——自由主义之争与中国思想界的分
化》，时代文艺出版社 2000 年版。

[140] 汪晖、陈燕谷主编：《文化与公共性》，生活·读书·新知三联书店
1998 年版。

[141] 北京大学等中文系中国现代文学教研室主编：《文学运动史料选》，
上海教育出版社 1979 年版。

[142] 陈平原、山口守编：《大众传媒与现代文学》，新世界出版社 2003
年版。

[143] 陈平原：《文学史的形成和构建》，广西教育出版社 1999 年版。

[144] 钱理群等：《中国现代文学三十年》（修订本），北京大学出版社
1998 年版。

[145] 周葱秀、涂明：《中国近现代文化期刊室》，山西教育出版社 1999
年版。

[146] 严家炎：《中国现代小说流派史》，人民文学出版社 1989 年版。

[147] 陈思和：《中国新文学整体观》，上海文艺出版社 2001 年版。

[148] 陈思和：《陈思和自选集》，广西师范大学出版社 1997 年版。

[149] 武月星主编：《中国现代史地图集 1919—1949》，中国地图出版社 1999 年版。

[150] 曾健戎、刘耀华编：《中国现代文坛笔名录》，重庆出版社 1986 年版。

[151] 吴宓：《吴宓诗集》，中华书局 1935 年版。

[152] 吴宓著，吴学昭整理注释：《吴宓日记》，第 1—10 册，生活·读书·新知三联书店 1998 年版。

[153] 李继凯、刘瑞春选编：《解析吴宓》，中国社会科学出版社 2001 年版。

[154] 李继凯、刘瑞春选编：《追忆吴宓》，中国社会科学出版社 2001 年版。

[155] 郑师渠：《在欧化与国粹之间——学衡派文化思想研究》，北京师范大学出版社 2001 年版。

[156] 沈为威：《回眸学衡派——文化保守的现代命运》，人民文学出版社 1999 年版。

[157] 徐葆耕：《清华与释古学派》，清华大学出版社 1997 年版。

[158] 浦江清：《清华园日记·西行日记》，生活·读书·新知三联书店 1999 年版。

[159] 齐家莹编撰，孙敦恒审校：《清华人文学科年谱》，清华大学出版社 1999 年版。

[160] 《沈从文文集》（特约编辑：凌宇）第 1—12 卷，花城出版社、生活·读书·新知三联书店香港分店 1984 年版。

[161] 邵华强编：《沈从文研究资料》（上、下），生活·读书·新知三联书店 1991 年版。

[162] 王保生：《沈从文评传》，重庆出版社 1953 年版。

[163] 凌宇：《沈从文转》，北京十月文艺出版社 1988 年版。

[164] 凌宇：《从边城走向世界——对作为文学家的沈从文的研究》，生活·读书·新知三联书店 1985 年版。

[165] 巴金、黄永玉等：《长河不尽流——怀念沈从文先生》，湖南文艺出版社 1989 年版。

[166] 吴立昌：《"人性的治疗者"——沈从文传》，上海文艺出版社 1993 年版。

[167] 刘洪涛编：《沈从文批评文集》，珠海出版社 1998 年版。

[168] 傅光明编：《萧乾文集》第 1—10 卷，浙江文艺出版社 1998 年版。

[169] 鲍霁编：《萧乾研究资料》，北京十月文艺出版社 1988 年版。

[170] 傅光明、孙伟华：《萧乾研究专集》，华艺出版社 1992 年版。

[171] 丁亚平：《别离在新世纪之门——萧乾传》，河南人民出版社 2000
年版。

[172] 傅光明：《解读萧乾》，大众文艺出版社 2001 年版。

[173] 杨义：《叩问作家心灵》，中国社会科学出版社 2000 年版。

[174] 陈纪滢：《三十年代作家记》，（台北）成文出版社有限公司 1980
年版。

[175] 陈纪滢：《三十年代作家直接印象记》，（台湾）商务印书局股份有
限公司 1986 年版。

[176] 许道明：《京派文学的世界》，复旦大学出版社 1994 年版。

[177] 高恒文：《京派文人：学院派的风采》，上海教育出版社 2000 年版。

[178] 孙玉石：《中国现代主义诗潮史论》，北京大学出版社 1999 年版。

[179] 龙泉明：《中国新诗流变论》，华夏出版社 1999 年版。

[180] 张同道：《探险的风旗》，安徽教育出版社 1998 年版。

[181] 施蛰存：《沙上的脚迹》，辽宁教育出版社 1995 年版。

[182] 李欧梵：《现代性的追求》，生活·读书·新知三联书店 2000 年版。

[183] 苏光文：《大后方文学论稿》，西南师范大学出版社 1994 年版。

[184] 蓝海：《中国抗战文艺史》，现代出版社 1947 年版。

[185]《毛泽东选集》第四卷，人民出版社、解放军出版社 1991 年版。

[186] 张静庐辑注：《中国近代出版史料初编》，中华书局 1957 年版。

[187] 范伯群：《中国近现代通俗文学史》，江苏教育出版社 2000 年版。

[188] 马光任：《上海新闻史》，复旦大学出版社 1996 年版。

[189] 秦绍德：《上海近代报刊史论》，复旦大学出版社 1993 年版。

[190] 王燕：《晚清小说期刊史论》，吉林人民出版社 2002 年版。

[191] 孟兆臣：《中国近代小报史》，社会科学文献出版社 2005 年版。

[192] 李炎胜：《中国报刊图史》，湖南人民出版社 2005 年版。

[193] 冯并：《中国文艺副刊史》，华文出版社 2001 年版。

[194] 吴延俊：《新记〈大公报〉史稿》，武汉出版社 2002 年版。

[195] 李家驹：《商务印书馆与近代知识文化的传播》，商务印书馆 2005 年版。

[196] 李楠：《晚清、民国时期上海小报研究》，人民文学出版社 2006 年版。

[197] 李欧梵：《上海摩登》，北京大学出版社 2001 年版。

[198] 潘知常等：《大众传媒与大众文化》，上海人民出版社 2002 年版。

[199] 陈平原等：《大众传媒与现代文学》，新世界出版社 2003 年版。

[200] 马永强：《文化传媒与现代文学》，安徽大学出版社 2003 年版。

[201] 杨扬：《民间出版业的兴衰》，上海教育出版社 2000 年版。

[202] 郝雨：《中国现代文化的发生与传播》，上海大学出版社 2002 年版。

[203] 王本朝：《中国现代文学制度研究》，西南师范大学出版社 2002 年版。

[204] 刘淑玲：《大公报与中国现代文学》，河北教育出版社 2004 年版。

[205] 董丽敏：《想象的现代性》，广西师范大学出版社 2006 年版。

[206] 孟繁华：《传媒与文化领导权》，山东教育出版社 2003 年版。

[207] 路英勇：《认同与互动》，安徽文艺出版社 2004 年版。

[208] 蒋晓丽：《中国近代大众传媒与中国近代文学》，巴蜀书社 2005 年版。

[209] 刘少文：《大众媒体打造的神话》，中国社会科学出版社 2006 年版。

[210] 栾梅建：《二十世纪中国文学发生论》，广西师范大学出版社 2006 年版。

[211] 金惠敏：《媒介的后果》，人民出版社 2005 年版。

[212] 张邦卫：《媒介诗学》，社会科学文献出版社 2006 年版。

[213] 罗纲等主编：《文化研究读本》，中国社会科学出版社 2000 年版。

[214] 汪晖等主编：《文化与公共性》，生活·读书·新知三联书店 1998 年版。

[215] 陆扬等主编：《大众文化研究》，上海三联书店 2001 年版。

[216] 李频:《大众期刊运作》,中国大百科全书出版社 2003 年版。

[217] 周海波、杨庆东:《传媒与现代文学之间》,中国社会科学出版社
2004 年版。

[218] [德] 哈贝马斯:《公共领域》,汪晖、陈燕谷主编《文化与公共性》,
生活·读书·新知三联书店 1998 年版。

[219] 鲁湘元:《稿费怎样搅动文坛——市场经济与中国近现代文学》,红
旗出版社 1998 年版。

[220] 古敏编:《头版头条——中国发刊词》,时事出版社 2005 年版。

[221] 刘纳:《创造社与泰东书局》,广西教育出版社 1999 年版。

[222] 包笑天:《钏影楼回忆录》,(香港)大华出版社 1971 年版。

[223] 王尔敏:《近代文化生态及其变迁》,百花洲文艺出版社 2000 年版。

[224] 蒋梦麟:《西潮·新潮》,岳麓书社 2000 年版。

[225] 余英时:《士与中国文化》,山东人民出版社 2003 年版。

[226] 陈万雄:《五四新文化的源流》,生活·读书·新知三联书店 1997
年版。

[227] 蒋梦麟:《西潮新潮》,岳麓书社 2000 年版。

[228] 岳南:《陈寅恪与傅斯年》,陕西师范大学出版社 2008 年版。

[229] 蒋碧薇:《我与悲鸿》,丽江出版社 2008 年版。

[230] 姚公鹤:《上海闲话》,上海古籍出版社 1989 年版。

[231]《清议报全编》第 1 集,日本横滨新民社 1901 年辑印。

[232] 陶菊隐:《记者生活 30 年》,中华书局 2005 年版。

[233] 周策纵:《五四运动史》,岳麓书社 1999 年版。

[234] 方汉奇等:《中国新闻传播史》,中国人民大学出版社 2002 年版。

[235] 李彬等主编:《百年中国新闻人》,福建人民出版社 2007 年版。

[236] 张伍:《我的父亲张恨水》,春风文艺出版社 2002 年版。

[237] 徐铸成:《徐铸成传记三种》,学林出版社 1999 年版。

[238] 赖光临:《七十年中国报业史》,(台北)"中央"日报社 1981 年版。

[239] 吴廷俊:《新记〈大公报〉史稿》,武汉出版社 1994 年版。

[240] [日] 稻叶三千男、新井直之:《日本的报业理论与实践》,张国成

等译，新华出版社 1985 年版。

[241] 陆扬、王毅：《大众文化与传媒》，上海三联书店 2000 年版。

[242] 侯杰：《〈大公报〉与近代中国社会》，南开大学出版社 2006 年版。

[243] 沈云龙主编：《近代中国史料丛刊续编》第三辑，（台北）文海出版
社 1974 年版。

[244] 鲁迅：《中国小说史略》，东方出版社 1996 年版。

[245] 唐弢：《中国现代文学史》，人民文学出版社 1979 年版。

[246] 曹聚仁：《文坛五十年》，东方出版中心 1997 年版。

[247] 王芝琛、刘自立编：《1949 年以前的大公报》，山东画报出版社 2002
年版。

[248] 周雨：《大公报史》，江苏古籍出版社 1993 年版。

[249] 徐铸成：《报人张季鸾先生传》，生活·读书·新知三联书店 1986
年版。

[250] 吴宓：《空轩诗话》，（香港）龙门书店 1967 年版。

[251] 《沈从文文集》第 12 卷，花城出版社、生活·读书·新知三联书店
香港分店 1984 年版。

[252] 萧乾：《萧乾文集》，傅光明编，浙江文艺出版社 1998 年版。

[253] 刘勇、刘春雨：《曹禺评说七十年》，文化艺术出版社 2007 年版，第
22 页。

[254] 管宁：《当代大众传媒与大众文化》，上海人民出版社 2001 年版，第
145 页。

[255] 中国人民大学中共党史系资料室编：《中共党史教学参考资料》（抗
日战争）上，中国人民大学出版社 1980 年版。

[256] 蓝海：《中国抗战文艺史》，现代出版社 1947 年版。

[257] 臧克家：《中国抗日战争时期大后方文学书系　诗歌集序》，重庆出
版社 1989 年版。

[258] 袁可嘉：《诗人穆旦的位置——纪念穆旦逝世十周年》，江苏人民出
版社 1987 年版。

[259] 邵华强：《沈从文研究资料》（下），花城出版社 1991 年版。

[260] 冯至：《冯至选集：第 2 卷》，四川文艺出版社 1985 年版。

[261] 毛泽东：《毛泽东选集》，人民出版社 1991 年版。

[262] 邓野：《联合政府与一党训政——1944—1946 年间国共政争》，社会
科学文献出版社 2003 年版。

[263] 中国民主同盟中央文史资料委员会编：《中国民主同盟历史文献
（1941—1949）》，文史资料出版社 1983 年版。

[264] 冯并：《中国文艺副刊史》，华文出版社 2001 年版。

[265] 鲁迅：《二心集·黑暗中国的文艺界的现状》，人民文学出版社 1980
年版。

[266] 郭志刚、李岫主编：《中国三十年代文学发展史》，湖南教育出版社
1998 年版，第 15 页。

[267] 马永强：《文化传播与现代中国文学》，安徽大学出版社 2003 年版。

[268] 李欧梵：《徘徊在现代和后现代之间》，上海三联书店 2000 年版。

[269] ［德］哈贝马斯：《公共领域》，汪晖等主编《文化与公共性》，生
活·读书·新知三联书店 1998 年版。

[270] 刘志琴主编：《中国近代社会文化变迁录》卷一，浙江人民出版社
1998 年版。

[271] 夏允彝：《岳起堂稿序》，（台湾）新文丰出版社 1988 年版。

[272] 唐弢：《中国现代文学史》，人民文学出版社 1979 年版。

[273] 曹聚仁：《文坛五十年》，东方出版中心 1997 年版。

[274] 马永强：《文化传播与中国现代文学》，安徽大学出版社 2003 年版。

[275] 杨念群主编：《空间　记忆　社会转型——"新社会史"研究论文
精选集》，上海人民出版社 2001 年版。

[276] ［英］密尔顿：《论出版自由》，吴之椿译，商务印书馆 1996 年版。

[277] ［英］霍布豪斯：《自由主义》，朱曾汶译，商务印书馆 1996 年版。

[278] ［美］金介甫：《沈从文传》，符家钦译，湖南文艺出版社 1992 年版。

[279] ［英］马·布雷德伯里等编：《现代主义》，胡家峦等译，上海外语
教育出版社 1992 年版。

[280] ［英］费正清主编：《剑桥中华民国史》，章建刚等译，上海人民出

版社 1991 年版。

[281]［英］斯蒂文·小约翰：《传播理论》，陈德民、叶晓辉译，中国社会科学出版社 1999 年版。

[282]［美］戴安娜·克兰：《文化生产：媒介与都市艺术》，赵国新译，译林出版社 2001 年版。

[283]［美］本尼迪克特·安德森：《想象的共同体》，吴叡人译，上海人民出版社 2003 年版。

[284]［加拿大］马歇尔·麦克卢汉：《理解媒介》，何道宽译，商务印书馆 2000 年版。

[285]［英］尼克·斯蒂文森：《认识媒介文化》，王文斌译，商务印书馆 2001 年版。

[286]［英］多米尼克·斯特里纳蒂：《通俗文化理论导论》，周宪译，商务印书馆 2001 年版。

[287]［美］约翰·菲斯克：《解读大众文化》，杨金强译，南京大学出版社 2001 年版。

[288]［法］让·波德里亚：《消费社会》，刘成富、全志钢译，南京大学出版社 2001 年版。

[289]［美］伯格：《通俗文化、媒介和日常生活中的叙事》，姚媛译，南京大学出版社 2000 年版。

## 六 论文

[290] 闻黎明：《抗日战争时期宪政运动若干问题的再研究》，《近代史研究》2006 年第 5 期。

[291] 胡健中：《我对张季鸾先生的观感》，（台北）《传记文学》第 30 卷第 6 期。

[292] 陈纪滢：《我对季鸾先生及〈大公报〉的认识》，（台北）《传记文学》第 30 卷第 6 期。

[293] 汪松年：《张季鸾为蒋介石卖力的原因》，《纵横》2005 年第 12 期。

[294] 王芝琛：《张季鸾三上庐山》，《纵横》2004 年第 1 期。

[295] 陈纪滢：《张季鸾先生百年诞辰纪念——一代论宗相关一些琐事简记》，（台北）《传记文学》第 15 卷第 4 期，1987 年 4 月。

[296] 阮毅成：《我与张季鸾先生的一面之缘》，（台北）《传记文学》第 15 卷第 4 期，1987 年 4 月。

[297] 朱民威：《张季鸾先生与先总统蒋公的关系》，（台北）《传记文学》第 15 卷第 4 期，1987 年 4 月。

[298] 夏晓林：《坚持抗战 功在国家——张季鸾在抗战期间的大公报社评》，（台湾）《中华民国历史文化讨论会》第 3 册，1985 年版。

[399] 谢国明：《"小骂大帮忙"新论》，《新闻学刊》1988 年第 1 期。

[300] 刘自立：《"小骂大帮忙"辨》，《文汇读书周刊》1998 年 8 月。

[301] 雷颐：《近代中国自由主义的困境——三十年代民主与专制论战透视》，《近代史研究》1990 年第 3 期。

[302] 胡兴军：《"七君子事件"真相》，《文史春秋》2004 年 7 月。

[303] 朱新镛：《1936 年的救国会运动新探》，《广东社会主义学院学报》2006 年第 1、2 期。

[304] 李翠艳：《1939—1940 年知识界关于"宪政与抗战"的讨论及其价值体现》，《抗日战争研究》2006 年第 4 期。

[305] 廖大伟：《从拥蒋到反蒋：抗战时期的中间党派》，《华东理工大学学报》（社会科学版）2001 年第 1 期。

[306] 陈雪：《国民参政会与战时第一次民主宪政运动》，《贵州社会科学》2006 年第 2 期。

[307] 王学振：《〈大公报〉重庆版简论》，《重庆师范大学学报》（哲学社会科学版）2006 年第 3 期。

[308] 傅国涌：《"文人论政"：一个已中断的传统》，《社会科学论坛》2003 年第 5 期。

[309] 胡志刚：《"西安事变"后的事变》，《炎黄春秋》2007 年第 1 期。

[310] 王润泽：《揭秘张季鸾的密使身份》，《国际新闻界》2006 年 4 月。

[311] 方汉奇：《抗日战争时期的大公报》（上、下），《青年记者》2005 年第 12 期、2006 年第 1 期。

[312] 王芝琛：《两级决斗中的〈大公报〉》，《黄河》1999 年第 1 期。

[313] 吴永：《论西安事变对中国政治生态发展的影响和启示》，《理论导刊》2006 年 10 月。

[314] 罗朋：《西安事变中的媒体比较》，《四川教育学院学报》2001 年第 5 期。

[315] 陈建新：《新记〈大公报〉学术史述略》，《求索》2004 年 3 月。

[316] 田斌：《张季鸾与蒋介石的恩怨》，《炎黄春秋》2004 年第 4 期。

[317] 李伟：《张季鸾与蒋介石的特殊交往》，《文史春秋》1999 年第 1 期。

[318] 李先伦：《论 40 年代两次宪政运动与中国民主同盟的关系》，《中国矿业大学学报》（社会科学版）2005 年 3 月。

[319] 郝庆军：《报刊研究莫入误区，反思两个热门话题："公共领域"与"想象的共同体"》，《中国现代文学研究丛刊》2005 年第 5 期。

[320] 李俊国：《三十年代"京派文学批评观"》，《中国现代文学研究丛刊》1987 年第 2 辑。

[321] 陶东风：《文学公共领域的价值规范》，《上海文学》2009 年第 6 期。

[322] 丁晓原：《公共空间与晚清散文新文体》，《学术研究》2005 年第 2 期。

[323] 许纪霖：《近代中国的公共领域 形态 功能与自我理解——以上海为例》，《学林》2003 年第 2 期。

[324] 姚琦：《中国近代报刊业的发展与百年社会变迁》，《社会科学辑刊》2001 年第 6 期。

[325] 江南：《从"文学"到"文艺"》，《文汇读书周报》2002 年 4 月 12 日第 4 版。

[326] 胡健中：《我对张季鸾先生的观感》，（台北）《传记文学》第 30 卷第 6 期。

[327] 陈纪滢：《我对季鸾先生及〈大公报〉的认识》，（台北）《传记文学》第 30 卷第 6 期。

[328] 陈纪滢：《张季鸾先生百年诞辰纪念——一代论宗相关一些琐事简记》，（台北）《传记文学》第 15 卷第 4 期，1987 年 4 月。

[329] 阮毅成:《我与张季鸾先生的一面之缘》,(台北)《传记文学》第 15 卷第 4 期,1987 年 4 月。

[330] 夏晓林:《坚持抗战　功在国家——张季鸾在抗战期间的大公报社评》,(台湾)《中华民国历史文化讨论会》第 3 册,1985 年版。

[331] 谢国明:《"小骂大帮忙"新论》,《新闻学刊》1988 年第 1 期。

[332] 刘自立:《"小骂大帮忙"辨》,《文汇读书周刊》1998 年 8 月。

[333] 雷颐:《近代中国自由主义的困境——三十年代民主与专制论战透视》,《近代史研究》1990 年第 3 期。

[334] 陈雪:《国民参政会与战时第一次民主宪政运动》,《贵州社会科学》2006 年第 2 期。

[335] 王学振:《〈大公报〉重庆版简论》,《重庆师范大学学报》(哲学社会科学版)2006 年第 3 期。

[336] 傅国涌:《"文人论政":一个已中断的传统》,《社会科学论坛》2003 年第 5 期。

[337] 胡志刚:《"西安事变"后的事变》,《炎黄春秋》2007 年第 1 期。

[338] 王润泽:《揭秘张季鸾的密使身份》,《国际新闻界》2006 年 4 月。

[339] 方汉奇:《抗日战争时期的大公报》(上、下),《青年记者》2005 年第 12 期、2006 年第 1 期。

[340] 王芝琛:《两级决斗中的〈大公报〉》,《黄河》1999 年第 1 期。